国际教育前沿丛书

刘宝存　主编

当代课程话语比较研究

● 杨明全　著

山西出版传媒集团　山西教育出版社

本书系北京市教育科学“十三五”规划2017年度优先关注项目“北京市中小学课程改革与综合化实施的理论与实践研究”的成果，课题批准号BEDA17034。

总　序

一

当今世界正处在大发展、大变革、大调整时期，主要表现为以下四个方面：一是国际竞争的加剧。在“冷战”结束以后，世界格局发生了重大变化，世界上一些主要国家都在调整国家目标，力图在急剧变化的世界中为自己定位。各国为了实现国家目标，在新世纪的国际竞争中取得战略有利地位，纷纷把教育改革作为国家整体战略的一部分，作为提高民族素质、增强国际竞争力的战略举措。二是知识经济的发展。世界经济的发展经历了农业经济和工业经济之后，正在进入知识经济阶段。与建立在土地和人口基础上的农业经济、建立在资本和资源基础上的工业经济不同，知识经济是建立在知识和信息的生产、分配和使用基础之上的经济。在知识经济时代，知识、技术和信息成为推动经济发展最重要的因素。知识、技术和信息发展靠创新、靠人才，归根结底要靠教育。因此，教育成为各国应对知识经济挑战的首要途径。三是全球化进程的深入。在经济全球化的影响下，世界各国在政治、经济、文化、教育和社会生活等方面的联系、影响、依赖程度不断增强。全球化同时也加剧了国家之间、地区之间乃至学校之间的竞争，世界各国都把创建世界一流的学校、提升教育的全球竞争力作为战略目标。四是信息技术和人工智能的挑战。信息技术和人工智能的发展正改变着我们的生活方式、工作方式、学习方式、思维方式、价值观念及其物质载体，也为教育的改革与发展提供了更为广阔的空间。国际社会大变革把教育推向社会经济发展舞台的中心，优先发展教育、深化教育改革成为世界性的运动，而提高教育质量、促进教育公平则是这场教育改革运动的主旋律。

如果从历史的角度来考察，20世纪80年代以来世界范围的教育改革，不仅是对当代世界政治、经济、科学技术和文化的大发展、大变革、大调整所带来的挑战的应对，也是基于教育自身发展和改革的需要。纵观风云变幻的20世纪，世界教育经历了前所未有的挑战和改革。20世纪30年代，工业化、城市化所推动的社会全面变革引发了以进步主义教育运动为标志的世界性教育改革运动。进步主义教育直接向传统教育宣战，强调把儿童的兴趣作为教育的出发点，重视职业教育、工业教育、科学教育，倡导以解决问题为核心的教学方法，注重培养学生的合作精神和社会责任感。进步主义教育改革运动使人们反思传统与变革、人文与科学、社会与个人之间的关系，并尝试建立一种新的平衡，但并没有取得预期的效果。20世纪五六十年代，在科技进步、经济发展、民主运动、人口剧增和“冷战”加剧等因素的推动下，以1957年苏联人造卫星的发射为导火线，爆发了新一轮世界性的教育运动。世界各国开始重新审视一度给教育带来一缕新风的进步主义教育思想及其改革运动，结构主义、要素主义教育理论逐渐取代进步主义教育理论取得支配地位，促进中等教育的普及化和高等教育的大众化，改革基础教育课程和教学方法，加强大学的科技人才培养和科学研究，成为国际社会教育改革的主旋律。特别是人力资本理论和终身教育思想的提出，使教育的地位空前提高，改变了人们的价值观念。这一轮的教育改革因70年代的经济萧条戛然而止。因此，20世纪80年代以来的世界教育运动是上一轮教育改革运动在新的社会经济背景下的发展。在中小学教育实现了普及化、高等教育实现了大众化甚至普及化的背景下，世界教育改革的主旋律变成了促进公平、提高质量，也就是为每一个人提供高质量的教育。在新的社会经济背景下，世界各国纷纷把教育放在优先发展的战略地位，打造世界一流的教育体系，确立以培养创新人才为核心的培养目标，改革课程体系和教学模式，加强教育与社会生活的联系，提高教师的待遇和专业化水平，建构终身教育体系，推进教育信息化、教育国际化进程，建立更加灵活、高效的管理机制。与以前的局部改革不同，这是一场关于教育的全面改革，涉及从学前教育到高等教育、从课程教学到管理体制等教育的方方面面；与以前阶段性的教育改革不同，这更是一场长期的教育改革，已经持续30多年的教育改革仍呈方兴未艾之势。

二

自改革开放以来，中国社会发生了翻天覆地的变化。改革开放40年的经济快速增长，使中国从一个经济处于崩溃边缘的穷国一跃而成为世界第二大经济体，人民生活水平大幅度提高，综合国力不断增强。同时，中国也从一个传统社会转变为现代社会，在经济、社会、政治方面实现转型，工业化、城镇化、民主化进程不断加快。经过40年的改革开放，我国社会经济发展进入新阶段。我国面临着国际社会大变革和国内各种社会经济问题凸显的双重压力，既处于新的改革发展战略机遇期，也处于改革的攻坚期和“深水区”。正如《国家中长期教育改革与发展规划纲要（2010—2020）》所总结的，“我国正处在改革发展的关键阶段，经济建设、政治建设、文化建设、社会建设以及生态文明建设全面推进，工业化、信息化、城镇化、市场化、国际化深入发展，人口、资源、环境压力日益加大，经济发展方式加快转变”。党的十九大明确提出要实现社会主义现代化和中华民族伟大复兴，在全面建成小康社会的基础上，分两步走在本世纪中叶建成富强民主文明和谐美丽的社会主义现代化强国。从现在到2020年，是全面建成小康社会决胜期。要按照十六大、十七大、十八大提出的全面建成小康社会各项要求，紧扣我国社会主要矛盾变化，统筹推进经济建设、政治建设、文化建设、社会建设、生态文明建设，坚定实施科教兴国战略、人才强国战略、创新驱动发展战略、乡村振兴战略、区域协调发展战略、可持续发展战略、军民融合发展战略，突出抓重点、补短板、强弱项，特别是要坚决打好防范化解重大风险、精准脱贫、污染防治的攻坚战，使全面建成小康社会得到人民认可、经得起历史检验。综合分析国际国内形势和我国发展条件，从2020年到本世纪中叶可以分两个阶段来安排。第一个阶段，从2020年到2035年，在全面建成小康社会的基础上，再奋斗十五年，基本实现社会主义现代化。第二个阶段，从2035年到本世纪中叶，在基本实现现代化的基础上，再奋斗十五年，把我国建成富强民主文明和谐美丽的社会主义现代化强国。这一系列战略目标的实现，意味着中国社会将迎来更大的变革，意味着一个真正强国的崛起，也意味着我们必须重新审视我国教育，探讨教育如何适应国家战略的调整，积极改革创新，为国家整体战略服务。

与国际社会的教育改革大势相一致，中国教育以1985年《中共中央关于教育体制改革的决定》为标志开始了前所未有的全面改革。在新的世纪，面对新问题、新矛盾、新挑战，我国在2010年颁布了《国家中长期教育改革与发展规划纲要》，对中国教育的发展提出了新的要求：加快从教育大国向教育强国、从人力资源大国向人力资源强国迈进；到2020年，基本实现教育现代化，基本形成学习型社会，进入人力资源强国行列，办出具有中国特色、世界水平的现代教育。教育规划纲要的颁布，宣告了我国新一轮教育改革运动的开始，我国教育进入大改革、大发展、大变化时期。党的十九大报告把建设教育强国作为中华民族伟大复兴的基础工程，要求必须把教育事业放在优先位置，深化教育改革，加快教育现代化，办好人民满意的教育。无论是当前的社会变革还是教育变革，在我国历史上都没有现成的经验可以借鉴，必须从国际社会寻找可供借鉴的理论、经验和发展路径，并在此基础上实现教育理论创新、实践创新和制度创新。一方面，我国教育科学虽然已经有了很长的历史，但是对于教育改革与发展中的许多问题仍然没有一致的认识。因此，当前我国教育研究特别是比较教育研究的一个重要使命就是围绕世界和我国教育改革与发展的重大理论、政策和实践前沿问题开展研究，探索教育发展的规律，把握国际教育发展的趋势，为我国教育改革与发展提供理论支撑；另一方面，在经过40年的改革开放之后，我国教育改革已经进入“深水区”和攻坚阶段，在我国历史上既没有相应的经验可以借鉴，也不可能完全依靠“摸着石头过河”去探索未知的领域。因此，我们必须把视野扩大到国际社会，研究世界各国教育改革与发展的基本理念、政策措施、得失成败，研究世界教育改革发展的基本脉络和发展趋势，尤其是针对我国教育改革发展中的重大问题和紧迫问题，在世界范围内寻求相应的经验，特别是研究发达国家已经走过的道路和经验教训，并根据我国实际探索适合我国国情的政策措施。

三

北京师范大学国际与比较教育研究院创立于1961年，是中华人民共和国成立后设立最早的国际与比较教育研究机构。1981年，被国务院学位委员会批准为比较教育学专业全国第一批硕士学位授权点。1983年，被国务院学位委员会批准为比较教育学专业全国第一批博士学位授权点。1988年，被国家教委（现教育部）确定为国家重点学科，是比较教育领域中唯一的国家重点学科。1999年12月，成为第一批入选教育部普通高等学校人文社会科学重点研究基地的15家科研机构之一，是比较教育学科唯一的重点研究基地。2011年秋季，招收第一届全英文教学国际硕士研究生，开创了我国比较教育学专业国际硕士教育的先河。2012年，与奥地利、德国、芬兰等国大学联合开设欧盟伊拉斯莫（Erasmus Mundus）“高等教育研究与创新”硕士项目，这是我国高校第一次以全面合作伙伴（full-partners）身份全面参与伊拉斯莫项目的招生、教学和管理工作。2012年，入选教育部国别区域问题研究基地，成为教育部国际教育研究中心之一。2013年，在成功举办全英文教学国际硕士项目的基础上，全英文教学国际博士项目顺利招生，成为我国比较教育学专业乃至教育学科第一个开设国际博士教育项目的机构。2017年，加入教育部高校高端智库联盟，成为教育领域首批入选的两家智库之一。

北京师范大学国际与比较教育研究院的基本使命是：1. 围绕世界和我国教育改革与发展的重大理论、政策和实践前沿问题开展研究，探索教育发展的规律，把握国际教育发展的趋势，为我国教育改革与发展提供理论支撑；2. 为文化教育部门和相关部门培养具有国际视野、通晓国际规则、能够参与国际事务和国际竞争的高层次国际化人才；3. 积极开展教育政策研究与咨询服务工作，为中央和地方政府的重大教育决策提供智力支撑，为区域教育创新和各级各类学校的改革试验提供咨询服务；4. 积极开展国际文化教育交流与合作，引进和传播国际先进理念和教育经验，把我国教育改革发展的先进经验和教育研究的新发现推向世界，成为中外文化教育交流的桥梁和平台。

经过50多年的发展，北京师范大学国际与比较教育研究院已经成为我国规模最大、语种最全的国际与比较教育研究机构，语种涵盖英语、俄语、法语、德语、日语、朝鲜语、葡萄牙语、西班牙语等世界主要语种，研究对象包括美国、英国、法国、德国、俄罗斯、日本、韩国、印度、澳大利亚、加拿大、新加坡、芬兰等国家以及联合国教科文组织、世界银行、联合国儿童基金会、欧盟、经济合作与发展组织、亚太经济合作组织等国际组织，研究领域包括比较教育的理论与方法、基础教育比较、高等教育比较、教育政策与管理比较、教育思想比较、文化与教育发展比较、国际教育等比较教育研究的主要领域。

50多年来，北京师范大学国际与比较教育研究院一直是我国国际与比较教育研究的重镇。该院以“立足中国，放眼世界”为指导思想，根据我国社会主义现代化建设和教育改革发展的需要，积极承担起国家重大教育研究任务，取得了一大批高水平的研究成果。这套《国际教育前沿丛书》就是近年该院承担的部分国家级和省部级科研项目的研究成果，我们衷心希望这套丛书的出版能够帮助读者了解国际教育改革与发展的前沿，为我国教育改革与发展提供一些借鉴与启示。

北京师范大学把《国际教育前沿丛书》列为“985工程”重点项目予以支持，山西教育出版社在丛书编辑和出版过程中给予了很大支持，在此特别表示感谢。

刘宝存

2018年2月于北京

前　言

在学术交流时，总是要跟别人（特别是初次见面的学者）介绍自己的专业领域和学术兴趣，我一般会说“我的专业是比较教育学”；但总觉得比较教育学是一个研究领域，需要从多个学科的视角研究具体的教育问题，因此我会多介绍一句，说“我的学术兴趣在于课程与教学比较研究，尤其关注课程论比较研究”。如果从1998年攻读硕士研究生学位开始，我进入这个领域也已接近二十年了。在多年的学习、教学和研究中，我一直觉得，我国当下的课程研究需要两个基本的视角：一个是比较的视角，一个是变革的视角。

所谓“比较的视角”，就是以国外（特别是主要发达国家）的课程理论、课程政策和实践经验作为基本的参照系，对国外的课程理论与观点进行主动吸收和借鉴，并结合自己的教育实际，对相关的课程问题进行立论和阐发。从源头上来说，我国现代课程论学科的创建一开始就是建立在比较研究的基础之上的。在20世纪初期，西方（特别是美国）的课程研究开始独立于教育学的研究体系，逐渐成为一个独立的研究领域并发展为一门新兴学科。1902年，美国著名教育家杜威出版了《儿童与课程》，对儿童的生活、儿童的教材、儿童的经验、课程与儿童的冲突等根本性的问题进行了深入探讨，这在课程论学科发展史上具有重要的意义。1918年，美国学者博比特出版《课程》一书，标志着现代课程论作为一个独立的研究领域的诞生。在这一时期，课程这一研究领域最先在美国比较完整地确立起来，美国由此成为当代课程理论和课程思想的策源地。在中国学者探讨课程问题的过程中，美国课程论著作和相关思想开始被引入中国，这在一定程度上加速了我国课程论学科的创建步伐。例如，1923年程湘帆在商务印书馆出版了《小学课程概论》，1928年王克仁出版了《课程编制的原则和方法》，1931年朱智贤出版了《小学课程研究》，1934年熊子容出版了《课程编制原理》等。此外，一些美国的课程论著作也得以翻译出版，特别是商务印书馆组织翻译了一批较早的国外课程论著作，其中包括博比特等人的作品。可以说，当时的中国学者能够紧跟美国课程研究的潮流，他们所进行的课程研究一开始就带有浓厚的比较研究的气息，这对后来的课程论研究产生了重要的影响。1989年，我国学者在课程论研究领域出版了两本专著，一是陈侠先生的《课程论》(由人民教育出版社出版)，一是钟启泉先生的《现代课程论》(由上海教育出版社出版)。这两本著作都是在借鉴西方课程理论的基础上完成的，特别是《现代课程论》，该书对美国、西欧、苏联和日本的现代课程研究进行了介绍，用较大篇幅对美国、苏联、英国、法国、联邦德国、日本等国学校课程的实施及其特点进行了比较研究。从这个意义上来说，我国的课程研究从一开始就有着比较研究的传统，而这个传统直到今天仍然在发挥积极的作用。在当代课程论研究中，这个传统应该得到坚持，也值得我们去坚守。

所谓“变革的视角”，就是以问题解决为研究导向，以社会和教育现实的发展变化为基本的参照系，致力于提出创新性的观点和举措，从而提出新理论、新观点和新方法。在当今时代，变革是一个永恒的话题。当我们欣然接受经济的发展和社会的进步时，变革已经在社会生活的各个领域悄无声息地发生了。变革是客观存在的，但变革发生的过程却充满了未知和不确定性，你可以预期变革会发生，但不可能确切地回答变革的最终结果是什么。正如加拿大教育改革专家迈克·富兰所言：“在变化的复杂条件下变革是一个永无止境的命题，变革是一次旅程，而不是一张蓝图。”变革是一次旅行，但旅行的目的地却是未知的。因此，为了更好地推进变革，我们就需要研究变革、把握变革的动向，这样在探索未知王国的旅途中才能有更多的收获。跟其他领域一样，改革开放以来我国的课程领域也发生了诸多的变革。课程变革既驱动了课程研究的推进，又为课程研究提供了素材，在这种契机之下，我国的课程研究日趋繁荣，无论是课程理论、课程实践，还是课程制度都有了长足的发展和积极的变化。在课程实践领域，随着素质教育改革的不断深入，探索适合素质教育要求的课程体系成为我国课程研究领域的重大命题。从20世纪80年代末以来，我国在课程实践领域的探索一直没有止步。多年来，我国的中小学校有的只是必修课，后来逐渐出现了选修课、活动课等课程形态，再到2001年启动的新一轮基础教育课程改革提出的研究性学习课程、综合实践活动课程等新的课程形态，这使得学校教育可以为儿童和青少年提供更多、更全面的发展机会。除此之外，中小学课程在结构上也发生了不少的调整，譬如由原先单一的分科课程到现在的分科课程与综合课程同时并存，由此改变了科目主义主导中小学课程的传统，课程的功能得以拓展，有利于培养学生的创新精神和实践能力。在课程制度上，改革开放以来我国也进行了不少探索，尤其20世纪90年代后期以来我国在基础教育领域尝试推行国家课程、地方课程和学校课程三级管理的体制，在新课程改革之后正式得以确立。这种新的课程管理体制为学校课程的创新搭建了制度平台，至此，彰显地方差异和学校特色的地方课程和校本课程在学校中也有了一席之地。

那么，这两种视角又有什么关系呢？应该说，变革是课程话语得以产生并不断丰富的“原动力”，离开变革就不会有新的课程话语的出现；而比较则是彰显课程话语并予以诠释的基本手段，是揭示课程发展规律从而驱动课程变革的必由之路。这两种视角说明，课程研究总是处于一种动态的变化之中的，正是这种变化的过程，使得课程具有了丰富的张力，这种张力有着广泛的存在：在理想与现实之间、传统与现代之间、变与不变之间，课程研究向我们展示了课程所蕴含的丰富意义，我们由此得以窥见课程的旧貌与新颜，我们身处的教育世界才显得更加多姿多彩。而且，借助比较的方法我们才能更好地窥视课程运作背后的原理和规律，才能感悟课程的张力和活力，才能领略课程的美丽与魅力。

《当代课程话语比较研究》正是基于上述理解而写成的。我把十多年来有关课程问题的思考和研究予以整理，从比较研究的视角提炼出当代课程研究领域中的诸多理论和实践话语，以期管窥当代课程研究的全貌。这十个领域的课程话语基本涵盖了当代课程研究的主题，对于读者全面审视当代课程研究不无裨益。而且，在阐释这些课程话语的过程中，自始至终贯穿于其中的就是比较的视角，也就是立足于国际视野对中外的课程思想、课程概念、课程政策和课程改革的实践进行比较研究，以期在异质的文化传统中阐发同质的教育理想和改革诉求。此外，我有意识地引入了“谱系学”的概念和方法，用以寻求错综复杂的课程思想背后的基本线索和脉络，例如在分析课程概念和课程理论时就系统运用了谱系学的方法，应该说这在国内课程研究中尚属首次。当然，在当代课程研究领域，这些研究和思考实属渺小和粗浅，但倘能引发读者的反思并为我国当代课程研究带来一点清新的空气，那将是笔者莫大的荣幸。

古人学问无遗力，少壮工夫老始成。权以此书见证学术求索之路上留下的印记。鉴于笔者力薄才疏，如有错讹或不周之处，敬请读者批评指正！

杨明全
北京师范大学国际与比较教育研究院

目 录

第一章
课程的概念与形态

在教育学领域的专业词汇中，“课程”是最难以解释的术语之一。由于课程是学校教育的核心因素，对它的理解和解释又不可回避。在本章，我们将从谱系学的视角对课程的概念进行系统梳理，全面考察课程的内涵与外延。此外，自从2001年我国启动新一轮基础教育课程改革以来，有一些新的课程形态涌现出来，成为影响当今我国课程改革与实践的新生事物。这些新的课程形态主要包括综合课程、研究性学习和STS课程等，我们将一并进行分析。

第一节　课程概念的谱系分析

课程是学校教育的基本要素，是影响学习者的重要途径。然而，课程究竟是什么？这又是一个难以回答的问题。直到今天，课程的概念仍然是教育领域最复杂、最难界定的概念之一，甚至早在1987年有人就统计出，在专业文献中有关课程的定义超过了120个。[①] 这众多的分歧难免让人困惑，于是不少中外学者都致力于拓本清源，试图通过归类和属性分析而提供一个界定课程的清晰框架。但遗憾的是，关于课程的概念分歧依旧存在，寻求同一性和普遍性的认识理路并没有使大家走向共识，反而使课程的概念愈加枝蔓纵横，让人莫衷一是。在本节，我们将借鉴当代西方知识论和方法论的新成果，从谱系学的视角去考察课程概

① Marsh C J. Key Concepts for Understanding Curriculum. London and New York: Routledge Falmer, 2004: 3.

念的分歧及其语境，以期提出理解课程概念的新视角。

一、“课程”定义的困境及出路

谱系学既是一种哲学社会学的观点，又是一种认识论和方法论。跟传统的本质主义的认识论不同，它放弃了对同一性的追求，而是从事物的“无序”和历史的“断裂”中去研究起源问题，去发现事物的异质性和非连续性，而这一点无疑可以给我们研究纷繁复杂的课程概念提供借鉴。为此，我们将致力于分析不同课程谱系背后的言说语境，揭示产生不同课程概念的社会微观权力运作以及不同时期政治、经济和文化对课程话语的影响。

什么是“谱系”？在族群的发展过程中，特别是在早期社会，对血统的认同和维系非常重要，于是人类逐渐发明一种可以记录家族内部血缘关系的方式，称为“家谱”或“谱牒”。有学者认为，“谱系”是家谱理论中的一个概念，是指以家族血脉建构起来的一个“人群系统”，其所依赖的结构基础是“物种遗传学”，靠“遗传——变异”的“家族生产链”串联起来，而不是为某种“逻各斯中心”的、本质主义的理念模式所能说明的，其最大的特征不是“同一性”，而是“相似性”。[①]建立在谱系分析基础上的学说被称为“谱系学”，它是人文社会科学的一种学说和方法论，尼采和福柯都曾经用谱系学的方法分析社会现象。在西方，“谱系学”一词来自拉丁文genealogia，又译为“系谱学”，原义指关于家族世系、血统关系和重要人物事迹的科学，它有助于理解事物的起源及其演变过程。在谱系学看来，不存在固定不变的本质，也不存在形而上学的终极目的，谱系学追问的是“异”，关注“一成不变的本质之外的异常事件”。正如福柯所言：“在事物的历史开端被发现的不是它们本源纯粹的同一性，而是相异事物的纷争，是差异。”[②]既然谱系学追问事物的“本源”，那么我们就可以借助谱系学的方法去研究课程的“本源”问题，因为这是我们理解课程概念的出发点。

---

① 杨矗. 中国人文学术研究的谱系危机［J］. 上海师范大学学报（人文社会科学版），2007（4）：118.

② 江怡. 走向新世纪的西方哲学［M］. 北京：中国社会科学出版社，1998：142.

谱系学是福柯在社会学研究中进行话语分析的重要手段，我们也借用谱系学的视角，去分析散落在时间隧道里的话语碎片，从而梳理课程概念发展的基本脉络。从谱系学的视角来看，人们对事物的认识必然表现为一定的话语表达，通过对话语的分析可以进入事物的内核，而话语的断裂与错位则恰恰反映了事物发展中的异质因素。在话语分析过程中，语境是其不可忽视的重要因素。如果说“本源”是“根脉”，那么语境就是其“土壤”，是话语的支撑体系，为话语的衍生与分化提供滋养。影响课程概念的话语流变的语境，其实就是确定课程内涵的外在影响因素，这些因素主要表现为一定社会的政治、经济、文化和社会思潮。

在西方课程研究领域，不少学者在尝试运用类似谱系学的方法对课程概念进行梳理，较早的如麦克尼尔。他认为，“主要的课程概念可以划分为四大类型：人文课程、社会重建课程、技术课程和学术课程”。人文课程提供给学生的是使其得到满足的经验，特别是新人文主义者，他们强调自我实现，把课程看作是解放的过程，应该满足学生的需要并维护其尊严；社会重建课程强调社会需求高于个体兴趣，课程的主要责任在于推动社会变革并为社会带来更美好的未来；技术主义者把课程看作是技术的过程，课程要达到政策制定者的目的；学术课程就像一种运载工具，它把学生引入到学科知识中去。[①]在2008年，美国学者施若也进行了这方面的探讨。他用“课程观念形态”这一术语对课程理论的谱系进行了梳理，认为有四种课程观念形态：社会效率观念形态、文化学术观念形态、学习者中心观念形态和社会重建观念形态。[②]国外学者的这些研究为我们考察课程的谱系提供了参考。

二、课程谱系的源与流

从本源上来说，课程源于人们的社会生产和日常生活。对于这一起源，美国学者布鲁巴克进行过考证。他指出，课程有其职能上的起源。

① McNeil J. Curriculum: A Comprehensive Instruction. 5th Edition. New york: Harper Collins College Publisher, 1996: 1.

② Schiro M S. Curriculum Theory: Conflicting Visions and Enduring Concerns. Los Angeles: Sage Publications Inc., 2008: 4.

为了胜任成人的工作，后代都得经受特定课程的训练。由此，他认为，课程是一个“职能主义的概念”。[①]显然，布鲁巴克所说的“职能主义”其实阐明了课程服务于人的生存需要这一本源。通过对古代课程的考察我们会发现，人类早期对课程问题的关注一开始就没有偏离对人自身存在和发展的考量。例如，古希腊人以“七种自由艺术”（简称“七艺”）作为当时教育的基础，包含了文法、修辞、逻辑、算数、几何、天文、音乐七门科目，这跟当时希腊人特别是雅典人的政治生活和生产活动密不可分。在奴隶制民主政体之下，雅典人善于通过公众讨论和辩论的方式来管理和决定他们的城邦事务。卓有成效的演说能力是参与政治生活的重要因素，因此“智者学派”一开始就开创了注重文法规则的语言训练，通过文法、修辞和逻辑这“三艺”把年轻人培养成能言善辩的人才，并由此去塑造儿童的心灵。而古希腊人对理智的崇拜则促使柏拉图提出了著名的“四艺”，即算数、几何、天文、音乐，这“四艺”使受教育者在未来的手工艺活动和家庭经济中受益。在“七艺”之外，体育课程也倍受古希腊人青睐。这是因为这些体育活动不仅在希腊奥林匹克盛会上向人们展示其高超的发展水平，更重要的是体育竞赛活动可以服务于军事，有助于培养具有强健的身体和坚强的性格的武士。

课程来源于生产和生活，这意味着课程有着功能主义的根源。但从理性主义的角度看，课程还要发挥传承人类文明的重要作用，这就要求课程必须进入学术话语体系，成为知识的有机构成部分。课程概念获得知识身份的前提是人类要发明文字，并以文字作为手段传达相关的课程信息。当古代的人类开始使用文字，相继进入文明社会之后，人们就开始用文字去描述生产和生活，通过文字记载，后世的人们就可以了解先人们的生活情境。从这个角度来看，中国的汉字恰恰为西方的课程知识谱系提供了注脚。在距今3600多年前的甲骨文中，就有“教”这个汉字。甲骨文“教”字很形象地描述了教育这一现象：它左下方部分表示一个孩子，是教的对象；左上方部分表示占卜的活动，是教的内容；右下方部分表示手，右上方部分表示鞭子或棍子，是教的过程与手段，合起来就代表着手拿着鞭子督促孩子的教育教学行为。这个字里面其实就有了课程的内涵，占卜就是古代课程的重要形式，说明古代的课程大致

---

① ［美］布鲁巴克．西方课程的历史发展．载于瞿葆奎．教育学文集（课程与教材）［M］.北京：人民教育出版社，1988：44.

是围绕宗教知识而展开的。这一古老的文字其实充分地展示了古代课程概念的语境：课程起源于人们的生产和生活，是对生产劳动、宗教祭祀和其他社会活动的提炼和反映。

在西方，课程的词源一开始就有着关注过程的动态特征。斯宾塞在1859年发表的《什么知识最有价值》一文中最早提出curriculum一词，意指“教学内容的系统组织”。据《教育大词典》解释，英文curriculum一词源自拉丁语cursus，意思是“跑马道”。[①]课程在西方的这种古典用法跟我国唐代的用法类似，都跟学校教育相去甚远。

但这种解释在当今的课程研究及其相关文献中受到越来越多的质疑，西方学者对课程的拉丁文词源有了新的理解，为其赋予了更多的内涵。在当代课程论研究领域，有些西方学者对curriculum的表示静态的教学内容的传统概念提出了批判，认为它在教育中强调的是静态的知识和书本，而相对地忽略了学习者与教育者的动态的经验和体验，因此，在当代的课程理论文献中，许多课程学者对curriculum的词源cursus作出了新的理解，因为cursus原意指“跑的过程与经历”，引申为学生与教师在教育过程中的活生生的经验和体验，具有了动态的意义。根据“跑马道”的意思引申为“跑的过程”，这对西方的课程概念产生了很大影响。根据这个词源及其引申意义，西方最常见的课程定义是“学习的进程”，简称“学程”。这一解释在各种英文词典中很普遍，英国《牛津字典》、美国《韦伯字典》、《国际教育字典》都是这样解释的。我国近代以来，随着中外教育交流的日趋频繁，在翻译领域开始用“课程”来翻译英文中的curriculum和course。至此，汉语中的课程的概念开始跟近代外语中的相关概念进行对接，实现了从传统课程概念走向近代课程概念的这种发展。

三、课程的“族谱”和定义群

今天，课程的“族谱”日趋繁杂，已经很难用单一的定义予以说明。我们用“定义群”来表征课程这一繁杂的“族谱”，以此为基础对课程的不同界定进行分析。

（一）课程是学习者的经验和活动体验

---

① 顾明远. 教育大词典［M］.上海：上海教育出版社，1990：257.

课程的源头在于人的生产和生活，因此在课程的“族谱”中，这一界定有着悠久的历史；而且，这种定义是从人（学习者）的角度来界定课程的，因此又有着人本传统。在文字和正规学校出现之前，早期人类的教育无疑是借助具体活动来进行的，这些活动就代表了早期课程的形式。近代以来，特别是受到美国19世纪末到20世纪初的进步主义教育运动的影响，尤其是受美国教育家杜威的影响，他把课程看作是儿童经验的观点广为流传。杜威从“教育就是经验的改造或改组”这一基本的命题出发，提出学校的课程应该是活动性、经验性的“主动作业”，即着眼于儿童经验的发展而对社会生活中的典型职业进行分析、归纳和提炼而获得各种活动方式，如金工、木工、烹饪等，这些“主动作业”就是杜威所理解的课程。“主动作业”的方式很多，“除了无数种的游戏和竞技以外，还有户外短途旅行、园艺、烹饪、缝纫、印刷、书籍装订、纺织、油漆、绘画、唱歌、演剧、讲故事、阅读、书写等具有社会目的的主动作业”①。

把课程设想为有计划的学习经验，在今天的课程专家中几乎是一种普遍持有的概念。尤其是国外学者，更习惯于从儿童所获得的经验的角度去界定课程。例如，美国学者舒伯特就直截了当地指出，“课程即经验”②。近年来，这种界定有回归原初本义的趋势，例如，美国课程论专家派纳认为，20世纪70年代以来，在课程研究领域发生过一次重大的转变：从关注社会工学和商业模式转向课程理解，这其中包括了课程即会话这一概念。③他把学生之间和师生之间在学校情境中的会话也看作“课程”，可见学生经验的重要意义。

（二）课程是学校中的教学科目和活动

在正规的学校出现之后，课程概念的“族谱”中就增加了一种非常重要的定义形式，即把课程界定为学校中的教学科目和活动。在古代教育中，中国的“六艺”和古希腊的“七艺”就已经具有了学科课程的雏形；近现代以来，随着科学的发展和知识的积累，人类在知识领域划分

---

① ［美］杜威．民主主义与教育［M］．王承绪，译．北京：人民教育出版社，1990：209.

② Schubert W H. Curriculum : Perspective, Paradigm, and Possibility. New Jersey: Prentice-Hall, 1997: 26.

③ Pinar W F. What is Curriculum Theory? Mahwah, NJ: Lawrence Erlbaum Associates Inc., 2004: 19.

出越来越多的学科，这些学科成为学校课程的主要形式。为了便于他们学习和掌握，学科被提炼为不同的教学科目，并进入学校的课程体系，构成了学校教育的主要内容。因此，把课程看作是教学科目和活动是一个最容易被人接受的定义，人们习惯上把课程看作是学校中的教学科目的总和（广义的课程），或者指代具体学科（狭义的课程）。

把课程看作是学校中的教学科目，这种观点是从学校教育的内容的角度来界定课程的。特别是在我国，长期以来课程被看作是为实现学校教育目标而选择的教育内容的总和，包括学校所教各门学科和有目的、有计划、有组织的课外活动。这种观点把课程看作是为了实现既定的教育目标而选择出来的教育内容，在学校教育中主要体现为教学科目。还有很多定义更直接地将课程指向于教学科目。在这一谱系中，课程是被看作是教学科目，可以指一个教学科目，也可以指学校的或一个专业的全部教学科目，或指一组教学科目。

把课程看作是教学科目，这种理解在历史上由来已久。我国古代的课程有礼、乐、射、御、书、数“六艺”之说；从古希腊甚至直到欧洲中世纪，西方的课程有“七艺”之说。近现代以来学科课程体系的完善和最终确立，其实就是建立在这样一种课程的定义基础上的。因此，“课程是学校中的教学科目和活动”这一定义有着悠久的传统，也是目前人们定义课程的最传统的一种方式。一般人往往把学校开设的课程表或功课表上列出的科目视为“课程”，甚至认为“课程”指的就是某一门科目，或某一种教科书，如语文课程、数学课程等。这种定义方式非常符合人们的日常表达，最容易被人们所理解和接受。

（三）课程是教育活动的计划与学习者的学习结果

在课程的“族谱”中，这一定义是制度化教育的一种反映。制度化教育要求课程服从教育体制的安排，具有明确的规范性和计划性。从20世纪50年代美国课程论专家泰勒提出课程开发的“目标模式”之后，这种界定便广为流传。例如，不少人认为“课程是一种学习计划”，是为受教育者提供一系列学习机会的计划。在他们看来，课程总可以定义为一个行动计划，这个计划包含目标、内容、活动和评价等。我国不少中小学教师就把课程理解为“教学计划”“教学大纲”，这种理解也属于该定义的范畴。

“课程即计划”这一定义影响甚广，很多学者在论及课程时都往往用“蓝图”“规划”等术语比喻课程，或辅之以构成要素借以说明课程的本质。例如，“我们将课程看作是预期要实现的目标，或者一系列传递给学生的价值。实现这些目标或价值是课程开发的直接功能”[①]。从计划的角度去理解课程，人们更关心的不是学习经验的积累问题，而是学校中的课程如何为学生未来的生活作准备。这种观点强调对学生的学习进行事先规划，包括学习的目标、学习的内容以及如何评价学习的结果等。

同样是从学校教育的进程来考察课程的定义，有的学者则将课程视为预期学习结果或目标。美国早期课程论专家博比特等人就认为，课程是教育者试图达到的一组教学目标或希望学生达到的学习结果。课程不应该是经验，而是直接关注的预期的学习结果和目标。这些结果和目标直接指向于学生未来生活的各个领域的经验和活动，博比特就将人生经验划分为十个领域：语言活动、健康活动、公民活动、社交活动、心智活动、休闲活动、宗教活动、家庭活动、非职业性的实用活动和职业活动等。

（四）课程是文本和复杂的会话

在课程概念的“族谱”中，这一定义属于“新生代”，它折射出20世纪中后期哲学社会科学的“后现代转向”。20世纪末，在后现代主义、现象学、诠释学等哲学社会学思潮的冲击之下，课程论的研究进入了一个理论繁荣、话语多元的格局。人们对传统的课程思想进行批判、反思甚至重建，尤其是北美的一些课程学者，试图对课程研究领域进行“概念重建”，代表人物是派纳。派纳所倡导的概念重建主义课程理论以传统的“泰勒原理”作为批判对象，认为传统课程代表的是“课程开发范式”，在他看来这种传统的范式已经终结，课程研究应该从“开发范式”转向“理解范式”。在课程理解的范式中，课程“既超越了学科和教学计划的含义，也不再仅指学习者的经验，它越来越成为一种‘符号表征’，越来越成为一种‘文本’，通过这种文本可以解读和构建出多元的意义：政治意义、种族意义、性别意义、审美意义、神学意义、个性

① Wiles J & Bondi J. Curriculum Development: A Guide to Practice. London：Pearson Education Inc.,2007：3.

意义等”[①]。既然课程是一种文本，那么通过对文本的解读就可以获得多元的课程话语，围绕这些话语就可以展开复杂的会话，在这种会话中达到对课程的一致性理解。

在派纳的课程理论中，把课程作为复杂的会话是理解课程的前提。“会话”一词代表着一种“际遇”，以及“际遇”之后发生的事件。在学校和课堂情境中，教师、学生、知识处于一种复杂的互动之中，在这种“际遇”中会产生一定的教育意义。因此，“复杂的会话”既是过程，又是结果。把课程作为文本和会话，这一定义有利于改变传统课程的高度制度化与科层化现象，尊重具体的教育情境以及各种教育要素的互动，为学校课程注入新的活力。

第二节　综合课程

2001年，我国颁布《基础教育课程改革纲要（试行）》，由此启动了新一轮基础教育课程改革。它明确规定了在基础教育阶段开设众多的综合课程，这标志着综合课程的概念在我国已经“从幕后走到台前”，说明综合课程理论上的探讨已转化为实践上的操作。

一、分科课程与综合课程的概念辨析

对于分科课程大家并不陌生，我国现行的学校课程体系的主要组成部分就是分科课程。分科课程是以学科为中心设计的课程，各门学科都有自己的内容、一定的学习时数以及学习期限，例如语文、数学等。分科课程是一种古老的课程类型，我国古代的“六艺”（礼、乐、射、御、书、数）和古希腊的“七艺”（文法、修辞、逻辑、算术、几何、天文、音乐）可以说是最早的分科课程。近代以来，随着人类积累的文化知识的日益增多，尤其是18世纪以来自然科学的迅猛发展，知识领域分化出越来越多的学科门类，使得学校教学内容日益丰富。欧洲文艺复兴之前，学校课程基本上是“七艺”一统天下；到18世纪以后，在“七艺”基础上分化出众多的学科门类，逐渐形成了现在科目林立的学校课

① 钟启泉．当代课程研究展望：语义与意义［M］．载于《当代中小学课程研究丛书·总序》．济南：山东教育出版社，2000：1.

程状况。直到目前，分科课程一直在我国学校教育中占据着主导地位，学科的观念已根深蒂固，“课程”的概念也被窄化为“学校科目的总和”，分科课程成为人们表征学校课程体系的基本概念。

的确，分科课程有其存在的巨大价值和合理性。分科课程注重知识的分类和逻辑体系，关注基本概念、基本原理和知识结构的选择安排，具有全面深刻、层次性和系统性的特点。因此，分科课程有利于学生系统、深入地掌握某一门学科的基本知识和原理，发展学生的逻辑判断和抽象思维能力，促进学生思维的深层次发展。但是，分科课程并非完美无缺，它所表现出来的价值导向存在着很大的偏颇。分科课程把原本综合在一起的知识和经验分割为不同的学科门类，这种分门别类的课程与教学必然导致学生在不同的认知方面缺乏联系，割裂了知识和经验的整体性，从而影响学生的知识技能、价值观念、情感态度的和谐发展。长期以来，学校教育追求知识传递的效率，过于强调分科，追求学科独立，造成学科之间缺乏联系、壁垒森然，从而逐渐发展为“科目主义”，成为阻碍学生知、情、意、行均衡发展的“元凶”。新的时代是一个科技昌明的时代，也是一个人文意识复苏、价值理性觉醒的时代，为了培养符合新时代要求的社会公民，新世纪的基础教育课程改革必须走出“科目主义”的狭隘视野，在科目林立的阵营中打破分科课程一统天下的局面，软化学科界限，倡导课程的综合化。

实际上，在分科课程占据学校教育的舞台的同时，一直有一股倡导课程综合化的潮流在或强烈或微弱地涌动。早在19世纪，德国教育家赫尔巴特就认为，学校课程应该由自然知识和人文知识两方面构成，他提出了“统觉”的概念，在课程编制上倡导“中心统合法”。此后，赫尔巴特学派的戚勒进一步提出了课程编制的“学科统合法”，以历史、宗教和文学为中心，统合第一系列的自然科、第二系列的语言和数学以及第三系列的地理、体操、技能和唱歌。20世纪初的进步主义教育运动则明确提出课程的综合化，如德国的“合科教学”和美国的“核心课程”运动。在20世纪下半叶，出现了课程综合化的趋势，如英国的“综合教学日”、德国的“合科教学”、美国的“超越学科的学习活动”以及日本的“合科指导”“综合学习时间”等。在世纪之交全球性课程改革运动中，课程的综合化趋势更加明显，成为新世纪各国课程改革的基本理念。

综合课程与分科课程相对立，是对分科课程的一种补充。如上所述，分科课程存在一些弊端，不能承担起发展学生完满人性的重担，因此，综合课程超越分科主义的思维模式，从整体主义的视野出发把学生对学科知识的学习跟学校外的社会生活及其需要和兴趣紧密结合在一起，以发展学生完满的人性，培养和谐发展的社会公民。什么是综合课程呢？首先，我们应理解什么是“综合”。“综合”英语为integration，香港、台湾学者把它翻译为“统整”，我们所说的“综合课程”就是香港、台湾所称的“统整课程”。统整就是指合成一体或关联起来的意思。课程的内容和活动，其组织必须使学习者将所学的概念、原理、原则关联起来，成为有意义的整体。“综合”一词的核心，在于合为一体，在于凝聚与统摄，是“整合”而不是简单的“拼合”，其结果是通过“综合”这一过程而把相关的因素或成分合成一个新的统一的整体。根据对“综合”一词的这种理解，我们说，综合课程其实就是以整合或统整的方式把相关学科领域的知识组织在一起，它所倡导的更多的是一种课程综合化的理念，以打破分科主义对具有整体性的知识和经验的肢解，为学生提供一种整体性的认知途径。我们说，综合课程是与分科课程相对立的一种课程形态，它将具有内在逻辑的或价值上相关联的原有分科课程内容及其他形式的课程内容统整在一起，旨在消除各类知识之间的界限，通过传授给学生整体性的知识而使学生形成关于世界的整体性认知，并养成深刻理解和灵活运用知识以综合解决现实问题的能力。

二、综合课程的具体形态及其价值取向

综合课程编制的基本方法有两种：一种是保留学科的划分，但扩大学科所包容的范围，加强学科之间的联系；一种是取消学科划分，以问题或活动为中心组织课程。显然，这两种方法在综合程度上是有所差别的，前者只是一些初步的整合，后者的整合程度要更高，但随着理论上的探究和实践上的探索，这两种方法也在逐渐趋于融合。目前，国内外学者探讨最多也最成熟的一些综合课程形态主要有：相关课程、融合课程、广域课程、核心课程以及活动课程（经验课程）等。

相关课程依据知识内容的关联性而把两门或两门以上的独立学科沟通起来。它强调关联性，在学科之间寻求关联和联系，打破了学科之间

彼此分割的状况，但仍保留了学科课程的形态，因此整合程度较低，如在地理、历史、公民课程之间建立相关，形成关联课程。融合课程是指把两门或两门以上的学科课程融合在一起，打破学科的框框从而成为一门新的综合性的课程，如把物理和化学融合为理科课程。广域课程依据学科的属性将具有相同或相近属性的学科课程整合为一个大的学科领域。它更加注重课程内容与社会问题的整合，避免了学科课程的偏狭和经验课程的盲目性，如设置广域的普通社会科领域。核心课程以旨在解决社会生活问题的综合经验为课程内容的核心，围绕这一核心组织不同的学科内容，使其成为一个具有内在一致性的、立体化的课程结构，使学生通过学习而形成对社会生活问题的一般理解。经验课程关注学生的经验和体验，完全取消学科，以学生的经验为中心组织课程，在学生经验的基础上发展情意和认知。经验课程的知识必须是高度综合的、以学生经验的增长为主线的知识，而且，这种知识更多的要靠学生的自主探究来获得，而不是靠传统课堂授课的方式去传授。

综合课程在价值导向上致力于打破分科课程所遵从的“原子化”的、分科主义的思维模式对知识的条块分割和对学生心理发展、主体经验的漠视，力图以各种形式把人为割裂的、以学科知识为中心的学科课程整合为具有综合性和整体性的课程，从而遵从学生经验和心理整体发展的逻辑，实现培养健全人格和均衡发展的人才的理想。因此，综合课程所体现的是一种整体主义的教育理念，它基于整体论的视野关照学生的认知、心理和经验的发展，以学生心理发展的逻辑而不是以知识发展的逻辑为依据组织课程内容。综合课程能够跟学生的心理发展和社会要求相适应，涵盖了相关学科的内容领域，提供给学生整体性的知识经验而不是零碎的知识，在教学上实施合科教学而不是单科教学，能够关照学生的生活经验和体验，因而是一种更为人性化的课程。它充分体现出关注学生主体性和学生整体性发展的理想，能够关注学生的经验因而能促进学生有意义地学习，对于弥补分科课程的弊端、优化学校课程结构有重要意义。

但是，综合课程也不是最理想的课程形态，也无力完满地解决学校课程的一切问题。以经验课程为例，李子建、黄显华认为，从经验中得来的知识并不能持久，必须运用思想、分析推理，才能明白学习活动的教育意义和价值；课程较少考虑如何让散乱的直接经验转化为有组织的理解，课程缺乏继续性和顺序性。其实，综合课程与分科课程一样，在“综合”还是“分科”问题上各执一端，必然不能关照另一端。每个学科都有自身的结构、自身的探究逻辑，分科课程充分注意到了这一点，但综合课程却不能给予很好的关照。因此，综合课程与分科课程各有利弊，二者的关系只能是互补而不是有你无我，以一种课程完全取代另一种课程。在设置学校课程时，要整体考虑分科课程与综合课程的优势与缺陷，使二者形成互补，以更好地促进学生的发展。

三、综合实践活动的价值

综合实践活动课程不仅仅是改变了以知识为中心组织课程的一种课程组织方式，更重要的是，它反映了课程价值观的深层变革。综合实践活动的价值，正是体现在这些课程价值观的转变上。

（一）综合实践活动体现了整体主义的课程观

整体主义的课程观强调人的整体性、社会的整体性和知识的整体性。人是活生生的有机体，是拥有复杂多样的丰富性的一个整体，人的知识经验不能肢解为条块分割的部分，学校中所开设的各门课程不过是从各个侧面切入这个整体的一种尝试。教育不仅仅意味着知识的传授和技能的培养，而且还应当重视身体的、情感的、审美的、伦理道德等等的人的发展的各个方面。但是传统的分科主义的教育却是与此相对立的。分科主义课程过于强调知识的逻辑，为了有效传递知识而认为把知识分为各个学科，而真实的、生活中的知识都是整合的，因此这种分门别类的知识就远离了学生的经验世界，学生在学习过程中也只能死记硬背，不能进行有意义的学习。整体主义的课程观强调体验性的学习，因为这种体验性学习更有利于学生在情感、审美、伦理道德等方面获得自然的发展。综合实践活动从这种整体主义的课程观出发，尊重学生的经验和体验，倡导学生的自主探究，让学生在自主探究中关注人与自我、人与社会和人与自然的关系，把他人、社会和自然作为一个整体来看待，从而发展学生完满的人格，促进德智体美等的全面、均衡发展。

（二）综合实践活动致力于培养学生的创新精神和实践能力

综合实践课程是一种实践性的课程。它不是像学科课程那样注重学科知识的基本概念、原理和命题，不注重学科知识的逻辑结构，不是局限于课程教学，而是注重学生的实践和活动，让学生走出教室，融入社会、融入自然，为学生的自主探究与实践开辟了大量空间。另一方面，传统的学校教育遵循精英主义教育的导向，追求标准化的答案，追求培养规格的“千人一面”和整齐划一，窒息了学生思维的开放性和灵活性，因此这种教育不能培养学生的创新精神。与此相对，综合实践活动不是为了追求一个标准答案，学生的实践活动和探究活动没有固定答案，甚至不需要答案，它关注的是学生参与探究、参与实践、参与反思的过程。它倡导自主探究和实践，在自主探究中，学生不断反思、不断发现问题并解决问题。在这个过程中，学生会产生创新思维的火花，从而既锻炼了实践活动能力，又培养了创新能力。因此，这种实践性的课程也为学生的创新提供了可能。如果说素质教育的核心理念就是培养学生的创新精神和实践能力，那么综合实践活动无疑是实施素质教育的一种理想的课程形式。

（三）综合实践活动体现出课程的开放性和生成性

综合实践活动是一种开放的课程，传统的学校课程长期以来一直不具备这种开放性。它所秉持的不是精英主义的导向，而是大众主义的，是面向所有学生的。每一个学生都有接受平等的教育的权利，都有独特的兴趣、爱好、个性心理特征。综合实践活动既然倡导学生的主动探究，就已经内在地蕴含着尊重学生的差异性和个体存在的独特性，因此它是关照全体学生的。它关注学生的经验，因此必须以开放性的内容框架容纳学生多样化的生活经验，关注学生表现的过程，而不是固定的结果。这样看来，综合实践活动也具有生成性特征。它是过程取向的，而不是追求终结性的结果。它是在学生的活动和实践的过程中生成的，而不是预先规定的。教育是经验的产物，而经验是生成性的，是在生活中不断展开的。综合实践活动基于学生的经验组织课程，必然也具有这种生成性。

四、综合实践活动在中小学的实施

要实施综合实践活动课程，关键一点是教师观念的转变。长期以来，教师在自身定位上总是以教学过程的“主导”自居，忽视了学生学习的主体性；在教学方法上往往对于单向度的知识灌输得心应手，忽视了学生的自主探究；在评价方式上往往擅长纸笔测验，追求标准化的统一的答案，对于过程性的评价、开放性的答案则很不习惯。但综合实践活动以其全新的理念对这些传统观念和做法提出了挑战，这无疑预示着教师观念必须要发生重大转型。

（一）教师要改变学生观

学生不是消极的知识的“接受器”，不是教师进行知识灌输的“容器”，而是知识的积极建构者，具有主动性，是学习的主体，而不是被动地接受知识的对象。这样，教师也要转变自身角色，应该改变“师道尊严”的面孔，放下作为权威和“知识的化身”的架子，作为研究者、组织者、引导者和促进者，与学生一起学习、一起探究，对学生的探究进行积极引导，促进学生有个性化的发展，而不是提供一个标准化答案就可以了。

（二）教师要转变教学观

有意义的知识不是教师手把手地“教”给学生的，而是在具体情境中通过教师和学生的对话而由学生自己建构的。长期以来，教师惯用的灌输手法导致学生的机械接受和死记硬背，根本谈不上有意义的学习。教师必须改变所习惯的适用于课堂教学的教学模式，以启发式的、引导性的教学取代知识灌输，积极为学生的自主探究创造条件，这样才能实现综合实践活动的课程目标。

（三）教师要转变评价观

评价的功能不仅仅在于甄别与选拔，更在于提供反馈以改进学习、促进学生的进一步发展。综合实践活动课程的评价更要淡化甄别与选拔功能，打破只重结果的终结性的评价，而要注重过程，关键要通过评价促进学生展现个性化的存在，展现多元的思维能力和发展潜力。切忌以标准化的统一答案要求学生，综合实践活动课程的评价注重过程，不注重结果，这一点与学科课程恰恰相反。因此，对综合实践活动课程的评价要采取恰当的方式，纸笔测验已经无能为力，而“档案袋评定”“自我评价”以及协商研讨等“问诊式”的评价则是可资借鉴的或行之有效的评价方法。

第三节　研究性学习课程

研究性学习课程是新一轮基础教育课程改革的又一个“亮点”。作为一种新的课程形态，它已经为我国的中小学教育带来了新的生机和活力。它在本质上是人类学习知识、认识世界的一种活动；在学校教育的背景下，它是一种具体的学习方式。在本节，我们将研究性学习作为一门具体课程来讨论，以下所说的“研究性学习”指的就是研究性学习课程。

一、研究性学习的内涵与本质

研究性学习是在借鉴国外有关“主题探究”“项目学习”等活动课程的基础上，经过本土化的改造而提出来的。早在20世纪90年代中期，上海的一些中学就积极引进国外有关研究性学习的做法，尝试开展一些方案设计、主题探究等活动并取得了积极的效果。此后，研究性学习受到了广泛的关注，经过不断探讨与实验而逐渐走向成熟。2001年6月，《基础教育课程改革纲要（试行）》明确提出，从小学到高中设置综合实践活动并作为必修课程，而研究性学习就构成了综合实践活动的一个重要领域。

（一）研究性学习的内涵

“研究性学习是学生在教师指导下，从自然、社会和生活中选择和确定专题进行研究，并在研究过程中主动地获取知识、应用知识、解决问题的学习活动。”[①]要深入理解研究性学习，还要从学习方式和课程形态两个视角上作出区分，从而揭示其内涵。

作为一种学习方式，研究性学习致力于转变传统的教与学的方式，倡导新的学习方式、学习态度和学习文化。我们知道，传统的教与学过于注重知识的单向传递，它把学生作为知识的容器，教师则负责把知识灌输给学生，学生成为知识的被动接受者，毫无创新意识，这无疑扼杀了学生的天性。本次课程改革提出了转变学生学习方式的重要任务，而研究性学习即是一个突破口。作为一种自主、主动的学习方式，研究性

① 中华人民共和国教育部．普通高中“研究性学习”实施指南（试行）．2001：1．

学习能够把学习的权利还给学生，为学生自主学习和创新提供空间，使学生真正成为学习的主人。

作为一种课程形态，研究性学习致力于为学生提供一种进行独立探究和自主学习的机会。之所以把研究性学习设置为一门独立的课程，是因为它具有其他学科所不可替代的价值。学科课程往往过于强调本学科的逻辑关系，而很少或几乎没有关注到学生的生活经验，造成书本知识与学生生活经验的剥离。而学生是一个完整的人，教育应塑造学生完整的人格，单靠学科课程是不够的。研究性学习基于学生的生活，让学生从自身生活中发现问题、解决问题。学生从学科中学到的知识是独立的、分离的，而在研究性学习中学到的是整合的知识。而且，研究性学习为学生的动手操作和实践能力的培养提供了现实的课程载体，它让学生既"动脑"又"动手"，促进了学生的知识技能和实践能力的均衡发展。

（二）研究性学习的本质

研究性学习在本质上是一种学习方式。作为一种具体的学习方式，研究性学习具有不同于接受式学习的如下特征：

1. 经验性和体验性。研究性学习的一个重要目的，就是让学生获得亲身参与研究探索的体验，积累实践的经验，并在亲身经历的实践过程中逐步形成善于质疑、乐于探究、勤于动手、努力求知的积极态度。这种经验性和体验性显示出研究性学习跟记忆书本知识的不同之处。

2. 过程性和生成性。接受式学习是学生掌握既定的知识，但研究性学习则是在探究的过程中建构知识、运用知识。研究性学习在内容上具有开放性，学习内容不是特定的知识体系，而是来源于学生的学习生活和社会生活；注重研究的过程而不是结果。

3. 自主性和探究性。在研究性学习中，学生是研究活动的主体，学生的研究活动是自主进行的，学生根据自己的兴趣爱好自主确定研究课题。同时，研究性学习是基于问题解决的一种学习，学习的方式不是被动地记忆、理解教师传授的知识，而是敏锐地发现问题，主动地提出问题，积极地寻求解决问题的方法并探求结论。

但是，为什么我们会在文献中发现诸如"研究性（型）课程""探究性（型）课程""研究性学习课程"等术语呢？它们跟研究性学习又有什么关系？实际上，这些术语的出现是人们将研究性学习看作一种课程形态的结果。上面我们谈到，研究性学习在本质上是人类学习知识、认识世界的一种学习活动和学习方式，但长期以来，在我国的学校教育中占主导地位的学习方式是接受式学习，研究性学习被边缘化，甚至被人为取消。这样，研究性学习在学校教育的传统中受到接受式学习方式的严重挤压，几乎失去了存在的空间。在新课程改革的过程中，为了保证研究性学习的开展，有必要在课程计划中开辟一个相对独立的领域让学生专门从事研究性学习，这样，进入课程计划的研究性学习显然已经成为一种具体的课程形态。因此，上面所提到的“研究性学习课程”实际上就是为“研究性学习方式”的充分展开而提供的相对独立的、有计划的学习机会，在这样的学习机会中，学生运用研究性学习的方式去探究自然、了解社会、体悟生活，从而获得知识、培养能力、发展情意。可见，上面提到的众多术语实际上都是一个意思，表达的无非就是作为课程形态的一种研究性学习而已。

二、研究性学习的理论基础

任何一种事物的存在要经得起时间的考验，必须有其存在的合理性基础，也就是一定的理论依据。同样，合理性是研究性学习在学校教育中存在的前提。可以从认知心理学、建构主义学习理论以及认识论的新发展三个方面寻求研究性学习的理论基础。

（一）认知心理学和有意义学习理论

认知心理学强调人的头脑中的内部认知过程。它抛弃了行为主义学习理论将学习看作是“刺激—反应”之间的联结这种机械的学习理论，认为学习是新知识进入头脑中原有的知识结构从而获得意义的过程。学习是否有意义，取决于学生能否将新的知识与自己的认知结构中原有的有关知识建立起实质性的联系。“认知心理学特别强调个体的内在认知在学习历程中所扮演的角色，重视个体先前知识和技能在整个学习历程中的重要性。”[①]以认知心理学为理论基础的有意义学习理论明确提出，头脑中原有的知识结构是学习的基础，积极的学习心向是学习效果的保证，它强调学习者主动将新旧知识建立联系，从而使外部知识转变为自己知识结构的一部分。

① 林生傅. 教育心理学［M］. 台北：五南图书出版公司，1994：109.

认知心理学的观点对我们的启发是，学习不能脱离认知主体的积极性，不能不考虑认知主体的经验和学习意向而进行知识的灌输。学习是人的本能，好奇心是认知的起点。无论是生活在远古石器时代的儿童，还是生活在当今信息化社会的儿童，当一颗流星带着耀眼的亮光划过天空继而消失在茫茫黑夜中时，这种现象对他们的心灵引起的震撼以及挑起的强烈求知欲都是一样的。从学习的这种最原初的意义上来说，学校教育应保护儿童学习的这种天性和好奇心，因为这是一切有意义学习的基础。研究性学习显然合乎人的学习的这种认知特征，能够使儿童学习的天性和好奇心得以在制度化的学校教育中很好地保持下来。由于研究性学习能够调动学生学习的积极性，使其产生有意义学习的心向，并有机会将新旧知识建立联系，在解决问题中综合运用知识，因此研究性学习更有可能促进学生有意义学习而不是机械学习。

（二）建构主义学习理论

跟传统教育强调知识的静态传授不同，建构主义学习理论关注知识是如何从一种动态的互动中形成的。建构主义理论认为，“知识是由认知主体主动建构的，建构是通过新旧经验的互动实现的；认知的功能是适应，它有助于主体对经验性世界的组织”[①]。在建构主义视野里，世界是客观存在的，但是对于世界的理解和赋予意义却是由个体自己决定的。建构主义学习理论认为，知识不是被动接受的，而是学习者积极建构的；学习是学习者个体主动建构知识的行为；要重视学习者先前所建构的知识和经验，并将学习者已有的知识作为新知识的生长点；强调学习者的自我发展的同时，并不排斥外部的引导，但是反对简单的直接的知识传递。

建构主义学习是一种探究定向的、内在驱动的学习，这种学习正是研究性学习的基本主张。研究性学习是基于探究和问题解决的学习活动，正如教育部在《普通高中“研究性学习”实施指南（试行）》中所指出的：“研究性学习是学生在教师指导下，从自然、社会和生活中选择和确定专题进行研究，并在研究过程中主动地获取知识、应用知识、解决问题的学习活动。”在研究性学习中，学习是一种建构性的活动，只有建构性学习才是最符合学习的本质，最有利于开发人脑的潜力，最

① ［美］斯特弗，盖尔．教育中的建构主义［M］．高文等，译．上海：华东师范大学出版社，2002：9．

能促进人的整体的、可持续发展的学习观。可见，研究性学习符合建构主义学习理论的基本要求。

（三）认识论的新发展

哲学认识论以揭示人的认识问题为己任，以人与知识的关系为基本的研究对象，因此认识论的观点对人的学习具有重要的启发价值。在传统认识论的视野里，人与知识的关系是一种主体、客体二元对立的关系。知识被看作是外在于人的“客观”知识，是需要人去认识的对象。传统认识论将知识看作是需要儿童去占有的“对象物”，由此导致了知识学习过程中的灌输和机械记忆，儿童为占有知识而身心疲惫。

近年来，哲学认识论也在发生新的转向，即在坚持知识的客观性和公共性的同时，承认知识具有的主观性和私人性。这种转向可以从“缄默知识”的研究中窥见其端倪。在传统认识论看来，知识是真理的“化身”，是人正确认识世界的结果。知识是显性的、是理论化的，它可以被分享、可以被传递，因此，这种知识又被称为“公共知识”。对于学校教育来说，其重要功能就是完成人类文化知识的传承，也就是将这些公共知识传递给下一代。无论是教材中体现的制度性知识，还是教师讲授的知识，都属于“公共知识”的范畴。随着认识论研究的不断深入，学者开始探讨与“公共知识”相对的另一种知识，即“缄默知识”。缄默知识是个人化的、实践性的知识，它在很大程度上是不能以语言的方式加以传递和陈述，是与那些可以用概念、命题、公式等明确加以陈述的“显性知识”相对而言的，代表着人类知识总库中那些无法言传、不能明确地以概念或命题等陈述的知识。缄默知识的研究揭示了人的知识结构还有大量实践性的、缄默的知识类型，这就要求学校教育不仅要关注显性知识的传授，还要重视这种缄默知识的积累和养成，因为缄默知识是显性知识的基础和向导。而研究性学习注重学生在解决具体问题的过程中“从做中学”，是积累实践性知识的有效途径，因此研究性学习的开展无疑给学生积累缄默知识提供了机会。

三、研究性学习的价值

研究性学习在我国的兴起有其特定的社会背景，那就是：世纪之交的观念转型和社会变革。这是研究性学习得以在我国扎根生长的社会土壤，研究性学习作为一门课程的价值也恰恰回应了社会变革的需求。

（一）研究性学习可以培养学生质疑、探究的精神，培养综合运用知识解决实际问题的能力

我们认为，研究性学习对传统教育提出的最大挑战是，它不再让学生把书本知识看作是绝对的、固定不变的真理，而是让学生通过自主探究去质疑、去探究，逐步使其形成一种在日常学习与生活中喜爱质疑、乐于探究、努力求知的心理倾向。学会质疑、学会创新是新时代对人才的基本要求，研究性学习体现出了鲜明的时代色彩。同时，研究性学习的开展还可以激活学生的原有知识储备，通过解决实际问题和类似科学家的探究性活动，提高学生综合运用知识的能力。

（二）研究性学习可以使学生发展情意、端正态度、形成正确的价值观

情感、态度和价值观教育是提升品德修养、培养健全人格所必不可少的，但却被传统的课程与教学所忽视。而研究性学习超越了单一的知识目标，把情感态度与价值观教育融入探究和学习活动之中。通过研究性学习，学生可以体悟到要关爱自然、热爱生命；要敢于质疑、不断进取；要尊重他人的想法和成果，培养严谨的科学态度；要具备克服困难、百折不挠的意志品质等。通过研究性学习，学生也懂得了科学知识对于自然、社会与人的意义和价值，学会关心国家、社会和他人，从而使自己的精神境界得到升华，塑造完满的道德人格。

（三）研究性学习让学生学会参与、学会合作

参与、合作的意识和能力是现代人所应具备的基本素质，研究性学习是培养这种素质的理想途径。它允许并鼓励每一个学生参与其中，提供了一个有利于沟通、交流与合作的良好空间；它加强了学生之间的交流和合作，培养了合作学习的能力，并增强了团体的凝聚力，增进了同学之间的友谊。研究性学习的过程，实际上就是一个参与、合作的过程，在这个过程中，学生可以培养乐于合作的团队精神，学会交流思想并分享研究成果，在欣赏自己的同时，也学会欣赏别人。因此，从根本上来说，研究性学习创造的是一种新型的学校文化和学习文化，而参与、合作构成了这种文化的内核。

当然，研究性学习对教师提出了全新的挑战：教师将失去对学生学习内容的权威和垄断，教师所扮演的不再仅仅是知识的传递者的角色，

更应该是学习的促进者、组织者和指导者。每一位教师都应当以一种积极的心态去迎接这些挑战，促进专业发展，努力提高自身修养，使自己具备指导学生进行研究的综合素质和能力。

四、研究性学习在中小学的实践

在推进新一轮基础教育课程改革的过程中，研究性学习的开展一直为广大教师所关注。如何开展研究性学习？如何指导学生设计研究性学习的方案？这是很多教师在实施新课程的过程中感到很棘手的一个问题。尽管这一问题已经不新鲜，但随着实践探索的不断深入，从新的角度对其作出探讨仍然具有很强的现实意义。

（一）研究性学习的活动构成

一般认为，研究性学习是学生通过一系列的探究活动而进行学习的一种学习方式，“活动”是研究性学习得以展开的依托。因此，开展研究性学习首先要明确研究性学习究竟包括哪些类型的活动，然后才能根据这些活动类型来对研究性学习的方案进行策划和设计。那么，研究性学习究竟包含哪些活动类型呢？我国著名课程论专家钟启泉先生曾指出，要培育学生多种实践技能，需要注重“3E”的活动构成，即英语词汇的第一个字母都为E的三种活动——“探究”（explore）、“表达”（express）、“交流”（exchange）。[①]这种理解为分析研究性学习的活动构成提供了新的视角。从这个视角可以发现，研究性学习是围绕探究、表达和交流这三种核心活动而进行的一种综合学习，借鉴这种观点，可以建构一个由探究、表达、交流三维活动组合起来的“3E综合学习模型”（如图1-1）。对于什么是综合学习、探究、表达和交流，我们再作一简单分析。

① 钟启泉，安桂清．研究性学习理论基础［M］．上海：上海教育出版社，2001：151．

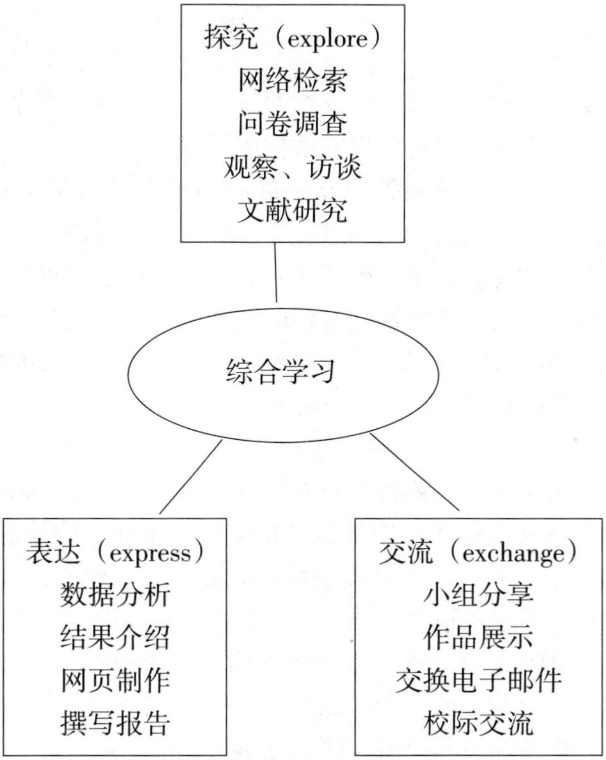

图1-1：研究性学习的“3E综合学习模型”

1. 综合学习

现代教育制度的确立是以分科教学为其基本特征的，最有效地传授作为法定课程内容的制度性知识是分科教学的基本追求。这种分门别类地传授学科知识的分科教学可以有效、系统地将知识传递给下一代，但往往自觉不自觉地忽视了学生认知领域之外的发展目标。从学生均衡发展的角度来看，要对分科教学的弊端作出纠正，则需要借助综合学习来发挥分科教学之外的教育功能。综合学习致力于克服分科学习所体现的认知主义对生活知识和经验的漠视，寻求学生在个性、身体、情感、认知、价值观和态度以及实践技能等方面的整体发展。研究性学习体现了综合学习的价值导向，尤其是在实践技能方面则有效弥补了分科学习的不足。分科学习强调的是通过各门学科知识的传授而发展学生的认知能力；综合学习则在发展学生认知能力的同时，也关照了实践技能的发展。

2. 探究

研究性学习是相对于接受式学习而言的，探究活动贯穿于研究性学习的整个过程。因此，学生的探究就构成了设计研究性学习方案的基本维度。所谓“探究”，就是针对某一问题而展开的搜集信息、调查分析、获得数据和得出结论的活动过程。在研究性学习中，学生进行的探究不同于成年人的探究，带有模仿学习的性质，更加追求探究的过程对学生整体发展的价值。研究性学习中的探究活动主要包括：通过各种途径收集资料（包括通过网络和多媒体整合各种资源）、问卷调查、观察、访谈以及文献资料的阅读和分析等。

3. 表达

表达既包括了认知主体将零散的信息加以整合从而认识事物性质的内部认知过程，又包括了将内部认知结果公布于外界的外显行为过程。因此，表达是学生整理思路、发表见解和提出创新性成果的基本手段，是体现研究性学习活动得以开展的基本途径。如果没有表达活动，学生就没有机会整理探究中的发现和得出的结论；如果没有表达活动的介入，教师就无法对学生的活动状况作出指导和评价，学生同伴之间也不能相互知晓，进行探讨和交流。研究性学习中的表达活动主要包括：数据分析、结果介绍、网页制作和撰写研究报告等。

4. 交流

交流是学生向外界公布研究结果、发展其沟通表达能力的主要途径，也是学生获得成功体验的重要手段，因此交流构成了设计研究性学习活动的另一基本维度。如果说分科学习以学生个人自主性的学习活动居多的话，那么在研究性学习中，学生之间的合作学习则居多，他们需要信息的沟通与交流，需要小组合作共同解决问题。这样，交流就显得尤为重要。研究性学习中的交流活动主要包括：小组分享、作品展示、交换研究心得（包括以电子邮件的方式进行）以及校际之间的观摩与交流等。

（二）研究性学习的目标

作为综合学习的一种具体方式，研究性学习强调对所学知识、技能的实际运用，注重学习的过程和学生的实践与体验。因此，在目标上研究性学习不仅关注认知目标，还关注实践技能目标和情感态度价值观的养成。教育部在《普通高中“研究性学习”实施指南（试行）》中规定，研究性学习要体现如下目标：“（1）获得亲身参与研究探索的体验；（2）培养发现问题和解决问题的能力；（3）培养收集、分析和利用信息的能力；（4）学会分享与合作；（5）培养科学态度和科学道德；（6）培养对社会的责任心和使命感。”[①]教师在指导学生设计研究性学习活动方案的时候，需要考虑这些目标的达成。这样，研究性学习的目标为方案设计提供了导向，是学生进行研究性学习活动的指针。

第一，要为学生获得亲身参与研究探索的体验而创造条件、提供机会。研究性学习强调学生通过自主参与类似于科学研究的学习活动，获得亲身体验。这种体验的机会应面向全体学生，调动他们的积极性，使其真正参与而不是游离于活动之外。

第二，研究性学习的活动要以发现问题和解决问题为核心，培养学生解决问题的能力。研究性学习通常围绕一个需要解决的实际问题展开。在学习的过程中，通过引导和鼓励学生自主地发现和提出问题，综合运用所学知识设计解决问题的方案，收集和分析资料，调查研究，得出结论并进行成果交流活动。通过这样的研究过程，学生才能发展其获得信息、处理信息的能力，为将来真正的研究奠定基础。

第三，研究性学习活动的开展需要小组合作，而不是“单打独斗”。这样，学会分享与合作就成为研究性学习的重要目标。合作的意识和能力，是现代人所应具备的基本素质。研究性学习的开展将努力创设有利于人际沟通与合作的教育环境，使学生学会交流和分享研究的信息、创意及成果，发展乐于合作的团队精神。

第四，通过研究性学习的开展，还要培养学生的科学态度、科学精神和科学道德，培养学生对社会的责任心和使命感。学生要认真、踏实地探究，实事求是地获得结论，尊重他人的想法和成果，养成严谨、求实的科学态度和不断追求的进取精神，磨炼不怕吃苦、勇于克服困难的意志品质；通过社会实践和调查研究，学生要深入了解科学对于自然、社会和人类的意义与价值，学会关心国家和社会的进步，学会关注人类与环境和谐发展，形成积极的人生态度。

（三）以目标为导向、以活动构成为基础的方案设计

研究性学习方案的设计是开展研究性学习的第一步。那么，如何设

---

① 中华人民共和国教育部. 普通高中“研究性学习”实施指南（试行）. 2001：1

计研究性学习方案呢？我们认为，这需要考虑两个方面。一方面是，研究性学习的目标为活动方案的设计提供了方向和指针，方案的设计要体现研究性学习的总体目标；另一方面是，方案的设计要包含研究性学习基本的活动构成要素，即涵盖探究活动、表达活动和交流活动。将研究性学习的目标与活动构成整合起来考察，这就是一种以目标为导向、以活动构成为基础的研究性学习方案的设计思路。

深入分析研究性学习的一系列目标可以发现，研究性学习活动所追求的这些目标体现在三个层面上：认知层面、技能层面和价值层面。结合研究性学习的活动构成，我们可以对研究性学习的目标和活动作出如下分析：

1. 认知层面的目标

在认知层面，学生通过研究性学习活动探索自然世界和生活世界，从而获得知识、建构意义。从研究性学习的活动构成来看，探究活动和表达活动是实现认知层面目标的主要途径。在探究活动中，学生可以通过自己的努力获得关于事物的认识、积累经验并增长知识，结合自己的知识背景体会所搜集的信息的意义。在表达活动中，学生有意识地总结自己所获得的信息资料，将自己的发现表达出来，把自己通过探究活动而取得的信息表达成可以与同伴分享的知识和观点。

2. 技能层面的目标

在技能层面，学生需要达成的目标是分析问题、解决问题以及合作、交流与表达等一系列的技能。从研究性学习的活动构成来看，这些技能体现在学生“动手做”的探究过程中以及表达与交流的活动中，因此，通过研究性学习三种类型的活动的开展，可以达成这个层面的目标。譬如发现问题和解决问题的能力，收集、分析和利用信息的能力以及分享与合作能力等等，都属于技能层面的能力，通过研究性学习探究、表达、交流三种活动的开展可以有效达成。

3. 价值层面的目标

在价值层面，学生要达成的目标包括科学态度和科学道德、对社会问题的价值判断以及社会责任心和使命感等。价值层面的目标应贯穿于所有活动中，因为它对学生的活动起着价值引导的作用。在研究性学习中，学生获得的不仅是知识和技能，更重要的是通过研究、表达和交流活动，他们能够获得对自然和社会以及他人的正确看法，通过各种活动体验去理解人与自然、人与社会以及人与人之间的关系，在活动过程中形成正确的价值判断以及道德人格的养成，最终培养正确的人生观和价值观。

通过分析可以发现，研究性学习的开展关键在于合理设计活动方式从而达到既定目标。这样，在设计研究性学习方案的时候，首先要从认知、技能和价值层面分析研究性学习的总体目标，对这三个层面的目标作出具体分析，如有哪些具体目标、达到什么程度等等；然后根据目标的要求进行活动分析，在探究、表达和交流这三种活动类型中设计和选择相应的活动并具体化。这是一种综合性的设计，符合研究性学习作为一种综合学习的基本特征。

（四）研究性学习中的教师指导

尽管研究性学习强调学生进行自主探究与发现，但不能因为强调学生在研究性学习中的自主性而淡化了教师的作用。实践证明，教师的正确指导是学生顺利开展研究性学习的保证。教师是研究性学习的直接参与者，他们对研究性学习理念的把握、对活动方案设计的指导以及对研究程序熟悉的程度等都直接影响着研究性学习开展的效果。可以说，教师的指导是研究性学习顺利开展的至关重要的保证，没有教师的组织、指导与帮助，学生很难自主进行探究式的学习活动。

1. 对学生选择研究课题进行指导

学生往往对选择什么样的研究课题比较困惑，迟迟不能决定研究什么。在这种情况下，教师要积极进行引导，调动学生的兴趣和知识背景，帮助他们理清思路、确定适合自己的研究题目。教师要帮助学生明确所选课题的意义、内容以及所要解决的问题；确认研究方案是否切实可行，如研究所需的人力、物力、财力、时间等条件是否具备。还有，学生对于研究的课题也不能很好地把握，教师要帮助他们确定，题目是否过大，要易于研究实施的深入；要找准问题的切入口，要易于研究实施的着手；研究活动所需资料是否来源多，是否容易搜集等。

2. 研究方法指导

主要告诉学生进行课题研究的一些方法论方面的知识和研究技能。确定适当的研究方法对于研究性学习活动的开展非常重要，因为不同类型的探究活动需要不同的研究方法。在这方面需要教师向学生介绍常用的科研方法、资料收集和分类的方法，如观察法、问卷调查法、文献法、案例分析法等。此外，学生在如何收集资料、处理信息等方面也缺少经验，教师要帮助学生去收集、处理信息和数据。实践证明，学生在研究方法方面遇到的困难很多，因为在日常学习中他们主要是记忆和理解书本知识，对于如何开展研究则几乎没有涉及。这就需要教师加强研究方法的指导。

3. 及时进行心理疏导和耐挫折教育

在开展探究活动的时候，学生可能要面临很多课堂教学中不曾遇到的问题，譬如要走出校园、要进入很多陌生的情境。由于学生缺乏实践经验，因此很可能遭遇一些挫折或者不开心的问题。在这种情况下，不少学生在遇到挫折时难免会心灰意冷，这就需要教师及时进行耐挫折教育，以培养学生遇到困难不退缩、坚忍不拔的精神和意志力；通过给予引导和强化而让他们学会合作，发展学生乐于合作、善于合作的团队精神。当然，在研究性学习过程中教师要促使学生主动参与研究活动，从而获得积极的情感体验，以培养他们主动求知、乐于探究的心理品质和勇于创新的精神。

从教师的指导活动也可以看出，在研究性学习中教师的角色发生了很大的变化，由原来的管理者、解释者和评判者转变为合作者、协调者和服务者。在研究活动的整个过程中，学生是活动的主体，教师考虑更多的是怎样更好地给予指导，教给学生正确的学习态度、研究技能和思维方法。这是研究性学习活动开展的重要基石，也是教师在新课程改革中需要担当的重要职责和使命。

第四节　STS课程

20世纪70年代以来，STS（即科学、技术、社会，英文为Science，Technology and Society）课程就一直在科学教育改革的舞台上扮演着重要角色。随着我国科学课程改革的不断推进，我们需要对STS课程进行重新认识，深入挖掘它所承载的教育意义，明确科学教育改革的走向，以为我国面向未来的科学课程改革提供借鉴和思路。

一、STS课程的提出背景

STS课程的提出有着复杂的社会背景。通过系统梳理相关文献我们发现，STS课程的提出至少有如下三大背景：

（一）人们对科学技术成就带来的负面效应进行的深刻反思

20世纪的科学技术成就在极大推动人类物质文明的同时，也不可避免地带来了一系列负面效应。科学发明和技术创新提高了人类改造自然的能力，但随之而来的是，人类对自然施加的作用逐渐超过地球自然系统自我调节和承载的能力，自然界的生态平衡受到威胁，由此带来了人口、环境、资源、能源、社会秩序和伦理道德等一系列社会问题。于是，在大多数人为科技昌明而欢欣鼓舞的时候，不少科学家和社会学家则表达了他们的忧虑。例如，1972年3月，“罗马俱乐部”发表了题为《增长的极限》的报告。这篇报告的发表无异于对科技乐观者的一记当头棒喝，立刻引起了爆炸性的反响。科学和技术的本质是什么？人类能否驾驭科学技术的发展？如何看待科学的价值和社会功能？如何对年轻人进行科学教育？这些思考进入人们的意识层面则表现为一种新的社会意识和思潮，要求反思科技理性和技术异化，全面看待科学、技术、社会和人的存在之间的关系，这为STS课程的产生奠定了思想基础。

（二）人们对科技理性的批判以及由此导致的社会意识变革

在西方，第二次世界大战以来人们对科学技术负面效应的深刻反思逐渐集中在对科技理性的批判上，而这种批判最终也对整体的社会意识产生了深刻影响。早在20世纪初，胡塞尔就对当时的科技发展保持一份低调，认为“完全有必要对一切科学的科学性作严肃认真的和十分必要的批判”，认为“科学的‘危机’表现为科学丧失生活意义”。[①]在胡塞尔之后，很多思想家、哲学家以及他们所代表的哲学和社会科学思潮继续对科技理性进行批判，譬如现象学、批判理论、存在主义和后现代理论等等。这些批判深入科学技术发展的背后，揭露人类对待科学技术的意识根源，即由对科技的盲目崇拜而滋生的“科技理性”。这些反省和批判最终导致了社会意识的整体性变革。譬如，20世纪80年代以来价值理性的复苏；科学教育和人文教育的融合已成为教育发展的趋势；

① ［德］埃德蒙·德胡塞尔．欧洲科学危机和超验现象学［M］．张庆熊，译．上海：上海译文出版社，1988：5-6．

“科学发展观”在我国得到了广泛的认同和落实等。

（三）20世纪中后期的西方科学教育危机

这方面是STS课程产生的最直接动因。首先是新的“科学范式”及其带来的认识方式与科学教育的传统产生了矛盾。1962年，库恩指出，“科学革命”的实质就在于科学范式的转换。库恩的范式理论不仅挑战了传统科学教育的基本假设（让学生接受作为真理的科学概念、定理），而且也影响了人们对获得科学知识的认识。其次，20世纪60年代的科学课程改革及其影响下的科学教育忽视了人文社会学的视野，越来越不能回应社会问题提出的挑战。20世纪60年代的科学课程在培养目标上致力于培养各学科领域的专家和各技术领域的专家；在课程内容上注重科学知识的逻辑结构，强调课程内容的高难度；在教学方法上崇尚发现学习，让学生像科学家一样去探究问题、发现知识。科学主义指引下的科学教育重社会、轻个人，重物质、轻精神，重实利、轻人文，忽视了教育功能的整体性，导致学生不能很好地适应社会的要求，不能很好地理解科学技术的社会意义。因此，20世纪70年代以来西方科学教育界开始致力于反思这种科学教育传统，譬如倡导环境教育、“科学素养”概念的提出以及“科学为大众”理念的广为认同和传播等。

尽管对这些动因人们能够达成共识，但并没有形成一个具体明确的、广为接受的关于STS课程的定义。而且更为复杂的是，学术界对于STS课程一直存在冲突性的观点。“在STS运动中，有些人反对编写STS课程纲要，反对拓展STS使其成为一门科目并编写教科书，反对提出新的概念体系，或者进行新的考试以评价学生正确回忆新概念和发展过程技能的程度。”[①]在反对设置STS课程的人的视野里，STS代表了科学教育的“范式转换”，意味着摒弃传统科学教育的思路而重新确立新的范式。将STS课程作为一门学科，进而拟订课程纲要、编写教科书、开发评价工具以对学生的学习情况作出评价，这些都是传统科学教育的基本做法。如果还是沿着这样一条途径推进STS教育，那么无疑又重蹈传统科学教育之覆辙。

任何教育思潮和教育理想的实现，必须要落实到课程与教学的层面上来，因此也就必然体现为一定的课程形态和课程实施方式。在这里，

① Yager R E. Science/Technology/Society As Reform in Science Education. New York: State University of New York Press, 1996: 13.

我们需要对“课程”作出新的理解。我们不能在传统科学教育的框架内将课程理解为预定的教学目标、系统的分门别类的知识体系和概念结构，不能将课程简单地理解为课程大纲和教科书。STS课程所追求的根本旨趣在于改变科学教育通过强化科学概念和基本科学原理而对学生进行学术训练的精英主义传统，去关注科学和技术在具体社会情境中的综合运用，使科学教育服务于大众的科学素养、价值、态度和道德的和谐发展。因此，为了体现这种追求，在具体的表现形式上，STS教育打破了知识中心和分科主义的课程开发传统，将科学和技术还原到既有的社会情境中，围绕一定的问题和主题组织课程。这种做法实际上是对“科学课程”的一种“概念重建”，即科学课程不是知识形态的教学内容的提炼，而是在社会情境中通过对科学和技术的理解和运用而重新理解科学课程的形态及功能。

二、STS课程的含义及基本类型

STS课程是当代西方科学教育改革的产物，是综合进行科学、技术、社会教育的所有课程形式的总称，它以开放的形式将科学知识跟技术与社会有机融合在一起，关注科学和技术在具体社会情境中的综合运用，使科学教育服务于大众的科学素养、价值、态度和道德的综合发展，是STS教育思想在学校课程上的具体体现。

STS课程是综合课程的一种具体表现形式。既然是综合课程，那么我们就可以从两个维度来界定其性质：其一是综合的范围；其二是综合的程度。前者说明的是STS内容的广泛性，它涵盖了科学技术、社会问题等广泛的内容；后者则说明这些广泛的内容是在多大程度上被整合在一起的。由于在范围上各种各样的STS课程并没有多大差异，因此我们可以根据STS课程跟科学内容相融合的程度和方式，以及社会问题跟科学知识内容之间的比例关系，对STS课程作出一些大致的分类。

（一）以科学概念和原理等基本知识为主导的STS课程

在这种类型中，STS课程内容的组织主要根据传统科学课程对知识的选择和安排的组织方式来进行，只不过增加了看待科学和技术问题的社会视角，STS课程内容在全部课程内容中的比例一般少于20%。学生在学习的过程中主要学习科学知识和基本概念、命题，但也要求他们联系社会生活去思考问题。在具体的课时分配上，有关STS课程的内容占课时很少。这样做的基本出发点在于提高学生学习科学知识的兴趣，其核心问题还是科学知识的掌握，因此在评价的时候对涉及STS课程的内容基本上不予考察，或者考察很少。美国的《哈佛物理方案》和《科学和社会问题》、加拿大的《尼尔森化学》、英国的《化学互动教学单元》等，都属于这类课程。

（二）科学知识和社会问题交融的STS课程

在这类STS课程中，各门科学知识和概念原理被放置在STS框架内进行阐述，STS课程内容成为科学知识的“组织者”。科学知识以主题的形式，结合技术应用和社会问题被呈现出来，这使得STS课程内容跟科学知识交融在一起，二者的比例相差不大。在选择主题的时候，可能是某一门学科的知识，也可能是多门学科的知识，但不是系统地、严格地根据学科逻辑进行安排。在这类STS课程中，传统科学课程的逻辑体系和概念框架被彻底打破，技术应用和社会问题得以彰显。对STS课程内容的这种安排已经不再是为了单纯提高学生学习的兴趣，而是让学生在更广阔的社会背景下理解科学和技术问题，而且强调科学知识的技术运用。在评价时不仅考查科学知识的内容，而且还要考查对STS课程内容的理解。英国的《社会中的科学和技术》和《探索科学本质》、美国的《全球科学》、荷兰的《荷兰环境教育方案》等，都属于这类课程。

（三）以社会问题为主导的STS课程

在这类STS课程中，有关STS课程的内容占据主导地位，在数量上超过科学知识的比重，强调科学知识和技术发展与社会生活的联系，更加突出社会问题。科学知识不再被系统讲授，而是服务于解决社会问题和技术应用问题。组织课程内容的主线是当代社会生活中与科学技术发展有关的重大问题，一些社会科学研究的内容也被纳入其中，当然仍然涉及基本的科学知识和科学原理。在评价时，主要考查学生对社会问题的理解，以及运用科学技术手段解决社会问题的能力。美国的《邦格计划》是一个典型。该课程在内容上涵盖六个大的领域：理科知识、公民与社会、英语、阅读、写作以及交流。[①]此外，英国的《科学与社会》、美国的《价值与生物》以及加拿大的《当今问题》等都属于这一类课程。

① 钟启泉．国外课程改革透视［M］．西安：陕西人民教育出版社，1993：216.

三、STS课程的基本特征

STS课程是综合地进行科学、技术、社会教育的所有课程形式的总称。它以开放的形式将科学知识跟技术与社会有机融合在一起，关注科学和技术在具体社会情境中的综合运用，使科学教育服务于大众的科学素养、价值、态度和道德的综合发展。总体而言，它具有如下特征：

（一）课程内容的综合性

STS课程内容的综合性体现在两个方面。一是科学知识的选择不再是“学科本位”，而是打破了单一学科的界限，在某一学习主题中融合了物理、化学、生物、地理等知识，体现出学科知识的融合性。例如，在《社会中的科学和技术》中，“Ashton岛——可再生能源问题”主题就涵盖了物理知识（如能的概念）、化学知识（如利用有机物生产甲烷）、生物知识（如植物通过光合作用可以提供植物能）、地理知识（如岛上的地理位置以及矿产分布）等等。①二是将科学知识、技术应用和社会问题融合在一起，打破了以科学的知识、原理和命题为逻辑线索组织课程的传统思路，体现出科学、技术和社会三个要素的密切联系。

（二）课程目标的多元性

由于对课程功能的理解和价值追求不同，STS课程有着复杂的课程目标，不同的STS课程方案其目标差异很大，体现出课程目标的多元性。总的看来，STS课程致力于提升学生的“科学素养”，而不仅在于让学生掌握基本的科学概念和原理。科学素养的形成需要掌握基本的科学和技术的概念与原理，也需要学会运用科技知识服务于社会生活，还需要理解科学和技术对社会的影响，从而培养科学的态度和社会责任感。这决定了STS课程在目标设定上是多元的。例如，美国爱荷华州对STS的评价从六个领域作出了相应的规定，这六个领域是：（1）概念领域（掌握基本的内容结构）；（2）过程领域（学会科学家在探究科学知识中所用的技能和方法）；（3）应用和关联领域（在新的社会情境中运用科学概念）；（4）创造领域（多提出问题并提高问题的质量，对问题作出解释并预测结果）；（5）态度领域（发展与科学、科学探究和科学职业相关的更为积极的情感）；（6）世界观领域（帮助理解并运用基本的科

① 社会中的科学和技术［M］.董振邦等，译校. 青岛外国教材研究所主编. 青岛：青岛出版社. 1995：37-42.

学知识，也就是质疑、解释并检验自然世界中的客体和事件)。[①]

（三）情境性和实践性

STS课程关注真实的问题情境，在具体的社会情境中加深学生对科学和技术的理解。STS课程不仅呈现学生需要掌握的基本科学知识，同时还提供学习基本概念和过程技能的情境，提高学生学习的兴趣以及养成正确的价值观和态度。STS课程的实践性则体现为以学习者为中心，综合运用各种课程资源为学生的实践和技术运用创造条件。很多STS课程的学习主题都开始于学生的问题和兴趣，在教师的帮助下学生明确问题，然后展开调查实践活动。在这个过程中学生要决定运用哪些资源以及是否进行实验以收集信息，从而帮助其解决问题。

（四）课程实施的灵活性

STS课程的实施摆脱了传统科学教育的操作模式——教师讲授知识、学生阅读教材并回答问题，而是采用了更加灵活的实施方式，用英国STS教育专家所罗门的话来说，它是“问题导向”的——包含了各种各样的实践活动、调查、讨论、辩论和质疑。在实施STS课程的过程中，教师经常说的不再是“你要记住……”，而是“我不知道，我们一起来发现答案”，或者“科学不能解答这个问题，这是个公共的社会问题”。这种灵活的实施方式是由STS课程本身固有的综合性和实践性决定的，由于课程目标的多元化和对问题情境的关注，STS课程的实施不能以知识为中心，必须兼顾技术应用和对社会问题的反思，这样学生才能形成对科学技术的批判态度和社会责任感。

四、从STS课程看当今科学教育改革的走向

STS课程形式多样、不拘一格，没有适用于所有STS课程形式的统一的课程目标，也没有固定的标准化的内容框架，只不过它们都体现了STS教育的理念，在价值取向和教育追求上都归属于同一个阵营而已。跟传统科学课程相比，STS课程彰显如下四大基本理念和追求，它们代表了当今科学教育改革的基本走向。

（一）强化科学教育的价值维度，在科学技术和社会的关系上，强

① Yager R E. Science/Technology/Society As Reform in Science Education. New York：State University of New York Press，1996：51.

调价值取向

自从启蒙运动以来，科学就被看作是“对自然的表征”，不同学科的知识反映了这种表征的不同侧面。科学知识揭示了自然规律，是对自然现象和客观事件的描述，跟人类本身的社会生活似乎没有联系。因此，科学教育是“价值中立”的，是“道德无涉”的。科学教育的这种传统主导了很长的一段历史，直到第二次世界大战之后，人们才开始慢慢认识到科学与社会的联系，尤其是通过技术运用而与社会生活产生的联系。科学知识是客观的，但在科学知识作用于社会生活的过程中，却产生了价值判断，因此科学教育不能人为地回避价值和态度问题。“科学教育应传递一种对待科学和科学事业的态度。科学在当代文化中的地位以及科学家在当代社会中扮演的角色，在很大程度上是由课堂中科学知识传授的方式决定的。”①科学教育的这种新的使命需要由一定的课程形态来负载，于是STS课程的诞生就回应了科学教育改革的这种必然的要求。在各种各样的STS课程形式中，科学概念、技术应用与社会问题情境的融合是其基本的组织模式。“社会问题情境”这一要素的加入为价值和态度的渗透拓展了空间，这让学生有机会去体悟“科学是双刃剑”这一隐喻的真正意义，从而凸显伦理与道德对科学探究与技术活动的价值引导。

（二）摒弃科学教育的精英主义传统，倡导民主的、实用的、大众的科学教育

西方学者之所以称STS为科学教育的“新范式”，主要在于STS课程改变了过去以知识传授为中心、强调学术训练的科学教育范式，开启了注重科学应用和面向大众的新教育范式。传统的科学教育范式的根源在于启蒙运动所确立的理性主义的认识论传统。在这种认识论的支配下，科学知识是人类最高的理性，是真理的象征，因此科学教育的最终目的在于通过教育活动而传承科学知识、认识自然世界。于是，传统科学教育致力于通过严格的学术训练而培养科学人才，逐渐形成了精英主义的教育传统。STS课程体现出一种新的转向，这种转向在如下方面体现出“范式转换”：在课程内容的选择上，强调科学、技术和社会的相互关系，由此导致自然科学、应用技术和社会科学的交叉和兼容；在对待科

---

① Ziman J. Teaching and Learning about Science and Society. Cambridge: Cambridge University Press, 1980: 13.

学和技术的关系上，技术的因素比过去得到了更多地强调，关注科学知识的应用价值；在课程实施上，强调参与和探究的方法，体现出“科学为大众”的民主精神和实践性价值取向。这些转向表明人们越来越认识到科学技术不是少数“科技精英”的事业，它影响着每一个人的日常生活，因此社会的每一个公民都理应理解科学并学会运用技术。STS课程尽管仍然担负着科学教育的重任，但已经淡化了精英主义的追求，而是透射出浓厚的平民化色彩，使“科学素养”的概念逐渐深入人心。

（三）科学教育从注重“知识体系”到注重“探究过程”

科学教育的目标追求是什么？近代以来科学的发展和科学教育的传统似乎都在强调科学知识的重要性。“启蒙运动传统的科学教学目标是传递脱离情境和价值中立的知识体系。”[①]然而，20世纪中期以来，尤其是20世纪80年代之后，西方科学教育界在对传统科学教育进行深刻反思之后提出了STS的教育理念，并把“科学素养”作为科学课程的目标，由此动摇了“知识至上”的科学教育传统。“科学素养”的概念有机整合了科学知识与科学方法、科学态度、道德与价值观、个人发展和社会发展等不同维度，折射出科学教育理想的一种新指向。STS课程说明，科学教育不仅仅是了解科学知识、记忆科学结论，还要培养学生进行科学探究的能力，培养每个公民都应具有的科学素养。长期以来，科学教育注重科学知识的系统传授，强调学生对科学命题和结论的记忆和认知，注重的是科学的“知识体系”。在新的时代，科学教育必须突破单纯强调“知识体系”的传统，而给予科学探究的方法和过程以重要的地位，突出“探究过程”对学生形成科学素养的积极意义。

（四）关注科学伦理道德，注重科学精神和科学态度的培养

从科学哲学的角度来看，科学是文化的衍生物，是一种文化过程。科学表现为各种科学的知识和科学探究的方法，同时也内在地蕴含着科学事业所遵循的价值标准和价值体系。因此，真正的科学教育应该既包含着具体层面的科学知识和科学方法的传授，也包含着抽象层面的科学伦理道德的培养。所谓的“科学伦理道德”，无非指的就是科学和科学研究所具有的价值标准和信念系统，具体体现为科学研究中人们的行为规范，以及负载在这些行为规范之上的科学精神和科学态度。STS课程

---

① Bandiera M et al（ed.）. Research in Science Education in Europe. Dordrecht：Kluwer Academic Publishers，1999：232.

强调“社会”这一范畴的教育价值，它内在地要求对学生进行科学精神和科学态度的培养。(1) 科学教育要培养学生对事实和证据的尊重。事实和证据是解释现象、作出结论的基础，科学的研究和发现都是在事实和证据的基础上产生的。科学教育要注意从小培养学生形成对事物的独立看法，进行有根据、有条理的思考。(2) 科学教育要培养学生善于质疑、进行批判性思考的能力。科学的进步离不开质疑和追问，科学前进的每一步都是征服未知世界的一次胜利。而且，要让学生在质疑中养成批判性思考的能力，知道对其他探究结果提出质疑是科学探究的一部分，合理的怀疑和质疑是科学进步的重要动力。(3) 科学教育要培养学生坚持不懈、孜孜以求的精神。要让学生知道，通往科学殿堂的路途从来就不是平坦的，而是布满了荆棘和坎坷。为了进行科学的探究和发现，就必须培养坚持不懈、孜孜以求的精神。(4) 科学教育要培养学生严谨求实的科学态度。科学研究的态度问题是当前科学教育应该关注的重要科学伦理道德问题。学风浮躁、学术失范和科学不端行为等科学道德诸问题是科学进步的天敌，是在根本上违背了科学伦理道德的。要让学生从小就养成严谨求实的科学态度，与科学研究中的歪风邪气作斗争，这样才能为科学的发展作出贡献。

第二章 课程的知识谱系

诚如家谱记载着一个家族的血脉传承一样，一个学术性学科必须拥有自己的知识谱系，由此界定特定的研究领域并获得自身的学术身份。在人们对课程问题进行不断研究的过程中，课程论得以确立起自身的理论体系和概念框架，并形成了具有明显特征的知识谱系。在本章，我们将在从宏观上分析西方课程理论谱系的基础上，梳理西方以“七艺”为代表的古典课程的传统，并以诠释课程思想和批判课程理论作为重点，阐述当代课程的知识谱系。

第一节 西方课程理论谱系概况

在西方，有关课程的思想源远流长，发展到今天已经形成了繁杂的课程理论体系和流派。它们之间既相互关联又相互区别，由此编织成一张巨大的“知识之网”。在这张知识网络中，有没有一些主线将其予以贯穿呢？显然，要厘清这些主线，需要从源头上做一些考证与辨析的工作，而谱系学的方法恰恰为我们理解西方课程理论谱系的流变提供了新的视角和方法论的基础。在本节，我们将在界定什么是课程谱系的基础上，对西方课程的谱系源头进行梳理，并结合当代课程语境予以诠释。

一、课程谱系界说

要梳理课程谱系的发展脉络，依托的基本方法就是谱系分析。从生物学上来说，谱系表述的是一个家族各世代成员数目、亲缘关系、特定基因和遗传标记在该家族内的传递、表达和分布的记载。对生物的谱系进行分析可以获得很多有价值的信息，比如谱系分析在医学上就是了解遗传病的一种常用方法，它通过分析家族中各成员的特征来推断某一性状或某一疾病在该家族中的遗传方式。在课程领域，不同时代的教育目的和价值诉求都会投射到课程这一载体上去，因此在长期的历史发展中，教育目的和价值观的多样性决定了课程思想的差异性。这种差异性恰恰是谱系分析可以抽取和提炼的。我们可以通过课程谱系的分析和比较来阐述不同课程理论的价值追求和发展轨迹。

课程来自于生产生活的需要，来自于文化传承的需要，这是课程概念的根脉。在教育发展的过程中，课程的概念却在不同时期、不同地域有着不同的表达，这正如家谱一般，尽管有着血脉的相似性，但毕竟还有“变异”的存在。这些“变异”，逐渐形成课程概念和理论族谱的不同支系，总的来看主要有三：“职能课程”谱系、“理性课程”谱系和“经验课程”谱系。这些谱系沿着各自的脉络发展，同时又互有渗透和交融，最终形成了今天课程理论的丰富性和多样性。下面，我们将对各种谱系择其要而简述之。

二、“职能课程”谱系

古代西方课程的功能非常明确，那就是服务于人的某种需要。例如，斯巴达王阿基昔拉作了十分简明的解说，当有人问最适合男孩子学习的是什么时，他回答说：“他们应学习他们成丁之后所要做的事情。”[①]显然，为了胜任成人的工作，年轻人都要经受特定课程的训练，课程一开始就是服务于人的生活的。这种解释尤其对于生产力不发达的古代社会更有吸引力。毕竟，通过课程的学习获得一技之长从而拥有存身立命的资本，这是个人生活的第一要务。当这种理解上升为族群的经

① ［美］布鲁巴克．西方课程的历史发展．载于瞿葆奎．教育学文集（课程与教材）［M］．北京：人民教育出版社，1988：44．

验，那么，“职能主义”取向的课程理论就具备了坚实的基础。

“职能课程”谱系强调课程的功用，从一开始就为课程打上了功利主义的色彩。在古代社会，儿童的教育既着眼于获得谋生的手段，同时又受制于统治阶级的需求和制度规训。在古希腊的斯巴达，勇敢的武士被看作是国家强盛的基础，教育的目的就在于把奴隶主贵族子弟培养成体格强壮的武士。于是，所谓课程，就是有助于培养健康体魄和顽强意志的军事训练内容，如赛跑、跳跃、掷铁饼、投标枪、角力、骑马等。同样是古希腊，雅典的课程设置则截然不同。雅典城邦是民主政体形式，为了参与城市事务的管理，显然强壮的武士不如能言善辩的演讲家更受欢迎。因此，对于学校课程来说，演说的方法和技巧以及心灵的和谐是必不可少的，于是文法、修辞、逻辑、算数、几何、天文、音乐这“七艺”才大行其道。在古代中国，培养统治者所需要的人才是教育的基本追求，从西周开始就形成了以礼、乐、射、御、书、数为主的“六艺”课程。“六艺”中又有“大艺”和“小艺”之分。“小艺”是“书”（写文字）和“数”（计算），一般是小学的课程；“大艺”即礼（宗法礼仪）、乐（音乐）、射（射箭）、御（驾车），是大学的课程。“大艺”中的“礼”“乐”代表奴隶主阶级意识形态。“礼”重在约束外表的行为，“乐”重在调和内在的情感，其作用主要是配合“礼”进行伦理道德教育。“射”“御”则属于军事体育课程，必须学习“射”“御”这两种武艺才能掌握战车。可见，“六艺”的设计是为奴隶主贵族培养统治人才和军事人才而服务的，体现了古代中国在教育方面精致的制度安排。

近代以来，随着科学技术的萌芽和发展，“职能课程”支系的功利化色彩得到了进一步加强，斯宾塞的课程观是一个典型的体现。在《什么知识最有价值》中，斯宾塞一开始就对教育中重虚饰而轻实用的传统进行了批判。他说：“在心智方面同在身体方面一样，我们所追求的都是装饰先于实用……那些受人称赞的知识总放在第一位，而那些增进个人福利的知识倒放在第二位。”①为了具体分析什么样的课程对生活有价值，他“按照重要程度把人类生活的几种主要活动”加以分类，并设想出与其对应的课程：（1）直接有助于自我保全的活动——解剖学、生理学、卫生学；（2）从获得生活必需品而间接有助于自我保全的活动——伦理学、算术、几何学、物理学、化学、社会学、外语；（3）目的在抚

① ［英］斯宾塞. 斯宾塞教育论著选［M］. 北京：人民教育出版社，2005：7.

养和教育子女的活动——生理学、心理学、教育学；（4）准备做公民的活动——绘画、雕刻、音乐、诗歌。一言以蔽之：斯宾塞所理解的课程就是“为未来完满生活做准备”，这将“职能”课程推向了极致。

直到今天，“职能课程”谱系仍然有其众多的拥趸。正如马什所言：“课程就是那些对于生活在当代社会来说最有用的科目，构成课程的这些科目往往是根据当今主要社会问题而选择出来的。”[①]“职能课程”谱系以课程服务于个人的未来社会生活为最高的价值追求，有着悠久的传统和持久的影响力。它鼓励学习者个体要适应社会生活，特别是根据未来社会生活的需要而掌握相关的生存和发展的知识技能，在一定程度上反映了课程的社会本质。

三、“理性课程”谱系

理性是人类社会长期追求的目标，尤其是近代以来它成了人类文化的基本特质。“理性”一词在它的原初意义上就是一种科学精神，理性主义就是主张用科学来理解和解释自然的哲学道路。理性代表了人类思维的统一性，揭示了事物的普遍性和规律性，由此理性成为人类思维的基本特征，成为哲学上一以贯之的重要命题。在古希腊，理性就是哲学家探讨的重要话题。例如，柏拉图用“洞穴”的隐喻说明，只有清除了感觉杂念的人才能达到对真理的认识，他系统地阐述了理性主义的本体论和认识论，开拓了西方哲学的理性之源。

欧洲理性主义是建立在承认人的推理可以作为知识来源的理论基础上的一种哲学方法。近代理性主义是随着笛卡尔的理论而产生，17~18世纪间主要在欧洲大陆上得以传播，本质上体现资产阶级的科学和民主，是启蒙运动的旗帜。理性主义者认为，人类行为应该由理性来支配，人首先要掌握一些基本原则，随后可以依据这些基本原则推理出其余知识。最典型的持这种观点的是莱布尼兹，他试图解决由笛卡尔提出的认知及形而上学的问题，认为原则上所有知识（包括科学知识）可以通过单纯的推理得到，另一方面他们也承认现实中除了数学之外人类不能做到单纯用推理得到别的知识。

① Marsh C J. Key Concepts for Understanding Curriculum. London and New York: Routledge Falmer，2004：5.

理性主义伴随着人类历史的发展一直延续至今。在追求理性的过程中，知识被看作是理性的表达：理性是知识的源泉，而知识则是理性的表现形式。柏拉图将人类的认识划分为“知识”与“观念”，认为知识是合乎理性的，而观念则是外在的、虚幻的。从一开始“理性课程”支系就高扬“知识与理性”的旗帜，契合了本质主义的诉求，从而颇具号召力。

在西方哲学中，本质主义有着两千年的传统。它相信任何事物都存在着一个深藏着的唯一的本质，一旦揭示了事物的本质就把握和占有了真理，从而控制事物为人类造福。事物的本质表现为知识，知识是人类观察万事万物的基本概念图式。知识是事物的本质属性，对于事物的存在和运动具有决定性的意义。因此，知识本身有着至高的价值，这也是“理性课程”谱系一以贯之的基本主张。在这一脉络中，课程被看作是那些体现了本质知识的科目（如语法、阅读、逻辑、数学），以及历史上的伟大著作。例如，要素主义是影响课程发展的重要思想流派，它强调种族经验（或文化遗产）的重要性，强调以学科为中心和学习的系统性。其代表人物巴格莱认为，在人类文化遗产中有所谓永恒不变的、共同的要素——“一种知识的基本核心”，而学校的主要任务就是要把这些文化的共同要素传授给青年一代，因而主张传授基础科目，强调系统学习、智力发展和基本训练；注重教学过程的严肃性、计划性，重视天才教育，反对儿童中心论，树立教育的威信。另一代表人物贝斯特提出，“课程必须基本上由五种大范围的学科学习组成：（1）掌握母语，系统地学习语法、文学和写作；（2）数学；（3）科学；（4）历史；（5）外国语”[①]。

另一属于理性传统的永恒主义坚持主张过去的东西是卓越的，特别是由伟大的著作家及其著作所代表的过去的东西是无与伦比的。在课程思想上，强调设置“永恒学科”课程，促进学生理智的发展，提出要以“永恒学科”作为课程的核心。其代表人物赫钦斯就指出：“课程应当主要由永恒学科组成。我们提倡永恒学科，因为这些学科抽绎出我们人性的共同要素，因为它们能使人与人联系起来，因为它们使我们和人们曾经想过的最美好的事物联系起来，因为它们对于任何进一步的研究和

① 简明国际教育百科全书·课程［M］. 江山野，主编译. 北京：教育科学出版社，1991：64.

对于世界的任何理解是首要的。”①

“理性课程”谱系所代表的课程理念非常明确，那就是：坚持把理性作为人类认识的根本，强调知识及文化传统对未来一代发展的重要意义，认为知识具有无可取代的价值和教育意义。基于这种理念，“理性课程”支系在现代社会仍然是各国在制定课程政策时所遵循的重要理论旨趣和价值导向。例如，目前世界上绝大多数国家都开设了国家课程，以国家课程的形式规定未来一代必须掌握的知识和技能，并认为这些知识和技能对于未来公民具有举足轻重的价值。

四、“经验课程”谱系

“经验课程”谱系有着与“职能课程”谱系一样的悠久传统。因为课程起源于日常生活和生产劳动，在文字和正规学校出现之前，课程显然需要以活动和劳动作为依托，传递当时的种族经验。因此，经验课程最能体现人类生活和教育的本质状态。而且，人的存在是一种经验性的存在，如果剥离了经验，人的存在也就无从谈起。因此，“经验课程”谱系以追问和体现人存在的本质作为根本的诉求，成为千百年来表达人的主体价值和张扬人性的最基本的课程形式。

进入近代社会之后，“经验课程”谱系又找到了一种认识论的基础，那就是经验主义的认识论。理性主义和经验主义是近代以来形成的两种基本的认识论传统。在理性主义的影响下，课程领域产生了“理性课程”谱系；在经验主义的影响下，则形成了“经验课程”谱系。经验主义认为人类的想法来源于经验，所以知识可能除了数学以外主要来源于经验。经验主义认识论关注的是人类的知识来源以及如何证实人类所知，显然，跟理性相比，经验被赋予了更高的价值。

尽管如此，经验课程并没有一开始就获得充分的关注，只是到了启蒙运动之后，随着近代资产阶级平等、博爱等思想的提出，人们对儿童有了更深刻的认识，在教育上逐渐走出了“原罪论”的阴霾，儿童的经验和兴趣才不断受到关注。显然，这是与卢梭、裴斯泰洛齐、福禄贝尔等先驱人物的努力分不开的。在世界范围内，19世纪末期欧洲的“新学

① 华东师范大学教育系等. 现代西方资产阶级教育思想流派论著选［M］. 北京：人民教育出版社，1980：207.

校运动”和20世纪初期美国的进步主义教育运动为经验课程的凸显提供了实践的土壤，而教育家杜威的努力，则把经验课程从幕后推向前台，从此把课程看作是儿童经验的观点广为流传。杜威从“教育就是经验的改造或改组”这一基本的命题出发，提出学校的课程应该是活动性、经验性的“主动作业”，即着眼于儿童经验的发展而对社会生活中的典型职业进行分析、归纳和提炼而获得各种活动方式，如金工、木工、烹饪等，这些“主动作业”就是杜威所理解的课程。“主动作业”的方式很多，“除了无数种的游戏和竞技以外，还有户外短途旅行、园艺、烹饪、缝纫、印刷、书籍装订、纺织、油漆、绘画、唱歌、演剧、讲故事、阅读、书写等具有社会目的的主动作业”①。

在课程知识谱系中，“经验课程”谱系与“理性课程”谱系相对立，尤其是在19世纪末以来“进步主义教育”的影响下，“经验课程”被看作是不同于传统课程的一种新的课程体系。理性取向的课程被看作是“传统课程”，是学校学科或学校知识的表现形式，关注理性及其传承。“经验课程”则体现了儿童中心和学习者的经验，认为经验（包括生活经验和社会经验）要比理性对人的发展更具有价值。“经验课程”谱系看重人类种族经验。例如，“课程被看作是有关人类经验——而不是结论的可能思维模式的不断扩大的范畴。但这种可以从中得出结论的模式，在那些结论和所谓真理的背景中是站得住脚和有依据的”②。于是，“理性课程”谱系与“经验课程”谱系之间的对立，又往往被看作是“儿童中心课程”与“学科中心课程”的对立。

“经验课程”谱系主要流行于北美地区。例如，在1975年，坦纳夫妇就指出，课程是“通过有组织地重建知识和经验而得到系统阐述的有计划、有指导的学习经验和预期的学习结果，在学校帮助下，推动学习者个人的社会能力不断地有目的地向前发展”，后来进一步概括为“课程即每位学习者在学校教育的影响下而获得的全部经验”③。这种观点在20世纪以来获得了广泛的认同。

---

① ［美］杜威．民主主义与教育［M］．王承绪，译．北京：人民教育出版社，1990：209．

② 简明国际教育百科全书·课程［M］．江山野，主编译．北京：教育科学出版社，1991：54．

③ Tanner D & Tanner L. Curriculum Development: Theory into Practice. New York：Macmillan Publishing Co.Inc.，1980：5．

第二节　西方古典课程的传统与流变

众所周知，西方有着“博雅教育”的传统，这一传统的确立是与以“七艺”为代表的欧洲古典课程分不开的。“七艺”课程反映了古希腊人和罗马人对学校教育的理解，折射出强调人的和谐发展的教育理想以及对人性、真理等社会价值的追求。“七艺”课程的兴衰代表了西方古典课程的流变，见证了西方古典文化的繁荣与没落，对于西方近代以来的课程发展产生了深远的影响。

一、古代欧洲的学校教育与课程发展

古希腊和罗马是古代欧洲先进文化当之无愧的旗手。在公元前5世纪，古希腊已建造起神庙和剧场，设立了学校，由人民选举的公民大会颁布各种法令。古希腊之后，罗马的文化逐渐繁荣，代表了古代欧洲文化发展的新高度。文化的发展促进学校教育的发展，欧洲古典课程由此确立起来。

（一）古希腊的学校教育与课程发展概况

古希腊主要包括雅典和斯巴达两个城邦。雅典实行的是奴隶制民主共和的政治制度，学校教育发展较早。在教育目的上，雅典的教育致力于把奴隶主的子弟培养成具有一定知识与文化教养的商人、能言善辩的政治家和社会活动家，此外还要对他们进行军事训练，使其成为身强力壮的战士。在学校课程方面，7岁之前的贵族儿童接受家庭教育。家庭教育的内容包括唱歌、讲故事、游戏等，包括礼貌行为习惯的培养；7~12岁的男孩进入文法学校和弦琴学校接受初等教育，主要学习读、写、算等初步知识，以及音乐、唱歌、朗诵诗文等内容；儿童到十二三岁之后，还需要到体操学校学习，内容包括骑马、射箭和其他专门军事教育，还要学习法律、哲学、雄辩术等。

斯巴达跟雅典却有着很大的不同，基本是单纯的军事体育教育，文化知识教育则被忽视。从教育目的来看，斯巴达通过教育把奴隶主贵族子弟培养训练成体格强壮、受过严酷体育锻炼的武士。斯巴达的儿童一生下来就要接受严格的检查，体格孱弱的全部被遗弃，只留下健康的孩

子由父母抚养，在家庭中一直到7岁为止。7岁以后，儿童就被送到国家教育场所接受军事体育训练，直到18岁。训练内容基本上围绕意志磨炼、体格训练以及军事训练展开，孩子们生活艰苦，甚至忍饥挨饿、无端被鞭打。课程内容主要有赛跑、跳跃、掷铁饼、投标枪、角力、肉搏术、唱战歌等，以及骑马、游泳、音乐与舞蹈等，读书和写字是不受重视的。

公元前431年到公元前404年，雅典和斯巴达之间爆发了“伯罗奔尼撒战争”，战争削弱了彼此的实力，古希腊从此走向没落。尽管古希腊没有形成一个统一的国家，但其文化特点鲜明突出，它是西方文化的基础，而教育在其中扮演着重要的角色。“教育在城邦中占有重要的地位，因为没有文化就不可能积极参与政治生活。学校的概念始于希腊，它首先意味着自由时间，其次是学业、学堂。希腊人创立了好几门科学：数学、自然科学、语法学、逻辑学、修辞学、社会科学，这些学科都是欧洲课程体系的开端。”①

（二）罗马的学校教育与课程发展概况

公元前509年，罗马共和国建立；476年，西罗马帝国灭亡。这1000年的漫长时期都处在罗马文明的影响之下。罗马最初建立的时候，古希腊文明还处于光辉灿烂的时刻，但罗马的缔造者艰苦创业，终于建立起包括大部分欧洲在内的第一大帝国。在西方教育史上，罗马在对古希腊的文化教育吸收与消化的过程中，根据本国的特点与需要，进行了一些重要的修改与补充，古希腊文化由此对欧洲后世产生重大影响。

在共和国时期，罗马的政治相对开明，这为学校教育的发展提供了保障。在罗马共和国早期，学生一开始进入的学校是初等学校。但初等学校只是家庭教育的补充，在数量上并不多。到罗马共和国晚期，初等学校的数量增加。初等学校是收费的，属于私立，国家不予管理。因此，学校校舍简陋，针对7到12岁的男女儿童开设，多数设在寺庙或私人教师的家中。学校开设的课程有读、写、算知识以及“十二铜表法”，不重视音乐和体育；教学方法主要是机械的文字背诵，体罚盛行。

比初等学校高一级的是文法学校，它与初等学校截然不同。这是一种专门供贵族和富家子弟上学的学校。它也是私立的，收费高昂。开设

① ［法］德尼兹·加亚尔，贝尔纳代特·德尚. 欧洲史［M］. 蔡鸿宾，桂裕芳，译. 海口：海南出版社，2002：91.

的课程有希腊文、拉丁文、文学、历史、地理等。在文法学校，学生还要重点学习修辞学，这是为适应罗马共和国的政治需要而开设的。贵族子弟要当选官吏，就必须具备雄辩的口才和表达的技能，修辞学正是为这一点而准备的。在文法学校之上还有更高一级的学校，即修辞学校。修辞学校的学习科目有修辞学、哲学、法律学、希腊语、数学、天文学和音乐，后来又增加了罗马史。①

公元前27年，罗马帝国建立。在一个庞大的帝国版图内，为了巩固统治，罗马帝国要求教育要为其政治服务。这与共和国时期的教育目的有了很大的不同：要求学校培养效忠于帝国的顺民和官吏；国家监督初等学校，把原先属于私立的文法学校和修辞学校改变为国立，以便于对其进行控制。公元1世纪，基督教创立，在罗马帝国后期，基督教被用来作为挽救危亡、维护统治的工具，僧侣被任命为学校的管理者和教师，学校充满了浓厚的宗教色彩，学校开设的课程也充斥着大量的宗教教义。这就是后来中世纪基督教垄断学校的最初根源。

二、“七艺”课程的提出

所谓“七艺”，即“七种自由艺术”，指的是古希腊时期学校中开设的七门课程，包括文法、修辞、逻辑（或辩证法）、算数、几何、天文、音乐。“七艺”包括“三艺”（“七艺”的前三门）和“四艺”（“七艺”的后四门），前者由“智者学派”提出，后者为柏拉图所加。“七艺”并不是由某一个人所提倡，也不是在某一特定时期内出现，它有一个产生和发展的过程。

（一）“智者学派”与“三艺”

雅典人在奴隶主民主政体下越来越善于采用公众讨论的手段来管理他们的城邦事务。为了在公共场合卓有成效地表达观点并说服听众，演说的技巧和雄辩的口才是必需的，为此需要学些文法规则。在这种现实需求的驱动下，古希腊人提出了文法、修辞、逻辑这三门艺术，正如美国课程史专家布鲁巴克所说的，“‘三艺’起源于古希腊人特别是雅典

① 吴式颖等．外国教育史简编［M］．北京：教育科学出版社，1988：37．

人的日常生活”[①]。

我们今天已很难想象古希腊的先民们是如何去实践民主管理并在大庭广众之下慷慨激昂陈述己见的，但很确定的是，在那个年代，古希腊诞生了一批专职于教授年轻人论辩术的人，被称为“智者学派”。那时候，人们把凡是有知识、有能力、有理解力、技术超群的人都称为“智者”。“智者学派”主要生活在公元前5世纪到公元前4世纪，他们以雅典为中心，周游希腊各地，对青年进行修辞、论辩和演说等知识技能的训练，教授参政治国、处理公共事务的本领，他们聚徒讲学、收取学费，是古希腊最早的一批职业教师。

“智者学派”并不是一个有着严格组织的学术团体，他们自觉地承担起了启蒙民众的任务，不辞辛劳地从一个城邦转到另一个城邦，向民众传授。其主要创始人普罗泰戈拉第一个宣称自己是“智者”，是教人智慧的教师。公元前445年，他到雅典从事教育活动，创办了传授“智慧之课”的学校，凡是有意学习的人，只要缴纳一定的学费，就可以去听课。作为“智者学派”的领袖，普罗泰戈拉的思想体现了“智者学派”所倡导的哲学观点和社会理想，而他的最著名的论断就是：“人是万物的尺度，是存在的事物存在的尺度，也是不存在的事物不存在的尺度。”他说：“至于神，我没有把握说他们存在或者他们不存在，也不敢说他们是什么样子；因为有许多事物妨碍了我们确切的知识，例如问题的晦涩与人生的短促。”[②]显然，在远古的西方文明的起步期，在由于科学知识的匮乏而盲目对神灵崇拜的古代社会，这一论断明显是对“神主宰世界”的否定，它标志着西方人文主义思想的诞生，由此，“智者学派”的思想又被称为西方人文主义的源头。“智者学派”通过教育，把智慧、德行和才能的种子播种到年轻人的心田，正如智者安提西尼所言：“埋入泥土中的是什么种子，生长出来的也就是什么果实。如果在青年人的灵魂中灌输高尚的教育，那么开出来的花朵也就能耐久，不为雨水和干旱所摧折。”[③]

① ［美］布鲁巴克．西方课程的历史发展．选自瞿葆奎．教育学文集（课程与教材）［M］．北京：人民教育出版社，1988：44．

② ［英］罗素．西方哲学史（上）［M］．何兆武，李约瑟，译．北京：商务印书馆，1997：111．

③ 单中惠．西方教育思想史［M］．北京：教育科学出版社，2007：11．

在课程方面，“智者学派”主张向年轻人传授文法、修辞和辩证法，这就是被后人所称的“三艺”。显然，“三艺”符合职能主义课程的特征：这些课程有助于培养学生的论辩和演说的技能，而这些又是在当时的民主政治生活中所必需的。所谓“文法”，也就是行文和基本语言规则和规范。“智者学派”对语言规则的研究不遗余力，普罗泰戈拉第一个主张应按照词所代表的事物的性质来规定词性，他把名词分为了阴性、阳性和中性三大类。他识别构成句子的成分，通过给它们命名并确定使用规则而教人把话讲得更准确。“修辞”是语言训练的另一个方面，良好的修辞技巧可以让人表达流畅、富有感染力，给听者留下深刻印象，这是掌握“雄辩术”所必需的。而“辩证法”关乎人的思维品质，进行辩证法的训练可以使人在说话时更加条理、合乎逻辑。总之，“智者”们研讨并制定了各种文法规则，讨论了各种词类以及它们的性质、功能，关注语言的逻辑与修辞，对演讲、雄辩中的许多具体问题进行了认真研究，从而创立了西方古代最早的课程体系。

（二）柏拉图与“四艺”

柏拉图是古希腊著名的哲学家和教育家。他出身贵族，从小受到良好的教育，年轻时跟随苏格拉底学习并深受其影响。公元前339年，他离开雅典，到埃及、南意大利等地游学，十多年之后重返雅典，创办阿卡德米学园，从此专心教书育人、研究学术。公元前347年，柏拉图在一位友人的婚礼宴会上溘然辞世，享年80岁。

柏拉图在《理想国》中塑造了一个由哲学王来统治的理想国的组织，这是最早的“乌托邦”。可以说，柏拉图是一个地地道道的奴隶主贵族的代表，他的哲学观和社会学思想都是为他的奴隶主贵族所服务的。然而，这种阶级立场并不影响他对教育真谛的探问。他认为，教育主要分为两部分，即音乐和体育。“音乐是指属于文艺女神的领域之内的一切事物，而体育则指有关身体的训练与适应的一切事物。”[①]基于这种理解，柏拉图提出了实施教育的最基本原则：“用体操来锻炼身体，用音乐来陶冶心灵。”[②]在他的学园里，柏拉图除了讲授哲学之外，其他

① ［英］罗素．西方哲学史（上）［M］．何兆武，李约瑟，译．北京：商务印书馆，1997：148．

② 柏拉图．理想国［M］．郭斌和，张竹明，译．北京：商务印书馆，1986：98．

的课程主要就是“四艺”了。

“四艺”指算术、几何、天文和音乐，是柏拉图在阿卡德米学园中开坛授徒时主要讲授的四门课程。柏拉图本人在“四艺”上就有很高的造诣。他对诗歌、文学、戏剧等很有兴趣，跟随苏格拉底学习后又对哲学进行钻研，在数学和早期自然科学领域颇有研究。柏拉图认为，学习“四艺”的目的是不同的：学习算术是为了调兵列阵、计算船只等等，在高级学习阶段学习算术可以使灵魂转向“理念世界”；学习几何可以使人学会测量和规划，在战争中事关安营扎寨、划分地段以及作战和行军中排列纵队、横队以及其他各种队形；学习天文学对于航海、行军作战、观测气候、气象等是必要的；学习音乐，可以使军人学会严肃、勇敢、慷慨、高尚，提高士兵的斗志，在作战时音乐还可以直接鼓舞士气，有助于战争的胜利，在高级学习阶段学习音乐可以使人寻求美者和善者。

需要注意的是，柏拉图并不是因为放弃“三艺”而只提倡“四艺”的。事实上，柏拉图对于“三艺”也作出了贡献，例如，他把辩证法作为课程的基础，认为辩证法是人们理智地去领会一切真理的基础。柏拉图的“四艺”是基于他对教育的理解而提出的课程体系，在“三艺”的基础上进一步完善了古希腊的课程设置，二者合并为“七艺”，影响西方教育1500多年，直到“文艺复兴”之后才逐渐退出历史舞台。如果说“三艺”更多地以服务于培养雄辩术这一实用的目的，那么“四艺”则具有更宽泛和深刻的育人目的，它很好地补充了“三艺”课程的狭隘性，由此奠定了早期“和谐教育”的课程基础。

三、“七艺”课程的演变

在公元前5世纪之后，罗马开始逐渐强大，先后建立了罗马共和国和罗马帝国。此后不久，基督教创立，经过几个世纪的演化，基督教逐渐成为欧洲封建社会的统治力量。罗马帝国外部受到日耳曼人的侵袭，内部则军事混乱、皇权不稳，在3世纪末，罗马帝国终于一分为二，即西罗马帝国和东罗马帝国。从476年西罗马帝国灭亡到1453年东罗马帝国灭亡，历时近1000年，是西欧封建社会的形成和发展时期，史称“中世纪”。在中世纪，基督教思想逐渐发展为经院哲学，中世纪的教育思想也具有浓厚的神学色彩。中世纪的西方并没有体现出应有的智慧和创造力，只不过主要沿用古希腊的“七艺”课程；而教学上则充斥着烦琐的形式主义和脱离生活实际的经院主义方法，对后来的学校教育产生了消极影响。

（一）古罗马时期“七艺”课程的发展

古罗马的教育是古希腊教育的继续，在古罗马时期“七艺”课程继续发展。当时，对“七艺”作出重大贡献的是古罗马的一大批雄辩演说家、修辞学家以及文法学校的教师们，其突出代表是西塞罗和昆体良。西塞罗是古罗马的文学家、哲学家和教育家，留下了《论雄辩家》一书。他以高超的演说才能、优美的拉丁文作品以及雄辩术教育思想促进了古罗马教育的发展。昆体良撰写了《雄辩术原理》，其教育思想也是围绕如何培养雄辩家而展开的，他还强调对儿童进行德育、智育和体育全面发展的重要性，对古罗马的教育实践有现实的指导作用。

在古罗马，为了在法庭上进行辩论，雄辩术还是很受欢迎的一种技能，雄辩家逐渐成了辩护家或专门的律师，这促成了律师成为一种职业。正如西塞罗所认为的，雄辩家一定要有语言修养，必须说纯净、准确的拉丁语，以便清晰地表达自己的思想，并且通俗易懂、优美生动。显然，这需要学习文法、修辞和辩证法这“三艺”，由此促进了“三艺”的发展。

对于文法，古罗马的教育家高度重视。例如，昆体良认为，“文法是一切高级教育的基础”，文法构成了中学课程中的主要学科，任何人都不要轻视文法基础。[①]在文法的语音方面，罗马人已能区分元音和辅音，以及半元音和不发音的字母。他们不仅整理完善了拉丁字母表、规范其发音、固定其字母，而且对罗马境内各个地区的方言进行了辨析和整理，使拉丁语在发音方面更为统一和规范。在词汇方面，罗马的哲学家增加了词类的数目，又在名词中增加了抽象名词、代名词，还增加了分词、副词等。这种完善使得文法更具有了课程的价值。

对于修辞学，罗马人提出了一些修辞手段，如借喻、引喻等，并对表达的技巧进行了研究，如：如何富有技巧地布局和恰如其分地处理题材，不同类型的人物最适合哪一种题材，何种题材在思想和文字上都是

① 昆体良．昆体良教育论著选［M］．任钟印，选译．北京：人民教育出版社，1989：29．

值得称颂的，何时应运用华丽的辞藻，何时应行文凝练等。这些修辞手法和表达技巧增强了说话和文章的说服力，是雄辩家所必须掌握的。

对于辩证法，罗马人认为，雄辩术中必须运用辩证法，这样说话才能条理清晰，因此，辩证法主要体现在作品和演讲的过程中。昆体良认为，要培养雄辩家，首先要让儿童在初级学校中学会阅读和写字，然后就要进入高级的文法学校，文法学校中开设的重要课程就有辩证法。

当然，在罗马的教育家看来，仅仅教授上述“三艺”是不够的，还必须学习其他“四艺”。正如昆体良所认为的，完美的雄辩家尽管不是几何学家或音乐家，但他们学习几何和音乐等学科有助于达到完美的境界。特别对于音乐，古代西方人是非常推崇的。当然，音乐不仅仅是唱歌，罗马人认为，音乐有两种表现方式：口头发音和身体动作。在音乐中，通过声音的质和节奏的变化，以恢宏高大表现崇高的主题，以柔和表现愉快的主题。在辩论中也是一样的，声音的提高或压低或抑扬变化，其目的都是为了打动听众的情感。身体恰当的动作也是雄辩家所必需的，这只有在学习音乐中才能学到。罗马的教育家也重视算数和几何的学习，认为计算知识在法庭辩论中经常用到，如果一个律师在计算数字时支支吾吾，口里说的数字与计算的不符，那么他会被视为是雄辩才能不高的人；而学习几何则可以锻炼思维和促进智力的发展。总之，要成为雄辩家，需要学习“七艺”中包含的广博的知识。“无言的蜜蜂也是从各种花卉和液汁中制成人类的智慧所不可企及的蜂蜜的奇异芬芳，上天赐予人类的卓越无比的雄辩才能也需要许多学科的帮助。”①

（二）中世纪的“七艺”课程及其消亡

在中世纪，基督教文化是主导的文化形式，学校教育完全被宗教所控制。哪怕学校中开设的课程，也是为了宣扬基督教思想，充满了宗教色彩。在这种情况下，文化知识受忽视，以古希腊文化传统为代表的古典文化趋于终结，而基督教文化则得到宣扬与发展。尽管中世纪的学校教育在课程设置上还是以“七艺”为基础，但已经跟古希腊时期的“七艺”大不相同，其显著的特点是被深深地打上了宗教的烙印。

随着基督教的巩固和势力的不断扩大，基督教对传统世俗文化持完全排斥的态度，曾经明令禁止阅读古典作品，甚至连主教也不例外。但

① 昆体良．昆体良教育论著选［M］．任钟印，选译．北京：人民教育出版社，1989：181．

毕竟“七艺”代表的教育传统是欧洲古代学校教育的基础，中世纪的思想家和教育家也会在宗教教义允许的前提下继续对“七艺”进行阐述。6世纪，有位学者卡西俄德多斯撰写了一篇论证“七艺”的论文《神学和世俗教育的选择》。论文第一部分写宗教文学，第二部分写的就是“七艺”，强调“七艺”课程的重要性，引用了《旧约圣经》箴言来作为他确定学校科目为七种的依据，使“七艺”构成了中世纪初期七种固定的教学科目。尽管卡西俄德多斯的著作缺乏独创性，但它代表了中世纪所保全的古代知识的大纲，成了广泛采用的教科书之一。还有一位大主教伊西多是一位学识渊博的人，虽然他认为僧侣们除了基督教《圣经》和教父的著述外，最好不学别的，但他仍主张了解世俗文化是必要的。于是，他广泛收集异教和基督教作家的各类作品，编成了一部20卷的百科全书，题名为《词源学》。其中第一、第二、第三卷论述“七艺”，第四卷论述医学和藏书，之后四卷也论述与世俗、宗教诸方面有关的知识，第二十卷论述饮食、工具和家具。尽管伊西多的《词源学》知识贫乏、肤浅，所列的知识有的仅有纲目，没有内容，有的内容只是一些零星材料或是错误的东西，但它仍是中世纪的主要著作之一，同时也是中世纪“七艺”的教材。①

需要注意的是，中世纪开始欧洲与阿拉伯国家之间的战争和交往频繁，阿拉伯文化开始传入欧洲。在阿拉伯数学知识传入欧洲以前，由于罗马数字的烦琐，“算术”课程在中世纪不甚发达，几何学这一课程的内容是很不固定的，真正的几何学是从12世纪以后开始传授的，主要教材是古希腊数学家欧几里得的《几何学原理》。天文学方面，自托勒密的《天文学》于公元12世纪由阿拉伯文译成拉丁文后，该书成了12至15世纪天文学的主要教材。

不可否认的是，中世纪欧洲课程的基础仍是“七艺”，尽管已经被基督教僧侣们所改造。中世纪的教育家结合神学和法学，以百科全书式的方法对“七艺”进行了诠释，奠定了中世纪“七艺”的基础。10世纪以前，“七艺”中的各科知识极为贫乏，而且渗透了神学精神；11、12世纪阿拉伯文化输入西欧后，西欧人通过阿拉伯人而了解到古代希腊罗马学术，“七艺”的各科内容才逐步得到充实和发展。

---

① 曹莉. 西方课程溯源——“七艺”源流初探［J］. 南京师范大学学报（社会科学版），1998（4）：71.

在中世纪，传统“七艺”衰落的另一原因在于当时的社会需求。一方面，由于基督教神学的发展，欧洲建立了很多的僧侣学校。僧侣学校一般设在修道院内，或神职人员所在的村落，学校规模很小，设备简陋，它虽然是由教会举办的，也向一般世俗群众开放。教会首先需要的是对教士和僧侣进行读、写、算和教义基本知识的教育，其目的是培养未来的僧侣。在僧院学校，教师由僧侣担任，教授的主要是简单的读、写、算知识，以及宗教礼仪和神职人员的行为规则，很少教授“七艺”。另一方面，中世纪的“骑士教育”很流行，这是一种忽视文化知识的教育。骑士教育的目的是培养身体强壮、虔信上帝、忠君爱国的武夫，其内容主要是所谓的“骑士七艺”，即骑马、游泳、投矛、击剑、打猎、弈棋和吟诗，通过与上流社会的交往而培养其封建意识和道德习惯。显然，在这种“骑士教育”中，传统的“七艺”和文化知识的学习是退居其次的。

在西方教育史上，中世纪的“七艺”处于承上启下的地位。作为学校课程，“七艺”一直沿用到文艺复兴运动以前。文艺复兴时代，学科开始分化：文法分为文法、文学、历史等；几何学分为几何学和地理学；天文学分为天文学和力学。到了17、18世纪，学科进一步分化：辩证法分为逻辑学和伦理学；算术分为算术和代数；几何学分为三角法和几何学；地理学分为地理学、植物学和动物学；力学分为力学、物理学和化学。文艺复兴之后，西方近代自然科学发展起来，近代自然科学和社会科学的分化逐步形成，传统的“七艺”也随之逐渐退出历史舞台并最终消亡。

（三）“七艺”课程的影响

“七艺”是欧洲文明在学校中的反映和体现，寄托着欧洲学校教育的荣耀和梦想，其没落是欧洲近代科学文化发展的必然结果，其后科学主义课程强劲崛起，古典人文主义课程日趋式微。但“七艺”课程的影响却是深远的，主要表现为：

1. “七艺”课程推动了欧洲人文主义教育思想的发展

“七艺”是西方人文主义课程的源头。普罗泰戈拉提出“人是万物的尺度”，尽管有怀疑主义的成分，但毕竟将人从“神主宰的世界”中抽离出来，从此，人的因素成为古希腊人考虑教育问题的重要出发点。在“文艺复兴”时期，所谓复兴“古典文化”，主要还是古希腊和罗马的人文主义思想。古代西方人文主义课程重视文法和语言课程的传统，其实就是从“七艺”开始的。

2. “七艺”课程奠定了西方“求真务实”的教育文化基调

“七艺”开启了职能主义课程的先河，这种职能主义的定位成为课程知识的一个重要谱系。“智者学派”就是一个追求实用的团体，“智者是以教给青年某些事物为生的人，这些事物被人认为在实际生活中是对青年有用的”①。古希腊人以“七艺”作为当时教育的基础，这跟当时希腊人特别是雅典人的政治生活和生产活动密不可分。而古希腊人对理智的崇拜则促使柏拉图提出了著名的“四艺”，这“四艺”使受教育者在未来的手工艺活动和家庭经济中受益。

3. “七艺”课程奠定了西方博雅教育的传统，有助于人的和谐发展

“七艺”体现出早期朴素的和谐教育思想。苏格拉底认为，教育的目的就是培养“身心既美且善”的公民，这句话集中体现了“七艺”所蕴含的朴素的和谐教育思想。文法、修辞和辩证法不仅仅出于实用的政治目的，希腊人还把这三项作为工具，用“三艺”本身固有结构的法则去塑造儿童的心灵和理性。而柏拉图的“用体操来锻炼身体，用音乐来陶冶心灵”的教育原则，也说明“七艺”中包含了德育、智育、体育、艺术教育等内容。“三艺”可以塑造儿童心灵，“四艺”显然有着智育和艺术教育的功能，古希腊人擅长体育也是出了名的，例如在各种体操学校中，儿童被要求学习跳跃、跑步、角力、掷铁饼、投标枪，这被称为“五项竞技”。

总之，“七艺”课程是西方课程的源头，代表了古典人文主义课程的重要传统，确立了西方课程的基本典范，也孕育着近现代课程的萌芽，为现代课程的出现和发展奠定了良好的基础。

第三节　诠释学课程思想的话语分析

20世纪60年代末，结构主义课程改革失败以来，传统课程研究所体现的“工具理性”的技术导向和追求“效率”“控制”的性格以及“原子化”、线性的普适性课程开发范式就一直为很多学者所诟病。以

① ［英］罗素．西方哲学史（上）［M］．何兆武，李约瑟，译．北京：商务印书馆，1997：107．

“泰勒原理”为代表的传统课程开发范式是在自然科学实证主义的范式下确立起来的。这种自然科学范式的移植和滥用，最终导致课程研究陷入困境。20世纪70年代以来，课程研究开始逐渐脱离科学主义和行为主义的支配，而转向现象学、诠释学、知识社会学、批判理论、精神分析和后现代主义等多元视角，课程研究逐渐呈现日趋多元的格局。

一、诠释学对传统哲学观的超越

诠释学是在反对传统认识论的基础上逐渐确立起来的。它反对实证主义“工具理性”的技术导向，认为传统认识论把诞生了人类社会和科学文化的生活世界肢解为主体与客体、现象与本质分裂的世界，并且以对象化思维确立主客体的二元对立。认为只有把认识对象放在一个客观的、价值中立的立场上，才能不受主观的影响而达到客观认识之目的，从而导致主体意识和客观世界的对立与冲突。反映在教育上，传统认识论所体现的主体性思维强化了权威和专制的功能，学生沦为被控制的对象，主体性丧失；学生的生存体验和生活世界受到遗忘，学生成了预定的知识的“接受器”，背离了教育的本意，也导致教育意义的丧失。基于这种认识，诠释学从以下几个方面对传统认识论及其支配下的学校教育进行批判和超越：

（一）反对工具理性，倡导科学主义与人文主义的融合

“诠释学力图打破西方两大哲学思潮的僵持格局，在一定程度上综合了大陆哲学的现象学传统和英美的分析哲学传统，并试图综合人文主义和科学主义，它代表了一种新的思维方式，代表了二者共同的方向。”[①]面对自然科学的渗透，狄尔泰力图把诠释学发展为人文科学自己的方法论，以消解实证主义的手术刀对人文社会现象的肢解。但他仍遵循客观性原则，力图客观还原“文本”中作者的本意，终究没能完成重建人文科学方法的使命。现象学大师胡塞尔从欧洲科学危机的角度对科学主义进行了批判。他认为，“科学的‘危机’表现为科学丧失了生活意义”，痛斥“现代人让自己的整个世界观受实证科学的支配，并迷惑于实证科学所造就的‘繁荣’”，指责实证科学没有“探问人生有无意

① 刘放桐. 现代西方哲学（下）[M]. 北京：人民出版社，1990：749.

义”。[①]师承胡塞尔并受其影响，海德格尔、迦达默尔继续批判工具理性的片面化和单向度思维。海德格尔通过对“此在”的时间性分析，把“理解”作为此在的存在方式来把握，从而使诠释学由人文科学的方法论转变为一种本体论意义上的诠释学哲学。迦达默尔则认为：“由运用科学方法所提供的确实性并不足以保证真理。”[②]那么，除了科学方法，是否还存在通往真理的康庄大道呢？他认为，通过对存在经验（艺术的经验、历史的经验和语言的经验）的理解，我们可以让流放在外的真理回归家园。诠释学家对存在经验的强调在于全力纠正科学主义对人生意义的忽视，促进科学主义与人文主义的融合。

（二）反对基础主义，倡导共同体的“共识”

传统认识论哲学高扬“基础主义”的旗帜，致力于寻求一个可靠的“阿基米德点”进而构建文化知识的大厦，衍生出本质主义和罗格斯中心主义。按照罗蒂的观点，自笛卡尔以来的近现代认识论的一大错误在于它是建立在基础主义和表象论的基础之上的知识，是实在的表象，是对认识对象的“镜式反映”。哲学只不过是“自然之镜”。诠释学否定基础主义的信条，认为真理不是个别主体对客观对象的正确表象，而是其同体的“共识”或各种信念之间的一致性和协同性。

迦达默尔在艺术、历史、语言等领域开辟了通向真理的非科学方法的大道。他没有沿着“基础主义”的思维模式探求永恒的知识基础，而是使古老的“实践智慧”重现光彩。实践智慧追求实践性，强调直接经验与体验，在实践中达成共识。迦达默尔高扬实践理性，认为实践是社会理性的条件，因为它需要团结和共同体的参与；反对科技理性，认为科学的理性所产生的控制意识使得真正的人类理性软弱无力。但他还坚信，理性必胜，只不过这种理性已不是科学理性，而是介入到人类生活之中促进自我反思的实践理性。他认为，只有这种实践理性才能决定人类生活的真理，从而把诠释学推向一种实践哲学。

（三）反对主体和客体的二元分离，倡导“交互主体性”

主体与客体的二元对立是笛卡尔以来传统认识论的必然结果。在传

---

① ［德］胡塞尔．欧洲科学危机和超验现象学［M］．张庆熊，译．上海：上海译文出版社，1988：5-6．

② ［德］汉斯·格奥尔格·迦达默尔．真理与方法——哲学诠释学的基本特征（上卷）［M］．洪汉鼎，译．上海：上海译文出版社，1999：11．

统认识论看来，要认识事物、发现真理，主体就必须保持独立，把认识的对象放在客体的位置上进行客观描述，“透过现象看本质”，这样才能认识到真理。这种主客二分的对象化思维已经发展为一种压抑人的新的绝对。在教育中，教师作为认识主体，把学生放在客体的位置上进行观察分析，把学生作为知识的容器而进行灌输教学，强化了权威和专制的色彩；而学生的自主性和探究精神得不到尊重，学习沦为机械记忆和简单重复，更谈不上对知识的有意义的建构。这种做法受到了诠释学的批判和否定，认为应超越主体性中心而转向“交互主体性”。

胡塞尔现象学提出“交互主体性”的概念，坚持意识主体的多数性，认为“交互主体性”是“生活世界”中人与人之间理解、沟通和交往的前提。胡塞尔的“交互主体性”已消解了传统认识论中主体强加到客体身上的权威和控制色彩，而使主体多元化，为主体之间的交互作用提供了一个平等对话的基础。海德格尔和迦达默尔继承了胡塞尔现象学传统，继续高扬“交互主体性”，倡导认识的双方或多方互为主体，打破主客二分的对象化思维。在教育中，要“把他人看作主体，而不要看作客体”[①]。教师为教的主体，学生是学的主体，每个主体都有自己的视界，在各自的视界中进行观点交流和思想碰撞，从而实现“视界融合”，达成相互理解。这种双主体的教育注重理解的多元性和差异性，使学校教育中的控制色彩消弭，从而构建一种新型的师生对话与交往的关系。

（四）对意义的探求与教育向“生活世界”的回归

诠释学是关于理解和解释的学问，它围绕着“意义”而展开其主题。因此，探求意义的生成与理解就成为诠释学的使命。迦达默尔也明确指出，“解释学的基本功绩在于把一种意义关系从另一个世界转换到我们自己的世界”[②]。在一定意义上，诠释学是关于意义的学说，对文本意义的理解与解释是诠释学的重要内容。那么，对教育意义的探求与解释也是学校教育的一个主题。教育应引导学生理解人与世界的关系，理解生活和人生的意义。同时，诠释学试图对人类面对的诸多问题加以解答，并对当代西方人们面临的困境进行反思，使西方思辨哲学和分析

---

① ［加］马克斯·范梅南．教学机智——教育智慧的意蕴［M］．李树英，译．北京：教育科学出版社，2001：20．

② 邓安庆．德国哲学（第九辑）［M］．北京：北京大学出版社，1991：98．

哲学逐渐走向生活。在胡塞尔看来，欧洲科学危机的根源在于对可直接体验的生活世界的忽视，从而使科学丧失了生活意义。胡塞尔说：“生活世界是自然科学的被遗忘了的意义的基础。”他把生活世界看作是最重要的值得重视的世界，是通过知觉可以直观体验的世界。“生活世界”的概念对教育的启示在于，教育作为一种社会活动是发生在师生之间的真实的生活世界中的，生活世界是教育发生的场所，学生的体验和经验构成了学校经验的重要内容；生活世界也是教育意义得以建构的场所，教育只有向生活世界回归才能体现其意义的真谛。

二、诠释学课程理论管窥

诠释学作为当今西方哲学一股重要思潮，20世纪以来深受现象学、存在主义、精神分析等思潮影响，在本体论上肯定人存在的意义，彰显主体意识的作用；在认识论上倡导意识的“意向性”，关注主体意识对外在经验的统整并赋予意义；在价值观上，认为社会事实是一种充满意义的整体结构，社会活动是“价值关涉”的。20世纪70年代以来，课程研究领域的很多学者运用诠释学的理论视角审视课程研究，力图超越传统课程开发范式的“技术—控制”色彩，追问课程的本质及课程运作背后的意义与价值问题，为课程论研究开辟了新的视角。“诠释学应用在课程研究时，倾向于将课程界定为经验，并且着重于学生知觉到的‘心理课程’上。将课程视为交互作用的结果，重视学习环境的安排和学习活动中学生的地位，并主张学校教育活动必须开发学生的理解力，使整个学习活动充满意义。”这些学者主要集中在北美，在美国以派纳、格林妮为主将，在加拿大则以史密斯为巨擘。我们将选取“概念重建主义”课程理论中的诠释学取向以及史密斯和阿肯斯的诠释学课程理论作具体阐述，以期管窥课程研究中诠释学取向的全豹。

（一）“概念重建主义”课程理论中的诠释学取向

“概念重建主义”课程理论学者不满足于实证主义方法论的“技术”导向，在现象学、存在主义、诠释学等哲学思潮的影响下，用“现象——诠释学”奠定自己的方法论基础，以诠释学的概念框架以及理解和解释的方法来阐发课程理论。“概念重建主义”者对过去课程研究领域中主导的历史虚无主义和技术取向深为不满。派纳批评传统课程开发范式把课程作为预先确定的学校材料，课程沦为控制的工具，压抑学生的经验和主体意识，学校也成为戕害人性的场所。为批判传统课程开发范式的控制色彩和技术导向，他对“课程”（currere）一词进行详细的词源学考证，认为“课程”原意为“跑马道”（race course）。在他看来，长期以来，“课程成为教师（像骑师）带引儿童（像马儿）朝向目的（终点）的场所。派纳将此种现象比喻为‘向导和游客’的关系，认为这类活动只强调可观察到的外在活动，容易使课程只成为达成教育目的的工具”[①]。强调过程的“课程”可引申为引导学生经验和体验的过程，派纳的分析是在努力突出学生对课程的学习和体验是一个有意义的建构知识的过程，强调课程的生成性和过程性，而不是预先确定的学校材料。在诠释学看来，人存在的意义，在于他具有主动的意识作用，能对周围的环境加以理解和创造。范梅南指出，人是意义的诠释者和创造者，其意识作用的主动性是意义产生的源泉，同时也具有对外部环境的超越性，因此，所有活动应从自我意识的反省开始。他认为在学习过程中，课程应揭示和促进学生“自我意识”的觉醒，而不是灌输抽象的客观知识。因此，课程设计应该关照学生的主体意识和主动的认知能力，给学生留出更多的体验和感受的空间。

格林妮认为，人类学习活动若能提升自我意识的反省而指向外界的创造，那么这种学习才有意义，并有助于个体存在经验的不断展开。[②]在她看来，学校课程应致力于引导学生自我意识的觉醒，参与生活世界中意义建构的过程。派纳也持有类似的观点，他认为传统课程造成了学生自我跟外界的“疏离”，提升自我意识是消除“疏离”的一服解药。他批判传统课程注重行为目标的技术导向，倡导学校课程应提供给学生统整的生活经验，以促进自我意识的提升。

同时，诠释学取向的课程理论注重作为个体存在情境的“生活世界”在学生经验的增长中的地位，注重交互主体性，认为学生体验到的课程是教师和学生交互作用过程中“视界交融”后所得到的结果。在概念重建主义者看来，学校课程不是计划好的预先规定的一套学校材料，而是学生在具体的“生活世界”中的经验的具体展开。那么，教师的任

① 陈伯璋. 潜在课程研究［M］. 台北：五南图书出版公司，1985：180.

② Greene M.Curriculum and consciousness. Teachers College Record，2004，73(2)，253-269.

务在于把课程中所呈现的材料当作师生对话的主题，而不要将它当作灌输给学生的僵化的知识。派纳极力反对把学生的经验机械地简化为精确的、可测量的、可控制的行为目标，而主张把课程作为文本来理解：历史文本、政治文本、种族文本、性别文本、现象学文本、后现代文本、自传文本、审美文本、神学文本、制度文本、国际文本等，从这些文本中，可解读出相应的课程意义：课程不再是既定的学校材料，而成为一种文本，一种符号表征，充满着丰富的意义。在派纳等人的努力下，以理解为取向的课程研究在美国已成为“显学”，课程研究已从“课程开发范式”转向“课程理解范式”。[①]

（二）史密斯的诠释学课程理论

史密斯是加拿大诠释学课程论的代表人之一。他深受后结构主义、后殖民主义、批判理论、现象学、诠释学等哲学社会学思潮的影响，对现代范式下的教育学进行了深刻的批判与反思。他痛斥笛卡尔以来的主客二元对立的思维和启蒙运动带来的客观理性与方法对教育造成的消极影响，认为在当今，工具理性控制下的教育学已经日益贫困，打破现代教育中的主导的罗格斯中心主义的思维模式，就应确立新型的“诠释学教育学”：对课程与教学来说，诠释学关照下的课程与教学允许持有不同视界的人们在各自的教育情境中解释和重建教育意义、重建课程理论。

1991年，史密斯发表《诠释学想象力与教学本》一文，阐述了他有关的诠释学课程与教学思想。他认为，诠释学已成为当今智识风景的一大显著特征。“从教育上看，诠释学想象力打开了一扇大门，让我们经由此门探讨下面这个问题：当大家使用诸如课程、研究和教学等词时，大家得问一下，到底是什么使得我们能够用当前所用的方式说话、思考和行动的。”[②]他提醒人们，在教育问题上不要单纯询问课程与教学文本的意义是什么，还要追问在什么条件下意义得以产生。史密斯肯定了迦达默尔对“偏见”的认可，认为偏见说明我们只能从某个特定的“视界”来理解世界，该“视界”为我们提供了思想和行动的起点：只有当

---

① 张华．走向课程理解：西方课程理论新进展［J］．全球教育展望，2001（7）：40.

② ［加］大卫·史密斯．全球化与后现代教育学［M］．郭洋生，译．北京：教育科学出版社，2000：111.

人们能够相互间展开交谈，由此产生不同的视界的“融合”，形成新的共识时，人与人之间的理解才是可能的。

诠释学的方法为史密斯分析教育问题提供了独特的视角。在他看来，诠释学探究的生命力就在于其内在的创造性，“创造意义”使得诠释学探究充满活力。诠释学对当代一切社会理论和实践而不仅仅是课程和教学所作出的最重大的贡献之一，便是指明了人是怎样相关地、相对地而不是绝对地认识事物的意义的。因此，教学材料只是一种文本，拥有大量的可供解释的空间。史密斯提出了诠释学想象力的几个要求：第一，养成聚精会神于语言本身的习惯，注重某人是怎样，另一些人又是怎样使用语言的；第二，深化自己对于人生本身实质上的可解释性的意识；第三，关注人生的意义问题，以及怎样用某种使生活得以延续下去的方式来解释人生；第四，关注诠释学内在的创造性，诠释学的目的在于创造意义，而不仅仅是报道意义。

三、课程领域的诠释学探究

自20世纪70年代以来，在“现象——诠释学”方法论基础上确立起来的“概念重建主义”课程理论，已成为课程研究的“第三势力”的诠释学取向的课程探究对传统课程理论模式所依赖的基础假设进行了全力批评和挑战，逐渐形成了一种新的课程探究范式，对当今课程理论与实践的变革影响深远。

诠释学探究范式的提出也是出于对实证主义的不满。有学者指出：“在教育研究中可供选择的范式有三种：一是实证主义的视角；二是诠释学的取向；三是批判的视角。”[①]因此，教育研究方法是多元的，不能由于实证主义方法的存在而排斥其他方法的合理性。实际上，诠释学探究作为一种“范式”，在教育领域之外早已受到学者的关注。1968年，哈贝马斯出版了《认识与兴趣》一书，认为指导认识的人类兴趣有三种：技术的兴趣、实践的兴趣和解放的兴趣。与此相对应，他提出了三种探究的范式：“经验—分析”的探究范式、诠释学的探究范式和批判的探究范式。每一种探究范式服务于不同的兴趣，代表不同的社会组织

---

① Schubert W H. Curriculum: Perspective, Paradigm, and Possibility. London: Macmillan Publishing Company, 1986: 181.

并呈现不同的合理性的方式（如下表2-1）。

表2-1：哈贝马斯的三种探究模式

探究的类型	“经验—分析”的探究	诠释学的探究	批判的探究
服务的兴趣	技术的兴趣	实践的兴趣	解放的兴趣
社会组织	工作	互动	权力
合理性的方式			
	控制和确定性的原理； 在可经验性验证的规则中运作； 假定知识是价值中立的； 假定知识是客观的； 效率或节约； 不加怀疑地接受现实。	强调理解和交流性互动； 把人类看作是知识的积极创造者； 在日常生活之中寻求意义和假设； 把现实看作是交互主体的情境化的、分享历史的、政治的和社会的情境； 通过语言的使用而积极关注意义。	假定意识形态的批判和行动是必需的； 寻求揭示“什么是压迫性的和主导的”； 要求对错误的意识保持敏感； 把歪曲的概念和不公正的价值看作是有问题的； 考察并解释作为探究基础的价值系统和公正的概念。

（资料来源：William H. Schubert. Curriculum: Perspective、paradigm and Possibility. Macmillan Publishing Company. 1986: 181.）

在这里，哈贝马斯把诠释学探究作为服务于实践兴趣的范式提出来，认为诠释学包含了实践的兴趣，其社会组织是个人、文化和历史环境之间的互动，其合理性方式在于寻求扩大与他人和事件进行活动的意义。在这种范式看来，教育并非仅仅是追求单向度的传递，也要进行交流以揭示其内在的意义。学校教育是一个交互主体性的、情境性的建构意义的过程。诠释学的这种探究范式实际上在施瓦布的实践的课程范式中已经体现出来。实践的课程范式要求回归实践，倡导实践过程中的“课程审议”，可以说是诠释学探究范式在课程领域的具体运用。

除了施瓦布的课程审议，后现代课程观也对诠释学探究范式颇感兴趣。后现代课程论专家小威廉姆·多尔认为：诠释学框架将课程的注意力集中在文本与我们之间的相互作用上。这一框架超越了客观主义—主观主义的分离，认为意义是个人与公共对话性交互作用所创造的：与自己、同事、文本和历史的对话。多尔注重与文本的对话，在对话中创造意义而不仅仅是从文本中提炼意义。显然，多尔力求超越泰勒为现代主义所贡献的课程开发的“基本原理”，通过对话与理解而构建以4“R”（即丰富性（richness）、回归性（recursion）、关联性（relations）和严密性（rigor））为特征的后现代课程。“就课程而言，过程—诠释思想为我们提出的挑战是为教学和学习设计一种接受存在、语言与理解的偶然性和关联性的框架。借鉴后现代思想，尤其是诠释学、自组织、模糊数学、过程神学和耗散结构领域中的思想，有助于我们构建一种旨在‘意义创造’的课程模体。”[①]

诠释学是一门古老的学问，在发展过程中，尤其是在发生本体论转而走向哲学诠释学以后，融合了诸如现象学、存在主义、精神分析等思潮。但唯其如此，诠释学才能以其包容性而在探问意义、理解人生中显示出其独有的魅力，也在课程研究中散发出激动人心的光彩。笔者认为，课程研究中的诠释学取向努力提醒人们：真正的人类理性是价值理性与工具理性的统一，在追求理性认识时更要关注人类存在的价值与意义。20世纪的两次世界大战、人类向自然过度索取而导致的生态环境日益恶化以及最近的“世纪梦魇”“9·11”事件等20世纪以来人类经历的诸多灾难不只一次地警告世人：单纯追求工具理性是危险的，它可能造福人类，但也可能成为灾难的帮凶。而真正的教育也要超越工具理性的思维模式，寻求教育经验的目的与意义。只有这样，教育才是整体性的教育，课程才是真实性的课程，学校教育领域才能体现出人类所独有的理性与智慧。

---

① ［美］小威廉姆·多尔. 后现代课程观［M］. 王红宇，译. 北京：教育科学出版社，2000：195.

第四节 批判课程理论的知识谱系

20世纪70年代以来，批判课程理论在北美地区兴起并很快流行起来。这种理论最显著的特点，一言以蔽之，就是“社会批判”：不满当下西方社会的现实，对主流文化意识和经济政治结构持不信任态度，批判学校和课程中存在的意识形态依附、贫困和富裕阶层对立、不公正和霸权等现象，呼吁“人类解放”。批判课程理论最初被派纳归入“概念重建主义”课程理论的阵营，认为其体现出“政治的或批判的取向”。在80年代末派纳认为课程研究领域已经完成“概念重建”并转向“理解范式”之后，批判取向的课程研究仍然坚持其批判色彩并在学术界产生了日益广泛的影响。“20世纪80年代，在概念重建阵营中有一个受批判理论影响的话语，它为课程研究提供了重要的新主张。批判课程理论的重要性不仅在于它有助于理解和促进课程的话语，也带来了针对受压迫者阶层的有关公平和正义问题的深度批判。”[①]本节在新的形势下对批判课程理论的知识谱系进行梳理，并结合其批判的精神气质分析其当代境遇和时代课题。

一、批判课程理论的知识图谱

由于视角不同，批判课程理论观点杂陈、莫衷一是，很难穷尽其观点。在20世纪70年代，巴西著名教育家弗莱雷提出了以“被压迫者的解放”为目的的“解放理论”，由此开启了批判教育学研究的大幕，对北美批判课程理论的发展产生了深刻影响。随后，一些知名学者基于社会批判的立场提出了诸多教育和课程理论，这些理论多以“再生产”为概念框架，指出课程是既有社会秩序和阶层得以“再生产”和延续的工具，被称为“再生产理论”。80年代之后，由于“再生产理论”固有的缺陷，批判教育学的研究开始转向“抵制理论”，致力于分析学校中的冲突、抵制等现象。“在20世纪80年代之前，‘再生产理论’占据明显优势；但80年代以后，‘抵制理论’获得充分发展，并有取代‘再生产

① Schubert W H, Schubert A L, Thomas T P, Carroll W M. Curriculum Books: The First Hundred Years. New York: Peter Lang Publishing Inc. ,2002:268.

理论’之势，这表现为许多早先持‘再生产理论’的学者纷纷改弦更张，转向‘抵制理论’。”①

其中，“再生产理论”这一支系又分化为不同的研究取向，吉鲁认为有三种取向：以鲍尔斯和金蒂斯为代表的“经济再生产模式”、以布迪厄为代表的“文化再生产模式”和以阿普尔为代表的“霸权再生产模式”。②“抵制理论”则以阿普尔和吉鲁为代表。为梳理其关系，我们用谱系学的方法对这些思想进行考察，大致清理出如下谱系（如图2-1）。

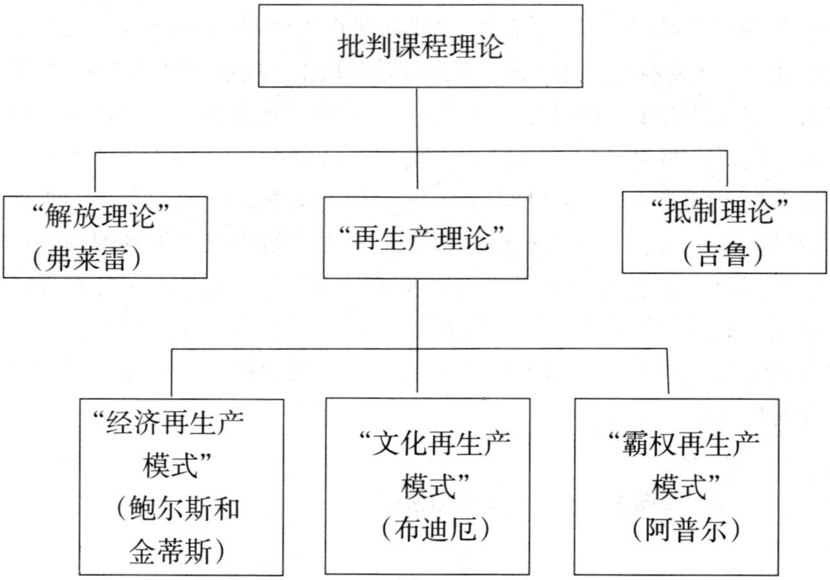

图2-1：批判课程理论的“家谱”

需要注意的是，在这一“家谱”中，三个支系并不是并行不悖、界限清晰的，它们在一定程度上存在前后相继和交融互动的关系：弗莱雷的“解放理论”无疑具有重要的引导作用，它在研究视角和方法上启发和滋养了后来的“再生产理论”；“再生产理论”也并非在完全停滞之后整体转向“抵制理论”，其倡导者在反思前者的缺陷后转向后者，但并没有完全放弃前者，甚至部分学者一直在从事“再生产理论”的研究。

① 张华. 美国当代批判课程理论初探（上）[J]. 外国教育资料，1998（2）：21.

② Giroux H. Theories and Reproduction and Resistance in the New sociology of Education: a Critical Analysis.Harvard Education Review，1983，Vol.53，No.3：261-281.

二、批判课程理论的三个主要支系

总体而言，批判课程理论是运用批判社会学理论去考察学校课程问题的所有观点的总称。在这一谱系中，主要有三个大的支系，即“解放理论”支系、“再生产理论”支系和“抵制理论”支系。

（一）“解放理论”支系：寻求被压迫者的解放与社会重建

在批判课程理论的谱系中，“解放理论”因为倡导被压迫者的解放和社会重建而独树一帜，巴西教育家弗莱雷是这一支系的标志性人物。弗莱雷早期参与了巴西的扫盲工作，在卓有成效地开展成人教育的实践基础上，撰写了著名的《被压迫者的教育学》，此后声名鹊起，其影响远远超出了成人教育的领域，他提出了以培养批判意识为目的的“解放教育理论”，形成了自己独特的教育思想体系，成为批判教育学的重要代表人物。弗莱雷对传统教育学沦为“储蓄式教育”极为不满，认为由于其强调知识的所谓“中立性”而导致学生被动地接受合法化的知识，失去了对现实的批判反思而成为“被压迫”的社会结构的一部分，因此教育学应该是充满质疑的、反思批判的、不断挑战“压迫结构”的，这样才能实现个体的解放。

在弗莱雷的“解放教育学”中，“唤醒意识”是一个重要的基本概念，指的是“人们不是作为一个接受者而是作为一个认识主体，以获得形成他们生活的社会文化现实和转变这种现实的能力的一种深层意识”[①]。要获得这种“唤醒意识”，人们必须投身参与到实践中，去理解人类作用于客观现实的途径和重要性，进行批判反思，去掉身上的桎梏，从而获得解放。可见，“唤醒意识”的获得既依赖于人的批判意识，也离不开行动和反思，它隐含在人们对真实世界的批判、行动与反思之中。学校教育的使命在于以一种革命的方式把人们组织起来，去变革这个现实的世界，使人获得“唤醒意识”并实现主体价值。

弗莱雷批判“储蓄式教育”，认为教育的本质在于“对话”。“储蓄”这一隐喻说明，传统的教育强调由教师把知识灌输给学生，就像把钱储存到银行一样。这一隐喻是对整个被压迫状态的社会的一种映射：人失去主体性，人的行动是被动的、没有批判性的。为了建立一种“解

---

① 于向阳．保罗·弗莱雷的教育思想评述［J］．华东师范大学学报（教育科学版），1995（3）：52-53．

放教育学”，弗莱雷主张基于师生对话开展教学活动。在“对话式教学”中，知识不再是一种既定的、需要灌输的东西，而是在人与人之间的沟通过程中得以建构的；对话的双方都是认识的主体，不存在一方对另一方的压制。

在对课程的理解方面，弗莱雷认为课程在本质上是一种“反思性实践”，也就是需要有机整合“反思”与“行动”两个要素。既然教育不是“储蓄式”地存储知识而是一种对话，那么就应该关注现实世界中的问题，反思性实践应产生于人们所处的现实的实践环境和真实的问题之中。课程离不开教师和学生真实的经验和对话，他们是课程的主体，那些在双方的对话、问答和对现实世界的批判性思考过程中所产生的经验应该进入课程的内容。因此，作为“反思性实践”的课程也是一种师生共同参与意义创造的过程。

对于课程实践，弗莱雷提出了建构“解放的课程”的四大原则：“（1）以参与为基础，共同建构新课程；（2）尊重各校的自主权，进行各种不同的实验；（3）在课程中要运用‘行动—反思—再行动’的方法，加强理论联系实际；（4）加强教师培训，在实践中批判性地分析课程。”①可以看出，弗莱雷倡导的课程实践其实是在通过师生的参与、对话和反思而消除传统课程开发的“控制”色彩，进而实现学校课程的民主化。这是“解放理论”的题中应有之义，也是实现社会重建的必要步骤。

（二）“再生产理论”支系：学校和课程是社会“再生产”的工具

受马克思提出的“再生产”概念的启发，“再生产理论”的倡导者套用社会中的阶级和文化“再生产”现象来分析学校教育，认为学校是主流意识形态“再生产”的产物，是进行社会和文化“再生产”的机构，学校中传授的知识和技能“再生产”出既有的社会劳动分工和阶层划分。在这部分学者的眼里，学生的学业失败是不应该受到责怪的，应受谴责的是作为社会再生产机构而发挥作用的学校，因为学校教育无关乎公平，而是推动“不公平”的代理机构：正是通过学校教育，社会的主流意识形态和阶层划分才得以继续下去。

“再生产理论”突出了学校的“政治特征”，改变了人们认为的“学

① 黄志成．弗莱雷解放教育课程建构论述评［J］．全球教育展望，2003（2）:58．

校与政治无涉”的观点。根据这种理论，学校发挥“再生产”功能的表现有三个方面：学校提供了不同的阶级和社会集团所需要的知识和技能，这使得不同群体能够得以进入有着鲜明阶层、种族和性别特征的劳动力市场；其次，学校在文化意义上也被看作具有“再生产”的性质，其功能表现为分配合法性的知识、价值、语言和行为方式，这些因素使主流文化得以建构；最后，学校被看作是生产经济和意识形态规则的国家机器，这些规则构成了国家的政治权力运作的基础。[①]该理论主要关注这样一些课题：学校和就业市场之间的关系、特定阶层的教育经验和不同社会团体的工作机会、学校文化和不同阶层的学生文化、国家的经济和意识形态如何影响学校的政策和实践等。

在“再生产理论”阵营中，鲍尔斯和金蒂斯的主张被称为“经济再生产模式”，他们提出了“对应理论”，即：不平等的社会经济结构和阶层关系是通过学校教育而“再生产”出来的，学校中的人际关系体现了社会的等级分工，学校教育与经济结构存在对应关系。“价值观、规范和技能的等级结构模式构成资本主义劳动力和阶级相互作用动力机制的特征，该特征在班级日常际遇的社会动力机制中被镜子般地直接反映出来；通过其班级社会关系，学校教育把作为接受资本主义社会经济规则之必要条件的态度和倾向灌输给学生。”[②]当然，这种“对应理论”把学校与其社会经济结构之间的复杂关系看作是简单的、线性的对应关系，忽略了学校的自主性及其对社会经济结构的调适。

该阵营中另一重要支脉被称为“文化再生产模式”，代表人物是法国的布迪厄。布迪厄同样关注“资本主义社会为什么能对自身进行再生产”这一问题，但他把“文化资本”作为比经济更重要的因素进行考察，认为学校是一个自主的机构，它并不容易直接受到政治和经济的影响，学校通过产生并分配主流的文化而“再生产”既有的权力关系。在布迪厄看来，文化是统治阶层利益和日常生活的中介，它表达的是统治阶层的经济和政治利益，这是社会秩序的自然现象。在阶级再生产过程中，学校是其重要的力量，它以一副“公正无私地传递有价值的文化”

① Giroux H. Theories and Reproduction and Resistance in the New Sociology of Education: a Critical Analysis.Harvard Education Review,1983,Vol.53, No.3:258.

② 张华. 美国当代批判课程理论初探（上）[J]. 外国教育资料，1998（2）：22.

的面貌出现，学校的地位得以以公正和客观的名义而得到提升。布迪厄用“文化资本”这一术语来说明学校进行“再生产”的社会机制，所谓“文化资本”，即“个人在隶属特定阶层的家庭中传承的不同的语言和文化能力的体系”①。这一概念说明，家庭背景普通的学生较少接触到上层社会的文化，这使他们在发展中处于不利的境地。由于学校课程是特定文化的载体，因此在“再生产”主流文化资本被予以合法化的过程中，课程发挥了极其重要的作用。

“霸权再生产模式”是“再生产理论”阵营的另一支脉，代表人物是阿普尔。他受知识社会学的影响，注重对知识的社会性质进行微观研究，关注阶级、国家、霸权等对学校课程的控制与深刻影响。其中，“社会霸权”是他用于分析学校课程的重要术语。“霸权不是抽象的意义集合，而是有组织地整合了意义和实践，也就是我们生活于其中的核心的、有效的、占统治地位的意义、价值观和行动系统。”②“霸权”作为一种特定的社会存在，它利用权力和意识形态，再生产出统治阶级和附属阶级的社会关系，揭示了学校教育对国家、阶级、意识形态等发挥的功能。在阿普尔看来，“社会霸权是一种过程，在这一过程中团体或权力阶层将主导的文化进行复制，社会的每一个机构和学校都是主要的传递这种模式的社会霸权机构”③。特定种族、社会阶层或性别的学生，通过学校课程传递这种类似的信息，从而强化了社会的不平等。根据这一理论，教育机构及其课程对社会、意识形态和经济所起的作用大致包括如下三个方面：“第一，学校为‘再生产’一种不平等的经济提供了某些必要条件，从而有助于资本积累的过程；第二，学校是促进合法化的重要机构，社会群体通过学校使之合法化，社会和文化意识形态通过学校得以再创造、维持和不断的建设；第三，学校教育通过传递技术、行政管理知识而构成生产的重要力量。”④根据这些批判性分析，阿普尔

① Giroux H.Theories and Reproduction and Resistance in the New Sociology of Education: a Critical Analysis.Harvard Education Review, 1983, Vol.53, No.3: 268.

② Apple M. Ideology and Curriculum. 3rd Edition.New York & London: Routledge Falmer, 2004: 5.

③ Schubert W H, Schubert A L, Thomas T P, Carroll W M. Curriculum Books: The First Hundred Years.New York: Peter Lang Publishing Inc., 2002: 269.

④ 张华. 美国当代批判课程理论初探（上）[J]. 外国教育资料，1998（2）：23.

对课程问题进行了深入反思，认为人们不仅要追问“什么知识最有价值”这一传统问题，还要回答“谁的知识更有价值”这一批判性问题。

（三）“抵制理论”支系：学校拥有自主性而对社会经济政治结构进行抵制和调适

在思想源头上，“抵制理论”受欧洲“新马克思主义”思潮的影响。“新马克思主义”尝试修正马克思主义的古典理论，以马克思的“异化”理论和人本主义思想为立足点和理论基石，着力分析当代社会中的“冲突”和“抵制”现象，积极开展针对资本主义的国家权力、文化制度和意识形态批判，致力于消除各种妨碍人主体性的异化力量，真正实现人的自由并确立主体性地位。受此影响，“抵制理论”对“再生产理论”在解决学校问题中的局限性进行深刻检讨，重新界定了“调和”“权力”和“文化”在理解社会与主流社会之间复杂关系的重要意义，将学校作为对主流文化进行阻抗和挑战的场所，突出作为知识场域的课程已经成为不同利益群体的“角力场”这一特征，剖析文化实践中的权力斗争，消除教育中的不平等与压迫。吉鲁是这一支系的主要代表人物。

“抵制理论”对“再生产理论”进行批判，力图超越单一的“文化再生产”关系，突出人的能动性和学校的自主性。吉鲁认为：“再生产理论家过于强调‘社会控制’的思想，并没有提出教师、学生和其他人如何在特定历史和社会情境中为其自身存在条件进行再生产。而且，人具有能动性，人创造了历史和社会（尽管也有其局限），这一点被忽视了。”①为此，吉鲁认为，应该超越“再生产理论”，提出一种理论去挑战和改变学校的现实，去关注冲突、斗争和抵制问题，这就是“抵制理论”。该理论假设：工人阶级的子弟是资本主义的副产品，受制于教师和学校的权威而被培养为特定劳动阶层；而且，学校代表了特定的抗争领域，这一领域既有结构性冲突和意识形态冲突，也有学生的集体抵制。这说明，尽管学校课程被设计来固化资本拥有者的利益，学生也会寻找方法以抵制霸权的再生产。在“抵制理论”看来，学校是一个拥有相对自主权的机构，它不仅为反抗的一方提供展示的舞台，而且还代表了冲突的一个来源并促使人们对主流社会的物质和意识形态利益进行

① Giroux H.Theories and Reproduction and Resistance in the New Sociology of Education: a Critical Analysis.Harvard Education Review，1983，Vol.53，No.3：259.

“去功能化”。学校不是仅仅取决于主流社会的劳动力市场，它们不仅是单纯的经济机构，而且还是独立存在于资本主义市场经济的政治、文化和意识形态的特定地点。因此，学校是与主流社会存在冲突的，有时候对其假设提出挑战。例如，学校有时候提供“博雅教育”，这与社会上期望的专门化、工具化并适应市场需求的教育相左。

“抵制理论”的价值诉求在于为社会公正和自我解放而进行反思和斗争。吉鲁提出了三个假设：“（1）‘抵制理论’强调‘人的能动作用’，认为被压迫者不是简单被动地接受统治。因而，‘抵制理论’的中心范畴便是：目的性、意识、常识的意义、非推论性行为的性质和价值；（2）‘抵制理论’认为权力从来就不是单维的，它既作为一种统治方式来施加，也作为一种‘抵制’行为而存在；（3）‘抵制理论’中内含着一种‘激进变革’的希望，这是对现实进行超越的积极因素。”①显然，“抵制理论”试图确立一种理解学校教育过程及其与社会之间关系的理论框架，在这一框架中学校不再扮演单纯的“再生产”角色，而是具有了能动性的特征，学生通过自身的反思和文化建构而影响到主流社会的变革。

“抵制理论”的研究范畴在于强调存在于家庭、学校和工作场所中的张力与冲突关系。学校是社会活动和实践的代理机构与场所，具有“相对的自主权”，其意义最终是政治的、文化的。“人们认识到，不同的领域或文化场景（如学校、家庭、媒体）是由复杂的意识形态团体所控制，它们之间很容易引发冲突。”②对此，“抵制理论”予以批判，认为主流的社会经济结构体现在主流社会工作之中，通过阶层与文化的调和，形成学生日常生活经验。把课程作为复杂的话语，不仅服务于主流社会的利益，而且包含了“解放”的一面和可能。

三、批判课程研究的当代课题

在当代，批判课程理论已经成为课程研究领域的一个重要构成部

① 张华. 美国当代批判课程理论初探（下）[J]. 外国教育资料，1998(3)：76.

② Giroux H.Theories and Reproduction and Resistance in the New Sociology of Education: a Critical Analysis.Harvard Education Review, 1983, Vol.53, No.3: 185.

分。众多社会学者的加盟带来了多样化的话语和批判的精神，对课程问题的研究也日趋深入，如隐性课程研究、女性主义视角下的课程研究等。

（一）不变的精神气质："批判"的旨趣

批判课程理论最直接的思想基础是西方社会学中的批判理论。该理论又是一个大的阵营，学派林立、观点纷呈，但无论其具体主张如何，其源头都可以追溯到近代马克思提出的社会批判学说。马克思的社会批判学说是建立在他对资本主义社会制度及其社会问题进行批判考察的基础之上的，通过对生产力和生产关系、经济基础和上层建筑、剩余劳动和价值规律等问题的深刻考察，揭示了资本主义的本质和人类社会发展的普遍规律，倡导通过无产阶级的革命斗争而真正实现彻底的人类解放。

第二次世界大战结束之后，相对和平的社会环境和科技进步促进了西方社会的大发展，社会财富大量积累，人们的生活水平有了很大提高，社会领域没有了明显的阶级对抗和剥削现象，资本主义制度通过自身的调适而继续促进生产力的发展，19世纪马克思所批判的社会现实似乎不复存在。然而，进入20世纪六七十年代，西方发展的"黄金时代"终结，西方世界引以为荣的文明和价值观遭受了重大质疑甚至颠覆，一批学者开始借用一百多年前马克思的经典社会批判学说对西方传统的社会结构、统治机制、文明模式、价值体系进行反思和批判，由此促成了西方马克思主义社会批判理论的再次兴盛。其中以德国法兰克福学派的社会批判理论最具代表性，著名代表人物有霍克海默、阿多诺、马尔库塞、哈贝马斯等。

批判理论究竟批判什么呢？大致来说有这样几个方面：（1）对现代国家、意识形态和文化批判。这是批判理论最核心的主题。批判理论的代表人物认为各种意识形态工具和文化手段都代表了国家机器，要剖析现代福利国家的性质、合法性及其危机，批判其文化意识形态。（2）人的异化批判。马克思的"劳动异化"被扩展到全部社会生活的各个领域，人被异化为机器和技术的奴隶，沉醉于物欲而丧失了精神上的追求，丧失了批判性和创造性，人成了"单面人"，社会也是一个"单向度”发展的社会。[①]（3）科技理性批判。科技进步显然带有功利性的目的，人在享受先进文明的同时也在遭受压抑和摧残，人与自然的关系遭受破坏，用霍克海默的话来说就是：“科技理性使天堂与地狱联系在一起，使进步转化为退步。”[②]（4）现代性批判。实质是对西方“文艺复兴”以来形成的“理性观”进行批判，因为现代性带来了“工具理性”和“消费主义文化”，导致人的压抑和精神危机。（5）日常生活批判。目的是恢复日常生活的本来意义、消除异化，使人获得全面发展。哈贝马斯认为，由于权力与金钱无孔不入的侵蚀，特别是大众传媒的冲击，生活世界日益边缘化，私人空间逐渐被公共空间所取代，生活世界中的成员已完全失去独立判断能力与个体独立性，导致人们心理的普遍焦虑与失衡。

（二）当代批判课程研究的主要问题领域

1. 揭秘“隐性课程”

“隐性课程”最早出现于杰克逊1968年出版的《班级生活》一书，此后这一领域成为社会批判和社会重建取向的课程研究的重要主题，例如，阿普尔对此贡献颇多，他在《意识形态与课程》等著作中多有涉及。如果把官方、学校和教师公开承认并有计划有组织地予以实施的课程称为“显性课程”，那么，“隐性课程”就与此相对，指代那些正式课程计划中未明确规定的、对学生产生潜移默化的影响的学习经验，包括知识技能、价值观念、规范和态度等。在这一问题领域中，批判课程论者要么从微观的学校结构和文化群体进行考察，注重揭示“隐性课程”对受教育者的潜在影响；要么从宏观社会环境和制度生态出发，考察社会政治经济结构如何以隐蔽的方式进入学校从而影响学生发展。无论哪种研究思路，这些学者都认为“隐性课程”强化了社会的不平等与不公正，其社会职能在于进行“社会控制”，是通过把占统治地位的意识形态、价值观念和行为习惯无声地延展到学生，从而维护其“社会统治”。目前，有关“隐性课程”的研究仍然是欧美课程研究的一个热门话题。

---

① 张振鹏. 西方马克思社会批判理论研究综述［J］. 高校社科动态，2009（5）:30.

② Horkheimer M，Adorno T W. Dialectic of Enlightenment. NewYork: Seabury Press，1972:14.

2. 通过课程改革弘扬社会正义

“社会正义”是批判理论家一直坚持和呼吁的基本主题，在价值观上具有鲜明的“规范”和“道德”取向。“课程理论需要一种新的意识形态取向。各种关于‘教育解放论’的观点是基于一系列文化假设的（包括通过变革就能带来平等的进步），将个体看作是处于关系网络之中的一员。这种假设反过来导致了一种对传统的简单化和扭曲的理解，忽视了不同文化认识论和道德体系的重要作用，应将特定的道德体系视为集体的本质，这不会制约个体的解放和进步。”[①]不少批判课程论者出身平民阶层，他们的成长经历和生活状况使他们从“社会正义”这一终极价值追求出发，去敏感地体察到学校和课程中隐藏的不公正。在主流文化意识看来，知识是“价值中立”的，课程是“合法知识的集合”，学校教育平等地赋予所有学生以知识和技能、情感和态度。但在批判课程论者看来，课程是“价值负荷”的，学校课程的设置和内容的选择使贫困阶层的孩子处于不利境地，进一步加剧了社会分化，由此揭露学校课程中隐藏的非正义性和社会不公。因此，他们主张重新定义课程的内容，改革现有课程体制，体现教育的公平和社会正义。

3. 消除课程中的各种歧视

“歧视”是当代西方社会的顽疾，它不会存在于政客们富丽堂皇的说辞之中，却无处不在地渗透到政治、经济、文化、教育等社会生活的各个领域。显然，对于边缘化的社会底层人民而言，“歧视”是他们不得不接受的一个苦果。社会上的歧视有不同的类型，如种族歧视、性别歧视、信仰和文化歧视等。批判课程研究基于这一社会现实，对课程中隐藏的这些歧视问题进行剖析，甚至提出相应的课程理论。例如，针对主流社会中的男性霸权现象，诺丁斯等学者提出了针对女性的“关怀伦理”和女性主义课程理论，致力于消解男性霸权、谋求妇女解放。“女性主义课程的早期的研究主要集中在‘性别刻板印象’‘性别再生产’等方面，后来致力研究课程、知识和权力之间的关系，并推动了较大规模的课程实践。”[②]在社会批判课程论者看来，要抓住“歧视”的关键，

---

① Bowers C A. Toward a Cultural and Ecological Understanding of Curriculum. In William E Doll, JR.& Noel Gough, Curriculum Visions. New York: Peter Lang Publishing Inc, 2002:82.

② Coffey A, Delamont S. Feminism and the Classroom Teacher :Research, Praxis, Pedagogy .London:Routledge Falmer., 2000:34.

就要深刻理解“身份”问题。“身份”意味着一个人的固有特征，关涉对自我的定位、认同和理解。在存在歧视的社会环境中生活，人容易产生“身份危机”，会带来个人“身份认同”的混乱、自我迷失和不确定感。在学校教育发挥社会重建的功能时，“歧视”却导致个人对自我身份的否定与迷惘，显然这不利于社会重建。

21世纪以来，西方社会物质的高度发达并没有消灭贫富差距，资本主义所倡导的价值观也不能解决社会公平和正义问题，更不能带来人的全面解放。在这一宏观背景下，批判课程理论所秉持的“批判精神”仍然是当代社会所需要的。批判课程理论抛弃了主流社会根深蒂固的一些看法（例如课程是“价值中立”的、课程内容是合法的制度性知识、学校教育是“无差别的”），运用“异化”“再生产”“霸权”“抵制”“隐性课程”等概念作为分析工具，对当代西方社会的学校教育和课程体制进行了细致剖析和无情批评，在一定程度上揭示了社会控制、文化意识等在学校课程中的渗透及运作机制。从这个意义上来说，批判课程研究主要是站在边缘人群、社会底层家庭、处境不利者的立场上来考察学校教育和课程问题的，这种为“弱势群体”发声的研究取向体现了知识分子应有的社会责任，也体现了他们对真理和正义的追求。因此，尽管批判理论不是当代课程研究的主流，但由于这种理论的存在，当代课程理论才显得枝繁叶茂、生机勃勃。

第三章
课程的社会属性

学校教育是人类社会活动的一个特定领域，因此教育自然具有很强的社会属性。例如，教育活动要在一定的社会场所（学校和班级）中进行，教育活动中的人扮演着不同的社会角色（教育者和受教育者），教育活动要受到一定的社会规范的制约（学校纪律和班级规则）等等。而课程是学校教育的基本要素，必然也体现出一定的社会属性。诚如英国教育社会学家伯恩斯坦所坚信的那样，社会如何选择、分类、分配、传递和评价其公共的教育知识，既反映了社会权力的分配的状况，又反映社会控制的一些原则。显然，课程是这些“公共的教育知识”的基本载体，社会性是其基本的属性。课程对社会性的体现首先在于对知识的选择上，合法的课程知识一般而言都是制度性知识；其次社会文化也会渗入课程研究之中，由此对课程话语带来影响；课程的育人目标则体现了社会对人才的基本要求和社会发展的基本趋势。

第一节　课程中的制度性知识

“什么知识最有价值?”1859年以来，英国哲学家斯宾塞提出的这个命题一直是课程研究无法回避的重要课题。显然，有价值的知识应该成为学校课程内容的重要构成部分，尽管不是课程内容的全部。在知识与课程的关系中，有一种知识被普遍认为具有价值，它构成了学校课程的法定内容，这就是制度性知识。制度性知识对学生的发展具有重要意义，但它的获得需要学生经验的介入。将制度性知识与学生经验建立关联，从而使课程内容对学生产生意义，这是对制度性作为课程内容是否合理进行批判性考察的基本出发点。基于这种批判，我们提出一种以“制度性知识与人的意义关系”为核心的新的课程观。

一、作为法定课程内容的制度性知识

知识是智慧的结晶，是人类在文明发展和社会进步过程中取得的成果的集中体现。但是，并不是所有的知识都能进入学校课程，世界各国的教科书审查制度足以说明人们在选择什么样的知识进入课程内容方面所持的慎重态度。作为课程内容选择的结果，制度性知识对学生的发展具有重要价值，并由此奠定了合法性的基础，但要真正发挥其教育功能，则需接受合理性标准的批判。

（一）何谓“制度性知识”

从知识的维度对课程内容进行选择的结果是，有一种知识由于能够从教育制度上满足特定社会对年轻一代进行教育的期望，由此被披上了合法化的外衣，这种知识就是“制度性知识”。它指的不是某一种特定类型的知识（譬如学科知识），而是由于被社会认可为具有普遍的教育价值，因而在课程与教学中具有了优先性的所有知识的统称。制度性知识是一种“公共知识”，通过义务教育，所有学龄儿童都有机会接触并得以分享；制度性知识又被认为是一种“客观知识”，它外在于学习者而物化于一定的课程材料（譬如教科书以及各种学习材料）之中；制度性知识还代表了现代教育的基本理念：通过同质化教育知识的传授而普遍提高公民的文化素养，有效缩短未成年人和成年人之间的差距。因此，制度性知识体现了学校教育的“共性”，代表了现代教育的理想和“以普遍知识武装所有头脑”的雄心壮志。

考察进入课程内容的这些制度性知识，可以发现它们具有一些相同的特征。日本学者佐藤学认为，制度性知识具有如下四种性质：

第一，这种知识是在现代被视为真理与真实的学术（科学、技术与艺术）中，被政府、教育主管部门的审定这一“滤纸”通过的知识。第二，这种知识是可以给儿童“明白地传递”的，亦即变换、简要成可供传递的语言这样一种制度。第三，这种知识在许多场合是现代学术中已经明确的结论（正解），亦即儿童无需经过论争、辩论来学习，而是通过审定教科书使之学习被视为正解的结论。第四，这种知识由于是上述所限定的框架内的知识，（它）不能超越这种框架。[①]

可见，制度性知识是特定社会认可了的、可以进入课程内容的知识，是儿童和青少年继承人类文化遗产并得以社会化的基础。作为课程内容的各门学科的知识、文化与艺术知识、有关道德的知识等都可以归入制度性知识的范畴，它们是儿童和青少年必须学习的文化财富，是促使其成长的智慧的源泉。在人类教育发展的进程中，特别是在提出普及义务教育之后的现代教育发展的过程中，它们在学校课程中逐渐取得了合法的地位，成为法定的课程内容。

（二）制度性知识进入学校课程的合法性基础

那么，究竟制度性知识何以成为法定的课程内容？首先，制度性知识对儿童和青少年的发展具有普遍的教育意义，这是制度性知识成为法定课程内容的前提假设。现代教育制度确立以来，学校教育的重要使命就是通过百科全书式的课程体系把知识传递给下一代。由于知识量庞大而受教育的时间有限，因此知识的传递必须是集约化的、高效率的。显然，制度性知识是被视为"正解"的知识，无须儿童去复演人类发现知识的过程，由此提高了知识传递的效率。其次，制度性知识被视为最具有教育价值的知识，是成人社会对未成年人进行控制的有效手段。任何社会都不会允许下一代去放任自流，最好的办法就是通过教育从小给予儿童和青少年以知识的教化和价值的引导：前者帮助他们快速提高心智水平而缩短与成人的差距，后者则避免他们行为失范而走向社会发展的反面。显然，制度性知识是一种成人社会预设、经由代表国家的政府"过滤"后得到社会认可的知识，最能发挥这种教育价值。最后，制度性知识寄托着现代人类"借助教育实现人人平等"的理想。制度性知识为每个儿童的成长提供了一个大的平台，在这样一个平台上，大家都有权利学习社会认可的文化知识，并通过普及义务教育的手段而使每个儿童都有机会接触这些知识。这种平等地分享知识是儿童长大后实现人人平等的重要前提，显然可以遏制由于知识拥有的差异而造成的人与人之间的不平等。

然而，制度性知识只不过是外在于人的客观性的知识，要把制度性

---

① ［日］佐藤学. 课程与教师［M］. 钟启泉，译. 北京：教育科学出版社，2003：22.

知识转化为学生头脑中的知识结构的一部分，这却是一个相当复杂的过程。工业文明的到来使人类似乎看到了“多快好省”地传递制度性知识的曙光。人们把工业生产的模式移植到教育领域，学校成为知识传递的“工厂”，而课堂则是拥有“流水线”作业的“厂房”。这种技术理性指导下的教育模式在20世纪之后得到了行为主义心理学强有力的支持。行为主义心理学强调“刺激”与“反应”之间的联结，教育成为简单的外显行为的塑造。技术理性指导下的学校教育放大了制度性知识对传授效率的追求，却丢弃了制度性知识之于儿童发展的“意义”问题。这样一来，制度性知识越来越具有了工具化和控制的色彩，学习者反而成了有待灌输的“容器”，丧失了教育过程中的主体性价值。巴西教育家保罗·弗莱雷从批判理论的视角对传统教育的这种特征作出强烈批判。他说：“隐含在灌输式教育背后的是人与世界可以分离的假设：人仅仅是存在于世界中，而不是与世界或他人一起发展；个人是旁观者，而不是创造者，由此看来，人不是意识的存在，确切地说，是意识的拥有者而已：空洞的‘头脑’被动地接受着来自外部现实世界的信息。”[①]直到今天，弗莱雷的批判仍然具有很强的时代感。这种只见“知识”而不见“人”、强调知识传授而忽视儿童和谐发展的传统教育带来的问题不胜枚举：我国儿童的厌学与逃学、日本儿童的“五无主义”（无气力、无关心、无责任、无动感、无教养）等，均是过于注重制度性知识的传递效率和效果的传统教育造成学生消极被动学习的佐证。

二、制度性知识与学习者经验的关联

尽管制度性知识可以免遭合法性的质疑，但它进入课程内容的合理性问题则值得追问。考察制度性知识进入课程内容是否合理，关键在于它在课程与教学中的运作是否能够与学习者的经验建立关联。“关联”意为“中肯、恰当的联系”，它不是简单的“联结”，而是使制度性知识切合儿童的经验特征和心理发展规律。在学校教育的场景中，制度性知识作为外在于学习者的客观知识，要奠定进入课程的合理性基础，要进入学习者的认知图式、实现课程的教育功能，就必须与儿童的经验

---

① ［巴西］保罗·弗莱雷. 被压迫者的教育学［M］. 顾建新等，译. 华东师范大学出版社，2001：27.

进行关联。这是考察制度性知识进入课程内容的合理性的基本尺度。

（一）制度性知识与学习者经验关联的教育学视角

从教育学的角度看，制度性知识与学习者经验的关联体现了教育世界跟生活世界之间的关联。生活世界是人存在的基本场域，具有经验性、自在性和直观性等特征；与此同时，为了进行文化知识的传承和有效地对下一代进行教育，人类需要一个相对规范的教育世界。生活世界是教育世界的“母体”，而教育世界则是生活世界的规范化，二者相互依存、相互交融。但在现代教育的视阈中，教育世界与生活世界的差异遮蔽了二者的联系：教育世界是人为的，生活世界是自在的；教育世界崇尚理性，生活世界欣赏感性；教育世界强调规律与秩序，生活世界充满混沌与无序……教育世界与生活世界的分离是现代教育追求“效率与控制”的单向度工具理性排斥了追求“存在意义”的价值理性而带来的必然结果。20世纪以来，现象学、存在主义、哲学解释学等哲学文化思潮开始反思技术理性对生活世界的价值和意义的淡漠，极力张扬价值理性。“科学的危机表现为科学丧失生活意义……生活世界是自然科学的被遗忘了的意义的基础。”①现代科技理性试图为生活世界量体裁一件“理念的衣服”，恰恰是蒙蔽了生活世界中活生生的经验和体验。教育向生活世界的回归正是体现了制度性知识与存在于生活世界的学习者的活生生的经验建立关联，这样才能彰显教育本原的意义，体现学习者在教育中的主体性价值。

（二）制度性知识与学习者经验关联的心理学视角

从心理学的角度看，学习者的经验是制度性知识产生意义的基础。现代认知心理学认为，学习是否有意义，取决于学习者能否将新的知识与自己的认知结构中原有的有关知识建立起实质性的联系，只有当学习者能把新知识与其已有的知识实质性地联系起来的时候，他们才能真正理解新知识。“认知心理学特别强调个体的内在认知在学习历程中所扮演的角色，重视个体先前知识和技能在整个学习历程中的重要性。”②跟行为主义心理学强调外显行为的变化不同，认知心理学的研究在一定程度上揭示了人类学习知识的内部认知过程，强调学习者原有的知识结构

①　［德］埃德蒙德·胡塞尔. 欧洲科学危机和超验现象学［M］.张庆熊，译. 上海：上海译文出版社，1988：5－58.

②　林生傅. 教育心理学［M］.台北：五南图书出版公司，1994：109.

对学习新知识的意义。此外，建构主义学习理论也明确提出，"知识是由认知主体主动建构的，建构是通过新旧经验的互动实现的；认知的功能是适应，它有助于主体对经验性世界的组织"①。在建构主义视野里，世界是客观存在的，但是对于世界的理解和赋予意义却是由个体自己决定的。学习是学习者主动建构知识的行为，因此重视学习者先前所建构的知识和经验，并将学习者已有的知识作为新知识的生长点。无论是认知心理学，还是基于建构主义的学习理论，都强调学习者原有的认知结构或经验对于新知识获得的重要性。这样看来，制度性知识作为外在于学习者的客观知识，要对学习者产生意义，必须经过学生原有的认知结构和经验的加工和整合，学习者的经验是制度性知识产生意义的基础。

（三）制度性知识与学习者经验关联的课程论视角

从课程论的角度看，制度性知识与学习者经验的关联是现代课程论研究的重要课题。杜威开启了基于儿童的经验设计课程的经验主义课程开发的先河。杜威认为，"未成熟的、没有发展的人"和"在成人的成熟的经验中体现出来的某些社会目的、意义和价值"构成了教育过程的两个基本要素，而教育过程的展开就是这两个因素应有的相互作用。②在他看来，教育理论研究应该把这两个因素紧密联系起来，但是，人们往往把教育过程的各种因素孤立起来，或者抓住儿童天性里的某些东西，或者抓住成人意识里的某些东西，从而出现了儿童与课程、人的天性与社会文化之间的割裂。基于这种认识，杜威极力倡导以学生经验为中心的课程，以"主动作业"的形式让儿童在增长经验的过程中学习知识。被誉为"现代课程论之父"的拉尔夫·泰勒也认为，课程开发要重视"对学习者本身的研究""对当代社会生活的研究"以及"学科专家的建议"，并把这三者作为确定课程目标的三个基本维度。③美国另一位课程论专家施瓦布对课程的概念作了新的诠释，认为"学习者""学

① ［美］斯特弗，盖尔. 教育中的建构主义［M］.高文等，译. 上海：华东师范大学出版社，2002：9.

② Dewey J. The Child and the Curriculum, Chicago: The University of Chicago Press,1902. In M. S. Dworkin (edited). Dewey on Education. New York: Teacher College, Columbia University, 1959: 92.

③ 拉尔夫·泰勒. 课程与教学的基本原理［M］.施良方，译. 北京：人民教育出版社，1994：3-19.

科”“环境”和“教师”构成了课程的“四个并列要素”[①]，恢复学习者在课程中的角色和地位。20世纪七八十年代课程研究在整体上从“开发范式”转换为“理解范式”之后，注重学生的经验和体验已经成为当今课程论研究的一个基本取向。课程是制度性知识的基本载体，课程的设计要充分考虑学习者的经验，也就意味着为实现制度性知识的教育功能，必须充分考虑制度性知识介入学习者经验的可能性和可行性。

三、制度性知识与人的关系的重建

制度性知识代表了特定社会对下一代进行文化教育和价值引导的基本规范，由此具备了作为课程内容的合法性基础。上文所分析的制度性知识与学生经验的关联则揭示了制度性知识进入课程的另一标准，即合理性标准。如果说“合法性”问题关涉意识形态的渗透和价值态度的引导的话，那么“合理性”问题则关注制度性知识如何跟人建立关系、如何设计课程以实现课程的教育意义。从“合理性”的角度出发，制度性知识与人的关系不应是单纯的“传递—接受”的关系，而应是一种基于人与课程文本的“对话—理解”的关系，由此走向一种以制度性知识与人的意义关系为基础的课程观。

（一）课程是文本与人的一种对话

现代教育制度的确立是以工业文明的勃兴与发展为背景的，人类对技术的兴趣导致学校教育在知识传授方面的标准化、集约化和效率化。人们对课程的看法也服务于这种价值取向，把作为“客观文化”的制度性知识直接等同为“课程”，课程即学科科目，课程即教科书。在人类进行现代性批判、走向“后工业文明”的进程中，对技术理性的批判动摇了传统课程观的思想基础，由此导致了课程研究领域的“范式转换”。

自从课程研究作为一个独立的领域诞生以来，传统的课程观一直倾向于把课程视为学校材料，课程成为分门别类的学科，成为教学过程要达到的目标或计划。而课程研究只不过是寻求设计课程计划的一套程序，通过确立目标、选择内容、实施和评价等开发出普适性的课程方

① Schwab J J. The Practical: A Language for Curriculum. In I W estbury and N J Wilkof (edited). Science, Curriculum, and Liberal Education (Selected Essays). Chicago: University of Chicago, 1978：287-321.

案。显然，传统的课程观和课程研究受技术理性的支配，注重课程的工具价值，使课程成为一种合乎规律或规则的课程程式，制度性知识的传递是这一程式的基本运作内容，而知识之于人的意义则在这种传递过程中隐退。

20世纪70年代后，课程研究领域发生了“范式转换”，从原来的课程开发范式转向课程理解范式。正如派纳所言：“课程尽管包括这些文字的与制度的意义，但绝对不局限于此。现在你知道课程是一个高度符号性的概念，它是老一代人选择性地告诉年轻一代的内容。如此理解，课程具有强烈的历史性、政治性、种族性、性别性、现象性、自传性、美学性、神学性与国际性。课程成为一代人努力界定自我与世界的场所。”[①]在课程理解的范式下，人们把课程作为文本来理解，课程成为一种符号表征，成为负载课程意义的文本，通过解读这种文本可以获得多元的课程意义。在课程理解的范式之下，课程趋向于一种文本与人的对话，不同的人从各自的视界出发，对课程文本进行解读和诠释。课程提供的只是一个可能产生意义的场域，需要学习者对课程文本进行理解。为获得文本的潜在意义，在这个场域中时刻发生着“对话—理解”的关系：教师与课程文本的对话，教师与学生的对话，学生与课程文本的对话以及教师、学生、课程文本与教育情境之间的对话。这种新型的关系摆脱了人与课程之间的线性的、静态的传统认知关系，而是重新建构一种网络性的、动态的意义关系，课程正是在这种“意义之网”中生成并得以表达自身。

（二）制度性知识与学习者的意义关系的重建

人是如何获得知识的？知识与人的关系又是怎样的？这是哲学认识论需要解决的问题。以笛卡尔为创始人的近代认识论高扬人的理性与主体性，认为通过提供绝对可靠的方法能够获得知识的稳定的基础，进而建立起完整的科学文化知识的大厦，最终走向“基础主义”。在真理观上，认为真理就是主观对客观的正确反映，心灵能够把握客观对象的本来面目。这种“镜式哲学”把心灵作为镜子，对事物进行客观“反映”，并以此作为判断真理与谬误的标准，从而又沦为“表象主义”。在这种传统认识论的视野里，人与知识的关系是一种主体、客体二元对立

① Pinar W F, et al. Understanding Curriculum. New York: Peter Lang Publishing, 1995: 847–848.

的关系。知识被看作是外在于人的“客观”知识，是需要人去认识的对象。但课程中的制度性知识由于负载了特定社会的价值判断和教育倾向性，因此更显得正统而崇高，成为真理的化身和权威的代言人，反而对学习者产生了操纵的力量，让学习者为“占有”这些知识而身心疲惫。

要彰显制度性知识作为课程内容的合理性，重建被工具理性和传统认识论蒙蔽了的制度性知识与人之间的“意义关系”，需要我们从新的视角考察知识、课程与人的关系问题。如果我们把课程看作文本与人的一种对话、一种境遇，那么制度性知识与人的关系则由主客二元分离的认识关系变成了“对话—理解”的共存关系。在这种关系中，课程是学习者的课程，没有学习者就没有课程；而学习者的经验和主动认知是制度性知识产生意义的前提，没有这个前提，课程也只是一堆符号。制度性知识与学习者的关系从“传递—接受”的认识关系走向“对话—理解”的意义关系，其核心是“意义”的建构与诠释。

在课程研究中重建制度性知识与学习者的意义关系，可以揭示课程文本中蕴含的丰富意义，实现学习者的主体性与制度性知识的客观性的融合，使制度性知识的选择更合乎教育理性。在知识与人的意义网络中，课程的意义对每个人来说都是开放的、动态生成的，任何人都可以在自己的视阈和认知的基础上对其进行理解和解释。由此，作为法定课程内容的制度性知识与人的活生生的经验相关联，知识对学生来说产生了意义，避免了客观知识成为人的异己力量而控制学生的学习行为。围绕制度性知识与学习者的意义关系重建新的课程观，意味着改造传统教育对知识的传递与接受的认知关系的强调，减少学校教育中对制度性知识的死记硬背和机械学习的现象，这是对人的生命体验的肯定，也是对人的存在意义的尊重。

第二节　社会中的流行文化与课程文本

流行文化是社会生活的一部分。特别是年轻人的流行文化，其对学校教育的影响不可小觑。流行文化代表了以各种形态表现出的特定时期人们的心理状况与价值取向，它通常借助这个时代先进的媒介工具去传播，并能够获得群体内大部分成员的认同。流行文化以大众传媒为载体，当下对年轻人的生活产生重要影响的无疑是“视频文化”。这是一个“读图”和“浏览视频”的时代，例如，只要有一部智能手机，就可以上微信、刷朋友圈、加入各种微信群，其中海量的视频就唾手可得了。无疑，在这样的一个时代，课程的表现形式和传播手段也要发生一些变化，流行文化与课程之间的联系已不再模糊。而且，从后现代主义的视角看来，视频本身就是可以传递出教育意义的课程文本，其中又蕴含着多种意义供人们去解读。流行文化与课程这两个似乎不相干的事物由此具有了关联性。我们姑且把视频的大规模流行称为“录像文化”，并分析一下录像文化与课程的关联。

一、流行文化及其后现代诠释

今天的人们生活在一个视觉和听觉受到充分震荡的时代。电影、电视、多媒体播放的光盘和各种视频……大量的音像制品如同汪洋大海般充斥着我们生活的每个角落。只要回家打开电视，或在网络上下载一段视频，马上就可以舒舒服服地观看起来，沉湎于斑斓多彩的画面里了。据称，普通北美家庭一天要开8个小时的电视，文化解释学家曼德曾说，美国人“在历史上第一个将生活搬到媒体里面去了”。在我国尚未有人做过这方面的统计，但可以感受到，我们今天的生活也越来越脱离自身的思想和行为的母体，而通过由别人构建的生活形式来生活。我们的祖先靠口耳相传，那是一种原始的荒原文化；就在并不久远的先前，书籍和报刊担当着传媒的主角，推动着社会向现代文明的方向发展；我们今天无疑正在构建着一种基于视频的流行文化，靠观看用先进的技术搬进视频的故事而装点平淡的尘世生活。

面对社会生活的这种急剧变革，后现代主义者的诠释为我们理解当前的社会提供了新的视角。事实上，录像意识或录像主义本身，可视为后现代社会文化集体想象力的一次更为深刻、更广泛的变革，该变革最精确的名称便是后现代思想家利奥塔所描述的“后现代状况”。在他看来，“后现代社会”也就是计算机化了的社会和信息社会。这种社会给知识带来了很大的冲击。首先是知识被计算机化和量化，并具有可操作性，一切研究的最终结果都被翻译成计算机语言，不能被信息量化的知识则被抛弃。另外，知识被商品化。学习知识不再是为了心灵的修养和个人的教化，知识的生产者与知识的使用者之间的关系，如同商品的生产者和消费者之间的关系一样，以交换价值为目的，知识的生产是为了出售，知识的消费也是为了在新的生产中获取价值。[①]这种知识状况是现代科学技术的衍生物。詹姆森也认为，后现代主义的特征突出地表现为历史感衰亡，人们仅为眼前而活，同时经验的深度范围削减，一切都与技术联系起来，由此人们不仅感到可以利用技术达到各自的目的，更感到自己是由技术构成的。[②]无疑，当今的社会是一个崇尚科学技术的社会，技术已经扩张为一种全面的统治，学校教育也沦为工具，其道德教化功能已趋于淡薄，成为为经济发展和技术进步服务的奴婢。

与工具理性相抗衡，后结构主义哲学思潮对现代范式下的世界进行解构，着力打破技术的迷梦，把世界解构为各种文本，用文本的概念涵盖所有的现象和事件，正如后结构主义者德里达所言，“文本之外无他物”。而哲学解释学的贡献，就在于指明人是怎样相关地、相对地而不是绝对地认识事物的意义的。那么，在文本的世界里，是否有一些共享的因素，使意义得以相关、共生呢？后现代主义对意义的探问，表明意义是无法从事物本身而知解的，只能从与其他事物之间的关系中领悟出来，因为事物之间存在着深刻的关联性。这为我们理解录像文化与学校教育之间的关系奠定了基础。

二、录像文化与学校教育的关联

作为社会的一员，我们安然享受着录像电影的丰富多彩；但作为教育者，我们应关注一下视频带给儿童的是什么。首先，儿童的认知方式受到冲击。作为北美解释学课程理论的创始人之一，加拿大课程论专家大卫·史密斯认为，从书本向录像、从文本向视窗的文化转移，带动着想象和认识活动的转移——我们如何接受世界并作出相应的反应。他认为，录像文化造成的生活状态存在很多问题，譬如，人们的大脑愈发运转于所谓的Alpha模式之中，其特点是无认识和一种被动—接受型模

① Lytard. Postmodern Condition. Manchester: Manchester University Press, reprinted, 1992: 3.

② F Jameson.Postmodernism or the Cultural Logic of Late Capitalism, Durham: Duke University Press, 1992: 87.

式——各种形象和信息直接由大脑不假思索、不去参与地接受下来。[①]显然，录像的具体形象性使儿童的思维产生惰性，使其不愿作出有深度的思考的努力，这对思维在抽象水平和逻辑水平上的发展带来消极影响。还有，录像的泛滥已经给学校教育的话语系统带来了强有力的冲击。观察一下中小学生的日常语言和行为，你会惊讶于录像文本的渗透力——儿童讲的故事来自于电视录像，儿童的行为方式模仿着录像里的主人公，甚至表情、神态都惟妙惟肖！而与此相对，很多儿童一到上课时间就无精打采，面对教材毫无兴趣可言，只等放学后赶快沉浸在录像的画面里，为此甚至不惜逃学、冒家长打骂的风险。录像让一部分儿童产生厌倦学业的情绪，并用玩世不恭的态度来对待真实的学校生活，使自己迷失在栩栩如生的虚幻的故事里。

毋庸置疑，流行已经逐渐渗透到学校教育中去，传统的学校教育的领地已经受到录像文化的侵蚀，教育的价值意韵也受到了挑战。在世界范围内，很多学者早已呼吁“功能性文盲”的现象日趋严重，如果教育再不关心录像文化给下一代带来的负面效应，那么，在学校教育发达的今天，越来越多的人看不懂简单的词句、写不出信件等应用文体就不足为怪了。在我国，作为一种文化现象，流行文化的教育意义已经受到了专家学者的关注。著名课程论专家钟启泉先生认为，“目前来看，尽管人们对教学文本的研究才刚刚起步，但现有的研究结果已经表明，文本有助于推动对教学的功能机制与教学设计原理的研究，并对教学的语言产生较大影响”[②]。他把“以电视、录像、广播为代表的一定媒体结合的视听文本”作为“对教学语言具有影响作用的文本”的一种，体现了他以“文本”的概念重建课程与教学的一种努力。

在录像文化涤荡校园的今天，教育者再也不能对录像文化给学校教育带来的冲击熟视无睹了。对于优秀学生而言，在学有余力的情况下适当观看一些影视录像似乎可以作为一种调节和认识世界的途径。但对于在学业上感到吃力的学生来说，情况就大不相同了——录像在一定程度

① ［加］大卫·史密斯．全球化与后现代教育学［M］．郭洋生，译．北京：教育科学出版社，2000：222．

② 钟启泉．文本与对话：教学规范的转型．载于钟启泉，崔允漷，张华．为了中华民族的复兴，为了每位学生的发展．上海：华东师范大学出版社，2001：205-220．

上成为他们逃避现实的“避风港”，成为扼杀学习兴趣的潜在杀手：学习是一件艰辛沉重的“苦差事”，当然不如看录像来得轻松惬意了。在影视录像无尽的诱惑面前，学校课程似乎显得苍白无力：如果设想单凭课程教学的吸引力而把儿童从录像画面拉回课堂中来，那似乎已经不太现实。那么，学校课程该何为呢？如果课程研究不被视为徒劳无益，就应该关注课程意义在广阔的社会文本中的理解与阐释问题。

三、从学校材料的开发到课程意义的解读

课程是教育意义的载体，负载一定的价值观念和知识形式，学校教育正是通过课程而影响学生的。然而，自从课程研究作为一个独立的领域诞生以来，传统的课程观一直倾向于把课程视为学校材料，课程成为分门别类的学科，成为教学过程要达到的目标或计划。而课程研究只不过是寻求设计课程计划的一套程序，通过确立目标、选择内容、实施和评价等开发出普适性的课程方案。显然，传统的课程观和课程研究受“技术理性”的支配，注重课程的工具价值，使课程成为一种合乎规律或规则的课程程式而控制学生的学习行为。这种课程开发是现代范式下课程研究的产物，它注重课程的预期目标而忽视了非预期目标，缺少对学生经验和社会环境的关照，从而遗漏了其他文本应有的教育意义。

20世纪70年代后，课程研究领域发生了“范式转换”，从原来的课程开发范式转向课程理解范式。正如派纳所言：“课程尽管包括这些文字的与制度的意义，但绝对不局限于此。现在你知道课程是一个高度符号性的概念，它是老一代人选择性地告诉年轻一代的内容。如此理解，课程具有强烈的历史性、政治性、种族性、性别性、现象性、自传性、美学性、神学性与国际性。课程成为一代人努力界定自我与世界的场所。”[①]在课程理解的范式下，人们把课程作为文本来理解，课程成为一种符号表征，成为负载课程意义的文本，通过解读这种文本可以获得多元的课程意义：政治的意义、审美的意义、生态学的意义、宗教的意义、解释学的意义、现象学的意义、全球化的意义等等。可以说，当前的课程研究致力于摆脱传统的普适性课程开发而走向多元课程意义的重

① Pinar W F, et al. Understanding Curriculum. New York: Peter Lang Publishing, 1995: 847-848.

建、理解与解释，它为我们反思传统课程提供了新的视角。学校课程不仅仅是学科科目，也不仅仅是教学目标，而是由符号表征了大量意义的文本，拥有大量可供解释的空间，我们每一个人都可以在自己的视界内作出理解和解释。在课程理解的意义上，录像文本与课程文本就有了对话的基础——都在不同程度上对儿童的发展产生影响，都蕴含着各自的教育意义。因此，在文本的世界中追寻课程意义，将是统一录像文本和课程文本所蕴含的教育意义的一条途径。

录像文化已经成为我们社会的一种存在，我们没有理由去拒绝它的到来。但作为教育者，我们不能熟视无睹。我们需要的是更大的责任和更高的解释艺术：给儿童多一些关爱、多一些引导、多一些解释。把课程作为文本来解读的贡献在于，它使我们首先关注身边的事物，关注学生社会经验的增长，而不是仅仅让儿童面对一些学校材料。从词源上来说，“课程”源于拉丁语currere，意为“跑道”，在学校教育中可引申为“引导学习的进程”，内在地包含着儿童经验的增长过程。课程文本作为引导学生发展的载体，应该涵盖超越知识材料的更多的教育意义。在课程研究史上，很早就有人提出“潜在课程”（或“隐性课程”）的概念，认为那些非官方规定的，但给学生带来潜在影响（知识的获得、价值观念和态度的养成等）的一切环境因素都可称为“潜在课程”。[①]在潜在课程的意义上，录像文本的课程意义得以凸显。给儿童带来很大影响的这些录像文本可以认为是潜在课程的一种形式，但在课程意义的生成上，我们说潜在课程也是一种课程文本的意义表征。这样，录像文本的课程意义得以诠释，因为在录像中内在地隐含着一定的价值观和教育意义，而关键是我们能否把这些教育意义挖掘出来进而解释给儿童。让他们对这个文本的世界多一些认识、少一些盲目，多一些理解、少一些迷惘。

---

① 1968年，美国课程论专家杰克逊（P.W.Jackson）出版《班级生活》一书，在书中使用了“潜在课程”的术语，把蕴含在学校和班级生活中的促进学生社会化的非学术性经验称为“潜在课程”。一般认为这在课程研究史上第一次明确提出了“潜在课程”这一概念。

第三节　课程的育人目标与教育文化启蒙

学校课程的最终目标在于培养人。然而，培养什么样的人则体现了不同时代人们对人才规格的不同界定。在当下，随着社会经济的发展和全球大环境的变化，我国对人才规格的界定已经不同于过去，这意味着人才战略已经发生重大转型，由此对学校课程的育人功能提出了新的要求。在这一语境中，传统应试教育必须被抛弃，社会呼唤新的教育文化的启蒙。

一、人才战略转变与教育的转型

从培养知识型、技能型人才转向培养创新型、素养型人才，这代表了我国当下人才培养战略的重要转变。这种转变必然要求学校教育发生重大转型，包括学校课程的设置和教与学方式等必将发生新的变革。

（一）从人力资源大国到人力资源强国：人才培养的战略演变

人是社会发展的最宝贵的财富。古人云："人者，天地之德……五行之秀气也。"（《书·吕刑》）孔子认为："为政在人，取人以身，修道以仁。人者仁也。"（《礼记·中庸》）中华民族有着重视人才的优良传统，在悠久的历史长河中人才辈出、薪火相传。中华人民共和国成立之后，人才培养一直被看作立国之本，所以有"百年大计，教育为本"之说。但对人才培养的认识以及政策制定也经历了一些变化。一开始我国人口众多，所谓"人多力量大"，人力资源大国的优势自然确立起来。但随着全球经济和社会发展态势的变化，特别是新世纪以来国力的竞争日益依赖于高素质人才的竞争，我国又提出了"从人力资源大国迈向人力资源强国"的口号，标志着我国人才培养战略的重大调整。

改革开放之后，"科教兴国"成为我国的基本国策，与之相比，"人才强国"战略也逐渐形成和清晰。1978年在第一届全国科学大会上，邓小平指出："实现四个现代化，人才是关键。"这为我国的人才战略指明了方向。2001年，江泽民提出了"人才资源是第一资源"的论断，阐明了人才是生产力中最具有决定性的力量。2003年，党中央、国务院召开了新中国历史上第一次全国人才工作会议。胡锦涛在会上深刻阐述了科学人才观的内涵，对实施"人才强国战略"作出了全面部署。会后印发的《中共中央、国务院关于进一步加强人才工作的决定》，成为新的历史时期人才工作的行动纲领。2004年，“人才强国战略”被列入国民经济和社会发展“十一五”规划。2007年，党的十七大报告明确提出了“人才强国战略”，进一步提升了人才强国战略在党和国家战略布局中的地位。2010年6月，我国颁布了《国家中长期人才发展规划纲要（2010—2020年）》（以下简称《人才规划纲要》）；7月，颁布了《国家中长期教育改革和发展规划纲要（2010—2020年）》（以下简称《教育规划纲要》）。至此，在21世纪的第一个十年结束、第二个十年开启之际，我国完成了人才培养的战略规划和部署，未来十年的格局由此奠基，必将助推中华民族走向复兴。

（二）“钱学森之问”：人才观的转变及其对教育的挑战

2009年，享誉世界的科学家钱学森去世。在去世之前，有个问题一直让钱老耿耿于怀，那就是：“为什么我们的学校总是培养不出杰出人才?”这就是著名的“钱学森之问”。钱学森认为，中国没有完全发展起来，一个重要原因是没有一所大学能够按照培养科学技术发明创造人才的模式去办学。尽管钱老将矛头指向了大学教育，但大学教育的根基在中小学教育，因此，培养不出杰出人才值得整个教育界去反思。

中华人民共和国成立六十多年来，伴随着思想解放的浪潮和经济社会的快速发展，束缚人们的精神枷锁被不断打破，进而逐渐形成了坚持以人为本、德才兼备、注重创新的科学人才观。什么是科学的人才观呢?“人才存在于人民群众之中。只要具有一定的知识或技能，能够进行创造性劳动，为推进社会主义物质文明、政治文明、精神文明建设，在建设中国特色社会主义伟大事业中作出积极贡献，都是党和国家需要的人才。”[①]在这一界定中，“进行创造性劳动”是一个亮点，它说明人才不仅要拥有知识和技能，还必须能够进行创造。在2010年的《人才规划纲要》中，这一亮点得到了进一步的强化：“人才是指具有一定的专业知识或专门技能，进行创造性劳动并对社会作出贡献的人，是人力资源中能力和素质较高的劳动者。人才是我国经济社会发展的第一资源。”[②]这意味着人才观在我国已经发生了重要的转变，即从知识型、技

① 中共中央、国务院关于进一步加强人才工作的决定. 2003：2.

② 中共中央、国务院国家中长期人才发展规划纲要（2010—2020年）. 2010：3.

能型人才转向素养型、创造型人才。显然，这对教育提出了很大的挑战，“教育优先发展”成为新世纪以来社会发展的重要课题。

在当今，以信息技术为主要标志的科技进步日新月异，知识经济不断发展，高科技成果向现实生产力的转化越来越快，预示人类的经济社会生活将越来越取决于教育发展、科学技术和知识创新的水平。在这种背景下，优先发展教育成为必然的选择。1998—2002年，我国顺利实施了《面向21世纪教育振兴行动计划》，素质教育不断改革深化，在基础教育领域推进了新一轮基础教育课程改革，课程与教学领域发生了显著的变化。2002年，党的十六大报告提出了人才培养的三个层次，即：培养数以亿计的高素质劳动者、数以千万计的专门人才和一大批拔尖创新人才。为落实这一人才培养的要求，2004年我国开始实施《2003—2007年教育振兴行动计划》，对于义务教育发展、教育体制改革、高等教育建设、教师队伍建设等进行阐述，实施“新世纪素质教育工程”，深化基础教育课程改革。

可以说，人才观反映了特定的社会背景之下人们对自身的定位，表达了人们的社会理想，其转变折射出未来人才发展需求的路径。人才观的演变最终会传递到教育实践领域，由此带来教育领域的革新。经过新世纪以来十年的努力，在“推进素质教育”这面旗帜的号召下，当代中国的教育正在悄然发生一系列变化，直到2010年《教育规划纲要》的颁布，“实现教育现代化”再次掀起我国雄心勃勃的教育改革热潮，这种改革，其实正是对“人才观”这一社会理想的回应。《教育规划纲要》的颁布是我国新时期促进教育全面提升的一个标志性教育事件。它提出了到2020年“基本实现教育现代化，基本形成学习型社会，进入人力资源强国行列”的目标，在推进和谐社会构建、全面建设小康社会的进程中具有里程碑式的地位。“实现教育现代化”这一目标最具有时代感和号召力，这一目标的实现，不仅需要物质上的投入，更需要与现代化相适应的精神气质与文化内涵。

二、教育现代化的抉择与文化启蒙

在《教育规划纲要》中，我国提出了“到2020年基本实现教育现代化”这一重大课题。然而，什么是教育现代化？在实现教育现代化的道路上我们会面临什么样的障碍？对这些问题的理解和分析也影响到现实的教育选择。

（一）应然与实然：教育现代化的界定与困境

现代化一直是当代中国人的一个梦想。在教育领域实现现代化，应该是教育界未来几十年内最高的理想与诉求。所谓“现代化”，其意义应为“由不发达社会成为发达社会的过程和目标……其标志为政治民主、理性主义、科学精神、社会流动和现代化人格。这一概念层域在教育界的行业内化，应是以教育体制、教育机制、教育投资和教育施行方式的不断革新来带动人际、管理效率和思维模式等的实际创新与发展，充分体现了教育的现代性特质”①。《教育规划纲要》对“教育现代化”的特质进行了界定：实现更高水平的普及教育、形成惠及全民的公平教育、提供更加丰富的优质教育、构建体系完备的终身教育以及健全充满活力的教育体制。显然，教育现代化是一个国家教育发展的较高水平状态，它意味着对传统教育的超越，其核心是培养出适应参与国际经济竞争和综合国力竞争的新型劳动者和高素质人才，最终实现人的现代化。

然而，不可否认的是，我们在教育领域仍然存在诸多的顽疾，它们像路基上的塌方，对教育现代化的进程设置了障碍，阻滞了教育现代化的实现：

一是教育发展不均衡。这种不均衡体现在多个方面：东部与西部学校发展的不均衡、城市与乡村学校发展的不均衡、重点校与薄弱校之间的不均衡……尽管问题很复杂，但毕竟这些不均衡现象的存在严重挑战了“教育公平”这一基本的社会原则和理念。

二是职业教育滞后。与普通教育相比，职业教育在我国的发展可谓命运多舛，在“教育精英化”的集体无意识影响下，多年来很难被认同。然而，社会主义现代化的建设需要数以千万计的专门人才，如果不能培养一大批“下得去、留得住、用得上”的职业人才，我国的工业化、信息化进程必然受影响。

三是道德教育困难重重。长期以来，我国的德育是一种“知性教育”，即把道德教育作为知识教育的一种知识范畴去学习。显然，这种德育注重课程内容的合法性和合理性，但忽视了德育方法和方式的恰当

① 周稽裘．教育现代化：一个特定历史时期的描述［M］．北京：教育科学出版社，2009：1.

性，导致德育的价值取向与对道德修养主体的内在要求产生错位，花了大力气，但效果不理想。

四是“应试文化”泛滥。以考试为核心的教育机制经过几十年的反复调试和操练，目前已经成为一部精密的“应试机器”。这部机器所追求的，就是将传输的效率最大化，将教科书的知识最大限度地复制到学习者的头脑中。这部机器已经将学生、教师、家长甚至整个社会都绑架于其上：学生面对的是学不完的书山题海，学校为追求升学率无所不用其极，教师身心疲惫、家长心力交瘁……“应试文化”已成社会的负荷，但世人仍沉迷于其中，茫茫然不知所为。

五是学生创造力不足。“文化复制”式的教育强调知识的授受，必然导致学生长于记忆而短于创新。于是，高考“状元”培养了一批又一批，各种国际性奖牌我国学生也获得了无数，然而那些在国际上产生重大影响的创造发明有多少来自中国人？时间的推移并不会必然带来改善的结果，数十年已过去，学生的创造力问题仍然是当今中国教育绕不开的一个门槛。

从深层次上来说，教育文化是形塑教育现实的最根本的力量。上述顽疾的存在恰恰说明背后的教育文化并没有在现代化的方向上得到充分的培育，因而文化的阻滞是当前教育现代化进程中不能忽视的根本性问题之一。

（二）成熟与理性：教育现代化的文化启蒙

“启蒙”这一概念是与近代欧洲那场启蒙运动分不开的。面对当时的封建专制和宗教教义的束缚，启蒙思想家们以“天赋人权”“自由、平等、博爱”等口号作为斗争的武器，有力地推动了近代化的进程。关于什么是“启蒙”，哲学家康德有一段著名的话：“启蒙就是人从由他自己造成的不成熟状态中走出来。不成熟是指一个人若无他人指导便不能运用他自己的理智……因此，启蒙运动的格言是：有勇气运用你自己的理智。”[①]可见，在康德看来，启蒙的目的在于促使人类从不成熟到成熟，从在别人指导下运用理智到独立自主地运用理智，它呼唤的是理性与科学。“在18世纪的欧洲，康德将启蒙解释为从宗教教义的束缚中实

① 于海．西方社会思想史［M］．上海：复旦大学出版社，1993：101.

现自我解放。”[①]在康德时代，启蒙的对象是中世纪的宗教迷信，是一种“祛魅”的规则，也就是借助真理去摆脱封建愚昧和宗教迷信。正如美国一位科学史学家所言：“启蒙运动并不是一套固定的信条，而是一种思维方式，一种设想的为建设性思想和行动开辟道路的批判态度。”[②]

与近代欧洲的启蒙运动相比，中国的文化启蒙是一种“外源性”的文化输入过程。也就是说，近代中国是在欧洲科技文明发展起来之后，受到后者的军事、经济和文化入侵而不得不进行文化抉择的结果。这意味着中国近代以来的文化启蒙是在或缓和或激烈的文化对话中进行的。而给人以冲击力的是几次激烈的文化对话，如洋务运动、五四运动等。教育上的文化启蒙，受到这些激烈的文化革新的影响最大。

但是，中国的文化启蒙并不彻底，包括五四运动高举“科学与民主”的旗帜，很快也因为内忧外患、战乱不断而被迫中断。由此带来的结果，就是中国一直没有真正形成一种“可以运用自己理智”的成熟的教育文化，更没有形成与先进的现代文化相匹配的教育文化。1931年，钱穆先生在谈到当时教育革新时有这样一个判断：“中国创办新教育，自前清同治初元迄今八十年，始终不脱两大病。一曰实利主义，一曰模仿主义。实利主义之病，在乎眼光短浅，不从本源处下手。模仿主义之病，则在依样画葫芦，不能对症发药。其实二病仍一病也。病在始终缺一全盘计划与根本精神。”[③]钱穆先生所提到的“根本精神”，乃是影响教育之根本的文化根源。在今天，又一个八十年已经过去，钱穆先生所呼吁的“全盘计划与根本精神”似乎仍然没有在中国的教育土壤中确定下来。

尽管如此，我国并没有放弃进行革新教育、推进教育文化启蒙的努力。《教育规划纲要》的颁布，是中国人努力培育新的教育文化的又一次契机。但未来的文化启蒙，不能再走五四运动时期为移植西方理性文化而与传统文化割裂的老路，而要在批判接受世界先进文化的同时，弘扬“关乎人文，以化成天下”（《易传》）的传统文化根脉，进而培育

---

① ［美］舒衡哲．中国启蒙运动——知识分子与五四遗产［M］.北京：新星出版社，2007：4.

② ［美］托马斯·L·汉金斯．科学与启蒙运动［M］．任定成，张爱珍，译．上海：复旦大学出版社，2000：3.

③ 钱穆．文化与教育［M］．桂林：广西师范大学出版社，2004：56.

与教育现代化相适应的成熟的新型教育文化。

三、教育文化启蒙的基本维度

尽管“启蒙”是西方近代理性主义觉醒的一个标志，但我们谈的“教育文化启蒙”并不是一定要回到西方的启蒙运动，回答康德的“启蒙理性”。在我国传统文化的土壤里，同样存在值得我们提炼和发扬的优秀文化。

（一）提升民族的精神境界：从传统文化中传承优秀文化基因

中华民族被称为礼仪之邦，有着五千年的文化传承，有着优良的教育传统。张岱年先生说过：“中国文化的基本思想体系的要素主要有四个：（1）刚健有为，（2）和与中，（3）崇德利用，（4）天人协调。其中天人协调思想主要解决人与自然的关系；崇德利用思想主要解决人自身的关系即精神生活与物质生活的关系；和与中的思想主要解决人与人的关系；而刚健有为思想则是处理各种关系的人生总原则。四者以刚健有为思想为纲，形成中国文化基本思想的体现。”[①]要实现教育现代化，我们需要从这些传统文化中汲取优秀文化基因，进一步提升民族的精神境界。

一是继承尊师重教的传统。中华民族是一个尊重知识、尊重教师的民族，尊师重教是我们的优良传统，也是中华民族的美德。二是树立教育理想与社会意识。以儒家学说为核心的传统文化强调个人的品性修养和社会忧患意识。在儒家经典《大学》中，开篇第一句就是“大学之道，在明明德，在亲民，在止于至善”，宋代大儒朱熹对此进行了发挥，提出了“格物致知论”，即格物、致知、诚意、正心、修身、齐家、治国、平天下。这就是著名的“三纲八目”之说。这对于古代的学风和个人修养发挥了根本的规范作用。可见，传统文化是一种生命实践的学问，其中的忧患意识、道德良心、天人共处、反求诸己等思想都是超越时代的。这种崇尚自强不息、积极进取的气质恰恰又能涵养国人的精神，是当今精神文明建设所不可或缺的。三是凝练人文精神。人文精神是传统文化中的耀眼明珠，无论是“仁者爱人”，还是“泛爱众而亲

---

① 张岱年，程宜山．中国文化与文化论争［M］．北京：中国人民大学出版社，1990：19.

仁”，表达的都是对人的善性的承认以及对和谐的人际关系的维护。这种传统可以追溯到两千多年前。“今大道之行也，天下为公，选贤与能，讲信修睦。故人不独亲其亲，不独子其子，使老有所终，壮有所用，幼有所长，鳏寡孤独废疾者皆有所养……是故谋闭而不兴，盗窃乱贼而不作，故外户不闭，是谓大同。”（《礼记·礼运》）教育要继往开来，需要丰厚的精神依托，为此我们还需要回到传统中汲取精神养料。

（二）确立人本观念：改变对分数的迷恋与对个性的漠视

以人为本的教育理念是培养“全面发展的人”的前提。身心和谐、全面发展的人是社会可持续发展的人力资源基础，在当今时代越来越成为推动经济社会发展的战略性资源。《教育规划纲要》提出，要“建设人力资源强国”，我们必须重视未来社会需要的是什么样的人，什么样的人力资源才算高质量的、能够带来生产力效果的人力资源。显然，在应试体制下培养出来的“应试战士”已经不能符合未来人才的基本标准，通过教育而产出的应该是有创新精神和实践能力、朝气蓬勃而又个性鲜明的未来一代。

确立以人为本的教育观念，需要以培养全面发展的人为追求。培养全面发展的人是人类社会的教育理想，不同时代的人们都试图去探索和回答这一课题。孔子提出的“六艺”（礼、乐、射、御、书、数）和古希腊的“七艺”（文法、修辞、辩证法、算数、几何、天文、音乐）都蕴含着全面发展的因子；瑞士近代教育家裴斯泰洛齐很早就提出了“3H”教育，即“头（head）、手（hand）、心（heart）”教育，这也体现了朴素的全面发展教育的思想；20世纪初的美国教育家杜威通过经验课程和活动教学，将知识与经验有机整合起来，对于探讨教育的本质作出了重要的贡献。

确立以人为本的教育理念，需要解放学生创造力，培育新的课堂生态和课堂文化。在应试体制下，课堂教学似乎就是为了分数，学生的兴趣爱好、个性和创造力无从谈起，教育臣服于分数，成了应试的奴婢。要实现教育现代化，就需要改造这种考试文化，把课堂作为教育意义生成的场所。

（三）崇尚科学与民主：遵循儿童身心发展规律与学习需求

所谓教育中的科学，最关键的是不违背教育规律做事；所谓教育中的民主，更多地指向于校园中的一种生活方式，一种合理的师生关系处理规则。崇尚科学与民主，体现在学校生活中的方方面面，尤其是课程、教学与管理等方面。

教育的现代化首先呼唤的是课程的现代化。课程的现代化意味着学校课程的设置需要根据现代课程设置的原理，在知识、社会和学生之间寻求恰当的平衡点，开发出满足各方面需求的课程。尤其是为学生提供全面发展的机会，促进其在知识与技能、过程与方法、情感态度与价值观三个基本维度上的发展。

教育的现代化也呼唤教学方式方法的转变与革新。要构建开放有序、充满活力的课堂文化，必然要超越“满堂灌”式的传统教学方式，挖掘对话、探究、合作等学习方式对学生创造力的促进作用。古希腊苏格拉底的“产婆术”之所以具有超越时空的感召力，就在于观点的碰撞和分享恰恰可以带来心智的启迪。

教育现代化同样呼唤管理上的创新。学校中的管理其实也发挥了教育的功能，它区别于社会上的管理之处在于，不仅要用既成的一套规则体系去规范学生，还要告诉学生这套规则的合理性及其意义。明代的王阳明先生曾批评当时对待学生的方式是“鞭挞绳缚，若待拘囚”，显然简单机械的管理方式更不适合现代化教育的需求。

（四）提升精神境界：塑造开放的心态与国际视野

一是要祛除急躁心态和急功近利的倾向。对待儿童，世人往往恨其成长的缓慢，而对他们的期待又如此之高，于是不免急躁起来，各种“补习班”“提高班”遍地开花，孩子们的书包越来越重，眼镜越来越厚，面容心态越来越老。他们用稚嫩的肩膀承载着大人的期待，在沉重的负荷下无奈地看着童年渐行渐远。一百年前杜威提出“教育即是生长，除它自身之外，并没有别的目的”[①]，只可惜今天的人们尚未悟透，而古人“拔苗助长”的警告仅成为笑谈。

二是塑造开放的心态和国际视野。随着国力的崛起，我国已经自豪地迈入大国和强国的行列。与国力相适应，我们应该在教育上培植一种成熟的价值观，既充满自信又宠辱不惊。而要做到这一点，必须要有开放的心态、宽广的胸襟和国际的视野。因为只有这样，才能融入国际话语体系，才能搭建一个平等的教育交流平台，也才能在国际对话中从彼

---

① 赵祥麟，王承绪. 杜威教育论著选［M］. 上海：华东师范大学出版社，1981：309.

此的智慧中受益。

《教育规划纲要》提出了基本实现教育现代化的目标，这一目标令人鼓舞，更重要的是，它提出了一些符合时代要求的教育理念。落实这些理念的过程，其实也是中国教育的一次深刻的文化启蒙。我们期待：随着这场启蒙的不断深入，中国的教育能够一扫“应试教育”的阴霾，用孩子们愉快的笑脸，映出一片亮丽的晴空。

第四章 课程的衔接性与多样化

课程的衔接性与多样化是当今国际上对中等教育阶段课程设置的基本要求。所谓“衔接性”，意即学校应设置特定的课程形态以衔接上个学段和下个学段，帮助学习者适应不同学段之间的过渡；所谓“多样化”，意即学校应设置足够多样的课程，从而允许学习者根据自己的专业规划和兴趣爱好作出选择。在本章，我们重点介绍大学先修课程，阐述大学先修课程的理念和价值，探讨我国高中课程改革如何提高课程的衔接性和多样化，并以美国一所科技高中为例，说明国外优秀高中如何推进课程的多样化问题。

第一节　大学先修课的理念与价值

大学先修课程是沟通大学和高中的课程载体，是对课程的衔接性的完美体现。在世界范围内，大学先修课程的源头无疑在美国。美国大学先修项目的关键就在于提供课程并组织考试，该项目提供的供学生选择的课程被称为“大学先修课程”，简称AP课程。由于美国AP课程的成功运作，不少国家（包括我国）也试图借鉴AP课程的做法开设自己的大学先修课程，或者直接让本国的高中生修习AP课程、参加AP考试，从而打开进入美国高校的大门。

一、美国大学先修课程的缘起

早在第二次世界大战结束之后，美国俄亥俄州的凯尼学院就提出了一项教育改革的方案，即“凯尼计划”。随后美国福特基金会成立了一个专门基金用于研究和推进该计划。在福特基金的资助下，最初的研究在三所高中和三所大学中进行。1952年，他们提交了一份报告，建议在高中开设一些大学水平的课程、参加学分考试，并允许他们在大学中获得同等学分。第二届委员会发展并完善了这一先修课程计划，在同年提交的课程计划中囊括了11门课程。

1955年，美国大学理事会正式运作这个允许高中生选修大学课程的项目，称为“大学先修项目”。“大学先修是一个为高中生提供大学水平的课程和相应考试的全国性的教育项目。完成先修课程的学生有资格参加大学先修项目考试，超过50%的美国大学为那些在大学先修考试中合格的学生提供相应的学分。”[①]可见，美国大学先修项目的关键在于提供课程并组织考试，在该项目中提供的课程被称为“大学先修课程”，简称AP课程。目前，美国AP课程是世界上最有影响的大学先修课程，全世界很多国家的众多中学生学习AP课程并参加AP考试，成为世界范围内大学先修课程的典型代表。

根据美国大学理事会的介绍，目前AP项目已经提供了20多个学科领域的35门课程，有近60%的美国高中参与了AP项目，2005年全球开展的AP考试超过200万次，6万多名高中教师参与了AP课程的讲授，超过90%的美国的学院和大学承认AP课程的学分。当前，美国AP课程已经形成了一个涵盖多个学习领域和众多专业科目的庞大的课程体系，对人文、社会和自然科学的知识形成“全覆盖”，扩大和丰富了学生选择的机会（具体参见下表4-1）。

---

① Woloch N. Advanced Placement and College Level Examinations in American History. New York: Arco Publishing Company Inc., 1977: 1.

表4-1：美国现行的AP课程体系

领域	科目
艺术	（1）艺术史；（2）音乐理论；（3）画室艺术：2D设计；（4）画室艺术：3D设计；（5）画室艺术：
英语	（1）英语语言与写作；（2）英语文学与写作
历史与社会科学	（1）比较政府与政治学；（2）欧洲史；（3）人文地理；（4）宏观经济学；（5）微观经济学；（6）心理学；（7）美国政府与政治学；（8）美国历史
数学与计算机科学	（1）微积分AB；（2）微积分BC；（3）计算机科学A；（4）统计学
科学	（1）生物学；（2）化学；（3）环境科学；（4）物理学B；（5）物理学C：电子与工程；（6）物理学C：机械
世界语言与文化	（1）中国语言与文化；（2）法国语言与文化；（3）德国语言与文化；（4）意大利语言与文化；（5）日本语言与文化；（6）拉丁语；（7）西班牙语；（8）西班牙文学与文化

二、大学先修课程的本质及理念

从美国AP课程这一源头来看，所谓“大学先修课程”，是指在普通高中开设的、由部分高中生选修的、具有大学水平的学术性课程。大学先修课程不是某一门课程，实际上是一种课程形式，也是一种课程体系；大学先修课程不是在大学里开设的课程，而是在普通高中开设的，但在学业要求上达到了大学专业基础课程的水平；大学先修课程不是高中的基础性必修课程，而是针对部分高中生开设的、具有选择性的课程。

（一）从课程的育人价值来看，大学先修课程是联结中学和大学的“关节点”

自从人类的教育活动发展到现代教育之后，学校教育就被划分为不同的教育阶段，如幼儿教育、小学教育、初中教育、高中教育和高等教育。小学、初中和高中阶段的教育又称为基础教育，与随后的高等教育相对应。传统而言，基础教育与高等教育的界限非常清晰，这两个阶段在课程设置、教学方法、管理方式和学业要求等诸多方面存在明显的差异，在学制结构上存在一个清晰的“截断面”，“截断面”前后，迥然不同。尽管这种划分为有效安排教育活动提供了极大的便利，但不可否认的是，这是一种人为的制度安排，绝非人在发展过程中自然而然分化出来的两个阶段。人的发展是连贯的、统一的、不可逆的，在人的发展过程中，不同的年龄阶段固然有不同的特征，但这种阶段性是相对的，过渡是平稳的，不存在明显的“截断面”。从这个意义上来说，人的培养阶段不能机械地予以分割，而是要在不同阶段之间搭建沟通的桥梁，高中教育与大学教育之间需要有一些沟通和关联。而大学先修课程无疑发挥了这种作用，促成了一个完整的育人链条，就像人体的关节一样，使得相邻部分能够有效关联在一起。

从美国AP项目来看，其初衷也正是在于为高中学生提供一种接触大学课程的机会和可能。“大学先修项目是中学和学院与大学之间的一种合作性的教育努力。自从1955年运行以来，该项目在中学教育的情境中为那些有学习动机的高中生提供了学习大学水平的课程的机会，参与该项目的高中生不仅获得了大学水平的技能，而且在很多情况下他们也获得了大学的学分，尽管他们仍身处高中。AP课程是由那些富有学识和激情的高中教师来讲授的，但他们要遵循大学理事会编写的课程大纲来授课。”可见，大学先修课程很好地诠释了大学与中学是如何紧密联系并开展合作的，它将大学的学术性与大学课程的价值传递到高中，使得高中教育不再戛然而止，高中教育由此充满了更多的可能性和张力。

（二）从课程的适用性来看，大学先修课程是适用于部分学生的选修课程

课程的适用性是现代学校课程的重要属性之一，它体现了学校课程对学习者的自主性的尊重和对个性化的关照。在教育发展史上，在很长的一段历史时期之内，由于文化知识总量的局限性，学校中的课程数量较少，在教育理念上并没有提出选修的要求，课程的学习具有强迫性和统一性。只是到了现代教育制度确立之后，随着学科科目的增多和学习

者个性发展的需求，学习者的主体性不断受到重视，才出现了选修制度。选修制又被称为“选课制”，就是在为学习者提供多样化课程的基础上，允许他们根据个人的学习需求而作出选择的一种教育管理制度。在这种制度之下，从是否允许学生自主选择课程的角度，可以将学校中的课程分为必修课程和选修课程：前者服务于国家和社会的共性的教育目的，而后者则关照了学习者个别化的发展需求。

从这个视角来看，大学先修课程允许学生自主选择，显然是为了满足学生个别化的发展需求。由于大学先修课程具有大学水平（一般都是大学专业基础课中的导论性质的课程），并不是所有的高中生都适合去选择，也就是说它面向一个特定的群体，即在智力和学业成就水平上处于上游的高中生。例如，美国的AP课程面向的学生群体被冠以“高成就学生”，因为只有这部分高中生才能足以应付“大学水平的学术挑战”。根据美国大学理事会的统计，尽管全美参加AP考试的人数在不断增加，“从1980—1981学年的133702人到2003—2004学年的1017396人”[①]，但并不是所有的高中都开设AP课程供学生选修，开设AP课程的学校的比例约占全美公立和私立高中的60%，即便在开设AP课程的高中里，也并不是所有高中生都会去选修AP课程。部分美国高中不开设AP课程的原因除了师资和财力欠缺之外，更重要的原因在于AP课程毕竟是大学水平的课程，它们是为优秀学生准备的，优秀学生可以通过AP课程脱颖而出，但对于普通学生来说，学习高中阶段规定的课程已经吃力，不可能再去学习难度更大的AP课程。

（三）从课程的知识构成来看，大学先修课程属于学术性课程

学校课程的重要功能在于传承文化知识、发展学生经验和个性品质，在课程的形式上就有了学术性课程和经验课程（或活动课程）的差别。学术性课程以文化知识为基础、以学科知识的逻辑为中心编排起来，强调学科知识的逻辑结构，具有系统性、简约性和逻辑性的特征。尽管需要经验课程来发展学生完满的个性，但学术性课程一直是学校课程的主体，大学先修课程的众多门类均属于学术性课程，而不是经验课程。

由于大学先修课程属于大学水平的课程，因此其专业性很强，学术

---

① Geiser S & Santelices.The Role of Advanced Placement and Honors Courses in College Admissions. New York: Center for Studies in Higher Education press, 2004: 3.

性很突出。2013—2014学年，美国大学理事会提供了34门AP课程，这些课程基本上属于大学专业课程中的基础科目，相当于大学一年级的专业课程。由于强调学术性，大学先修课程的学习要求和难度对于高中生来说是相当高的。我们以《AP微积分》为例，美国大学理事会在2010年公布的《AP微积分课程指南》提出了高中生选修本门课程的“预先要求”：“在学习AP微积分之前，所有学生应该完成了四年的为准备上大学的中学生设计的中学数学课程：他们要学习代数、几何、三角学、解析几何和初等函数。这些函数包括线性函数、多项式、有理数、对数、三角函数、反三角函数和分段函数。需要特别指出的是，在学习微积分之前，学生必须熟悉函数的属性，必须理解函数的语言（如X与Y的范围、偶与奇、周期、对称等），知道三角函数的价值。”[①]由此可见，大学先修课程绝非关注学生的经验和兴趣，而是关注知识逻辑和学术性。

三、大学先修课程的教育价值

以美国的AP课程为代表，大学先修课程已经成功运行了半个多世纪。它已经走出美国的国门，在世界范围内对学校教育的发展产生了深远的影响。大学先修课程的功能和价值在教育实践中得到了验证，主要表现为：对大学来说可以有效选拔具有学术发展潜力的高中生；对高中来说可以满足学生的个性化学习需求；对学生来说减少教育投入、缩短教育时间；对社会来说有助于推进教育公平与民主化。

（一）有效选拔具有学术发展潜力的高中生

美国高中生要想考大学，要参加由大学理事会组织的SAT考试（即学术能力评估测试），主要是考查学生们在大学阶段所必需的阅读和写作能力，获得成绩之后才能去申请高校及奖学金。当然，SAT成绩不是唯一的录取标准，美国高校在决定是否录取某一高中生时，除了参照其SAT成绩，还要考查其他一些因素，其中最主要的，一个是GPA（即平均成绩点数），它是整个高中段学生综合学习能力的体现；另一个就是AP考试成绩。AP采取的是5分制，3分以上的成绩为大多数的大学接

---

① Calculus AB/BC Course Description(Effective Fall 2010). Princeton: The College Board, 2010:6.

受，少数顶尖大学（如哈佛大学）甚至要求5分才能折抵大学学分。知名大学更看重学生选修AP课程的数量及考试成绩，AP成绩是名校选拔学生的重要依据。

AP课程是一种大学前置课程，是为那些想获得大学学分或想学习更具挑战性课程的学生所设立的。在学习结束之后，学生可以参加统一的AP考试。AP考试一般在每年的5月份进行，考试属于标准化测试，题目经过严格的检验，阅卷和评分都有一个标准化的程序，哪怕是主观性比较强的考试也尽量做到客观、科学，能够可靠、有效、公平地衡量学生的表现。例如，《美国历史》的AP考试包括三部分：标准化的论文、文献本位问题、多选题，权重分别为3∶3∶4。多选题由机器来阅卷，论文由大学教授和高中AP教师组成的委员会来打分。分数是五点计分的，即：5=非常优秀，4=优秀，3=合格，2=勉强合格，1=不合格。[①]AP课程大纲与考试内容都是由大学教授和资深高中老师设计编写，确保AP课程与顶尖大学的课程要求和标准一致。这种科学设计的课程和考试可以有效地将具有发展潜力的学生筛选出来，有助于高校选择合适的生源。

（二）满足高中生个性化的学习需求

美国中学教育重视培养学生的个性，因此有着多样化设置课程的传统。而且，在管理制度上很早就引入了“选课制”，例如1893年，“中学教育十人委员会”列举了九个学术性科目作为中学的主修科目，包括：（1）拉丁语；（2）希腊语；（3）英语；（4）其他现代语言；（5）数学（代数、几何、三角学和高等代数）；（6）物理科学（物理、天文和化学）；（7）自然历史或生物科学（生物、植物学、动物学和心理学）；（8）社会科学（历史、国家政府和政治经济）；（9）地理、地质学和气象学。[②]这构成了美国中学的主要课程骨架，此后越来越多的选修课进入其中，1955年运行的AP课程更是极大提高了美国中学课程的多样化和可选择性，为学生的个性化发展提供了更多的机会。

当前，美国AP课程已经形成了一个涵盖多个学习领域（艺术、英

---

① Woloch N.Advanced Placement and College Level Examinations in American History. New York: Arco Publishing Company Inc., 1997:7.

② ［美］奥恩斯坦. 课程：基础、原理和问题［M］. 柯森，译. 南京：江苏教育出版社，2002：87.

语、历史与社会科、数学与计算机科学、科学、世界语言与文化）和众多专业科目的庞大的课程体系（包括艺术史、音乐理论、英语语言与写作、比较政府与政治学、欧洲史、人文地理、宏观和微观经济学、心理学、美国历史、微积分、计算机科学、统计学、生物学、化学、环境科学、物理学以及多门外语课程等），对人文、社会和自然科学的知识形成“全覆盖”，扩大和丰富了学生选择的机会。

（三）为修习者带来现实的收益，促进高中特色化和多样化发展

在AP项目中，受益最大的是选择这些课程的学生，表现在：（1）在大学录取阶段脱颖而出。高质量地完成多门AP课程，意味着你能够接受高学术水平的课程的挑战，并且有信心参加最为严格的考试，表现出你已经为进入大学做好了充足的准备。显然这一点为大学所欣赏，无疑增加了你进入大学的筹码。（2）获得大学学分，节约就读时间。当前，美国绝大多数全日制学院和大学承认AP课程的考试成绩和并用以折抵大学学分。这意味着AP课程的学习为学生减免了大学课程，从而节省时间，甚至可以提前毕业。（3）减少花费，降低教育成本。在美国，基础教育是免费的，而高等教育要根据学分收费。由于AP成绩可以折抵大学学分，这意味着节省了学费，而且优秀的AP成绩也是大学发放奖学金的重要依据。（4）帮助学生在大学里获得成功。提前学习大学水平的课程，可以提高高中生的写作能力和解题技巧，培养足以面对严酷课程的良好学习习惯，这些都会给大学阶段的学习带来积极的影响。有研究方发现，拥有优异AP考试成绩的高中生在未来的大学学习中有更加出色的表现和发展。例如，根据2007年的一项研究，在AP考试中获得3分以上成绩的学生，要比没有参加AP考试的学生在大学学习期间表现得更好，而且前者获得学位所用的时间要比后者短。[①]

当然这一点并不完全适用于我国的情况。在我国目前的教育情境中，让高校承认高中开设的大学先修课程的学分是不现实的；而且，我国大学的学费也不是根据学分来收取的。但AP课程的现实收益为学生带来的积极鼓励却值得借鉴。与此同时，大学先修课程对普通高中来说则是彰显高中教育的内在价值、推动特色发展的重要途径。“普通高中既要尊重每一个高中生的个性差异，立足学生的学习兴趣和个性特长，

① Rick Morgan P & John Klaric J.AP Students in College: An Analysis of Five-Year Academic Careers. New York: The College Board，2007：4.

让每一个高中生度过幸福、难忘而富有创造性的高中生活”[①]，要实现这一教育价值，高中教育必须走特色化和多样化发展之路，而大学先修课程的开设为高中的特色发展提供了可能。例如，在北京师范大学二附中，为推动特色发展，该校将所有课程整合为“6+1+1”的课程结构，“6”主要安排的是国家课程，第一个“1”主要安排的是学科拓展类校本选修课程，第二个“1”主要安排综合实践类校本选修课程。其中在第一个“1”中，该校开设了多门大学先修课程，包括《微积分》《大学化学》《中国古代文化》《中国通史》《计算概论》和《电磁学》等。这些课程在很大程度上推动了该校的特色发展。

（四）激励高中生努力学习，推进教育公平与民主化

大学先修课程可以激励青少年学生刻苦学习、积极进取。选修大学先修课程并成功通过考试，这本身就是优秀水平的真实体现，它能够充分体现学生的学习能力，证明学生敢于挑战学术难度、具有挑战困难的信心和能力。这种理念对高中生的发展具有正向的引导作用。

大学先修课程并不是为全体高中生准备的课程，这种“部分适用”的特征是否有违教育公平的原则呢？事实证明，自主选择恰恰是教育民主化和教育公平的体现。在美国，无论性别、种族、家庭背景和经济条件如何，高中生都拥有平等的权利去选择AP课程。不仅如此，对处境不利的学生来说，AP课程对于其课程选择的权利也是一种保护，因为政府会提供AP专项资金予以资助。例如，在2007年，美国联邦政府就花费了900万美元用来为低收入学生支付AP考试费用。[②]各州也出台了一些扶持AP课程的政策，鼓励更多的学校开设AP课程，从而使更多的贫困学生和少数民族学生有机会选择AP课程。可以说，AP课程是一种补偿机制，有效抵消了贫困、种族等原因对处境不利但又学业表现优异的高中生带来的消极影响。

---

① 张华，论我国普通高中教育的性质与价值定位［J］．教育研究，2013（9）:69.

② Jeong D W. Student Participation and Performance on Advanced Placement Exams: Do State-sponsored Incentives Make a Difference? Educational Evaluation and Policy Analysis,2009(31):347.

第二节　我国高中课程改革与大学先修课程

近年来，随着我国普通高中课程改革的推进，“大学先修课程”作为一种新的课程形式开始进入人们的视野，不少高中（尤其是重点中学）已经开始试水，在兴奋与迷茫、理智与冲动的交织中迈出了第一步。那么，如何认识大学先修课程？我国高中开设大学先修课程的可能路径在哪里？我们将讨论国家普通高中课程改革框架之外的另一种可能的改革选项——大学先修课程，阐述这一课程形式何以改变现有的应试格局，如何通过开发大学先修课程而为高中生的发展提供一种新的可能性。

一、我国部分高中开设大学先修课程的探索

2002年，华东师范大学二附中针对高三年级已经获得保送大学资格的优秀学生，开设了《数学分析》《线性代数》《大学英语四级》《C++语言设计》等大学先修课程，由上海交通大学和华东师范大学的教授任教，这是我国高中开设大学先修课程的较早的尝试。此后几年，上海交通大学与华东师范大学二附中密切合作，将部分大学必修课程搬到高中三年级，为一些学有余力的优秀学生开设大学先修课程，如《高等数学》《线性代数》《外语》和《信息科学》等。在上海交通大学，这些都是大一学生的必修课，将其下移到高中，则成了大学先修课程。

2010年7月，我国颁布了《国家中长期教育改革与发展规划纲要（2010—2020）》，明确提出，“深入推进高中课程改革，创造条件开设丰富多彩的选修课，为学生提供更多选择，促进学生全面而有个性的发展”，“推进培养模式多样化，满足不同潜质学生的发展需要，探索发现和培养创新人才的途径”。显然，这给未来十年我国的高中课程改革提供了基本的指针。在这一政策的引领下，我国高中教育领域积极探索多样化的发展途径，进一步促进基础教育与高等教育的有机衔接，激发学生的个性潜能，为某些在基础学科具有天赋的优秀学生创造进一步发展的有利条件，积极探索多样化拔尖创新人才选拔培养新模式。目前，越来越多的高中开始尝试推进大学先修课程的改革与实践，中国大学先修课程的开设呈现星火燎原之势。例如，从2012年开始，广东深圳中学的

学生可报名选修即将开设的中国大学先修课程。除本校老师任教，学校还会把大学教师请进课堂，有兴趣和能力的同学可以选修《微积分》《电磁学》《大学化学》《中国古代文化》《中国通史（古代部分）》五门大学先修课程。①

大学先修课程的开设不仅是个别高中的“个体意愿”，有些地方教育行政部门也认识到这一趋势，试图通过政策文件的颁布，引领和规范高中开设大学先修课程的实践。2012年10月23日，浙江省教育厅对外发布了《高等学校面向普通高中学生开发开设大学先修课程的指导意见》，鼓励学校开发更多优质的先修课程，引导学生自主选择、自主学习、自主发展，培养出更多全面而有个性的多样化人才。它规定：“先修课程由高校独立开发或与普通高中合作，鼓励利用现代教育技术，开发网络先修课程，先修课程可以在高校开设或在普通高中开设。普通高中建立选课指导制度，合理安排并提前公布先修课程模块开设时间、地点、任课教师等相关信息，让学生在教师指导下自主选课，有计划地到普通本科院校、高等职业学校修习先修课程。”②该指导意见是我国地方教育行政部门出台的一个官方文件，它提出了大学先修课程建设的原则，包括：积极鼓励浙江省各类高校以多种形式参与全日制普通高中选修课建设，课程开发应坚持以学生发展为本，课程开发应坚持特色化、多样化；对大学先修课程的类别做了划分，包括知识拓展、职业技能、兴趣特长、社会实践等四类；此外还规定了大学先修课程的开发与开设、学分认定和保障措施等。

同样，北京市也在积极推动高中开设大学先修课程的实践。“（北京市）正酝酿在高中设立大学先修课程，这种课程将类似于美国AP课程，即在高中阶段为学生提供一些大学基础教育。而高校可以参考学生修习先修课程的程度，再综合其他多维评价进行招生录取。例如，北京十一学校已在今年新设的‘科学实验班’开始大学先修课程试点，实验班学生可在数学、物理、化学、计算机、生物等领域中，根据个人兴趣、专业志向选择两门作为先修课程。”③

① 深圳中学将开设中国大学先修课程［J］. 教育文化论坛，2013（2）:140.

② 浙江省教育厅.高等学校面向普通高中学生开发开设大学先修课程的指导意见.浙教高教〔2012〕143号，2012-10-12.

③ 张灵.高中有望开设大学先修课程.京华时报，2011-1-22.

2012年，北京市教委委托北京师范大学教育学部石中英教授牵头开展了“北京市大学先修课程的可行性研究”这一项目，旨在对高中开展大学先修课程进行调研，在理论研究的基础上开展实验研究，探讨高中开设大学先修课程的具体机制和策略。该项目有八所重点高中加入，包括北京四中、人大附中、清华附中、北师大实验中学、北师大附中、北师大二附中、北京市十一中学和北京市十二中学。目前，该项目已经取得一系列研究成果，八所项目学校也不同程度地开设了自己的大学先修课程。可以说，这是一次先期试点试验，这对于其他中学都具有积极的示范意义。

我国高中开设大学先修课程的意义：首先，开设大学先修课程能够培养学生的发展潜力，为学生提供多样化的、可供选择的课程。在美国，高中生选修AP课程可以帮助他们在大学里获得成功。提前学习大学水平的课程，可以提高高中生的写作能力和解题技巧，培养足以面对严酷课程的良好学习习惯，这些都会给大学阶段的学习带来积极的影响。有研究方发现，拥有优异AP考试成绩的高中生在未来的大学学习中有更加出色的表现和发展。例如，根据2007年的一项研究，在AP考试中获得3分以上成绩的学生，要比没有参加AP考试的学生在大学学习期间表现得更好，而且前者获得学位所用的时间要比后者短。[①]这一切均对我国开设大学先修课程具有重要的启发意义。其次，高中开设大学先修课程也是高中学校凸显特色、迈向多样化发展之路的重要途径。学校的课程设置体现了其教育哲学、办学理念和学校文化，大学先修课程的开设无疑为学校教育提供了更加丰富的教育资源和更多的发展可能性。特别是随着我国“三级课程管理”的推进，学校拥有了一定程度的课程自主权，将大学先修课程纳入校本课程体系，可以进一步彰显学校的办学理念、明确学校的育人目标，从而有助于高中走向特色化发展之路。从目前我国重点高中的办学经验来看，一批影响大、有特色的高中在校本化的选修课程开发方面都拥有自己独特的学校课程体系，这种课程体系丰富了学生的学习机会，拓展了学校教育资源，也在很大程度上改变了传统的高中教育以“应试”为导向的教育生态。最后，高中开设大学先修课程是沟通大学教育和高中教育的最佳途径。我国的教育体制

① Morgan R & Klaric J.AP Students in College: An Analysis of Five-Year Academic Careers. New York: The College Board, 2007:7.

具有明显的阶段性，特别是作为基础教育阶段的中小学和作为高等教育的大学之间的区别尤为明显：基础教育为学生的发展奠定基础，而高等教育则属于专业教育并为职业发展作准备。显然，普通高中尚属于基础教育阶段，高中课程的教育功能在于为高中生的未来发展奠定基础，而不在于专业学习和职业准备。这两个阶段在课程设置、教学方法、管理方式和学业要求等诸多方面存在明显的差异。中学与大学课程之间缺乏过渡，存在明显的衔接问题，这对于人才培养带来一些弊端，如部分高中生对大学的学习和生活不适应、高中阶段的学习不能很好地为大学的专业划分奠定基础等。人的成长和人才培养是一个完整的、自然的过程，不存在人为的阶段划分，应该通过制度设计而将二者很好地结合在一起。可以说，大学先修课程能够沟通中学与大学教育，将人才培养的链条完善起来。

二、我国高中开设大学先修课程的思想基础和制度准备

进入新世纪以来，我国在普通高中领域也积极推进课程改革，应该说，前期的改革已经在很大程度上触动并改变了传统的高中课程结构和设置方式，为下一步的课程改革提供了理念准备。这意味着普通高中开设大学先修课程已经具备了相关的思想基础和制度条件。

（一）高中开设大学先修课程的思想基础

1. 以人为本的教育发展理念

以人为本的教育发展理念是我国经济社会发展的必然结果。进入21世纪之后，随着经济的高速发展和社会改革的不断深化，我国急需新的发展理念来引领21世纪的发展。2003年10月，中国共产党第十六届三中全会提出了“坚持以人为本，树立全面、协调、可持续的发展观，促进经济社会和人的全面发展”这一新观点。这个新的发展理念被概括为“科学发展观”，并把“以人为本”作为科学发展观的核心。这种发展观突出了人的发展的重要性，将人的发展置于经济和社会发展的核心。

科学发展观实质上是以人的发展统领经济和社会各方面的发展，它必然要体现在教育发展领域，这就是以人为本的教育发展理念。在这一理念下，人的身心和谐发展是教育的宗旨和最终目的，教育的一切活动都要围绕人本身的发展而组织起来。从历史唯物主义的观点来看，在漫

长的历史发展过程中，教育往往被工具化，不可能实现以人为本，以人为本的教育观是历史发展和社会进步的产物。经过改革开放三十多年的发展，我国的经济水平和社会发展程度已经允许在教育上倡导“以人为本”，这是中国社会发展的了不起的成就，也是在不断反思既有教育的弊端、不断提高对教育本质认识的基础上逐步提炼出来的，因此它是我们应该捍卫的最基本的教育理念。

以人为本的教育发展观必然关注学生的个性发展和学习需求，体现在课程设置上，就是要丰富课程的形式，增强课程的可选择性，满足学生多样化的兴趣爱好和学习需求。鉴于我国高中教育严重依附于高考制度，高考的“指挥棒”决定着课程设置及实施的方向，因此高中课程更多地服务于高考，不能很好地体现高中生的不同潜质和发展取向。尽管十年前启动的高中新课程改革在一定程度上增加了高中课程的可选择性，实施了“学习领域、科目、模块”这种新的课程结构，要求在国家课程之外提供不同的选修课程，但在以高考为导向的教育体制之下，课程的可选择性大打折扣。尽管大学先修课程可以帮助高校选择优秀新生，但从本质上而言大学先修课程不是高考导向的，而是面向不同的高中生提供的自由选择、自主修习的课程，因此从根本上体现了以人为本的教育发展理念。

2. 素质教育及其思想内核的不断丰富

1992年10月，党的十四大提出了“必须把教育摆在优先发展的战略地位，努力提高全民族的思想道德和科学文化水平”。为落实这一指导方针，1993年2月13日，中共中央国务院颁布了《中国教育改革和发展规划纲要》，指出“发展教育事业，提高全民族的素质，把沉重的人口负担转化为人力资源优势，这是我国实现社会主义现代化的一条必由之路……中小学要由‘应试教育’转向全面提高国民素质的轨道，面向全体学生，全面提高学生的思想道德、文化科学、劳动技能和身体心理素质，促进学生生动活泼地发展”[①]。这是我国在政策领域明确提出改变“应试教育”、提升国民素质的教育文件，在此后的20世纪90年代中后期，“素质教育”逐渐成为我国教育改革的一个目标和口号，作为与“应试教育”相对应的一个术语在学术界引起了长久的讨论，成为世纪

① 中共中央国务院.中国教育改革和发展纲要.（中发［1993］3号）.1993-02-13.

之交我国教育改革使用频率最高的词汇。1999年6月13日，颁布了《中共中央国务院关于深化教育改革全面推进素质教育的决定》，指出："实施素质教育，就是全面贯彻党的教育方针，以提高国民素质为根本宗旨，以培养学生的创新精神和实践能力为重点，造就'有理想、有道德、有文化、有纪律'的德智体美等全面发展的社会主义事业建设者和接班人。"[①]

至于什么是"素质教育"，教育行政部门也曾尝试阐述该术语的内涵。2001年8月27日，国家教委颁发了《关于当前积极推进中小学实施素质教育的若干意见》，指出"素质教育是以提高民族素质为宗旨的教育。它是依据《教育法》规定的国家教育方针，着眼于受教育者及社会长远发展的要求，以面向全体学生、全面提高学生的基本素质为根本宗旨，以注重培养受教育者的态度、能力，促进他们在德智体等方面生动、活泼、主动地发展为基本特征的教育。素质教育要使学生学会做人、学会求知、学会劳动、学会生活、学会健体和学会审美，为培养他们成为有理想、有道德、有文化、有纪律的社会主义公民奠定基础"[②]。

随着理论探讨和实践探索的不断推进，素质教育的理念逐渐得到提炼，最终确定为"以创新精神和实践能力为核心"。进入21世纪之后，特别是随着2001年启动的新一轮教育课程改革的推进，素质教育的内涵和外延得到拓展和丰富。2013年11月12日，党的十八届三中全会公布了《中共中央关于全面深化改革若干重大问题的决定》，提出"全面贯彻党的教育方针，坚持立德树人，加强社会主义核心价值体系教育，完善中华优秀传统文化教育，形成爱学习、爱劳动、爱祖国活动的有效形式和长效机制，增强学生的社会责任感、创新精神、实践能力"[③]。这是新时期党对我国教育发展的总体布局，在面向未来的教育改革中，素质教育的内涵得到了丰富和拓展，从之前的"创新精神和实践能力"发展到"社会责任感、创新精神和实践能力"，这"三位一体"的素质教

① 中共中央国务院. 关于深化教育改革全面推进素质教育的决定. 中发［1999］9号. 1999-06-13.

② 国家教育委员会. 关于当前积极推进中小学实施素质教育的若干意见. 2001-08-27.

③ 中国共产党十八届三中全会. 中共中央关于全面深化改革若干重大问题的决定. 2013-11-13.

育核心理念更加立体化，反映了新的历史时期对人才培养的期待。它内在地要求高中课程的丰富化和多样化，这样才能符合素质教育的新要求。

（二）高中开设大学先修课程的制度准备

1. 三级课程管理制度

我国在行政制度上实行中央集权制管理，教育部是最高行政管理机构。中华人民共和国成立之后，我国中小学的课程设置由教育部统一管理，教育部编制全国统一的教学大纲和教科书，然后由中小学校去实施。2001年，教育部颁布《基础教育课程改革纲要（试行）》，明确提出，“为保障和促进课程对不同地区、学校、学生的要求，实行国家、地方和学校三级课程管理”。可见，所谓三级课程管理制度，就是把原先集中于中央水平上的课程决策权力分配一部分给地方和学校，使地方和学校参与课程开发，从而形成国家课程、地方课程和学校课程并行存在的局面，使课程更加适合地方和学校的具体教育教学情境。这标志着我国基础教育在课程权力方面进行了重大的调整，它突破了以往课程权力过于集中、难以适应地方与学校具体情境的弊端，推进了课程的适应性和课程管理民主化的进程。

国家课程强调基础教育的统一性，是使国民素质达到一定水平的有力保障，因此，推行国家课程是基础教育发展的重要支柱。但另一方面，我国幅员辽阔，存在着明显的地区差异，而且每所学校也有其自身的特点。地方课程和学校课程正好体现了学校教育的差异性，与国家课程的统一性形成了互补。为了保障新课程能够适应各地区、各学校的差异，我国确立了国家、地方和学校三级课程管理的体制，这是促进课程适应性的重大举措。

由于拥有了一定程度的课程自主权，学校就可以根据自己的办学理念和育人目标开设相关的课程。这样，在符合国家和地方有关规定的前提下，各高中就可以在学校层面上对大学先修课程进行开发和管理，大学先修课程的开设就有了现实的土壤和制度依据。目前来看，已经开设了大学先修课程的高中都是将其作为校本化的选修课程而开设的，这不但没有违背三级课程管理的制度要求，而且还回应了国家所倡导的高中教育多样化发展的需求，为高中生的未来发展提供了更多的可能性。

2. 选课制和学分制

2003年3月31日，教育部颁布《普通高中课程改革方案（实验）》，提出，“课程由必修和选修两部分构成，并通过学分描述学生的课程修习状况”。这说明，我国高中将推行选课制和学分制改革。在世界范围之内，很多国家的高中课程改革强调实施学分制管理，而且既规定了修业年限，又规定了修习学分的数量，因此这种学分制亦称为学年学分制。学分制是一种以学分为单位来计算学生学习分量的制度，它是一种量化的管理手段，通过给予学生学分来记录学生在相应课程领域的学习情况。学分制是在现代学校教育选课制度的基础上建立起来的，学生选修某门科目、通过考核合格后获得一定的学分。学分制强调课程的弹性化、为学生提供多样化的课程，因此，高中学分制管理的最大的优势在于增进课程对高中生的适应性，使高中生在修习课程方面有了更大的选择空间，可以获得更为自主的学习权利，从而得到个性化的发展。

显然，实施学分制为高中开设大学先修课程提供了基础。根据教育部的高中课程改革方案，在现行的高中课程体系中，高中生要毕业必须要修满116个必修学分，这些必修学分分布在八个学习领域的众多科目之中，属于国家课程；此外还要完成选修学分Ⅰ和选修学分Ⅱ规定的学分，前者指“根据社会对人才多样化的需求，适应学生不同潜能和发展的需要，在共同必修的基础上，各科课程标准分类别、分层次设置若干选修模块，供学生选择”；后者指“学校根据当地社会、经济、科技、文化发展的需要和学生的兴趣，开设若干选修模块，供学生选择”[①]。大学先修课程应该属于选修学分Ⅱ的范畴，由学校自主设定、学生自主选择。

三、我国高中开设大学先修课程的实践路径

大学先修课程在我国已经引起很大关注，不少高中也尝试进行了实践，但总体而言缺少一套成熟的制度设计和行动规则。除了需要教育行政部门在政策上予以明确规定之外，在实践上我们也需要有一个比较清晰的行动路径：首先要在实践中明确其定位，然后还要确立一个合理的

① 中华人民共和国教育部. 普通高中课程方案（实验）. 教基［2003］6号. 2003-3-31.

课程开发与运行机制。

（一）大学先修课程的实践定位

我国高中要开设大学先修课程，必须要给予大学先修课程以明确的定位，主要有三点：

一是大学先修课程一定要体现大学的水平。这是从学业要求的角度提出的。“大学”是“大学先修课程”的重要限定，课程中的理论基础、知识结构和学术水平一定是要超出高中阶段的课程标准。当然，这种“超出”也是有一定程度的，一般而言达到大学一年级专业基础课程的水平即可，也不可能继续拔高。

二是大学先修课程一定要辉映大学的期待。这是从育人目标的角度提出的。这一要求意味着大学先修课程着眼于大学阶段的培养目标，要服务于大学的教育理念和目的。大学先修课程是将大学课程的专业基础课程“前置”于高中阶段，本质上并不是服务于高中阶段的培养目标，而是存在很强的专业导向。因此，在自主招生中，一流大学将大学先修课程的学习成绩作为录取新生的重要依据是有道理的。

三是大学先修课程一定要凸显大学的品位。这是从课程的质量和教学风格的角度提出的。大学先修课程在本质上不同于高中课程，因此既要让高中生感受到大学课程的品位和层次，也要让他们学出大学的“味道”来。大学的“层次”需要一定的机制来保障，而“味道”则主要从教与学的方法上体现出来，如更强调教学的严谨性和学习的自主性，注重讨论、辩驳和探究等。

（二）我国大学先修课程的开发与运行机制

1. 建立一套完善的论证程序

在我国目前的应试氛围中，只要大学先修课程与升学产生联系，那么它对于家长、教师和学生来说就是有高度“利益关涉”的。因此，对于具体高中而言，开设与不开设以及开设什么样的大学先修课程就必须有一个合理的解释。显然，这就需要科学的论证程序。这一论证程序要回答的核心问题包括：（1）学生的需求、潜力及学习准备问题。对于具体某一所高中的学生来说，他们是否提出了选择大学先修课程的需求？他们是否有足够的知识基础和发展潜力来应对？是否做好了学习的准备？这些问题需要通过调研来回答。（2）学校的人力、物力、财力等条件是否充足的问题。人力主要是指师资条件，也就是由谁来教授课程；

物力和财力主要是学校的设备、设施和经费状况等，包括足够的教室供学生“走班”、图书馆的藏书要达到一定数量、学校要有专项经费足以支持大学先修课程的开发与实施等。(3) 大学先修课程与既有的高中课程的关系问题。现行的高中课程是根据我国的高中教育目的和教育制度而设计的，它不会迎合大学的育人需求。因此，高中课程和大学先修课程就形成了两个体系，如何在具体某一所高中里将这个课程体系整合起来从而做到并行不悖而且“各美其美”，这也是一个巨大的挑战。

2. 大学联合中学共同开发课程

大学先修课程是在高中教育的植株上结出的一颗带有“大学味道”的果子，这种“联姻”注定了它必将促成大学与中学的密切合作。美国的AP课程在研发过程中很好地体现了这一特点。“各学科课程均由课程编制委员会负责编制。课程编制委员会一般由6到8名委员组成，主要是美国著名大学的教授或有丰富经验的高中任课教师。参与课程编制的大学教授均是任教于世界一流大学的顶尖级学者，他们熟谙各自学科领域的核心概念与关键技能，他们对如何评价学生是否掌握了这些知识与技能、如何设计测试情境使学生能够展示出自己所拥有的能力有深入的研究。”[①]可见，大学先修课程的开发是一个科学决策和民主参与的过程，是大学的专家学者和高中的优秀教师共同智慧的结晶。此外，大学和中学的联合还表现在二者的互动上，即大学要适时地给予中学相关的指导和引领，而中学则要真正理解大学的教育理念和育人目标，使修习了大学先修课程的高中生能够更顺利地适应大学的学习。这种联合恰恰体现了大学先修课程这种“关节点”的作用，从而打造出一条完整的育人链条。

3. 建立由第三方参与的大学先修课程审核与评价机制

这是保证大学先修课程的质量的最基本措施。美国的AP课程之所以成功，很重要的一点就在于它完全由大学理事会独立运作。大学理事会属于非营利性质的会员组织，由来自多所大学、研究所和其他教育机构的会员组成，为家长和学生在大学入学、大学评估、大学注册和教学等方面提供服务。AP课程的审核主要是对课程是否达到了“大学水平”以及是否与高中课程内容相衔接等进行认定，而且要为授课的高中

① 任长松. 追求卓越：美国高中课程述评——兼谈近年来美国高中教育质量的提高 [J]. 课程·教材·教法，2007 (12)：84.

教师提供一个明确的课程指南；AP课程的考试则是全国统一，各科试题均由大学理事会的专家来命制、测试、修正并组织考试和阅卷。从美国的经验来看，第三方的参与是一个基本的约束机制，它既要超越大学和高中的利益诉求，同时又跟二者密切联系，能够深刻把握二者的宗旨与利益取向。从我国目前的实际情况来看，完全由第三方独立进行大学先修课程的审核与评价不太现实，因为大学先修课程的学分各高校均不认可，这就失去了要求高中必须服务于大学育人目标的法理依据，在客观上降低了大学先修课程的权威性和严肃性，由此也就减弱了成立独立的第三方机构的必要性（事实上我国目前还不存在这种完全独立的第三方机构）。但毕竟大学先修课程会在大学升学和选拔中发挥作用（如相关高校的自主招生考试），因此也有必要成立相对独立的第三方机构，由它参与（而不是完全主导）大学先修课程的审核与评价，这是比较现实的一种选择。

第三节　美国高中课程设置的多样化

高中课程的多样化是当代国际普通高中课程改革的基本追求。课程多样化的主要目的，在于体现课程设置的可选择性，为高中生提供更多的选择机会，从而使课程更符合个体的认知取向和个性发展。鉴于多样化的课程设置能够给高中生带来积极的发展价值，我国在推进高中课程改革的过程中调整了高中的课程结构，增加可供选择的课程和模块，引导高中生提出个性化的修习方案。然而，由于种种原因，课程的多样化并没有在我国的高中很好地得到落实。而作为高中教育发达的国家，美国很早就在高中课程多样化领域进行了探索，将选课制确立为现代学校教育的基础，实现了高中课程的多样化发展。为了深入探讨美国高中课程的多样化，我们将选取美国知名的高中——托马斯·杰弗逊科技高中（以下简称托马斯高中）作为研究个案，以该校的课程设置作为研究对象，揭示高中课程多样化的基本理念和经验，为我国高中课程改革提供借鉴和启发。

一、高中课程多样化的研究背景与意义

2003年2月，我国教育部颁布了《普通高中课程方案（实验）》（以下简称《方案》），拉开了我国在新世纪普通高中课程改革的序幕。《方案》规定，为了实现高中的育人目标，高中课程应该“适应社会需求的多样化和学生全面而有个性的发展，构建重基础、多样化、有层次、综合性的课程结构”[①]，这就明确提出了高中课程多样化是我国新世纪高中课程改革的重要追求。为了实现高中课程的多样化，《方案》在课程结构上作出了重大调整，将普通高中课程结构划分为三个层次，即学习领域、科目和模块。所谓学习领域，就是从学科综合的视角将具有相似教育功能的学科整合为一个大的学习领域，共设置八个学习领域：语言与文学、数学、人文与社会、科学、技术、艺术、体育与健康、综合实践活动。学习领域之下设科目，也就是具体的学科分科教学科目，科目之下设模块。高中课程结构的这种调整有利于体现高中课程设置的灵活性，对于实现高中课程的多样化具有重要意义。尤其是模块课程的设置，有利于学校灵活安排课程，也有利于学生自主选择，形成个性化的课程修习方案。

然而，高中课程的多样化这一理念多年来并没有得到很好地实现。要实现课程的多样化，很重要的制度保障就是在高中推行学分制管理。由于学校教育条件的制约，很多学校并没有让学生形成个性化的修习方案，课程的多样化就无从谈起。高考的统一性要求也没有鼓励高中生去自主选择课程，为了在高考中提高成绩，本来可以选修的课程模块也被学校要求统一去学习，这在实际上导致了高中课程的统一性，没有真正实现课程的多样化。

2010年6月，我国颁布了《国家中长期教育改革与发展规划纲要（2010—2020年）》（以下简称《纲要》）。《纲要》提出，“高中阶段教育是学生个性形成、自主发展的关键时期，对提高国民素质和培养创新人才具有特殊意义”，“创造条件开设丰富多彩的选修课，为学生提供更多选择，促进学生全面而有个性的发展”，“推进培养模式多样化，满足不

① 中华人民共和国教育部. 普通高中新课程方案（实验）. 转引自钟启泉等. 普通高中新课程方案导读［M］. 上海：华东师范大学出版社，2003：474.

同潜质学生的发展需要，探索发现和培养创新人才的途径，鼓励普通高中办出特色”。[①]这说明，普通高中的多样化发展仍然是素质教育改革面临的一个重大课题，《纲要》对学生个性发展、自主学习的要求，仍然需要课程的多样化才能更好地予以实现。

课程是学校发展和人才培养的基础，在面向未来的教育发展中，课程设置要服务于人才培养的总体目标，体现时代发展的要求。《纲要》提出，要到2020年基本实现教育现代化，这内在地要求课程领域也要实现现代化。课程的现代化不仅仅是课程内容的现代化，它也体现为课程形式和课程结构能够适应未来人才培养的需求，能够为学生的全面发展和个性发展提供丰富多样的机会。对高中课程多样化进行研究，恰恰回应了这一现实的需求，对于科学合理地推进高中课程改革具有重要的借鉴意义。

二、美国高中课程多样化的历史传统与制度保障

多样化设置课程是美国中学教育的基本传统。在早期文献中，美国学者并没有明确地将中等教育划分为初中和高中两个学段，而是统称为“中学”，招收的是12岁到18岁的青少年学生。美国的中等教育起步并不算早，1821年第一所中学在波士顿建立，但直到1874年，中学才开始得到大规模发展。到19世纪末，所有青少年都必须接受中学教育的思想已经深入人心，这被称为是美国历史上一次重要的教育改革。最初，中学课程的目的主要是为升学作准备，因此学术性课程的地位非常突出。但在进步主义教育思想的影响下，中学课程的设置日益强调要迎合学生的个人兴趣和选择，课程种类不断增多，课程多样化的价值也逐步得到认可。例如，美国课程论专家奥恩斯坦在研究美国课程发展史时指出，“课程设置的多样化给学生很大选择余地，并帮助学生了解自己的兴趣和能力何在”[②]。至此，课程设置的多样化逐渐成为美国中学课程的明显特征。

---

① 国家中长期教育改革与发展规划纲要（2010—2020）. 北京：人民出版社，2010：18.

② ［美］奥恩斯坦. 课程：基础、原理和问题［M］. 柯森，译. 南京：江苏教育出版社，2002：84.

此外，高中课程的多样化也是美国教育发展史上制度选择的结果。在美国，课程设置的多样化有着坚实的制度基础——选课制和学分制管理制度。这种制度最初出现在19世纪后期的美国高等教育领域，目的是尊重学生选课的自由，体现学生学习的兴趣和发展的差异性。随后，这种制度开始为中学所借鉴，高中的选课制由此确立起来。除了主修科目之外，该委员会还确定了一系列的选修科目的内容和标准，允许学生在主修科目之外选修其他科目。这是美国教育史上第一套“标准化”的统一的中学课程体系，直到今天，美国高中课程设置也仍然遵循这一传统的制度设计，在教育改革的过程中不断强化课程的可选择性，通过选课制而保证了课程的多样化。特别是20世纪30年代之后，美国对既有的高中课程进行了改造，减少古典语言科目，增加新的实用科目，在学术性科目中增添新的内容，强调课程内容与社会及学生生活的联系。由此，美国高中课程逐步改变了学术性科目占绝对主导的格局，课程设置同职业活动与社会生活联系日趋密切，并根据学生的背景、兴趣和发展倾向而走向多样化与职业化。

目前，由于美国不存在像中国一样的全国性的高中课程方案，美国高中的课程设置在州与州之间、学校与学校之间存在很大的差异，在毕业学分的要求、涵盖的学科门类等方面也不尽相同。例如，在宾夕法尼亚州的诺克高级中学要求必须修满22个学分才能毕业，而且学分必须在核心课程（如英语、数学、科学、社会科、艺术与人文、体育与健康等学科领域）和选修课程中都有分布；而堪萨斯州的吉姆索普高级中学则要求学生必须修满24个学分，获得学分的课程必须涵盖大学预科的学术性课程、商业教育课程和职业类课程等领域。在这种差异性设置课程的大背景之下，课程的多样化就成了美国高中课程设置的基本特征。总体而言，美国高中开设的课程大致可以划分为三大类：（1）核心课程，涵盖的学习领域主要有语言、数学、科学、技术、社会科、艺术、体育与健康等，在不少高中还开设大量的大学先修课程；（2）自主选修课程，这类课程丰富多样、不胜枚举，一般高中都开设几十门到上百门不等，涉及科学技术、文化艺术、社会生活、职业准备等各个领域；（3）综合性的研究计划与项目，这种课程是在学校课程计划之内的，兼顾了学术知识与实践应用，鼓励学生进行自主性的设计、研究和创新，能够鲜明地体现出学校的教育理念和办学特色。

这三大类课程同样构成了托马斯高中课程的基本内容。作为美国顶尖的高中之一，托马斯高中成立于1985年，它以鲜明的科技教育特色而闻名，是美国著名的“磁石学校”。该校每年招生不足2000人，规模不算大，但毕业生的高素质和高成就却是举世闻名的。“2007年美国《新闻周刊》将该校列为美国最好的精英型公立高中，2009年《美国新闻与世界报道》‘美国100所最佳公立高中排名’将其排在榜首。各科成绩比全美高中毕业生的平均成绩高出200分左右。2007届毕业的432名学生中，158名获国家优秀生竞赛半决赛资格，在全美高中中人数最多”。[①]

在教育理念方面，托马斯高中注重培养学生的综合能力，包括思辨能力、解决问题的能力以及科学探究能力，致力于最大限度地发挥每个学生的智力、技术和情感潜力。正如校长伊万·格雷泽所言，“教育的成功不在于学生学会多少知识或技能，而在于他们能运用所学的知识和技能去解决现实社会中的问题，使我们的生活和世界更美好”[②]。该校注重STEM（即科学、技术、工程和数学）教育，为学生提供具有挑战性的学习和探究环境，鼓励学生发展兴趣，并培养他们的创新思维。

在课程设置上，托马斯高中基于理科教育的鲜明特色，建立了多层次、多类型的课程体系。该校课程的设计理念很独特，一方面设置了大量前沿性、系统性的数学和科学课程（包括AP课程），如数学课程就开设了高级代数及三角学、高级几何与离散数学、高级微积分入门、AP微积分、多变量微积分、不等式方程、AP统计学、线性代数等；科学课程有高级天文学、生物学、高级海洋生物学、DNA科学、AP生物学、AP化学、AP物理学、计算机物理学等。另一方面又体现跨学科和综合性，如将一些人文课程与科学学科整合在一起，如“综合生物、英语和技术”（简称IBET）、生理学和艺术；将理科范围内的具体学科整合起来，如生命科学和生物技术研究、海洋科学和地球系统研究等。除此之外，活动性和实践性也是该校课程设置的鲜明特色，学生必须进行大量的科学探究学习，涉及天文、自动化和机器人、生物科技、光学等多种学科专业领域。托马斯高中还有一个特殊的要求，就是所有高年级学

---

① 刘翠航. 美国托马斯·杰弗逊理科高中——创新人才培养模式初探［J］. 基础教育参考，2010（5）：28.

② 徐星. 如何培养学生的创新精神和实践能力——专访美国托马斯·杰弗逊科技高中校长伊万·格雷泽［J］. 上海教育，2010（12A）：29.

生都被要求完成一项技术实验项目，这个项目可以在特定的技术研究实验中完成，也可以在导师计划中完成，目的是增加高中生的学术经验。

在一天8小时的学时中，学校安排7学时让学生进行学术的学习，1学时用于学生的活动。“托马斯高中课程的基础是：关注跨学科的课程取向，以将学生的智力、技术和实践能力最大化。有些课程的学习（如九年级的IBET和人文课程）体现了六大学习目标：获得较高的交流能力；在具体情境中进行思考和工作，发展合作技能；完成真实的学习任务，解决真实问题；促进变革；发展伦理文化”。托马斯高中提供了内容丰富的《选课指导手册》，详细介绍学校课程的门类、科目、学分和修习年级，为学生和家长选择课程带来了便利。

为了最大限度地给学生提供综合学习的机会，托马斯高中为学生设计了跨学科的学习环境。学校将所有学科划分为四个大的学部，即科学与技术部；数学与计算机科学部；人文与社会科学部；语言、艺术与体育部。最凸显该校特色的还有三个课程项目：《综合生物、英语和技术》《技术研究实验室》和《托马斯高中导师计划》。这些课程项目既为学生根据个人兴趣自主学习创造了更多的条件，又丰富了托马斯高中课程的多样化设置。

三、托马斯高中多样化的课程设置

托马斯高中的课程多样化体现在很多方面，在课程目标、课程结构、课程门类、课程内容等诸多方面都很好地反映了课程的多样化设置问题。这说明，课程的多样化不能仅仅停留在理念层面，而是要落实到课程实践的具体操作层面。

（一）课程目标

托马斯高中的核心教育价值观在于培养学生四个方面的基本技能：思考力、问题解决能力、求知的好奇心和社会责任感。以此为核心，该校要求学生通过对课程的学习而在认知和思维、操作技能以及情感态度等领域获得均衡发展。

关于知识领域的目标，托马斯高中通过开设核心课程来发展学生共同的知识和技能，这些核心课程包括数学、科学、技术、英语和外语、人文课程和社会科学等领域。每一个学习领域有其各自的课程目标，如在科学领域，托马斯高中提出，“每位学生要完成四年的科学实验，还要学习生物、化学、物理、地理。每门科学课程要求学生获得基本的实验经验和学术知识”。在数学课程方面要求学生学习代数、统计学和三角学方面的知识，在人文课程方面学习理解人类与环境、欣赏文化的多样性和不同价值观等方面的知识，在体育与健康方面则要求学生理解健康的概念、养成健康的生活方式并发展学生对体育活动的兴趣等。

在能力与技能领域，托马斯高中认为学生的学习不在于学会多少知识，而在于能够运用所学的知识和技能去解决社会中的问题，要求学生发展科技实验能力和动手操作能力，并且能够学以致用。为此，该校开设了大量的科技类探究课程，包括自动化和机器人、生物技术、化学分析、计算机辅助设计、能源系统、通信系统、微电子系统、光学、现代物理、神经科学等多种专业学科的科技研究项目。例如，《设计与技术》课程的目标是：学生积极进行探究并获得基本的技能，这些技能有助于日后进行科学探究；学习工程和应用技术，掌握如何将科技知识运用于工具开发和材料的革新，以更好地改变我们的工作和生活。为鼓励学生发展这方面的能力，学校每年都会举办一个科技展示和研讨活动，让学生展示和分享他们的研究成果。

在情感态度领域，托马斯高中通过多样化的课程设置来发展学生的对知识的兴趣，培养科学伦理并理解文化的差异性，这方面的课程目标集中体现在人文课程领域。例如，通过学习人文课程，学生能够在历史的情境中发展对文化的理解能力；通过学习艺术，学生能够培养对艺术的兴趣，理解艺术对人类生活所起的重要作用；通过学习科学史，可以使学生理解科学与社会的关系，培养科研伦理和科研精神等。

（二）课程结构

在课程结构上，托马斯高中所开设的所有课程可以划分为两个大的层次，即学习领域和学科科目。学习领域有12个，即：计算机科学、英语、美术、体育与健康、数学、音乐、科学、高级研究、社会科、小组合作、技术和外语。每个学习领域包含了多个学科科目，如计算机科学学习领域提供的课程有：计算机科学基础、AP计算机科学、人工智能、WEB编程等；科学领域包含的科目有：地球学、高级天文学、生物学、DNA科学、AP生物学、化学、物理学、光学系统和现象导论、生理学和艺术、生物纳米技术等。

托马斯高中提供的《选课指导手册》详细介绍了该校课程开设的情况，对每个学习领域涵盖了哪些科目、每个科目对应多少学分、在哪一年级开设等都有详细说明。需要注意的是，托马斯高中开设的学科科目跟我国高中开设的学科科目并不完全一样。有很多科目的学分只有0.5，如影视研究、运动药物学、多变量微积分、高级海洋生物学、宗教探究、高级模拟电子学等。这说明这种科目在学习分量上占比重很小，大致相当于我国高中新课程中的“模块”，体现了课程结构的灵活性和可选择性。而且，《选课指导手册》所介绍的课程只有少数从9年级（相当于高中一年级）到12年级都开设，如英语、新闻学、AP计算机科学等，大部分课程只有在部分年级开设，如《高级几何学》在9年级开设、《世界历史和地理》在10年级开设、《美国和弗吉尼亚历史》在11年级开设、《经济理论》在12年级开设。

（三）托马斯高中核心课程门类及内容

托马斯高中推行跨学科的课程设计理念，将课程划分为四大类核心课程；即科学与技术课程，数学与计算机科学课程，人文与社会课程，语言、艺术与体育课程。核心课程大致上将具有相似教育功能的科目整合起来，在课程内容上却体现出明显的学科特征，这既有利于学生形成跨学科的理解力，又有利于系统知识的传授和特定技能的培养。篇幅所限，我们只介绍体现学术性的核心课程门类，在每一类核心课程中，我们将各选择3门具有鲜明特点的科目予以介绍，而实际上每个核心课程领域包括了不止3门课程，而且还开设了大量AP课程。

1. 科学与技术类核心课程

《生物、英语和技术》。这是9年级学生入学后必须学习的综合性课程科目，涵盖了生物化学、细胞生物学、组织器官学、DNA科学、进化论和生态学等内容，其目的是为学生学习科学知识提供相关技能，尤其是让学生为学习AP生物学做准备。此外，该科目将相关学科的内容整合在一起，科学概念、语言艺术和工程技术恰当融合，这对于学生理解现实生活中的科技问题很有帮助。

《DNA科学》。这是一门基于实验的科目，通过该科目的学习，学生可以获得从事分子生物学研究所必需的知识和技能。该课程致力于发展学生批判性地对有关DNA的概念和技术进行理解的能力，包含的主题有：现代分子生物学的基础；生物化学和DNA细胞生物学；原核生物的基因表达、神经学和癌症；DNA重组；电泳疗法；限制酶；DNA分析和应用技术；诱变、选择和微生物生理学；进化和生态应用等。

《设计与技术》。这是一门体现技术应用的科目，包括如下专题：如何利用检验和测量工具；汇报和交流技能；在问题解决过程中进行工程设计；在学习过程中能够运用有关的概念；运用数据分析的技术；在概念、设计和思想方面进行交流和沟通；研究和利用灵活的自动化和程序化的控制系统；学会电路设计，进行建模、检验和分析等。

2. 数学与计算机科学类核心课程

《高级代数》(包括三角学和数据分析)。这是一门学术性很强的课程，课程内容强调数据分析，包括假设检验和实验设计、概率、概率分布、数据系统的结构、方程与方程式等。三角学的学习包括非线性数据分析，要求学生理解代数的基础理论，将相关概念运用于具体情境，强调建模、逻辑和对结果的解释。

《高级几何学》(包括离散数学专题)。这门课程有着相当的学术性和难度，包括平面几何和欧几里得几何，内容涵盖了解析几何、矢量、拓扑学、演绎证明、三角几何学、圆、三角恒等式。该课程强调推理技能，强调解析几何，并利用几何模型去解决问题。学生在学习中要学会使用一些工具，如计算器、计算机、制图工具、动态几何软件。

《计算机科学基础》。这门课程是为了让学生在计算机方面接受基本的学术训练，为进一步学习计算机科学奠定基础。基本的学习内容包括：了解计算机系统的基础结构，在WINDOWS系统下编写应用程序，计算机制图，计算机数据系统。在学习计算机知识时，学生要用到数学知识，解决一些相关的问题。

3. 人文与社会类核心课程

《美国政府和政治学》。这门课程内容侧重美国宪法、三权分立制度、公民自由和公民权利，以及集会、选举和投票行为等。在课程学习中，学生要对美国的政治制度进行考察，尤其是关注这一体制中的人物及其在公共政策中扮演的角色；理解对政策产生影响的不仅仅是政治领袖，而且还包括媒体、利益集团、官僚机构和民众。

《20世纪世界史》。这门课程简明扼要地概括了人类从1885年到20世纪90年代之间的历史，内容包括1914—1939年的欧洲、亚洲和非洲反抗殖民者的历程、第一次世界大战、第二次世界大战以及冷战、亚非拉独立的浪潮。在课程中还有大量的案例，以说明科学技术对历史的影响。

《艺术、技术和文化》。这门课程在内容上包括介绍历史上伟大的建筑、雕刻、绘画等，让学生对这些作品进行探究和深入理解；讨论科技对古今不同时代艺术的影响。课程在内容上是开放的，可以邀请当代在相关领域有影响的人物授课，进一步丰富课程的内容，这些人物包括地方科学家、工程师、雕塑家、艺术家等。

4. 语言、艺术与体育类核心课程

《英语》。这门课程的开设是为了加强高中生对母语的学习，内容包括文学、文学的构成要素；语言的学习（词汇、写作、语言的结构和语法）；阅读和表达的技巧；积极参加相关学习活动，练习如何运用比较、分析、假设、综合、评价的技能，发展批判思维的能力。

《戏剧艺术》。这门课程致力于探究戏剧艺术，让学生有机会去体验和欣赏戏剧文学并进行创造性表演。该课程的学习方式包括观赏戏剧、表演，以及阅读和写作剧本，目标是发展学生自我表达和艺术表现的能力。学生的表演包括童话剧、小品、独角戏等。选修这门课程的学生还有机会参加该校的"冬季戏剧表演"活动。

《健康、体育与驾驶》。这门课程主要讲授体育概念和身体调适，培养运动能力和健康的生活方式。它要求学生用一半的课时学习有关个体和集体运动项目的知识和技能；四分之一的课时用来学习驾车，课堂提供了合适的学习活动，帮助学生成为高素质的驾驶员；还有四分之一的课时用于讲解健康问题，包括个人和社区健康、营养和家庭生活教育等。

四、高中课程多样化的意义与启示

尽管尊重个性、鼓励自主选择是美国的文化和传统，但在学校课程领域，在中学阶段就提供多样化的课程设置以供学生选择却体现了对教育价值的理解，彰显了特定的教育理念。这对我们的高中课程改革具有积极的启发意义。

（一）课程多样化，有助于学生根据个人发展兴趣进行选择

在美国，高中实行学分制，高中的毕业要求基于学生所获得的学

分，而非一次考试。这种学分制能够解决共同学习与个性发展之间的矛盾，在很大程度上使得普遍知识与个人兴趣之间达成一种平衡，其前提就是有足够丰富多样的课程供学生进行选择。在这一点上，托马斯高中的课程设置就是一个典范。根据该校的《选课指导手册》，托马斯高中在12个学习领域共开设了120多门的具体课程，其丰富性和多样化不必多言。在这样的课程体系面前，每一位学生都能找到适合自己学习的课程门类，都能找到自己感兴趣的学习科目，这为学生的选择和个性发展提供了广阔的空间。

（二）课程特色鲜明，有助于彰显学校的教育理念

美国很多高中被誉为“磁石学校”，就是因为这些高中以其独特的教育理念和课程特色将学生吸引过来。正如其名称所标榜的那样，托马斯高中是一所科技高中，其教育理念就是要突出数学和科技教育，科技创新人才的培养是该校重要的育人目标。以此为追求，在课程设置上该校突出了数学和理工科教育的重要性：在数学领域开设了11门课程，在计算机领域开设了6门课程，在科学领域开设了近20门课程，在技术领域开设了14门课程，此外还专门设置了“高级研究”学习领域和“导师计划”制度，为学生进行科学探究学习提供机会。这种鲜明的课程特色有助于为学校发展提供一个明确的定位，彰显了高中教育的多样化。

（三）开设大量AP课程，有助于大学课程与高中课程的衔接

托马斯高中汇集了众多高素质的高中生，他们学有余力、兴趣广泛、具有很强的学术发展潜力。针对这种情况，该校开设了大量的AP课程，涵盖了数学、计算机科学、物理、化学、生物、地理、人文社会科学等领域。AP课程的开设既增加了课程的可选择性，又能解决高中课程与大学课程的衔接。这些高水平的课程可以帮助学生在学术能力评估测试（SAT）中获得高分，从而在申请名牌大学时占尽先机，还节省了学费，使学生受益。

（四）开设科技实验课程和自主研究课程，有助于科技人才的培养

1989年出版的《面向全体美国人的科学》提出：“世界的发展要求每个人都必须具备科学素养，而不仅是少数享有特权的人，科学教育将不得不使其成为现实。”[①]在这里，“科学素养”的概念不仅仅指掌握了

① American Association for the Advancement of Science. Science for all Americans. Oxford: Oxford University Press, 1990: 3.

基本的科学知识，还包括对科学研究的过程以及方法的了解。为培养具有科学素养的科技人才，托马斯高中除了开设大量科学类课程之外，还设置了多个科技实验室，这些实验室很专业，涉及天文学与天文物理、自动化与机器人、生物技术和生命科学、海洋学与地球系统、光学与现代物理、原型与工程材料等领域。在这些实验室里，学生通过亲自参与实验的过程而积累学术研究的经验，为将来的深造奠定基础。此外，托马斯高中还实行导师制，由导师指导学生开展科技研究，这也是科技实践课程的一部分。

需要注意的是，美国高中多样化的课程设置既是美国的教育文化传统的体现，又是在高中推行选课制和学分制而带来的必然结果。制度的设计不可能做到十全十美，美国高中课程的多样化也存在一些问题，譬如：只要学生修满了规定的学分，就能获得扎实的、有助于后续学习和工作的知识与能力吗？每门课程考核合格即可获得学分，这是否有助于鼓励学生努力提高每门课程的学业成绩？诸如此类的问题也在困扰着美国教育界。如此看来，课程的设置必须与教学质量的提升同步推进，这样才能实现课程育人功能的最大化。

第五章 课程的管理与领导

随着课程改革的推进，课程管理领域也发生了一些显著的变化，即从课程管理逐渐转向课程领导。在学校层面，校长的课程领导是学校课程创新的决定因素。相对于行政领导，课程领导体现了校长对教育教学专业事务的引领和管理，是校长的专业领导力的一个重要方面。随着我国素质教育改革的深化以及基础教育课程改革的不断推进，提升校长的课程领导力已经成为课程改革的基本要求，也是落实课程改革的理念、促进课程创新的基本保障。在本章，我们将聚焦这一问题，阐述校长课程领导的内涵，以及在我国课程管理制度改革的背景下校长课程领导力的转型与提升，剖析校长如何在课程创新的过程中发挥引领作用。

第一节 制度创新与课程管理的转型

课程是学校教育中的一个具体专门领域。在国家层面，课程管理仍然发挥着基本的制度架构和体制安排的功能，体现为自上而下的管理职能。但在学校层面，随着课程改革的推进，校长对课程事务的单纯的管理已经不能满足学校课程创新的需求，在理念上需要从“行政权威”走向“专业权威”，体现在概念上则为从“课程管理”走向“课程领导”。这种转型体现了新时期学校教育的制度创新，也回应了课程改革的基本要求。

一、制度创新的内涵及意义

制度创新是近年来在社会改革与创新领域出现的一个新的术语，它表达的是在管理制度层面如何通过改变已有的规则而产生新的管理职能并提升其效率，从而使制度与时俱进、发挥更积极的效能。在课程管理领域，制度创新同样具有重要的意义。

（一）制度创新的内涵

制度是人类的伟大发明。即使在穴居时代，原始人群也会在相互交往中通过不断冲突和磨合，逐渐建立起一些交往的规则，大家约定俗成，这些规则也就成了制度。因此，制度是特定的社会组织乃至整个社会为了实现某种功能和特定目的而必须遵守的一系列规范体系。在诺贝尔经济学奖得主、美国新制度经济学的领军人物道格拉斯·诺斯看来，“制度是一个社会的博弈规则，更正式地说，是人们制定的、规范人们相互关系的约束条件”。制度的成因较为复杂，既与社会交往互动直接相关，也与一定的偶然性相关，所以制度不容易形成，但一旦确定就比较稳定。

既然制度是一定的组织为了保障其运转的有效性而形成的特定规则，那么也就必然意味着制度是与特定的组织联系在一起的，是组织所特有的内部要素之一。制度的这种社会性意味着它是人类社会关系的一种表现，必然受到人类的物质基础和社会条件的制约。正如马克思所言：“不是人们的意识决定了社会存在，相反，是人们的社会存在决定了人们的意识。”[①]那么，随着生产力的发展和社会关系的不断调整，制度也必然经历着不断变迁的过程。在这个过程中，制度创新成为推动制度变迁的重要途径。

所谓制度创新，无非就是在人们现有的生产和生活环境条件下，通过创设新的、能够更有效激励人们行为的制度，进一步规范组织的运行，从而实现社会的持续发展和效率的创新。制度创新的核心内容是社会政治、经济和管理等制度的革新，是支配人们行为和相互关系的规则的变更，是组织内部要素与其外部环境相互关系的变更，其直接结果是激励人们的创造性和积极性，促使不断地创新知识和社会资源的合理配置，最终推动社会的进步。可以说，所有的创新活动都有赖于制度创新

① 马克思恩格斯选集（第2卷）[M]. 北京: 人民出版社，1995：82.

的积淀和持续激励，通过制度创新得以确立新的制度化规则，并以制度文化的方式持续发挥着自己的作用，这是制度创新的积极意义之所在。各种社会组织都需要进行制度创新，如企业制度创新、行政制度创新和文化制度创新等，这为考察教育制度创新提供了宏观背景和参照系。

（二）制度创新的意义

首先，制度创新为课程管理的变革提供了宏观的制度环境。从最广义上来说，制度是一种规则，是组织系统运作的依据，因此也是规范人们行为的一种平台。综观社会变革的历史，凡是能够带来社会巨大进步的变革在很大程度上都来自体制上的突破，包括政治制度、经济制度和文化制度。可以说，只有具备了新的制度平台，在该制度规范下新的规则才能运行，从而有助于创新性的思想和行为的产生。课程管理的变革是一种创新性的思想和行为，它也要求外部制度环境的变革和突破。

其次，制度创新为课程管理的变革提供了思想基础和变革的方向。制度创新为学校领导力变革提供了制度的平台，这一平台中很重要的是思想基础和变革方向。所谓思想基础，意味着制度创新所秉持的理念同样也是学校领导力变革要坚持的理念，是制度创新得以确立的合理性和合法性的基础。显然，课程管理制度的变革不能违背或僭越这一思想基础，而只能是对这一思想的诠释和落实。至于如何落实制度创新所提出的思想基础，则体现出变革的方向和基本要求，由此课程管理制度的变革也要向制度创新的要求去努力。

最后，制度创新也为课程管理的变革提供了内容。之所以提出课程管理的变革的课题，就在于制度创新要求学校变革领导模式，从而去变革学校教育领域内具体的制度，回应宏观制度变革的需要。课程管理变革的重要内容，就在于促进学校层面课程教学制度的创新，回应宏观制度创新的呼唤，为制度创新在学校中的推行而打下基础。

二、我国的课程管理制度及转型

顾名思义，课程管理指的是根据一定的政策规定和制度要求，有组织地对有关课程的事务进行协调、从而推动课程的建设与实施，最终达到预定目标的过程。课程管理既包含了教育行政部门在宏观上对课程事务的组织与调控，也包含了在学校层面所发生的一些管理行为，如课程的编制、调整、课时分配与各门学科科目的安排等。

（一）课程管理的模式及内容

课程管理的内容是与课程管理模式密切相关的。也就是说，不同取向的管理模式之下，具体的课程管理行为及产生的后果是不一样的。总体而言，在世界范围内主要有两种课程管理模式，即集权型管理模式与分权型管理模式。在集权型管理模式下，课程管理的权力集中在国家层面，它强调政策指令的上传下达，强调课程的统一性。具体来说，在这种模式下，国家制定统一的课程标准、拟订统一的教学计划并确定评价标准；所有地区、所有学校都设置相同的学科、运用相同的评价标准，甚至有的国家要求使用相同的教材，使用相同的课程表。因此，集权型课程管理模式的主要特点是：（1）由国家教育行政部门制定课程标准和教学大纲并通过政令颁布实施，地方政府和学校依照执行；（2）国家统一规定科目设置、课程内容、教学时数和培养目标等，执行全国性或区域性的统一的中小学升学考试或毕业考试；（3）国家行使对中小学教材的审定权。

与此相对，分权型课程管理模式将课程管理的权力集中在地方层面（如省、州等），强调地方和学校的独特性与差异性。在这种模式下，国家不统一规定全国通用的课程标准、教学大纲和评价标准等，而是由各地区规定各自的课程标准、教学大纲和课程设置，在地区范围之内这些课程要求是统一的。这种课程管理模式的主要特点是：（1）课程设置和管理实行分权体制，国家不作统一规定，课程管理的主体是地方和学校；（2）国家不统一规定科目的设置、课程内容、课时标准和培养目标等，而是由地方去作出规定；（3）教科书的编写、审定、发行不作统一规定和限制，地方和学校可自由选择和确定教材。

显然，我国实施的是集权型的课程管理。从课程行政管理角度来说，我国课程管理的内容主要包括以下几个方面：（1）制订课程计划，主要包括各级各类学校的课程设置、课程结构与课时的分配等；（2）研制课程标准，主要包括研制各学校科目的课程标准、教科书审核标准、评价标准等；（3）开发国家课程，主要包括对学校和学生的发展需求进行调研、编写各科教科书、分配课时等；（4）指导课程实施，主要包括教材研究、教学目的的确定、教材教具的研发等；（5）推进课程评价，主要包括对国家课程实施的监督、学习结果的检验和评估、测验管理、课程的改进等。

（二）我国的课程管理制度

1999年6月，我国颁发了《中共中央国务院关于深化教育改革全面推进素质教育的决定》，提出“调整和改革课程体系、结构、内容，建立新的基础教育课程体系，试行国家课程、地方课程和学校课程”。这标志着我国基础教育在课程权力方面进行了重大的调整，使得地方和学校参与课程开发和管理得到了政策上的保障。在此基础上，2001年6月，我国教育部印发《基础教育课程改革纲要（试行）》，明确指出：“为保障和促进课程适应不同地区、学校、学生的要求，实行国家、地方和学校三级课程管理。增强课程对地方、学校和学生的适应性”。三级课程管理是一个管理层面的概念，从课程管理的角度出发，把基础教育课程管理的主体由单一的国家管理扩大为国家、地方和学校三级共同管理，地方和学校也参与到课程管理中来，各管理主体可以根据所享有的课程管理权限，承担相应的管理责任和义务，与中央一起共同对基础教育课程进行创造性的管理。

在“三级课程管理”体制之下，不同行政主体拥有不同的管理职责。教育部的课程管理职责为：总体规划基础教育课程，制定基础教育课程管理政策，确定国家课程门类和课时；制定国家课程标准，积极试行新的课程评价制度。省级教育行政部门的管理职责为：依据国家课程管理政策和本地实践情况，制订本省（自治区、直辖市）实施国家课程的计划，规划地方课程，报教育部备案并组织实施；经教育部批准，单独制订本省（自治区、直辖市）范围内使用的课程计划和课程标准。学校的管理职责为：在执行国家课程和地方课程的同时，应视当代社会、经济发展的具体情况，结合本校的传统和优势、学生的兴趣和需要，开发或选用适合本校的课程；学校有权力和责任反映在实施国家课程和地方课程中遇到的问题。

“三级课程管理”的实施是一种制度创新，它对各级管理主体提出了新的要求。在学校教育的实践层面，教育行政部门的管理与校长的管理已经不再是单纯的“传达”与“执行”的关系，而是体现出新的特征。它要求教育行政部门和校长重新梳理各自的权责，共同致力于推动学校课程的改革与创新。

表5-1：校长和政府的管理职责[1]

校长	行政管理机构
在教育行政机构确立的课程结构和政策框架之内，拟订课程计划； 保证课程计划的实施； 负责日常课程决策； 对一些经费支出提出预算，包括发展基金、特殊教育基金、政府支持的其他可预期的资助等； 预算被批准后提出详细的支出计划； 有计划地提交有关经费使用的监控报告	提出一个宽泛而平衡的课程结构和政策框架； 为国家课程的传播与评价提供基本保障； 进行恰当的监控，对校长提供的报告进行评估； 根据预算监控学校的经费支出

（三）课程管理制度的转型

“管理”是一个古老的术语，英文manage最初来源于拉丁语manus，意思是“手”，显然跟手的操作有关系，后来延伸到一般性的技巧操作。在历史上，西方一些学者对于“管理”这一概念多有提及，但真正系统地确立管理理论的，则是美国的泰罗。1905年，他出版了《科学管理理论》一书，标志着现代科学管理理论的确立。他的管理学理论受到行为主义心理学和效率思想的影响，强调对系统内部要素的控制和制约，通过垂直的科层化管理而提高管理效率。但是，这一经典的管理理论在20世纪70年代之后受到了挑战，特别是英国刮起的“新管理主义”之风，它强调管理应减少层级，主张赋权和地方分权，这对“泰罗主义”产生了巨大的冲击。与此同时，领导学的理论也从管理理论内部发起了挑战，特别是通过对成功的领导行为的分析，揭示了成功的领导不是去命令、控制、监督，而是去倾听、合作、指引。传统的课程管理发端于泰罗的“科学管理的原理”，课程领导兴起的过程事实上也是对以科层性、从上至下的传统课程管理体制的批判和挑战。“课程领导”

①Mark Brundrett & Christopher Rhodes. Leadership for Quality and Accountability in Education.London: Routledge，2011：26.

的提出预示着课程管理研究领域的“范式转换”。

那么，“课程管理”跟“课程领导”有什么差别呢？“管理”的职能在于保证组织的秩序、使组织减少混乱、使其更高效地运转起来；“领导”的职能在于规划引领、产生影响、寻求建设性的变革。对于这两个术语的区别，国外也有学者进行了比较（见表5-2）。

表5-2：管理与领导的比较①

管理	领导
“产生秩序和一致” ●计划/预算 ●组织/人事 ●控制/解决问题	“产生变化和运动” ●建立远景/制定策略 ●人员匹配/交流 ●激励/鼓励

课程管理是行政人员依据相关的规章制度对学校中的课程进行的管理活动，强调通过运用各种课程管理策略而形成课程管理的机制，根据政府的意志规范学校中的课程事务，保证学校对既定课程的实施。而“课程领导”则消减了课程管理中的行政命令的意味，强调从学校的具体情境出发推动课程教学领域的变革，以专业的精神引领学校开发高品质的课程，从而促进学生的有效学习。可见，课程管理强调标准化的操作，要求校长等管理者根据“规定动作”实现对课程事务的管理；而课程领导则注重具体的课程制度环境，强调在复杂的学校情境中对课程的质量负责，通过有效的专业引领而提升课程的品质，进而引领学生的发展。前者关注管理任务的落实，而后者则看重课程品质和学生学习品质的提升，二者所持的课程观、学习观以及对教育的根本信念是不同的。他们对传统的课程哲学与革新的课程哲学进行了比较（如下表5-3）。

① ［美］彼得·诺思豪斯．领导学：理论与实践［M］．吴荣先等，译．南京：江苏教育出版社，2002：6.

表5-3：传统的课程哲学与革新的课程哲学之比较[①]

传统的课程哲学	革新的课程哲学
学科学习以预定的技能与内容为本位； 使用标准化的教学结果； 信赖标准化测验； 学会服从权威； 学会在充满竞争的精英领导的教育背景下做到合作与顺从	学科学习采用建构主义式活动，以思考为中心； 使用多元素养的表现性结果； 信赖个性化的以学业成就为本的测验； 学会承担多样化的终身的探究责任； 学会做有见识的民主公民，理解平等、文明和多样性

课程领导所带来的课程管理的“范式转换”其实并没有消解管理中固有的以制度规范组织行为的本意，而是在制度创新的语境下，从变革与创新的视角寻求对科层化管理的超越，用更加专业的意识和精神去引领学校层面课程的发展。现代学校管理理论是建立在标准化、注重常规和效率的工厂模式基础之上的，学校管理的目的就是服从上级所强加的规章制度和政策。这种管理是线性化的上传下达、结构稳定而且可以预测，其权力的运作脉络非常清晰。这种传统的管理思想适用于规范化的管理，对于处于稳态的教育实践具有很高的管理效率。但是，今天的学校教育所处的情境则日趋复杂，这种传统的管理思想对于这个复杂的学校系统缺少必要的应变。课程领导这一思想的提出恰恰反映了当今时代学校教育实践对新型管理思想的期待，经由专业化的领导而引领学校课程与教学的发展。显然，在今天的教育情境中，制度化的管理不能单纯靠制度去加以规范，还需要专业的意识、革新的思想和道德的指引。

三、制度创新对课程领导的意义

“领导力”是近年来管理理论领域中出现的一个新概念，代表着管理理论从强调“权力”和“控制”向“组织”和“引领”的视角转换。

① ［美］亨德森，霍索恩．革新的课程领导（第二版）［M］．志平，李静，译．杭州：浙江教育出版社，2005：5.

“领导力”这一概念突出了管理者应该具备的专业素养和领导素养，正如管理大师诺尔·迪奇所坚信的，“任何一个公共机构或企业组织所取得的成功，都是因为在组织的每个层面上有尽可能多的领袖人物”。要培养这样的领袖人物，显然不能仅仅关注管理层面的知识修养，还应关注更高层次的领导力再造。在这里，“领导”不再局限于“管理”，而是要引领组织变革和创新，是将大家从现在带向所期望的未来。制度创新的内涵，在于调整组织内部及其与外部相关因素的关系，通过理顺群体之间的关系而发挥其整体的创造性，这正是领导力所要求的。从这个意义上来说，制度创新对学校领导力的变革具有重要的意义。

（一）将课程管理的功能定位在通过提升课程品质而促进学生有效学习上

从根本上来说，任何课程都是为学生提供发展机会的过程，通过这个过程，学生获得知识、形成技能、发展情意。课程领导的要义，无非就是使这一机会更加丰富多彩、更加适合学生的学习经验，从而使课程对学生来说真正具有意义。因此，课程是学生进行学习和发展自我所经由的途径，它与受教育者的学习行为密不可分。在行政主义的管理之下，课程管理所发挥的功能局限于如何通过对教师行为的规范而落实既定的课程内容，而不会灵活地根据具体情境而发展有利于学生学习的课程。而课程领导所追求的，就是更加关注具体情境中的课程，关注学生的学习需求，使课程为学生的发展服务。“课程领导所发挥的功能，在于使学校的体系及其教育能达成增进学生学习品质的目标”。①这句话很明确地阐明，课程领导关注学校教育的核心问题，即学生的学习问题。正如美国学者亨德森所批判的：“太多学校制度侧重管理目标、经济和效率，而非有意义的学生学习。”②

（二）从课程管理向课程领导的转换促使校长关注专业性领导素养的提升

长期以来，在管理主义的体制之下，中小学校长习惯于以行政的指令管理学校的各项事务（包括课程事务），长于上传下达而短于专业引

① Allan A.Glatthorn. 校长的课程领导［M］. 单文经，译. 上海：华东师范大学出版社，2003：25.

② ［美］亨德森，霍索恩. 革新的课程领导（第二版）［M］. 志平，李静，译. 杭州：浙江教育出版社，2005：2.

领。这样，导致校长的专业性不强，甚至不熟悉课程教学的业务问题，流于上一级管理部门的行政工具，丧失了对学校教育教学的专业引领功能，成为教育行政管理链条上的一个棋子。在今天这种复杂的教育情境中，制度创新的潮流促生了很多新的理念和新的举措，校长的专业素养的提升应该提到议事日程上来。在传统的管理体制下，我国的中小学校长所起的作用主要是管理而非领导的作用。制度创新要求领导者改变单一的行政管理模式，而要进行课程领导，校长必须具备专业化的素养才能应对。

（三）倡导课程领导有助于阐明校长和教师的道德意蕴

教育者的道德修养一直是衡量其教育水准的重要标尺，在当下的教育环境中，教育者的职业道德仍然是公众所关注的重要话题。但是，单纯地从学理上强调其重要性似乎不能有效规范某些教育者在道德领域和道德问题上的所作所为，因为那只能靠舆论的监督，目前还尚不具备条件将其纳入法制的轨道上来。但从课程领导的视角来考察，校长和教师都承担着学校课程的管理和开发的责任，这是其作为专业人员的必然要求。在课程领域，中小学生的课程和课堂教学不可能是价值无涉的，这就要求教育者必须对课程教学事务进行价值评判，这就只能靠专业伦理来规范了。显然，校长和教师要恰当地处理课程教学中的价值问题，其前提是他们本身要有较高的职业道德水准，这是从专业素养的角度提出的要求。教育者的课程领导力的提升，也就意味着其处理价值和伦理问题的能力的提升，这有助于彰显教育者的道德维度的素养。

第二节　校长的课程领导

作为学校层面的课程改革的重要人物，中小学校长的课程角色并没有引起普遍关注。在课程改革的过程中，校长在总体上也缺少接受培训的机会。其实，校长的支持对于基础教育课程改革的顺利推行具有重要的意义，我们有必要讨论一下校长在基础教育课程改革中的重要作用，这就是我们将要阐述的“课程领导”。

一、校长课程领导的内涵

在人们的印象中，校长履行的主要是一种管理的职责：对学生的管理、对教师教学的管理以及对其他学校日常事务的管理。这是对校长的一般要求，也是从教育行政的角度对“校长”这一概念的传统界定。在课程改革的过程中，校长除了要发挥原有的管理职能外，还要体现对课程与教学改革的关注并证明自己在该方面的专业职能。这已经不再是传统意义上的管理职责，而是在课程改革的背景下校长必须承担的新职责——课程领导的职责。

对于“领导”，人们一般理解为一种指挥群体活动的行为，它通过领导者或领导团体所特有的权力、个人魅力、专业素养等对群体行为产生引领作用，以达成群体共同的目标。那么，对于什么是“课程领导”，我们可以这样认为：课程领导是课程实践的一种方式，是指引统领课程改革与课程开发、课程实验与课程评价等活动的行为的总称，其目的在于影响课程改革与开发的过程与结果，实现课程改革与课程开发的目标。该定义强调，课程领导具有普遍性，也就是说，凡是有课程改革与课程开发的地方，不论是国家、地方、学校，还是课堂层面，都需要课程领导的存在；还有，课程领导的主体可以是个人，也可以是组织团体，在我国更加强调校长个人的课程领导行为。

课程领导对中小学校长提出了更高的要求。如果说对学校事务的管理职责体现了校长的行政权威，那么课程领导则体现了校长在课程与教学方面的专业权威。校长要发挥课程领导的职能，必须具备一定的课程哲学观、课程知识以及明确的办学理念，并能够通过领导行为促进学校成员的专业发展；校长必须是课程与教学的行家能手，在课程改革中能够积极推进一系列的课程开发与课程决定，包括校本课程的规划、设计、实施和评价等，为学生提供适当的学习计划和发展机会。

实际上，强调课程领导的最终目的，在于通过课程革新而为学生提供更加适切性的学习机会从而促进其发展。课程领导所关注的是学生的学习品质或接受教育的质量，正是在这个意义上欧美国家对课程领导非常重视。它们一方面强调校长应与相关人员共同工作以发挥课程领导的功能；另一方面强调课程领导是使组织和团体实现课程改革目标的过程，并借此为学生提供高质量的学习内容从而使学生受益。

在我国，人们对“课程领导”的概念相对陌生，对“课程管理”则更加熟悉。其实，“领导”与“管理”在意思上尽管很相近，但毕竟存在差异。“领导”意味着民主的、内部驱动的统领行为，领导行为的发生往往依赖于领导者的专业权威或个人魅力；而“管理”则是强迫的、外部授权的行为，管理行为更多依赖于行政权威和法律规则的约束。本次课程改革把“课程领导”作为一种理念提出来，倡导对课程改革和开发的“领导”，从而更好地实现课程改革的目的。校长的课程领导对于课程改革的推行具有重要意义，成功的课程领导表现在如下几个方面：首先，校长应该能够为课程改革创造一个良好的环境，积极接受新的教育思想和课程理念，积极进行课程改革的实验、推进课堂教学改革，为新课程的落实奠定基础。其次，根据其教育思想、课程哲学及相关知识，确定清晰的办学理念，与其他学校成员一起制定学校发展目标、规划学校课程设置，指引学校发展的方向。最后，积极创设一种民主、参与、合作、向上的学校文化，在课程改革中发挥实际的影响力，鼓励教师主动参与各种课程决策，并且直接或间接地支持教师参与跟学校课程相关的各项改进措施，从而协助教师专业成长，提供学生完整的学习计划，最终达成学校教育之目的。

二、校长进行课程领导的原则

在课程改革中强调校长的课程领导就是要求校长超越传统的行政管理职能，让校长扮演起课程领导的角色。为此，成功的课程领导需要遵循一些基本的原则。

原则一：强调各个层面的权力分配。要重视中央教育行政部门、地方教育当局与学校的权力和责任的重新分配，通过民主参与和决策分享，促进学校教师的专业自主并提高其课程开发能力。

原则二：强调学校作为课程开发的中心，重新确定学校在课程开发中的地位。校本课程开发的场所是学校，教师是课程开发的主体，要鼓励教师积极利用社区课程资源开发校本课程。

原则三：强调教师的专业发展。将课程开发过程与教师的专业发展内在地整合在一起。教师不仅是课程接受者，也是课程的创生者和研究者，课程开发过程也就是教师专业发展的过程。学校校长作为课程领导者，要积极创造条件为校本课程开发和教师专业发展提供机会，使教师与新课程一起成长。

原则四：强调校长的课程领导之职责。校长的课程领导是校长针对课程与教学进行的领导行为，它着眼于为学生提供合适的学习机会以促进学生个性的发展。这一方面在于淡化校长的行政功能而强调其课程与教学专业领导的角色。

总之，校长作为课程领导者应采取民主的、相互沟通的领导方式，扮演教育理想家、系统的课程与教学改革者、协同合作者、共同学习者、公开支持者以及知识的建构者等角色。这种理念致力于摆脱传统的管理模式，能够关注真实的教育情境，回应知识的革新和社会变迁的需要，整合个人、群体、组织、社区以及文化的需求，并重视教师的专业发展。例如，在瑞典，校长的教育专业领导包括三个层面：一是领导教学革新；二是领导教师专业发展；三是领导教师对国家课程与学校目标的反省。瑞典的校长的教育专业领导对我们讨论校长的领导职能具有借鉴价值，校长的教育领导的职能主要针对课程与教学领域，而且应关注学校的课程与教学以及教师专业发展。

此外，为了保证课程领导的有效运行，校长也应不断加强学习，掌握一定的课程理论知识，形成独特的领导艺术，确实证明自己的课程领导能力。如果中小学校长能够做到如下几点，则说明其课程领导行为是有效的、成功的：在课程实践活动中教师主动向校长寻求协助；能够在教师开发课程的过程中提供帮助并保证各种课程文件的品质具有一致性；能够让在教师队伍中有威望的、有经验的教师自愿参加课程开发委员会的课程运作；能够利用多种途径进行沟通；能够形成制度化的工作模式从而保证课程开发和课程实验的持续进行；能够尽快组织工作团体并快速完成任务；能够迅速有效地解决课程开发问题；能够以专业能力而非行政权威进行领导活动等等。我们在这里想要强调的是，有效的课程领导不是依赖于法定的权威，专业知识和技能以及领导艺术才是有效的课程领导的核心指标，这一点校长们应该牢记。

三、校长进行课程领导的主要举措

中小学校长已经习惯了传统的行政管理的套路，形成了一些学校管理和行政领导的思维方式和行动模式，那么，如果要进行课程领导，在课程改革中有所作为，校长应该做些什么呢？这方面尽管不可能列举一张无所不包的行动清单，但确定一个基本的行动框架还是有可能的。在课程领导方面校长应采取的具体举措主要有如下几个方面。

（一）规划学校发展前景和学校课程的设置

学校发展前景是学校师生对本校发展的共同愿望和设想，而课程设置则是实现这一发展前景的具体步骤。学校发展前景的规划主要依赖于校长的办学理念和教育哲学，它指引着学校发展方案的规划。当然，学校发展前景并非校长一人或少数几个人作出决定，应该整合教师、家长、学生的观点，通过真诚的沟通而达成共识。在课程设置上，校长要领导其他学校成员在国家课程提供的必修课和选修课的基础上开发具有地方特色的校本课程。如有的学校依山傍水、风景宜人，为了培养学生的环境保护意识、珍爱自己的家园，校长可以组织教师开发“热爱我们的绿色家园”等校本课程。对于学校课程的设置要在课程改革的框架之内进行，要符合《基础教育课程改革纲要（试行）》以及其他文件的有关规定。

（二）健全学校的课程开发组织

著名课程论专家施瓦布认为，课程开发是慎思的过程，建议学校成立课程开发小组，包括校长、教师、学生代表以及校外专家与学者等。成立课程开发小组（或课程改革小组、课题研究小组等），并维持其功能对于学校层面的课程改革具有重要意义。因为正是它使得课程改革的积极参与者有了自己的组织，他们可以在这个组织中发出自己的声音并作出积极的探索。课程开发组织的成立也会唤起学校成员的专业发展的需要，以此为契机可以举办一些校本教师培训活动，如为了使教师领会课程改革的理念、把握新课程的精神，邀请知名课程学者来校讲学，对学校的课程开发工作进行指导等。理想的课程领导要求校长应该具备课程专家的素质，然后由校长牵头成立课程开发小组，理顺学校与社区、学校与学生家长、教师与学生等关系，对学校的课程开发活动负责。在规划课程开发的过程中，可能首先要检讨原有的课程存在的一些不足，然后贯彻“一切为了学生的发展”的课程改革理念，对原先学校提供的选修课和活动类课程进行改造或开发新的校本课程。

（三）组织合作的教师团队，形成制度化的工作模式

在进行课程领导的过程中，校长要有意识地打破教师在教学中“单兵作战”的局面，组织合作的教师团队，创建新型的教师文化。新课程的实施需要教师的合作，尤其是校本课程的开发，更需要教师群体的努力。以学校为本位的课程领导需要校长和全体教师的通力合作，强调学校成员在课程开发过程中的群策群力、精诚合作和意见分享，鼓励教师积极参与课程决策。同时，为了推进课堂层面的教师合作，应强调不同学科教师之间的切磋和交流，定期举办说课、观摩课等活动，为教师的交流创造机会。当然，为有效地推进这些活动应该形成制度化的工作模式，对于一种有效的工作模式的创建，校长责无旁贷。

（四）促进教师的专业发展和学生的个性发展

促进教师的专业发展是学校课程领导的一个重要内容。教师是课程改革中不可缺少的要素，是推动课程改革的基本的动力，离开教师参与的课程改革将不能取得预期的效果。因此，校长要关注教师的课程参与情况，为教师参与课程决策和科研活动、进行教材编写、推进课堂教学改革等活动创造条件，从而使教师有机会发挥自己的聪明才智，积极反思自己的课程实践和教学实践，促进教师专业发展。当然，课程领导的最终目的是促进学生的发展，因此，学生发展是校长进行课程领导的出发点和归宿。这样，课程领导的核心在于通过对课程与教学的不断改革，为学生的发展提供适切性的学习内容和发展机会，从而促进学生个性发展。

第三节　教师在课程领导中的角色

学校是课程改革发生的场所，课程改革只有引起学校层面的变化才能真正体现改革的意义。在学校层面的改革中，教师无疑是改革的主角，他们是课程改革的实施者，是他们把新课程落实到课堂从而推向学生，教师的课程角色由此受到人们的关注。

教师的“课程角色”是20世纪70年代以后逐渐在课程研究领域凸显的一个术语。经过对20世纪六七十年代“结构主义课程改革”运动失败的痛苦反思，人们认识到当初的新课程并非因为不科学才招致失败，

而是因为没有在课程实践中被真正推行下去。这样，学者们开始关注教师的课程角色，探讨教师的课程功能，从而使教师的课程参与成为课程领域一个日益突出的课程话题。20世纪80年代，学者们致力于摒弃如何开发“防教师”的课程材料这一传统的研究思路，开始转向实践取向的课程开发以及课程文本的理解与解释问题，教师的课程角色逐渐进入研究者的视野；进入90年代，学者们继续探讨教师在课程变革中的作用，关注教师参与课程开发的依据以及困难、教师与课程的关系等。至此，有关教师的课程角色的话语逐渐繁茂，从而确立起教师由课程变革的“边缘人”到“参与者”的理论导向。

一、从“防教师”到“教师介入”

康奈利和本-彼瑞兹是较早关注教师的课程参与问题的课程学者。早在1972年，康奈利就发表了《课程开发的功能》一文，对传统的课程开发的“防教师”的观点进行了批判。1980年，两人合作发表了《教师在研究和课程开发中的角色》一文，继续批判“防教师”的课程观，并利用“行动研究”的研究结果阐述了教师在课程研究和课程开发中的作用。

他们指出，课程研究在20世纪80年代以后出现了一种新的转轨。在60年代，人们普遍认为课程改革和教育实践的推进只要依赖外部的资源、由专家学者开发出详细的课程材料然后由教师去实施即可。在此期间，“防教师的课程材料”成为流行的一个词汇，杂志也发表大量的文章来探讨开发这些材料的可能性。但是进入80年代后，很少再有研究者来探讨这个问题，人们普遍认识到，教师在实施课程方案的过程中从来就不是“中立”的，他们为了自己的课堂教学而对外部提供的课程材料和研究结果进行修改、调整和转换，通过这些活动而介入了自己的知识和观念。

康奈利和本-彼瑞兹认为，这种转向折射出人们对教师在课程开发过程中的功能的意识和关注。为此，他们呼吁应尊重教师在课程方案中的有影响力的角色并把“实施”和“行动研究”两个概念进行联合。对于教师的“行动研究”，他们认为学校本来就是一个探究的中心，教师进行行动研究的目的就在于产生一些“实际的”知识，这些实际的知识可以直接运用于课堂教学，而且教师进行行动研究也是一种重要的专业发展活动。他们指出，50年代以来的行动研究存在一个误区，即认为行动研究和课程开发可以绕过教师的影响并直接作用于实践。“我们坚信，研究结果应包含在教师进行决策时所使用的资源中；而且，教师应该能够获得最直接的课程材料……毫无疑问，教师愿意参与有关研究和课程开发的决策过程”，并且认为，“教师的参与将打破课程实施的障碍并获得责任感”。①

基于以上认识，康奈利和本-彼瑞兹提出，要对教师和课程的研究与开发之间的关系进行“重新思考”，并主张对“实施”的概念进行重新界定。康奈利和本-彼瑞兹说：②

“实施”这一术语的使用陷入不幸的境地，原因至少有三。首先凭经验来看，实施从来就不曾实现过。我们现在已经很清楚：根据研究者和课程开发者的意图和精神，研究结果和新的课程方案几乎就没有得到实施过。其次在概念上，该术语是不合适的，应该被诸如“调适”之类的词汇来代替。这种转变绝不是文字游戏，因为“实施”意味着完全依附于被实施的事物；而“调适”意味着对环境的适应。第三个原因，“实施”这一术语有着权威主义的弦外之音。我们与教师的谈话揭示，他们感觉到了“实施”这一术语对他们智力自主权的一种威胁。

在文章中，康奈利和本-彼瑞兹着重阐述了教师的功能。他们认为，研究者、开发者和教师的关系相当密切，这种密切的联系将教师的角色从实施者转变为决策者和独立自主的开发者。康奈利说：③

开发者的力量和主要贡献在于，他与教师一起工作并将其思想转化为一种对教师有用的形式。但是，开发者不能明确了解所有的教学情境。正是在这种教学情境中，教师的经验和智慧以不能完全被取代的方式进入课程计划。真实的课堂情境的特征和需要，对于课堂中发生什么来说是首位的、最终的决定因素。显然，教师是在对课程材料的要求和教学情境之间的不可逃避的仲裁者。

① Connelly F M & Ben-Peretz M. Teachers's Roles in the Using and Doing of Research and Curriculum Development. Journal of Curriculum Studies，1980(2)：99.

② Connelly F M & Ben-Peretz M. Teachers's Roles in the Using and Doing of Research and Curriculum Development. Journal of Curriculum Studies，1980(2)：100.

③ Connelly F M. The functions of curriculum development. Interchange，1972(2-3)：164.

根据教师在课程开发中的功能，他认为教师的行为有三种：探究新问题、决定课程方案和政策、教学设计和教学。他们更加关注的是前者，即教师的探究，因为“探究在研究和课程开发之间架起了桥梁”[①]。教师的探究可以克服教师对新观念的抵制，可以促使教师把新观念应用到自己的教学情境中去，因为教师的探究本身就是新观念的源泉。他相信，让教师接触新的东西可以促进教师的成长。“事实上，新的学习方案、课程纲要、教科书和研究结果的引进可以变成教师在深层次上成长的机会。让教师接触新思想就是给予他们以新的视角。”[②]正是因为这一点，他们认为新课程和研究结果可以作为教师教育的内容以促进教师成长。这种研究取向的教师教育方案关注教师对新思想的探究，而对新思想的探究是与教师在教学中所使用的实践知识相关的。教师的实践知识是一种背景，在这种背景下探究的结果被解释、修改并选择出来得到应用。因此，康奈利认为，教师所关注的是根据其实践知识而决定新思想的可利用性。

基于以上分析，康奈利和本-彼瑞兹提出了其核心的观点：教师作为研究的进行者、教师作为研究的参与者和教师作为课程开发的积极参与者。对于教师参与课程开发的方式，他们认为主要有：参与课程设计、参与课程方案的开发过程以及参与课程研究。为此，他们建议，课程开发小组应该让教师作为成员参与其中，在整个过程中，教师的责任在于讨论课程计划并创建课程和学习包。他们认为，在教师参与的课程开发中，教师的需要、学校实践的知识和学科知识成为课程审议的出发点。

康奈利和本-彼瑞兹的研究结果最终说明了他们的这样一个信条：教师是课程实践事件的“自主代理人”。他们相信，80年代以后课程研究的一个不断增长的趋势是从设想教师是课程方案的中立性传递者转向为一种更加精致的教师作为积极的实施者。康奈利和本-彼瑞兹以图表的方式说明了教师可能的课程角色和研究结果之间的互动（如下图

---

① Connelly F M.The Functions of Curriculum Development. Interchange, 1972(2-3):166.

② Connelly F M & Ben-Peretz M.Teachers' s Roles in the Using and Doing of Research and Curriculum Development. Journal of Curriculum Studies, 1980(2):102.

5-1)。①

图5-1：教师可能的课程角色和研究结果之间的互动

(a)防教师的课程	(b)教师作为积极的课程实施者	(c)教师在课程开发中作为调适者
X	X	X
X’	X’	X’
设计好的材料，以最大限度减少教师对课程方案的介入	假设教师对课程思想的实施具有影响；行动研究和实施取向的策略目的在于帮助教师理解课程变革	假设教师是课程和方案设计者的修改者；教师探究取向指向发现课程潜力、变革和材料的转换；设计新的可选择的方案并参与决策
X”	X”	Y X” Z

图例：X——开发者的课程思想；X’——将课程思想转译到课程材料中；X”——课堂中对课程思想的推行；Y、Z——可选择的课程思想。

二、教师参与课程改革的必要性

谈到教师与课程的关系，人们往往把教师定位在“课程实施者”这一角色上。的确，教师是课程实施的主体，这体现了教师的课程参与。但关键在于教师对“课程”以及“课程实施”的理解。长期以来，教师视之为职业生命的是传统的“三教”，即教学大纲、教学计划和教科书，教师心目中基本上没有“课程”的概念。如果有，也只不过是课表上的教学科目，或专家学者制定的教学与学习的材料。因此，“课程实施”也变成了推行“三教”、讲解书本知识的过程。我们认为，这是文化知识的复制和单向的信息传递，虽然其中也存在教师对课程材料的理

① Connelly F M & Ben-Peretz M. Teachers’s Roles in the Using and Doing of Research and Curriculum Development. Journal of Curriculum Studies, 1980(2): 106.

解与运作，但教师没有自主地、有意识地参与课程建设，因此不是真正意义上的课程参与。“参与”意味着决策分享和权责分担，意味着以团体成员的身份进行合作、对话与交流，意味着思想的表达、意见的沟通和利益的体现。教师参与课程改革，应该是介入课程决策和课程开发、参与课程研究和实验、进行课堂教学改革和评价改革等活动的总称。

任何课程改革只有落实到课堂教学的层面才能转化为现实的教育效果。也就是说，改革的新理念只有进入课堂、被学生接受进而成为学生知识结构和情感态度的有机组成部分，这才意味着实现了课程改革的目标。而要实现这种效果，关键在于教师的课程实践。在没有进入课堂之前，课程是为了实现一定的教育目的而根据社会的需要、知识发展的状况以及学生的需要等开发出的课程产品，是预期的、理想的课程。这种理想的课程经过教师的选择与内化、理解与解释，才能为学生所掌握。教师在中间的这种运作，即为教师对课程的“二次加工”。国外学者把这种经过教师“二次加工”的课程称为“操作课程”，认为这种课程由教师真正讲授的内容和传递给学生的内容组成，它是教师根据自己的知识、信念和态度而解释了的课程。我国学者吴康宁则把教师对课程内容进行增减与加工的这种现象称为“教师的课程重构”。这种“操作课程”或“课程重构”现象的存在，说明教师的课程实施就是一个对课程进行重新加工的过程，当然，这种重新加工是无意识的，或者更多的是为了教学的便利而不是有意识地对课程进行变革。为了更好地发挥教师的教育功能、扩大教师在课程领域的影响，在课程改革的背景下，教师应该有意识地参与课程改革，推动课程改革的顺利进行。

教师参与课程改革有利于提高课程的适应性，从而有利于学生更好地掌握课程内容。课程改革的最终目标是促进学生更好地发展。而“一切为了学生的发展”这一理念的实现是建立在新课程的适应性和可接受性基础之上的。教师处于课程实践的第一线，最了解学生的学习需求和身心发展的状况。教师的参与使得课程可以更好地体现学生的学习需求、适应学生发展的需要，从而提高课程的适应性。教师代表学生的利益，在课程决策和课程开发中吸收教师的思想和意见，可以使课程更好地服务于学生的发展。

教师参与课程改革有利于新课程的推行。我国传统的课程开发模式是一种“自上而下”的模式，专家学者是课程开发的主体，教师处于课程权力的最底层，教师的课程行为只不过是服从专家意志、执行课程计划。因此，这种课程开发模式对教师缺乏关注。教师参与课程建设，可以分享课程决策与课程开发的权力，可以站在教师群体的立场上发表自己的声音。这样会在一定程度上减小来自教师方面的阻力，有利于新课程的推行。

教师参与课程改革有利于教师专业职能的拓展并塑造新型教师文化。改革对教师来说会带来新意，它要求教师在教育观念、思维方式、教学方式等方面发生相应的变化，从而给教师提出了新的挑战。而这种挑战又为教师的专业发展提供了直接的动因，促使教师不断学习、提高专业素养。此外，教师通过参与课程改革，可以有更多的机会与同事交流、对话，从而改变教师之间缺乏沟通、单兵作战的“专业个人主义”作风，塑造新型的合作的教师文化。

三、教师参与课程改革的可能性

首先，新课程对校本课程的提倡为教师的课程参与提供了直接的机会。校本课程是一种学校拥有课程权力、主要由学校校长和教师在具体教育情境中开发出的课程。国家课程关注我国学校教育的“共性”，主要由专家学者开发，教师作为主要实施者，很少有机会参与到国家课程开发中来。但校本课程关注学校教育的“个性”，它的提出就是为了调动校长和教师进行课程开发的积极性，在分析学校的文化情境、历史传统、人文特色等基础上，开发出丰富多彩的校本课程，使课程更加适应本校学生学习和发展的需要，促进学生个性的完满成长。教师是校本课程开发的主体，对校本课程的提倡必然要求教师参与课程开发，从而为教师的课程参与提供了直接的机会。

其次，新课程所确立的课程目标的三个维度为教师个人化知识的介入开辟了空间。《基础教育课程改革纲要（试行）》明确规定：“应体现国家对不同阶段的学生在知识与技能、过程与方法、情感态度与价值观等方面的基本要求。”这一规定改变了原有的课程只注重知识目标的倾向，体现了新课程对知识与技能、过程与方法以及情感态度与价值观“三位一体”的课程目标的关注。原有的单一知识目标无非是文化知识的复制，在这种复制过程中教师的个人化的知识介入可能性很小。但学生的批判意识、情感态度与价值观的养成，则依赖于教师的个人化知识的影响。所谓教师的个人化的知识，指的是个体教师所拥有的知识都是在自己原有的知识背景、思想观念、思维方式、情感态度等基础上逐渐形成的个人化的知识，这种个人化的知识潜移默化地影响着学生的发展。可以说，“三位一体”的课程目标的确立，需要教师的个人化知识的介入，使教师对课程的“二次加工”更具合法性。

最后，课程与教学的整合是教师课程参与的现实基础。长期以来，人们理解的“课程”就是学校教育的内容，它规定“教什么”；而“教学”则是学校教育的手段，规定“怎样教”。这种传统的理解割裂了课程与教学的联系，课程成为既定的学习材料，不断走向偏、难、繁、旧，失去了应有的生机。本次课程改革致力于通过对课程与教学的概念重建而倡导二者的整合。课程不仅仅是特定知识的载体，也是教师和学生共同探索知识、体验和感悟的过程。在“过程性课程”的意义上，我们找到了课程与教学二者的结合点。课程不再仅仅是一些课程文本（如教科书、教学材料等），更是一种有计划地安排学习机会、让学生进行体验的过程，这样就达到了课程与教学的整合与有机统一。例如，综合实践活动就是一种生成性、过程性的课程形态，综合实践活动课程的创生过程，实际上就是教师进行课程研制和课程实施的过程。教师的课程参与，也正是体现在这种课程实践中。

四、教师参与课程改革的方式与途径

在课程改革和课程实践中，教师的参与方式和途径还是比较多的，如参与课程决策、参与校本课程开发、参与课程行动研究等。

（一）参与课程决策

教师参与课程决策是教师行使自己的课程权力的重要内容。课程改革涉及对现行课程政策的调整，而其核心则是课程权力的重新分配。教师参与课程决策既是表达课程权力的途径，又是教师专业职责的一部分。尤其对于学校层面的课程改革，教师更应积极参与其中。要做到这一点，教师首先要改变“课程改革与己无关”的淡然心态，积极了解课程改革的进展情况。其实，这涉及行为主体的“知情权”的问题。作为课程的主体，教师应该了解课程改革的目的、理解新课程的基本理念、把握课程改革的基本精神，为实施新课程、实现课程改革的理想奠定基础。然后，教师应积极参与课程决策的过程，通过各种渠道反映自己的意见。这方面关涉行为主体的“参与权”问题。任何改革都涉及权力和利益的调整，教师的课程参与也是表达自己的课程权力、对学生负责的表现。

（二）参与校本课程开发

跟国家课程不同，校本课程由学校教师自行开发，教师是校本课程开发的主体。校本课程开发是一个民主参与的、开放性的课程决策过程，在这个过程中，教师必须承担起校本课程开发和实施的权责。从开发主体方面来说，校本课程可以由个体教师、部分教师或教师全体等进行开发；从具体活动方式来看，教师主要进行的活动是提供见解、参与课程研制的讨论、收集资料、编写教材等。无论什么方式，校本课程开发都是教师的专业职责，是教师参与课程改革的重要途径。

当然，成功的校本课程开发需要一定的条件，如学校要拥有一定程度的课程自主权和明确的办学理念；要有民主、合作的学校氛围；要有教师的专业能力和工作时间以及财政支持等。而且，教师参与校本课程开发也存在着由缺乏信心、冷淡回避到主动参与、承担领导角色的这样一个发展阶段问题。从教师的角度来说，为了成功推行校本课程开发，教师应积极学习，提高开发课程的能力，并端正态度，积极、主动地参与校本课程开发的过程。

（三）参与课程行动研究

为了解决实践中有关课程的问题从而提高课程实践的水平和质量，教师可以尝试进行一些研究，这种研究国外学者称为课程行动研究。它由实践者发起，致力于寻求对特定情境下课程与教学问题的理解并提高实践效率。课程行动研究其实就是教师进行自我反思、提高实践判断和专业素养的一种方式，但从改进课程的质量、促进课程的有效实施的角度，进行课程行动研究也是教师参与课程改革的一种重要途径。课程改革给教师带来新的课程理念和新的课程形态等，为了更好地理解新课程、实施新课程，教师有必要对实践中遇到的问题进行研究，提出解决问题的思路和观点。教师进行课程行动研究，首先要确定一个需要解决的问题，从而在具体情境中引发思考、确定研究的课题；然后收集资料、设计研究方案；最后进行研究和论证，从而达到解决问题的目的。

课程行动研究不是为了理论建构，关键是为了“行动”，是在行动中进行研究并最终为了提高行动的质量，因此，这种方式对于教师参与课程改革、研究课程改革中遇到的问题是一条行之有效的途径。

教师参与课程改革是本次课程改革的内在要求，也是教师正在面临的一个重大课题。我国历来缺少教师参与课程改革的文化土壤，而且在目前的条件下教师也似乎缺少必要的课程开发的能力和专业素养。因此，倡导教师的课程参与不仅是一个移风易俗、创建新型教师文化和学校文化的过程，也要承担起倡导教师专业发展、建立学习共同体的使命。新时代的课程改革呼唤教师对专业自主权的关注和表达课程权力的意识，要求教师由课程改革的“局外人”转变为“参与者”，这应该引起广大教师的关注。

第六章 课程的政治意蕴与教师自主权

对权力的占有并进行制度安排是人类政治生活的基本内容，因此政治学研究的范畴摆脱不了政治行为和政治制度，其核心就是权力。权力无处不在，渗透于社会生活的方方面面，从政治学的视角来看，课程也是一个权力斗争的场所，是各种利益和声音角力的场域，课程实践中存在复杂的权力关系。我们不妨把围绕课程领域的权力运用以及由此带来的行为和制度的研究称之为“课程政治学”。课程的政治意蕴意味着课程事务中存在权力主体和权益之争，而其中最重要的主角之一就是教师。

第一节　课程政策演变与教师的课程身份

1949年中华人民共和国成立，教育界面临的重要课题就是要破除旧有的教育体系，建立起社会主义教育体制。从此之后，中国的教育就走上了不断反思传统、深化改革的道路。在这60多年的改革与发展历程中，课程教材改革一直没有间断，而教师的课程身份也在发生微妙的变化。在本节，我们将教师的课程身份问题放置在教育改革的语境中进行考察，结合课程政策的演变对教师的课程自主权问题进行讨论。

一、我国课程政策的简要回顾

根据教育领域发生的重大事件，可以把中华人民共和国成立以来的课程政策发展过程划分为如下几个阶段：

（一）第一阶段：旧课程的改造和社会主义课程体系的构建时期（1949—1957年）

中华人民共和国成立后最初的近十年（1949—1957年）在我国课程政策史上具有举足轻重的地位。该时期的重要任务，就是改造旧课程，创建社会主义的课程体系。1949年9月通过的《中国人民政治协商会议共同纲领》要求有计划、有步骤地改造旧的教育制度、教育内容和教学法。1949年12月，中央人民政府教育部召开了第一次全国教育工作会议，会议提出教育改革的基本方针是："以老解放区新教育经验为基础，吸收旧教育有用经验，借助苏联经验，建设新民主主义教育。"这一方针对该时期的课程改革起了直接的指导作用，1950年8月，教育部颁布《中学暂行教学计划（草案）》，取消了"党义""公民"和"军事训练"等旧课程，设置了政治课，强调通过各门学科对学生进行政治思想教育和革命人生观教育，彻底改变了课程的性质。随后，我国在教育领域借鉴苏联教育经验，确立起了与国家管理体制相适应的课程管理制度。在教材建设方面，积极改造旧的教材，引进了苏联的课程教材体系，1950年9月，全国出版会议提出全国范围内统一供应中小学教材，成立了人民教育出版社，统一编写全国通用的教材，并于1952年秋出版发行中学新教材。1953年到1957年，我国进入第一个五年计划时期，基础教育课程得到继续改革和发展，尤其是进一步调整课程结构，通过修订教学大纲和教科书而完善课程内容，并于1956年颁发中华人民共和国成立后第一套比较齐全的中学各科教学大纲。这一时期的课程实践初步形成了比较全面的社会主义课程体系，也奠定了我国长期以来一直奉行的课程政策的基础。

（二）第二阶段：课程政策曲折发展的时期（1958—1965年）

20世纪50年代末到60年代初，我国开始进入全面建设社会主义的重要历史时期。但是，由于党的工作在指导方针上有过失误，各种"左"的错误对教育事业干扰很大，使得基础教育课程政策经历了一个曲折发展的过程。教育部于1958年3月颁发了本学年年度中学教学计划，加强劳动教育，改进外国语教学，调整了部分学科设置和课时安排。1958年，我国在工农业生产领域掀起"大跃进"的高潮，教育也随即跌入"大革命"的浪潮中。在极"左"思潮的影响下，基础教育开始缩短学制、精简课程，并编写了一套十年制中小学实验教材。1958年颁布《关于教育事业管理权力下放问题的规定》，规定地方可以领导学校对教育部和中央主管部门颁发的各级各类学校指导性教学计划、教学大纲和通用的教材进行修改补充，也可以自编教材，课程管理的权限随之下放，各地开始自编教材，由高度统一走向了无政府状态；劳动时间大量增加，正常的教学秩序受到冲击。“由于‘教育革命’和各种‘左’的错误的影响和干扰，这一阶段全国统一的课程标准受到冲击，教材编写工作处于混乱状态，过多的劳动挤占了正常的教学时间，这一切都使该阶段的中学教学质量有一定下降。”[①]为扭转这种局面，1963年颁布了《全日制中小学教学计划（草案）》，并制定了相应的各科教学大纲和教材，重新确立起新的课程体系。其基本特点是，“突破了50年代单一必修课的课程结构，高中首次开设选修课，同时调整不同科目的课时比重，较大幅度地增加了语文、数学、外语、物理、化学等的课时，减少了历史、地理等的课时。教材注重基础知识和基本技能的训练，突出知识的系统性，学科体系加强，教学时间延长，学生负担加重”[②]。

（三）第三阶段：课程政策的全面混乱时期（1966—1976年）

该时期即为“文化大革命”的十年动乱时期，课程政策陷入全面混乱。1966年6月，全国统编教材停止使用，人民教育出版社被废止。1967年，开始“复课闹革命”，学校和师生自订课程方案，自选教学内容，自编教材；不久各省市成立中小学教材编写组，着手自编教材。从此，课程政策陷入无政府状态，原有的课程体系被全盘否定，一切行之有效的课程文件被付之一炬。直到1978年我国才编定全国统一的课程，结束了混乱的课程局面。

（四）第四阶段：课程政策的拨乱反正时期（1977—1986年）

1978年，我国制订了恢复教学秩序后的第一个全日制十年制教学计划，并编订了相应的教学大纲和教材。受“文化大革命”的影响，这些教学计划、教学大纲和教材仍然带有极“左”思潮的印记。为消除这些消极影响，该时期着力编写第五套全国通用教材。1981年中小学学制恢复十一年制，教育部制订了全日制小学和重点中学的教学计划并编写第六套教材。1985年，颁布《中共中央关于教育体制改革的决定》，改革

---

① 吕达．课程史论［M］．北京：人民教育出版社．1999：482.

② 白月桥．课程变革概论［M］．石家庄：河北教育出版社，1996：167.

教育体制，为新的历史时期的教育发展铺平道路。1986年7月1日起实施《中华人民共和国义务教育法》，标志着我国真正确立了普及义务教育的制度，至此，我国基础教育课程与教学改革开始进入了一个新的历史发展时期。该法对课程与教学有关制度进行了规定，如第八条："国务院教育主管部门应当根据社会主义现代化建设的需要和儿童、少年身心发展的状况，确定义务教育的教学制度、教学内容、课程设置，审定教科书。"

（五）第五阶段：课程政策的转变与发展时期（1987—1998年）

该时期是我国改革开放和社会主义建设事业迅速发展的时期，在课程政策上沿用前一阶段的政策，同时不断进行修订和改革。1988年颁布《义务教育全日制小学、初级中学教学计划（征求意见稿）》；1992年经过修订形成了《九年义务教育全日制小学、初级中学课程计划（试行）》，并制定了与其相配套的24个学科的教学大纲。我国现行的基础教育课程体系，也正是该时期逐渐形成的。该时期的课程政策在很多方面取得了一些进展，如初步改变了多年来学校中必修课程一统天下的局面，增加了"选修课""活动课"；改革"一纲一本"的通用教材，实行"一纲多本"的教材建设体制，初步实现了在统一基本要求前提下的教材多样化；在课程政策上开始引入地方课程并开始校本课程的尝试，初步改变了国家对课程管理过于集中的状况，课程政策开始松动，体现出有限放权的趋势。

（六）第六阶段：课程政策的重大调整时期（1999年至今）

1999年6月，我国召开第三次全国教育工作会议，颁布了《中共中央国务院关于深化教育改革全面推进素质教育的决定》。该文件提出，要深化教育改革，全面推进素质教育，构建一个充满生机的有中国特色的社会主义教育体系，为实施科教兴国战略奠定坚实的人才和知识基础。在课程与教学方面，它也提出了重要的改革举措，如加快改革招生考试和评价制度，改变"一次考试定终身"的状况，高考科目设置和内容的改革应进一步突出对能力和综合素质的考查；调整和改革课程体系、结构、内容，建立新的基础教育课程体系，试行国家课程、地方课程和学校课程，改变课程过分强调学科体系、脱离时代和社会发展以及学生实际的状况，抓紧建立更新教学内容，加强课程的综合性和实践性，促进教材的多样化，进一步完善国家对基础教育教材的评审制度，积极推进教学改革，提高课堂教学的质量，等等。该文件的制定是在世纪之交全球性课程改革的大背景下进行的，它具有鲜明的时代特征，体现出课程与教学的新理念。为了贯彻它，教育部决定大力推进基础教育课程改革，调整和改革基础教育的课程体系、结构、内容，而改革的核心任务，就在于构建符合素质教育要求的基础教育课程体系。2001年6月，教育部印发《基础教育课程改革纲要（试行）》，2003年4月颁布《普通高中课程改革方案（实验）》，开始着力勾画新世纪我国基础教育课程改革的宏伟蓝图。

二、课程权力的分配与教师的课程身份

我国课程政策的演变以国家统一管理为主流，其间在20世纪50年代末“教育革命”的短暂狂热中实施绝对的“放权”，结果以失败告终，只是到了90年代末才开始了渐进的课程管理改革历程。课程政策的核心是课程权力及其分配。从世界范围来看，各国的课程政策大致可以归结为三种类型：集中管理、分权管理和学校自主管理。这三种类型的课程政策的划分是根据课程权力的分配状况而进行的。课程权力的再分配又是课程管理制度演变的结果。新中国成立以来，我国在教育领域全面移植苏联教育模式，在课程行政上采用与政治经济体制相适应的集中管理体制，课程政策也体现出浓厚的集中管理色彩。实行集中管理的课程政策是与当时的历史条件相适应的，这种集中管理的课程政策有利于在各地经济和教育发展水平不平衡的情况下规范中小学课程实践的运作，如开设统一的国家课程、确定相同的课时比例、提供统一的教材等，这样就保证了不同地区的教育质量达到一个基本的标准，为整体性提高国民素质、保证课程实践的高效率运作、培养大批国家建设人才以及保证基本的教育机会均等作出了积极的贡献。当然，集中管理的课程政策的缺陷也是显而易见的：它追求教育的“共性”，是以学校教育的一般特征为依据进行课程决策的；而对教育的“个性”则关注不够，脱离了不同地区和学校的具体教育情境，也不能关注学生的个体差异，同时也影响了地方和学校进行课程开发的积极性。随着课程实践的不断发展和教育教学情境的变化，在20世纪90年代之后我国逐渐打破课程权力过于集中的状况，开始关注地方和学校的课程自主权。我国在一定程

度上对课程权力的“放权”，顺应了世界范围内课程权力再分配的潮流，是迈向课程民主决策的重要一步。

教师是课程事务的直接参与者，也是学生学习利益的直接相关者，因此教师应该是课程权力的主体之一。但通过上述课程政策的发展历程我们看到，长期以来，我国亟须解决的并不是课程的个性化问题，而是如何在经济相对落后、办学条件较差、学生数量众多的国情面前普遍提高国民的基本素质。这注定了课程权力要集中在国家层面上，在诸如如何设置课程、选用什么样的教材之类的课程事务上，学校和教师不可能做到“自主”。直到20世纪末之后，课程政策开始允许地方课程和校本课程的存在，这才为教师拥有一定的课程自主权奠定了基础。在世纪之交，我国在课程政策领域进入了课程权力调整期，突破了以往课程权力过于集中、难以适应地方与学校具体情境的弊端，推进了课程决策民主化的进程。2001年的《基础教育课程改革纲要（试行）》明确提出，建立国家、地方、学校三级课程管理政策，增强课程对地方、学校及学生的适应性，改革课程管理过于集中的状况。从我国对课程政策进行调整的轨迹，我们得以窥见课程权力分配运行的一个基本趋势，那就是：从课程权力过于集中的国家统一管理课程政策逐渐过渡为有限“放权”，从而体现课程决策的民主化和倡导课程参与、分享课程权责的改革精神。显然，在课程权力的分配中教师也是受益者，尤其在校本课程的层面上，教师是课程发展的权力主体，其课程身份毋庸置疑；同时，教师对自身的课程角色也日益认同，其在课程改革中表现出来的参与热情，在很大程度上决定了课程改革的走向和效果。

三、制度设计与教师课程自主权的保障

课程自主权是教师专业自主权的重要内容。从语义学的角度看，自主（autonomy）一词是源于希腊文“autos（自我）”和“nomos（法律）”的组合，它的基本含义是自己指导自己，不受他人约束。人的自主性是人类存在的基本规定性，是人类认识自然和认识自身的基础。那么，自主权也就意味着人作为活动的主体，有权力决定与自身职业和身份相一致的事件并对行为的结果负责。

教师课程自主权的前提是教师拥有专业自主权。专业自主权是任何

专业人员在从事专业活动时所享有的权利。早在1966年，联合国教科文组织在《关于教师地位的建议》中就提出，“教育工作应被视为一种专业”，这是对教师专业地位的首次认定。此后，很多国家开始努力将教师的工作提升为一种专业，典型的比如20世纪80年代美国的“教学专业化运动”。1993年，《中华人民共和国教师法》对教师的性质进行了界定：“教师是履行教育教学职责的专业人员。”2000年，《中华人民共和国职业分类大典》首次将职业划分为八大类，教师属于“专业技术人员”。可见，在我国官方文件中，教师是专业人员，这一界定有着政府权威和法律保障。

在中国，教师是一个崇高的职业，自古以来教师就有着尊贵的地位。在古代，教师得以与天地君亲并列，地位不可谓不高；直到今天民间还流传着“一日为师，终身为父”的格言。在这样一个有着浓厚的尊师重教传统的国度，教师在教育方面的自主权应该有着深厚的文化土壤。中华人民共和国成立之后，政府在各个方面都表达了对人民教师的认可，从官方的表述来看，教师的自主权是有保障的。例如，1952年3月，教育部颁布了《中学暂行规程（草案）》，其中在“教导原则”中就明确规定：“中学教导工作采用教师责任制，由教师负责各项教学工作和学生思想行为之指导，以贯彻中学教育全面发展的宗旨。”[①]可见，教师被给予了高度的信任，这一“教导原则”是教师自主权的一种表达。但是，在中华人民共和国成立初期，教师的自主权并没有得到制度上的确认。中华人民共和国成立之后，中国人民实现了独立自主和民族解放，但社会主义建设的任务却异常艰巨，百废待兴。由于当时的国际形势，在世界发达国家行列中中国只能向同为社会主义阵营的苏联学习。从20世纪50年代初，我国在教育领域全面借鉴苏联经验，移植了苏联的教育模式，建立起与社会主义政治经济体制相一致的教育体制。这一体制强调集中管理，相关教育指令由教育部通过各级教育行政部门而层层下达，体现出自上而下的行政管理路径，实现了教育领域的高度统一。在这种高度集中和统一的管理体制之下，我国从一开始就缺少教师充分自主的制度土壤，教师的课程自主权也无从谈起。

与此同时，我国既有的社会文化情境也不利于教师自主权的发育。在制度上，苏联的教育模式的弊端到了50年代中后期开始显现，主要表

① 高奇．中国现代教育史［M］．北京：北京师范大学出版社，1985：307.

现为过分强调统一，对学校教育限制过死，制约了教师的创造性。也正是在该时期，由于社会稳定、经济不断发展，人民群众对优质教育的需求开始释放，教育的选拔功能受到强化，导致教育过分重视课堂知识的教育，强调中学教育为升学作准备，忽视了劳动教育和职业教育；在教学内容上则“一刀切”，学生缺少按照个人特长发展的空间。显然，表现在课堂教学层面的这些问题除了制度上的原因之外，更多地表现为中国历史悠久的“考试文化”对教育的冲击。在社会的压力下，教师的教育教学一切以升学作为“指挥棒”，让学生“应试”已经成了教师群体的“集体无意识”，谁要是背离了“考试”这一目的，那就是冒天下之大不韪。从这个意义上来说，集中管理的教育体制对教师自主权的发挥已经不利；教师又为“应试”所裹挟，进一步被挤压了自主的空间。可以说，制度上的高度统一和强调升学的社会文化土壤，是制约教师发挥课程自主权的根本原因。而在这二者之中，制度上的设计和变革是影响社会文化缓慢变化的重要因素，也会对教师的自主权问题产生根本性的影响。因此，教师自主权的确立需要制度的支持和保障，尤其是课程与教学制度的调整，对于教师在课堂层面的自主权意义重大。

当然，制度的设计和变革有其自身的规律和逻辑。中华人民共和国成立以来数次课程政策的变革也是制度发展的一种必然，是防止制度疲惫的基本手段。任何制度都是在一定的社会经济、政治、文化情境下形成的，不管当初如何有效，当这种制度赖以存在的环境发生变化时，制度本身就不能一如既往地与其环境相适应，如果不能应经济文化的变化而变化，就会制约发展、抗拒变革，这就产生了所谓的“制度性疲惫”。对于课程制度而言，同样存在这种问题，因此，如果对宏观的课程政策不断作出调整从而影响课程制度的实际运作，就会有效地防止由于长期运行而带来的制度性疲惫。对于教师的课程自主权而言，制度的日趋合理有利于彰显教师的专业身份，就像今天的“三级课程管理制度”，因为有了校本课程，教师就有了参与的空间，教师在校本课程开发中的专业身份是不可剥夺的，这就体现了制度创新对教师自主权的重要意义。

当前，教师课程权力的日益突出和课程角色意识的觉醒，是我国几十年来课程领域的新气象。它为课程改革带来了活力，使学校教育和课堂教学充满了生机，也为未来的教育改革提供了可资借鉴的经验。从中我们可以看出，体制变革所带来的新的制度设计是解放教师并使其获得课程自主权的重要保障。

第二节　教师参与课程改革

课程是一种话语。从课程政治学的视角看，课程这一话语系统里面有着不同的集团声音和复杂的利益诉求。教师作为一个重要的利益关涉集团，不可能完全游离于课程事务之外。但是在我国，长期以来教师只是把课程看作是一些供学习者学习的材料，他们甚至自己都觉得是课程的“局外人”。进入21世纪之后，随着素质教育改革的推进，尤其是课程改革的不断深入，教师的身影已经越来越频繁地出现在有关课程事务之中。这一方面印证了课程政治学的微妙变化，另一方面也折射出我国课程话语的流变。所谓“课程参与”，也就是教师能够自主地参与课程事务并发挥其作用。教师的课程参与是其课程自主权的基本表现，因此，考察教师的课程参与问题，可以从一个侧面反映出教师课程自主权的状况。

一、教师课程参与的源头与理论准备

从教育活动产生的渊源来讲，教师与课程有着天然的联系，教师是课程实践活动的主体。但是，自从基于工业文明的近代教育出现以来，教师逐渐远离课程发展和研制的过程，成为单纯的书本知识的讲解者和传递者，从而使教师成为教学的主体，但与课程的关系却从此走向分离。尽管近代以来“学校工厂”已经成为普遍的隐喻，但课程领域也不乏尊重儿童和生活经验的声音，这种声音的源头，大致可以追溯到进步主义教育的先驱们。

杜威无疑是一个里程碑。他之所以关注教师介入课程事务，其实还是在于他对儿童和课程二者关系的忧虑。杜威认为，“未成熟的、没有发展的人”和“在成人的成熟的经验中体现出来的某些社会目的、意义和价值”构成了教育过程的两个基本要素，而教育过程的展开就是这两

个因素应有的相互作用。[①]从儿童的角度看，儿童的世界是一个具有他们个人兴趣的世界，而不是一个事实和规律的世界。儿童世界的主要特征是感情和同情，而不是与外界事物相符合。而且，儿童的生活是一个整体，一个总体，他们所关心的事物是与个人的兴趣统一在一起的，儿童感兴趣的、在他心目中突出的东西暂时构成了儿童的整个宇宙。但是，从课程的角度看，学校课程所提供的材料却是无限回顾过去的，这些材料被分割为多种多样的学科，这些学科又把儿童的世界加以割裂和肢解，从而使儿童小小的记忆力和知识领域被人类历史上积累的文化知识压得窒息。儿童与课程的矛盾的根源，在于学科逻辑和儿童心理逻辑之间的对立。杜威认为，为了消除学科逻辑和心理逻辑之间的对立，需要把各门学科的教材或知识部分恢复到原来的经验，恢复到它所被抽象出来的原来的经验，这就是课程与教材的“心理化”。为了实现课程与教材的“心理化”，杜威赋予教师以重要的使命。他认为，作为教师，他考虑的是怎样使教材变成经验的一部分；他自己的教材知识怎样可以帮助解释儿童的需要和行动，并确定儿童应处的环境，以便使他的成长获得适当的指导。他考虑的不限于教材本身，他是把教材作为在全部的和生长的经验中相关的因素来考虑的。这样看来，就是使教材心理化。显然，杜威把教师的指导和对课程的理解看作是实现教材心理化的重要条件，正是这一点把教师与科学家在课程中的作用区别开来。杜威对于教师与课程的关系的阐述，开启了后来学者研究教师与课程的传统，包括20世纪三四十年代进步主义教育协会主导的“八年研究”也曾经采用“自下而上”的“草根模式”，提出并支持“教师参与课程发展”的思想。[②]

真正对课程领域的“理论霸权”和“专家权威”提出挑战的，是20世纪70年代之后实践取向的课程理论。实践取向课程理论的奠基者，是美国著名课程论专家和生物学家施瓦布。在20世纪50年代末到60年代末，结构主义课程改革运动风起云涌，施瓦布就是该运动的“第二号旗手”。但是，这次改革最终并没有取得预期的效果，其后他陷入了深深

① Dewey J. The Child and the Curriculum. Chicago: The University of Chicago Press, 1902. In Dworkin M S.Dewey on Education. New York: Teachers College, Columbia University, 1959:92.

② Tanner D &Tanner L.Curriculum Development: Theory into Practice. New York: Macmillan Publishing Co. Inc., 1980:594.

的反思。他认为，结构主义课程的开发完全是以各学术领域的专家为核心进行的，并没有反映广大教师的声音，这种自上而下的课程变革模式和脱离具体教育情境的课程开发方式是不恰当的。1970年，他对当时的课程研究进行了如下判断："课程领域已步入穷途末路，按照现行的方法和原则已不能继续运行，也无以增进教育的发展。现在需要的是适合于解决问题的新原则、新观点、新方法……"①他所说的"新原则、新观点、新方法"所指向的，正是实践取向的课程理论。在该理论中，他对"课程"这一概念进行了重新界定，认为"学科""学习者""环境"和"教师"构成了课程的"四个并列要素"。而之所以是并列的，是因为对于课程编制来说这四者缺一不可，不能因为强调一个方面而忽视了其他三个方面。为了真正让"教师"这一因素发挥作用，施瓦布提出了"审议"的方法。施瓦布认为，每一个代表都要发表见解、对他人提出的问题进行审议，他们承担着道德和智力的义务。在合作的审议中，有很多结构的决定影响着每一个代表的专业生活（例如，对于教师来说，他会发现，教科书出版者、国家和个人基金以及其他似乎遥远的因素影响着他的课程实践行为），他可以通过合作的审议来影响这些遥远的机构。同时，通过参与审议，教师可以获得对他人问题的一种所有权。通过这种参与而获得的感知可以建构一种影响审议的欲望，从而体现参与者的利益。

在教师的课程参与这一理论脉络中，还有一个人物值得关注，他就是斯坦豪斯。在他的课程话语中，他试图为教师的课程参与奠定新的方法论基础，这种方法论就是我们今天所熟悉的"行动研究"。跟施瓦布一样，斯坦豪斯非常关注实践，认为只有在实践中思想和行动才能融合在一起，只有通过反思性实践才能消解目的和手段的二元分离。以这种观点审视课程领域，可以发现课程发展的"目标模式"在本质上是一种技术模式，是"社会工学"思想在课程领域的体现。斯坦豪斯说："教育不是一个社会工学的过程，在该过程中目的和手段彼此分离……我们所说的教育目的并不是指教育过程的数量化产品，而是指从该过程中实

① Schwab J J.The Practical: A Language for Curriculum. In I Westbury and N J Wilkof(edited). Science, Curriculum, and Liberal Education(Selected Essays). Chicago : University of Chicago, 1978:287-288, 318.

现的教育质量。”[①]他提出了课程发展的“过程模式”，并倡导“五项过程原则”，如教师应与青少年一起讨论、教师要保持中立的原则、探究问题的方式是讨论而不是讲授、尊重参与者的不同观点以及教师作为讨论的主持人应对学习的质量负责等。“过程模式”对教师的课程参与提出了明确的要求，而为了提高参与的质量，斯坦豪斯提出了很多崭新的命题，如“教师作为研究者”“每一间教室都是课程改革的实验室”等。这种理论的设计在很大程度上促成了教师的“行动”，也就是要求教师在课程事务中边研究、边实践，做反思性的实践者和行动研究者。斯坦豪斯的“行动研究”为20世纪80年代以后的相关研究指出一条路径，例如，康奈利就批判了60年代课程改革和教育实践的推进只依赖外部的资源、由专家学者开发出详细的课程材料然后由教师去实施即可的做法，使课程沦为“防教师的课程材料”；而到了80年代，人们则认为教师在实施课程方案的过程中从来就不是“中立”的，他们为了自己的课堂教学而对外部提供的课程材料和研究结果进行修改、调整和转换，通过这些活动而介入了自己的知识和观念，从而开发出自己的课程材料，教师的价值得到充分的体现，用康奈利的话来说，“教师的参与将打破课程实施的障碍并获得责任感”[②]，由此赋予教师课程实践事件的“自主动力源”的角色。

二、课程改革中的教师及其课程身份

国外课程研究的理论演进说明，关注教师的课程角色已经成为当代课程研究的重要追求。这些研究为教师的课程参与提供了理论基础，也为我国课程改革提供了重要的参照系。2001年6月，《基础教育课程改革纲要（试行）》指出，“大力推进基础教育课程改革，调整和改革基础教育的课程体系、结构、内容，构建符合素质教育要求的新的基础教育课程体系。内容涵盖幼儿教育、义务教育和普通高中教育”。跟以往课程教材改革不同的是，《基础教育课程改革纲要（试行）》明确提

① Elliott J.A Curriculum for the Study of Human Affairs: the Contribution of Lawrence Stenhouse.Journal of Curriculum Studies, 1983, 15(2):109.

② Connelly F M & Ben-Peretz M.Teachers' s Roles in the Using and Doing of Research and Curriculum Development. Journal of Curriculum Studies, 1980, 12(2):99.

出，课程改革是一项系统工程，“基础教育课程改革必须坚持民主参与、科学决策的原则，积极鼓励高等学校、科研院所的专家、学者和中小学教师投身中小学课程教材改革”，鼓励教师参与课程改革。在教育部强力推进下，我国中小学校焕发出巨大的热情，改革的大潮涤荡大江南北，大有“忽如一夜春风来，千树万树梨花开”之势。

然而，这是一次艰难的抉择。在20世纪末的中国教育界，尽管素质教育的呼声已经有十余年，但升学竞争惨烈，学生负担沉重，师生疲于应付，沉疴累累、积弊重重，以至于出现了“素质教育轰轰烈烈，应试教育扎扎实实”的怪象。在这种困境中，只有改革才能带来活力，才能为沉闷的教育局面带来一丝清凉的空气。于是，新课程改革的设计者们力排众议，对面向新世纪的中小学课程进行了架构和规划。“加快课程改革，优化教学过程，确立面向21世纪的适应时代要求和我国国情的基础教育课程体系，是关乎国民素质提高和民族复兴的大业。因此，我们基于长期的理论准备与实践研究，为我国在新世纪进行基础教育课程改革提供一些建议或某种参照。旨在促使新的课程体系体现时代特征和中国特色，努力把开放的、民主的、科学的课程交给新世纪的中国儿童”。[①]这样的改革意图为当时的中小学校提供了改革的动力和愿景，也为教师课程自主权的归位提供了可能。

这种可能，首先体现在新课程改革的模式上。长期以来，在课程发展领域，我国采用的是典型的“中心—外围”模式。在这种模式中，课程开发的主体是课程专家和学科专家，新开发出的课程作为“产品”推向教师，教师作为“消费者”去“消费”这些课程。教师处于课程开发的外围，没有发言权；加上课程管理体制单一、相对集中，教师被排除于课程决策和管理之外。因此，课程开发是远离教师的，教师只是课程的解释者和实施者。这种模式下开发出的课程远离教师的经验、知识技能、教学观和学生观，不能很好地为教师所接受，其结果是课程很难得到很好地推行。另一方面，教师从来就不关心课程的开发与管理，在课程开发过程中始终处于被动的地位，缺乏必要的课程意识和课程开发的技能，也很难正确理解和把握课程改革的指导思想和旨趣，结果是反过来又影响了课程的有效实施，造成了课程改革的恶性循环。新课程改革

① 钟启泉，崔允漷，张华，有宝华. 为了每一个学生的发展——新世纪中国基础教育课程改革刍议［J］. 全球教育展望，2001（2）：3.

在总体思路上还是沿袭了“中心—外围”的传统模式，但在具体实施上也做了很多调整，包括借鉴“研究—开发—传播”模式，强化前期的调研、设计和论证，以及相关课程文本的开发，这增加了改革的科学性和合理性；另外也积极吸收了“自下而上”的变革模式，调动一线教师的积极性，让中小学教师通过各种途径表达自己的声音。可以说，对“中心—外围”模式的修正其实是对课程管理权的调整，坚持专家决策和民主参与体现了我国课程政治学已经趋于宽容和开放，这必然带来课程领域的协商和智慧分享。

其次体现在课程政策的保障上。中华人民共和国成立以来，我国的课程权力是高度集中的，因此作为直接表现的课程政策则体现出高度统一的特征：统一的教学大纲、统一的国家课程、统一的教科书、统一的评价标准，甚至对课堂授课的要求也是统一的。在这种高度统一的管理之下，教师没有参与的空间，也无须参与，只要根据相关指令“照葫芦画瓢”即可。改革开放之后，随着经济体制改革的不断深入，教育体制的改革也不断迈出新的步伐。1999年6月，《中共中央国务院关于深化教育改革全面推进素质教育的决定》发表，提出了“调整和改革课程体系、结构、内容，建立新的基础教育课程体系，试行国家课程、地方课程和学校课程”的设想。这是我国首次提出要对课程管理政策进行调整，为实施素质教育创造条件。两年之后，《基础教育课程改革纲要（试行）》进一步落实了这一设想，明确指出“改变课程管理过于集中的状况，实行国家、地方、学校三级课程管理，增强课程对地方、学校及学生的适应性”。如果说经济体制改革解放了生产力，那么教育体制的改革则为学校教育的发展注入了新的活力。三级课程管理是新课程改革在制度创新方面的重要举措，为解放教师、激发教师课程参与的积极性提供了制度基础。三级课程管理体制的理念赋予教师以参与课程开发、管理课程的权力，尤其在学校水平上，教师应该成为课程开发的主体。课程改革要求教师由课程开发的“局外人”转变为课程开发者，由于教师的职责、本身的知识准备等原因，教师不可能独立开发课程，但可以参与到课程开发中来，发表自己的声音。因为一线教师最了解具体教育教学情境，在如何对待学生的个性、差异性等问题上最有发言权，因此，教师的参与可以使课程适应教学实践，体现出课程的差别性。这对教师提出了新的要求和挑战，教师必须培养自己的课程意识，转变传统的课程观念，从被动的课程解释者转变为主动的课程发展者。

最后，体现在我国课程理论的准备和课程形态的更新上。新课程改革之前，我国的课程形态非常单一。受苏联教育学的影响，课程长期被界定为“教学内容”，所有的课程都科目化和教科书化，课程就是一本本学生手中的教科书。造成这种局面的一个重要原因，就是我国的教育学长期受到苏联凯洛夫教育学的影响，一直没有形成独立的课程研究领域，课程流于教学的附庸。直到1989年，钟启泉先生和陈侠先生各自出版了《现代课程论》和《课程论》，这两本著作才标志着我国专门课程研究的发轫，这跟欧美的课程论研究相比晚了半个多世纪，也就意味着在西方课程理论话语繁茂、课程实践异彩纷呈的半个多世纪里，我国对课堂的研究一直沉溺于苏联教育学的窠臼，而系统的课程研究则几乎为空白。经过前辈们的努力，我国课程论研究迅速发展起来，这为新的课程形态的创生奠定了理论基础。新课程改革过程中出现了一些新的课程形态，如研究性学习，它是不同于学科课程的一种课程形态，研究性学习是学生在教师指导下，从自然、社会和生活中选择和确定专题进行研究，并在研究过程中主动地获取知识、应用知识、解决问题的学习活动。而这种课程形态恰恰是教师行使其课程自主权的领地。诚如钟启泉先生所言：“研究性学习的实施对教师的专业能力提出了严峻的挑战。教师不免受到研究能力的质疑，这些质疑主要源于一线教师拘泥于传统的单一的‘教书匠’的角色，未能扮演多元的角色。因此，教师需要以革新的行动来落实研究性学习的课程要求，改造教师团队的心态与教育环境，使学校成为学习型组织。”①

第三节　教师课程自主权的重建

新课程改革已启动十多年，从时间上来说已经不“新”。在经历了最初几年的兴奋、迷惘与摸索之后，我国基础教育领域的课程实践已经步入新的常规，但新的问题和改革机遇又摆在人们面前。我们可以用“后改革时代”来表征当前我国课程的当下状态。在这样一个“后改革时代”，教师课程自主权的重建仍然是该时代的重要教育课题。

---

① 钟启泉．“研究性学习”：课程文化的革命［J］．教育研究，2003（5）：74．

一、教师的“工匠化”及集体焦虑

从本源上来说，教育是人类生活的一部分，教育经验与生活经验是同源的。自从制度化的学校教育出现之后，教育作为一个独特的领域从生活中独立出来，于是在人类的生活世界之外，就有了一个相对独立的教育世界。而且，随着教育功能的世俗化和功利化，这两个世界之间的割裂日益严重，特别是在工业文明模式的形塑之下，学校成为工厂，教育世界逐渐成为一个禁锢人性、生产模式化产品的地方。在工具理性主导之下的教育制度，经过上百年的反复调试和操练，目前已经成为一部精密的机器。这部机器所追求的，就是将传输的效率最大化，将教科书的知识最大限度地复制到学习者的头脑中。再加上升学的追求和“出人头地”的诱惑，这种“文化复制”的教育已经登峰造极：学生面对的是学不完的书山题海，学校为追求升学率无所不用其极，教师身心疲惫、家长心力交瘁……教育已经成为国民无法承受之重。日本的中小学生有所谓的“五无主义”（无气力、无关心、无责任、无感动、无教养），中国中小学生的状态应该有过之而无不及。在当代教育的这幅图景中，教师代表了社会，是制度的安排者；教师又身受其苦，无疑又是制度的祭品。面对这庞大而又精密的机器，教师既无力抗拒又推波助澜，这种双重人格导致了难以掩饰的集体焦虑。在这种焦虑的气氛中，教师的工作被“工匠化”是值得关注的一个问题。

所谓“工匠化”，是指教师在自己的专业工作中缺少专业上的影响力，只能听从于外部指令，在教育教学中循规蹈矩、缺少创新。教师的“工匠化”在我国是有传统的。中华人民共和国成立以来，我国在教育领域全面移植苏联教育教学模式，从此，教师心目中少有“课程”的概念，只有传统的“三教”（即教学计划、教学大纲、教科书），这导致教师缺少课程意识、依附于官方和专家学者的权威。而教师“教学”也只不过是根据既定的程序单向度地信息传递，教师长于对知识技能的讲解和演示，而疏于对学生的引导和疏通，实际上教学成为一个忠实地执行外部专家和权威的指令的过程。这样，通过将课程设计跟教师剥离，教师被日益工具化，丧失了在课程与教学上的主体地位。课程由专家学者开发，教师按照规定的时间和进度，教授规定的内容。教师不需要思考课程问题，只是接受国家课程的指令，遵从专家编写的教科书及教学要求，沦落为‘教书匠’，导致专业职能萎缩，废掉了课程开发的‘武功’。”

教师的工作沦为“工匠”，其实是对教育专业的嘲讽。所谓“专业”，首要的是要有一种专业自主权，更要有一套共享的专业知识和独特的文化，还要有一套专业伦理或愿景与理想。然而，当教师被绑架在应试的战车上，在专业领域集体失语而只能依赖于制度规范和对所谓“成功经验”的模仿时，教师的专业性也只能成为美丽的谎言。“考考，老师的法宝；分分，学生的命根”，一语中的，实为可叹！

将教师的工作“工匠化”是教师职业“去专业化”的一种表现，在不断推进教育改革与创新的过程中，教育界也作出了很多的努力去改变这种局面，包括教学方法的创新、积极推进教学研究等。但专业自主权的缺失是根本的原因，相对于教学自主权而言，课程自主权最为匮乏。课程自主权是教师专业自主权的一部分，理应归位于教师，但目前的教育文化和以升学为追求的制度规范不允许教师过多干预课程，广大中小学教师也不敢干预课程的设置，因为担心会影响知识的传授和升学，于是“多一事不如少一事”，不参与也罢。这里有一个深层次的原因，就是课程与教学的分离。从认识论根源来看，课程与教学的分离是工具理性支配下二元论思维在教育领域中的反映。根据二元论观点，课程是关于教育的内容和材料的，而教学则是关于教育的过程和方法的，内容与过程相互分离。在这种二元论思维下，教师也成为传播教育内容的手段，教师所关心的是如何将既定的课程材料忠实地传递给学生，而不关心或无权干预所教授的内容。这样，教师的职责在于处理“如何教”，即教学过程的问题，而对于“教什么”，即课程设计的问题，就留给专家学者去解决。在实际操作中，教师深谙其道，从课程政治学的视角来看，这是通过放弃一部分权力而达到规避风险之目的的有效方式。

二、教师课程意识的觉醒

对于什么是课程意识，我们还得从一则报道说起。据称，某教育机构和某学校通过调查发现，小学二年级的学生在四个学期内共认识汉字1080个左右，识字教学的效率令人不满意。于是就对识字教学进行了改革，要求小学生在结束二年级的学习时能够会认会写2500个常用汉字。

通过实验他们证明，这个教学目标是可以实现的，于是建议大面积推广这项教学改革的成果，把会认会写2500个常用汉字作为小学二年级学生统一的教学目标。针对这一识字教学改革，有专家已做过评论[①]。笔者再次旧话重谈，就在于该报道可以启发我们重新认识课程与教学的关系问题。长期以来，人们在思考教育问题时缺少对课程与教学的整体关照。在我国的教学中，“教学”关涉教育活动的过程和方式，而“课程”则关涉教育教学活动的内容和学科科目。这样，“课程”成了实现教学过程的一种手段，成了教学论的一个下位概念。无疑，在这种传统之下，人们将“课程”的概念窄化为学科，甚至窄化为教材和教科书。这就导致了教育者的课程意识的缺失，也就导致了教学改革对整体性教育意义的忽视。教学改革强调特定的教学目标的设立，以及教学过程和教学手段的有效性与可能性；而缺少对目标背后的教育意义和课程意义的追问，也就是忽视了教学目标的合理性与价值性问题。对于该项识字教学改革，从教学论的角度来看，让学生在二年级就掌握2500个汉字，这是非常有效的，但如果从课程论的角度来看，这项改革的合理性就值得质疑了。2500个汉字是什么概念呢？据统计，《毛泽东选集》（五卷本）和《孙中山全集》分别用字2553个和2673个。也就是说，伟人终其一生用于表达思想的汉字量也只不过2500个左右。作为一个统一的教学目标，让小学生在两年级就会认会写2500个汉字，看来成人社会对孩子们的成长是很着急的，恨不得揠苗助长，其功利主义的追求溢于言表。实际上，当代课程论的研究已远远超越了“什么知识最有价值”的命题，也就是不再局限于知识的选择与传递上。课程论考虑的更多的是提供怎样的机会以使儿童增长经验、获得知识、发展情意、完善人格。课程论不仅仅要注重客观知识的传授，还要关注儿童在经验背景下对知识的个人化建构、对存在意义的体验与理解。这样看来，当代课程研究关注的是整体性教育意义的生成，而不是单纯的知识传递的效率与可能性。如果能从学生存在体验与整体发展的角度自觉、敏感地把握课程与教学的教育意义，这就是一种课程意识。对教学目标的教育意义缺少反思与追问，很可能会使教学改革误入歧途，从而将学校教育推向危险的境地。因此，教学改革需要课程思想和课程理念的关照，也日益呼唤教育者的课程意识的觉醒。

---

① 吴刚平. 教学改革的课程论意义［J］. 教育研究，2002（9）：61-66.

由此可见，所谓课程意识，指的是教育者对课程意义的敏感性，是教育者从课程的角度思考教育教学问题的自觉性，它发挥着理解课程、诠释课程意义、为学生提供发展机会的功能。课程意识的核心在于课程哲学观，它体现出教育者对教育目的和意义的终极思考。对于广大教师而言，课程意识还体现为课程实践的主体意识、课程参与意识、课程资源意识、课程研究与开发意识。课程意识折射出教师对教育教学问题的专业自觉和专业理解，彰显出教师的教育智慧，是教师专业成熟的重要标志。有了这种课程意识，教育者就能够更深入地思考教育教学问题，而不会为了某种“工具性目的”和功利主义的追求而牺牲学生全面和谐的发展。因此有学者指出：“教师的课程意识是以课程观为核心形成的，是对教育活动体系中课程体系的一种整体认识，是教师的‘课程哲学’，是课程实施过程中的课程观与方法论。”[①]

既然教师的课程意识对于学生的整体发展有着重要的意义，那么，如何才能充分唤醒这种课程意识呢？显然，对教师“赋权”是必不可少的。只有当教师拥有了一定的课程自主权，他们才能去深入思考课程哲学层面的问题，才能真正成为课程的创造者，从而摆脱对既有课程文本的高度依赖，走出照本宣科、缺乏变通、僵硬机械的“忠实实施”取向。教师课程自主权的回归，并不会对当下教育体制中的教育行政权威带来挑战。课程自主权的本质是专业自主权，也就是说，教师在自己专业工作内部应该拥有的权利，这是跟教育行政权威有本质区别的。而且，根据权利和责任相一致的原则，只有当教师拥有了这种专业自主权，他们才能自觉地去思考教育活动背后的深层次问题，而不是流于工匠式的技术操作。特别是在当今教育情境日趋复杂、社会变革速度加快的情况下，激发教师专业自觉有助于使其更理性地对待当前的改革。如果能够构建自己的课程哲学，他们会明白：任何一项教育教学活动，不仅要从事实层面（教什么）和技术层面（如何教）作出思考，更要从价值层面（为什么）作出深入的追问。如果中小学教师都有一种专业的意识、负责的态度和洞察表象的慧眼，实乃教育之大幸。

可喜的是，在新课程改革过程中，人们越来越多地看到了教师参与课程事务之后带来的新气象。相对于课改之前，教师的自主权确实是增强了。一方面，校本课程、综合实践活动等课程形态的出现，使教师站

① 郭元祥．教师的课程意识及其生成［J］．教育研究，2003（6）：33.

到了课程设计和编写的前沿阵地。原先课程问题他们不用过问；但现在，他们成了这些课程开发的主人。在课程创生的过程中，课程自主权激发了广大教师的积极性，释放了他们改造课程的热情。另一方面，在学科教学中，教师可以根据自己的教学设计自主处理教材，可以改变甚至不用教材上的内容教学，可以选择一部分教材教学，甚至可以自编教材。“用教材而不是教教材”，这已成为我国中小学教师普遍接受的一种教学理念。教师开始从对教科书的高度依赖中解放出来，开始用自己的头脑对教育问题进行判断，对学生的发展进行思考和设计。由于有了教师智慧的参与，课程也活跃起来，新的教学形式和学习方式由此得以萌发，在个别地方（如山东杜郎口中学）引发的变革甚至成为教育传奇而广为传诵。这就是变革的力量。

三、寻求课程体制与教师自主创新的平衡

根据马克思的政治经济学理论，在纷繁复杂的经济现象背后，有一只看不见的手在起作用，那就是价值规律。在课程实践领域，其实也有一只“看不见的手”，那就是教师的课程运作。有美国学者对十五种教育体制下八年级数学课程规定的内容的项目数量与教师实际所教项目数量进行了比较，结果表明，没有任何一个国家的教师所教项目平均数量占课程规定项目数量的比例达到90%。比例最高的有85.3%（比利时），最低的只有33.6%（加拿大的不列颠哥伦比亚省）。比例在70%以上的国家不足一半。因此，从总体上看，教师实际所教课程内容与课程规定内容在数量上存在着很大差距。[①]在学校教育中客观存在着教师对课程的增减、选择和调适，可以说，课程必须经过教师的运作和学生经验的建构才能在课堂中发挥其功效。相对于政府颁布的课程文件这只“看得见的手”，它对学校教育实践的影响更为直接。

任何课程只有经过教师的课程运作才能转化为现实的教育效果，即被学生内化为其文化结构和价值观的有机组成部分。在没有进入课堂之前，课程是为了实现一定的教育目的而根据社会的需要、知识发展的状况以及学生的需要等开发出的课程产品，是预期的、理想的课程。这种理想的课程经过教师的选择与内化、理解与解释，才能为学生所掌握。

---

① 吴康宁. 教育社会学［M］. 北京：人民教育出版社，1998：331.

教师在中间的这种运作，即为教师对课程的“二次加工”。波斯纳把这种经过教师“二次加工”的课程称为“操作的课程”，认为这种课程由教师真正讲授的内容和传递给学生的内容组成，它是教师根据自己的知识、信念和态度而解释了的课程。操作课程由教师真正讲授的内容以及传递给学生的重要的内容组成。就是说，操作课程有两个方面：一是教师在课堂中强调的内容；二是学习结果。前者由教师根据规定的时间和不同的主题而显示出来，如讲授的课程；后者由评价学生的试卷显示出来，如评价的课程。讲授的课程和评价的课程都是操作课程的组成部分，并不考虑与官方课程的一致性。操作课程可能与官方课程相去甚远，因为教师趋向于根据其自己的知识、信念和态度而解释之。[①]可见，教师的课程运作其实是教师在课程自主权的范围之内对课程实践进行自主创新的结果，因为这种调适包含了教师的课程哲学、教育价值观和教育理想与诉求，体现了创新的因子。

教师对课程的运作是在不违背官方课程政策的前提之下进行的，因此，课程体制是外在于教师课程实践的，它时刻规范着教师的课程行为。这是必要的，因为课程是一个各种权力竞争的“角力场”，国家的课程意志是首先要得到保障的。但是，如果课程体制过于刚性、体制的制约过于严苛，就会影响教师的课程创新。这需要一种平衡：既要有一个明确规范教师的课程行为的制度框架，同时要有足够的空间允许教师进行课程创新。

寻找这一平衡点，是“后改革时代”我国课程实践领域的一个课题。目前，我们仍然有很多的问题需要面对：

首先，集中管理的科层体制，以及由该体制所造成的“官本位”的管理文化，造成课程实践领域话语权和决策权集中于各层级的“一把手”中，导致教师失去自我、疲于应付各种指令。在这种强大的行政力量面前，教师或主动或被动地让渡出课程与教学自主权，以在体制中生存下来。

其次，在目前的教育体制中，教师的专业意识和自主意识没有充分发展起来，总体上教师对一些重大的教育问题缺少自己的专业性的思考和判断，服从管理、听命于安排是我国教师的传统，他们已经习惯了以非自主的方式处理专业领域的问题，因此中小学教师这一行业整体上极

① Posner G J. Analyzing the Curriculum. New York :McGraw-Hill Inc., 1992: 10.

度缺失专业权威，这进一步养成了教师顺从的性格。

最后，教师队伍的总体水平仍然偏低，由于缺少一个明确的专业标准，教师的教育教学水平参差不齐，尤其是广大农村教师缺少专业发展的机会，在很大程度上降低了教师的总体素质，这导致了学校中的教师不被信任，教师不能自觉形成自律的专业团体，缺少共生共享、勤勉自立、积极向上的教师文化。

要进一步赋权于教师，至少需要从两个方面作出努力。一是深化课程改革，通过国家课程政策的调整和制度安排而赋予教师更多的课程权力；二是创设专业化的学校环境，提高教师的专业素质，让教师走出“工匠化”的工作模式和生存状态。而这一切的实现，仰赖的还是我们时代的主旋律：改革与创新。因此，在改革中求进步，在创新中求发展，这是扩大教师课程自主权的必然选择。

第七章 课程的行动研究

课程行动研究是当代课程研究领域的重要话语，是行动研究在课程领域的具体展开。课程行动研究的追求在于通过在实践场景中对具体问题的研究而发现新知并获得解决问题的方法。由于课程行动研究更多地体现了“行动关怀”，它更容易在实践层面推进课程改革与课程创新。

第一节　行动研究与课程创新

课程变革的目的就在于祛除积弊、追求超越、不断创新。无疑，课程创新是课程变革的精髓和最终旨趣。为了达到课程创新的目的，我国出台了诸多改革的举措，进行了数年大刀阔斧的新一轮基础教育课程改革，新的课程与教学制度逐步确立，人们期待学校教育的面貌能够随之焕然一新。然而，制度创新并不是课程创新的全部，因为基本的规范不能代替具体的行动，新的课程制度需要新的课程实践来支撑。为了全方位地推进课程创新，除了国家层面“自上而下”的课程改革举措之外，我们也需要学校层面“自下而上”的实践创新。在课程改革的过程中，行动研究能够激起这种“草根式”的变革，由此导向实践层面的课程创新。

一、体现课程研究“范式转换”的行动研究

自从20世纪四五十年代以来，行动研究就已成为教育研究交响乐中

的一个突出的音符，它的崛起来自人们对当时基于工业社会的技术开发和教育研究模式的批判。因为在这种模式之下，专家学者以“知识发现者”自居，并从技术理性的角度出发通过研究而获得纯客观的、超出具体现象之上的普遍知识。用米尔斯的话来说，这种教育研究的目的在于“预测或控制教育现象”，为此，研究者必须操纵和控制特定的变量，进而去检验某一个假设。[①]这种研究与学校教育的日常生活世界拉开了距离，由此得出的研究结果远离了具体的经验世界。在这种研究视阈中，课程领域的研究工作被专家学者所垄断，他们对“课程理论”的生产负责；教师是专家学者的“传声筒”，他们的任务是忠实地实施专家学者开发的课程产品。这种理论与实践的二元分离使得理论研究不能面向具体实践情境，不能针对性地解决具体的实践问题。

传统研究范式具体表现为19世纪实证主义研究在教育研究中的盛行。早在19世纪早期，德国教育家赫尔巴特就试图以心理学和实践哲学构建其教育科学的大厦，为此他引进了实证主义的研究方法。这种方法强调效率、预测与控制，关心达成教育目的的手段的选择，而往往忽视了对目的本身及教育本质的追问。进入20世纪实证主义的研究范式受到了来自人文主义哲学和质性研究方法强有力的挑战。行动研究正是在这种背景下被提出来的。行动研究并不追求通过发现变量之间的因果关系而提出普遍的理论，而是在于在实践中为解决具体问题而进行针对性的反思和探究，从而提高实践的质量。因此，行动研究是实践取向的，代表着研究范式的一种转换。

教育是一种非常复杂的社会活动，很难去控制影响教学结果的因素而不打扰自然的课堂情境。跟传统研究范式相比，行动研究能够认识到并尊重这种复杂性而不是试图去控制它们。行动研究的目的就在于解决实践者所遇到的当下的日常问题。围绕这一目的，学者对“行动研究”的概念作出了不同的阐发。艾利奥特认为，行动研究是“对社会情境的一种研究，目的在于提高其中的行动的质量而不是建构理论”[②]。显然，行动研究是由实践者进行的，通过它，实践者致力于寻求提高他们

---

① Mills G.Action Research: A Guide for the Teacher Researcher. New Jersey: Prentice-Hall Inc.,2000:5.

② McKernan J.Curriculum Action Research: A Handbook of Methods and Resources for the Reflective Practitioner, London: Kogan Page Limited,1996:4.

对事件、情境和问题的理解从而提高其实践的有效性。这种研究并不是将发表著作和撰写研究报告等作为首要的目的，而是在于提高实践的质量。麦克南认为，行动研究的两个本质特点在于：第一，行动研究是一种严肃的、系统的通过科学程序而进行的探究活动；第二，参与者对于行动研究的过程和结果进行不断的批判反思。基于此，他对“行动研究”进行了如下详细界定：“行动研究是在某一既定的问题领域进行的一种反思的过程，其目的在于提高实践的质量或提升个人的理解，这种探究是由实践者进行的，它所追求的是：第一，明确界定问题；第二，形成行动的计划，包括通过将行动运用到问题中而检验假设；第三，参与者要对结果进行反思、解释并在研究团体中交流。行动研究是系统的自我反思的科学探究活动，由实践者实施以改进实践。”①

行动研究之所以备受关注，就是在于它具有不同于传统教育研究的特征从而显示出独特的意义。国外有学者认为，行动研究具有实践性、参与性、赋权于实践者、解释性、试验性和批判性等特征。②而勒温则一言以蔽之，“没有无行动的研究，也没有无研究的行动”③，高度概括了行动研究区别于传统研究范式的独特特点。我们可以对传统的教育研究范式跟行动研究作一番比较，从研究主体、研究场域、研究手段和研究目的四个维度来考查这种“范式转换”（如下表7-1）。

① McKernan J.Curriculum Action Research: A Handbook of Methods and Resources for the Reflective Practitioner, second edition. London: Kogan Page Limited. 1996:5.

② Schmuck R A.Practical Action Research for Change. New York: Training and Publishing Inc., 1997:29.

③ Adelman G.Kurt Lewin and the Origins of Action Research. Educational Action Research, 1993(1):62.

表7-1：传统教育研究范式与行动研究的比较

	传统教育研究范式	行动研究
谁来做研究	大学教授、专家学者等	一线教师和校长
在哪里做研究	变量可以得到有效控制的环境	学校和课堂情境
如何做研究	运用量化的方法揭示变量之间的因果关系	运用质的方法来描述和理解教育事件
为什么做研究	提出可以推广的理论、出版论著	理解情境、改进实践、带动革新

就行动研究的步骤而言，它的核心是自我反思的螺旋式行进过程，一般认为包括“计划—行动—观察—反思”几个步骤。例如，勒温作为行动研究的一位重要先驱，他不仅首先提出行动研究这个名词和方法，还提出行动研究包含计划、行动、观察和反思四个环节的概念，并建立行动研究螺旋循环操作模式。米尔斯认为，教师进行行动研究时可以遵循如下四个步骤：鉴定问题领域、收集数据、分析并解释数据、提出行动方案。而艾利奥特则提出了一个包括三个循环的复杂的行动研究模式，体现了行动研究通过不断反思而获得螺旋式发展的特征。[①]

受现象—诠释学思潮的影响，近年来，教育行动研究开始回归教师的日常生活，成为改变教师生存状态的重要途径。加拿大学者卡森和萨玛拉认为，教育行动研究的本质是教师的活生生的实践。[②]他们认为，教师的教育教学实践是一种“整体主义的实践”，在这种实践中，教师的知识与技能是跟完成特定任务的过程相伴随的。教师的实践是整体性的，不是分割的。显然，这种观点是对教师作为单纯的信息传递者的传统假设的一种逆反，它打破了形式与内容、手段与目的分离的二元论思

① 杨明全. 革新的课程实践者：教师参与课程变革研究［M］. 上海：上海科技教育出版社，2003：153.

② Carson J R & Sumara D J.Action Research as A Living Practice. New York：Peter Lang Press，1997：1.

维，教师的教学实践不再是单纯的传递知识的一种形式、一种手段，而且也是教育意义和教育目的的载体。“教育行动研究的实践是一种特定的实践方式，它要求以特定的方式塑造一个人的活生生的经验。”在这里，教育行动研究成为教师的躬行于实践的一种方式，这种研究不仅与实践者个人的信念、哲学、态度有关，也与独特的生活条件和环境有关。

如果将教育行动研究看作教师的活生生的经验，那么，这种理解无疑表征了教育行动研究的新的转向，即从作为方法论的教育行动研究转向作为本体论的教育行动研究。卡森和萨玛拉指出，“正如审美探究带来工艺作品一样，行动研究包含在研究者的复杂的活生生的经验之中”①。教育行动研究已成为教师日常生活的一部分，它不再仅仅是一种方法，同时也具备了本体论的意义。这种转向说明，行动研究不再关注“一个人如何进行行动研究”，而是关注“一个人如何过一种包含了教育行动研究实践的生活”。在这种本体论的意义上，行动研究不再仅仅是一种教育研究的方法，而更是教师在专业生活场景中的存在方式。

二、行动研究对传统课程变革模式的改造

变革是创新的利器，为了达到课程创新的目的，课程变革是一条重要的途径。大规模的课程变革是一项宏大的系统工程，为了有效推进课程变革，各国往往采用一种革新模式，这就是“研究、开发与传播”模式（简称RD&D模式）。这种模式的基本特点是，存在着一个以理性为基础的、清晰可分的工作阶段，把课程变革作为一个技术化、线性发展的过程，研究团体处于开发的中心，课程变革从中心推向外围。②这种模式遵循“研究—开发—传播”的步骤，把课程变革划分为明确的三个阶段：研究阶段、开发阶段和传播阶段（如下图7–1）。

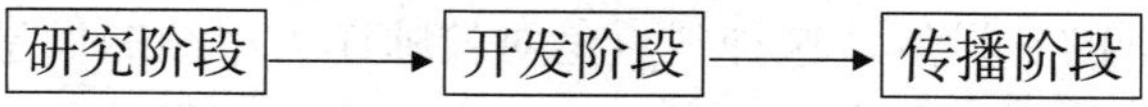

图7–1：课程变革的“研究、开发与传播”模式

① Carson J R & Sumara D J.Action Research as A Living Practice. New York：Peter Lang Press，1973：3.

② Blenkin G M，Edwards G and Kelly A V.Change and the Curriculum. London：Paul Chapman Publishing，1992：33–39.

该模式的第一阶段是研究阶段，该阶段主要是确立课程变革的基本价值取向，以指导课程变革的开发与传播。这与课程变革目标的确立有关。第二阶段是开发阶段，该阶段即新课程的获得阶段，以第一阶段确立的基本价值取向为指导，开发出新的课程。第三阶段是传播阶段，该阶段即使用新课程，包括由传播机构把新课程向外围传播，再由学校教师在具体教育教学情境中推行。①

课程革新的“研究、开发与传播”模式在理论上明确提出了课程变革的几个步骤，因为其可操作性而得以广为接受。但该模式借鉴了工业生产的流程，把课程变革作为工业生产过程来看待，通过研究开发新的“课程产品”，然后由教师在实践中进行“消费”。显然，这三个步骤过于机械，忽视了教育情境的复杂性。而且，教师远离变革过程，只是作为外围人员而忠实地推行新课程，这样必然忽视教师的重要地位，没有认识到教师对课程变革意图进行理解并认同的重要性。理论上对课程变革的阶段划分很难在实践中行得通，教师是否积极推行新课程成了该模式的致命伤，教师参与课程变革成为必需。

目前看来，我国的新一轮课程改革所遵循的基本上是“研究、开发和传播”模式的运作思路。显然，这种模式是从革新的“组织者”或“开发者”的视角来考察变革过程的，这一过程开始于对问题的研究，然后是开发和对解决方案的包装，其顶点是解决方案在大量使用者中的传播。这样，课程改革的举措从处于变革中心的国家课程开发者转向处于外围的学校和教师，最终达到改革现行课程的目的。尽管这种模式在推行新课程时是行之有效的，但由于革新的动力还是来源于代表国家进行课程决策的专家和研究者，广大一线教师处于变革的“边缘地带”，并没有真正介入课程变革的过程，因此在推行新课程时会遇到一定程度的阻力。行动研究的引入可以在一定程度上弥补传统革新模式的弊端，达到对其进行改造的目的。

行动研究关注实践者的“参与”和“反思”，尊重实践者的经验和视界，倾听实践者的声音。在课程创新的过程中引进行动研究的理念，目的在于通过实践者在具体情境中的反思，发现课程变革方案中存在的问题，并在行动中作出解答，从而落实课程变革的理想。行动研究的要

---

① 杨明全. 课程变革的学理分析：性质、功能与过程［J］. 全球教育展望，2000（6）：49.

义在于为改进实践而研究、对实践进行研究、在实践中进行研究，这决定了行动研究是一个不间断的螺旋上升、循环反复的实践和反思过程。在课程变革的“研究、开发和传播”模式中引入行动研究的机制，就增加了“反思”这一环节，我们不妨将改造后的模式称为“研究、开发、传播和反思”模式（简称RDD&R模式，如下图7-2）。

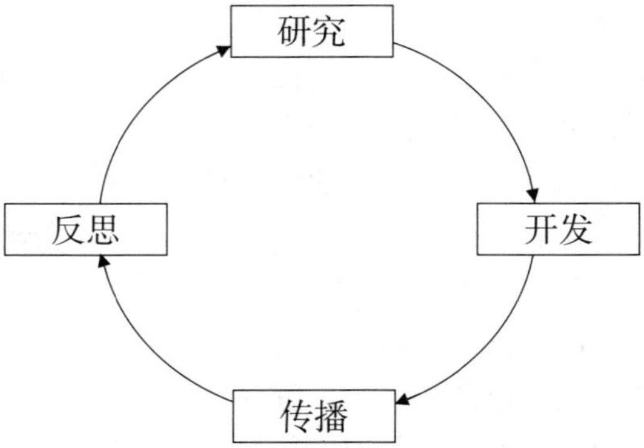

图7-2：课程变革的“研究、开发、传播和反思”模式

引入行动研究改造传统课程变革模式的根本目的，在于彰显教师的课程角色、引导教师参与课程变革，从而带来实践层面的课程创新。课程创新必须发挥教师的积极作用，否则所谓的“创新”只能停留在理念的层面而不能转化为具体的行动。教师是把“理想的课程”向“现实的课程”转化的关键人物。课程观的转变和课程意识的培养仍然是我国广大教师必须面临的一个课题。由于历史的原因，长期以来，在教师的知识结构中就少有“课程”的概念，耳熟能详的则是传统的“三教”，即教学计划、教学大纲和教科书。教师更多地把“课程”作为“教学内容”来理解，导致了“课程即学科”的不完整认识。在教师心目中，课程就是“课”或“学科”，就是一些既定的、静态的学习材料（教科书），一旦别人制定完毕，他们只要推行即可。除了对课程的认识不全面之外，先前教师对学生、对课堂、对教材、对评价等教育过程的基本问题的认识也不能很好地适应新课程的要求，在教学方式、教学观念等方面也需要进行深层的变革。而无论是教师的观念转型，还是对课程与教学的概念重建，都需要在课程改革的过程中将教师的因素统整进国家课程改革的整体框架，使“自上而下”和“自下而上”的变革相结合，有效推进课程创新。行动研究对传统变革模式的改造，可以让人们从新的视角看待新一轮的课程改革，建立课程创新的新机制，让广大教师也为课程创新作出积极的贡献。

三、课程创新中行动研究的表达

行动研究何以促进课程的创新？我们认为，作为一种实践取向的研究范式，行动研究能够调动教育实践工作者进行探究的热情，赋予教师以探究的角色，从而创造性地解决问题，激起自下而上的课程创新。从方法论的角度来说，行动研究是一种研究方法；从本体论的角度来说，行动研究更是教师的存在方式。将行动研究的理念运用在教师的日常教学生活中，可以发现行动研究得以表达的方式有很多，如课程叙事、研究性教学和以校为本的教学研究等。

（一）教师的课程叙事

所谓“叙事”也就是“讲故事”。人类的经验具有故事性的特征，将这种故事性的经验记录下来并作出深刻的反思与审视，这种撰写的复杂的故事就被称为叙事。20世纪后期以来，后结构主义者试图解构人类意识中的“宏大叙事”，转变人类存在的叙事方式，从而将建构普适性原理的宏大话语转向“小叙事”。而这种“小叙事”，也就是“讲故事”，是理解人类自我活生生的存在和经历的一种方式。对于教师而言，发生在学校生活中的课程与教学故事是外部世界给予教师的宝贵馈赠，无疑小故事里面蕴含着大道理，它们是我们了解教师心路历程的一扇窗子。所谓“课程叙事”或“教育叙事”，通俗地讲就是教师讲述自己的课程与教学故事，在讲故事中体现教师个人对教育教学事件的理解，诠释教师对教育意义的体悟。

跟实证主义的教育研究方法不同，课程叙事有自身的特征。首先，它以描述和诠释教育教学经验为特征。由于叙事研究强调与人类经验的联系，并以叙事来描述人们的经验、行为以及作为群体和个体的生活方式，因此，专注于教育经验研究的课程叙事强调的不是基本的教学形式和客观规律，而是教师的教育教学经验的意义。它尊重每个个体的生活意义，主要通过有关经验的故事、现场观察、日记、访谈、自传等来逼近经验和实践本身。它把有关生活性质的理论思想引入到活生生的教育经验之中，并通过教学经验的叙述促进人们对于教育及其意义的理解。其次，课程叙事致力于剖析教育实践者的内心世界，从而揭示深层的理论话题。作为一种研究方法，教学叙事研究不是单纯地“讲故事”，故事只是一个载体，课程叙事要揭示故事所负载的教育意义和社会意义。因此，单纯的经验呈现不等于叙事研究，尽管叙事本身是经验呈现的最佳方式。最后，课程叙事是教师知识综合运用的一个结果，是教学话语的一种张扬。课程叙事努力恢复被科学话语遗忘和压制了的“教育个案”“教育事件”“课程与教学故事”的合法性，打破专家的话语霸权，重申教师知识和教学话语对教育理论研究的意义。对于教师而言，课程叙事促使教师反思自身的教学实践，追问教育的终极意义，从而不断建构自己的实践知识，形成对教育的独特理解。

（二）研究性教学

研究性教学起源于教师的反思性实践。教师的教学活动在本质上是一个传授知识、建构意义的认识和交往过程，需要不断进行教学反思才能加深对教学过程的认识，提高教学实践的水平。因此，教学是一种反思性实践的过程，要提高这种实践的水平，教师必须体现出进行批判反思的力度，养成问题意识和探究的精神。在这种意义上，教师的反思性教学也就是一种融合了研究活动的研究性教学。研究性教学的本质就在于，教师将批判反思的意识和探究活动纳入教学活动的过程，在开展教学活动的同时以研究的态度考察教学过程中出现的问题，并创造性地解决这些问题，从而不断提高教学实践的水平。

在中小学校，教师的教学研究不是为了建构宏大的教育理论，而是为了通过解决遇到的实际问题提高教学实践的水平。因此，教师的教学研究主要是一种行动研究，以提出问题为起点、以提高实践水平为目的。这样，教学研究在本质上是一个明确问题、制订计划、收集资料、获得结论并开展行动的一个过程，从明确问题到开展行动是一个循环的过程，可以周而复始地运行下去。

从研究的视角看待教学可以打开教学的新视界，有利于我们重新认识教学活动的本质，赋予教学以新的内涵。在研究性教学的视野里，教学不再是一个单纯的传递信息的过程，它本身就是人类的一种认识活动，在这种认识活动中体现出思维的一般性质，如批判性、反思性与探究性，致力于解决实践活动中遇到的实际问题。在我国，长期以来教学活动注重对知识的有效传递，教师是知识的“发送者”，而学生沦为知识的“接受器”，教师与学生的关系简化为单向度的信息传递，这种模式一直主导着教师的课程与教学行为。在这种模式下，教师的课程主体地位丧失，教师成为单纯的传递课程内容的工具和手段，缺少对自身教学行为的反思与批判，教学活动也就丧失了应有的社会意义。

倡导研究性教学也可以带来教师角色的转变。由于传统的教学观强调对文化知识的有效传递，因此体现的是一种“文化复制”的价值取向。在这种价值取向下，教师扮演的是一种“知识传递者”的角色，于是教师就成了知识的“立法者”、是真理的化身，由此不可避免地走向“知识中心”和“教师权威”，导致一系列的教育弊病。在研究性教学的理念中，教师需要抛弃“知识传递者”的角色，而成为反思型实践者和研究者，成为反思型教师和研究型教师。这种新的教师角色有利于提升教师的角色期望，树立新的教师形象。

（三）以校为本的教学研究

教学研究是教师成功推进课堂教学和课程实践活动的重要保证。为创造性地实施新课程，《普通高中课程方案（实验）》明确规定：“学校应建立以校为本的教学研究制度，鼓励教师针对教学实践中的问题开展教学研究。”[①]一种研究制度能够被政府用课程文件的方式明确规定下来，可见以校为本的教学研究（简称“校本教研”）对于课程创新的重要意义不言自明。所谓“校本教研”，无非就是指在推行新课程的过程中将教学研究的重心下移到学校，以课程实施过程中教师面对的各种具体问题为研究对象、以教师为研究主体，以提高课程实施和教学实践的效果为目的的一种研究形态。这种研究形态体现出来的正是行动研究所倡导的基本理念。它具有如下特征：

第一，中小学校是教学研究的基地。一般而言，教学研究都是在高等院校和科研单位进行的，因为这些单位有着丰富的研究资料和专业的理论研究人员。也正是因为这一点，人们往往不会把中小学校跟教学研究联系在一起。实际上这是一种偏见，是理论与实践长期的分离状态造成的一种偏见。在推行课程改革的过程中我们会发现，中小学校是师生交往、建构知识的场所，也是教育意义生成的场所。正是在中小学校活生生的日常教学活动中蕴含着教师教学的无穷智慧和学生发展的无限可能。因此，以中小学校为基地进行教学研究，可以开展丰富多彩的研究活动，也可以获得有利于解决具体问题的研究结论。它可以弥补以高校

---

① 中华人民共和国教育部．普通高中课程方案（实验）．2003年3月．

为基地的教学研究不能关照具体情境的缺陷，提高教学研究的针对性和研究结果的可行性。

第二，教师是教学研究的主体。这一特征抛弃了专业研究者是教学研究的主体这一传统假设，赋予教师以研究自己的教学实践的权利和义务。教师作为教学研究的主体可以改变教师作为“教书匠”的形象，促使教师提升自身的专业素养，真正成为名副其实的专业人员。长期以来，教师充当的是专业理论研究者的“传声筒”，是教育教学理论的推行者，而不能作为研究者对自身的教育教学实践开展卓有成效的研究。教师是教学研究的主体可以将教师从“教书匠”和“接受者”的形象中解放出来，为教育教学理论的丰富和发展作出贡献。

第三，以提高课程实施与教学实践的效果为理论旨趣。“校本教研”是教师针对教育教学过程中的具体问题而展开研究的，它不以构建宏大的教育理论为追求，而是以解决具体问题、提高课程与教学实践的成效为己任。在课程改革的背景下，“校本教研”致力于促使教师通过研究课程改革中遇到的问题而不断理解新课程、接受新课程，最终成功地实施新课程。由于教师是课程理论的提出者与践行者，因此“校本教研”有利于课程理论研究向实践的转化。可以说，“校本教研”是推动课程改革前行的驱动力，只有积极调动教师的思考与研究的热情，才能让教师真正理解新课程，进而将新课程落实到课堂教学的层面，实现课程改革的目标。

第二节　教师对课程实践的反思

教师角色是人们对教师教学行为表现的一种宽泛的界定，是教师在其身份之内特定姿态和风貌的一种表征。它折射出时代和社会对教师的期望，也反映了特定的教育理念与价值追求。在课程改革的过程中，教师从事的研究是一种“课程行动研究”，在研究中教师扮演的角色不再是传统的“教书匠”，而是可以进行研究活动的“反思型教师”。它关注教师在教学实践中的反思，使理论与实践之间的鸿沟不再不可逾越。学校教育的改革与发展预示着教师要从对经验和技术的依赖走向自主性反思，教师角色从立法者走向阐释者，这也是后现代主义视野下教师形象的一种展现。

一、教师传统角色探源

教学是一门古老的职业，在很长的一段历史时期，教师都是以“经验型教师”的形象出现的。“师者，所以传道授业解惑也”，这是唐代韩愈对教师的经典界定。在这种传统的教师形象的背后，隐含着对经验的极度依赖。因为在传统的教学中，“教书”作为其神圣的职责，教师在很大程度上扮演的是学习材料的传递者，显然，这种传递的效果依赖于经验和技术的支撑。在西方的语言体系中，通常有两个词可以作为“教师”使用，一个是teacher，一个是instructor。teacher的词根为teach，意为“讲授”；instructor的词根为instruct，意为“指导、指示”。无论teach还是instruct，其传达的意向都与“传道授业解惑”极为类似。可见，无论东方还是西方，“经验型教师”都有着悠久的传统和深厚的生长发育的土壤。

现代教师教育是普及义务教育的产物。随着生产力的发展，劳动者需要接受普通文化知识教育和一定的职业教育，这样就促使专门的师资培训的出现并迅速制度化。然而，长期以来，培养经验型教师仍然是师资培训目标的一种潜在假设。在英国，在18世纪末19世纪初，“导生制”作为最初的师资培训制度风靡一时。当时，指导法和讲授法一直是教师教学的首要方法。指导和讲授是一种线性的单向度信息传承关系，它作为一种教学技艺，随经验的积累会不断提高。这就为以后的师资培训奠定了传统基调。在美国，受行为主义和科学主义思潮的影响，在以“控制”为核心的技术理性的支配下，社会期望教师成为技术员，拥有熟练的传授知识的技术和方法，按科学规律塑造社会的公民。在这种观念下，教师教育注重对教师的训练，使其掌握一套熟练的能够应用于学校教育的技术，从而为学校教育带来新的改观。这样，“技术型教师”一度成为美国教师教育所期望的教师形象。

然而，经验型教师过多地依附于既有经验，必然导致视野的狭窄与知识的浅薄，固守已有经验与技术也会使其拒绝创新。经验型教师在教学过程采取线性的知识传授模式，限于程序性的一套方法或技术，很难顾及教学的情境性，对课堂中出现的问题缺少必要的关注。所谓的“填鸭式”“灌输式”教学是经验型教师最得心应手的教学方式。其带来的后果是对学生个性和想象力的抹杀，学生成为技术加工下塑造出来的模式化产品。“传统的教学独白多于互动，说教多于对话”[①]，这是经验型教师主导讲坛的必然结果。

二、“反思型教师”的提出

基于经验型教师的固有缺陷，很多学者对其提出了批评。20世纪七八十年代，劳伦斯·斯坦豪斯提出了课程开发的过程模式，并从课程实施的角度首倡“教师作为研究者”的理论。斯坦豪斯认为，在以过程原则为基础的课程中，教师应该扮演学习者和研究者的角色，它促使教师在教学上采用探究的方法而不是讲授、指导的方法。教师应以研究者的形象出现，而不是经验和技术型的专家。而在大洋彼岸的美国，认知科学逐渐取代行为科学，人们认识到学校教育是一个系统工程，单纯的技术理想难以实现改造美国教育之重任。因而教师应成为专家而不是技术员。80年代，“教学专业化”运动在美国风靡一时，并将其视为提高学校教育质量的唯一途径。“只有学校教学转变为完全成熟的职业时，公共教育质量才能得到提高。”[②]在这种背景下，“教师作为专家”成为美国教师的新的形象设计，争取社会对这一点的认可成为教师教育改革努力的方向。

但是，“专家型教师”也受到了挑战。早在1987年，齐格蒙·鲍曼就用解释社会学的方法对西方知识分子叙述中的前后相继的两种趋向进行了解释。他提出，现代社会中的知识分子可以用“立法者”这一隐喻来表征；而后现代社会中的知识分子则是“阐释者”。[③]他认为，“立法者”是对典型的现代型知识分子的最佳描述。立法者角色由对权威性话语的建构活动构成，这种权威性话语对争执不下的意见纠纷作出仲裁与

① Doll W E, Jr. Beyond Methods: Teaching as an Aesthetic and Spirit-full Quest.To Appear in : Passion and Pedagogy.Elijah Mirochnik(editor). London:Peter Lang publisher, 2001:5.

② Labaree D F. Power, Knowledge, and the Rationalization of the Movement to Professionalize Teaching. Harvard:Education Review, 1992(2):134.

③ 齐格蒙·鲍曼. 立法者与阐释者：论现代性、后现代性与知识分子［M］. 洪涛，译. 上海：上海人民出版社，2000：5-7.

抉择，并最终决定哪些意见是正确的和应该被遵守的。与此相对，“阐释者”是对典型的后现代型知识分子的最佳描述。阐释者角色由形成解释性话语的活动构成，这些解释性话语以某种共同体为基础，其目的就是让形成于此一共同体传统之中的话语，能够被形成于彼一共同体传统之中的知识系统所理解。显然，教师是知识分子中的一员，那么后现代社会中的教师应该是形成解释性话语的“阐释者”，而不是构建权威性话语的“立法者”，由此对专家的权威性进行解构，确立教师的“阐释者”角色。在课程研究领域，随着“概念重建”主义课程论流派的崛起，很多学者对“专家型教师”形象提出了质疑。派纳认为，霍姆斯小组的建议是假冒科学的，并声称这种“实践取向”的方案“强调一种在培养专业判断或课程问题的严肃思考方面的狭隘的职业主义”。[①]后现代教育者更对专家型教师不满。他们倡导开放性，反对封闭性；倡导“去中心”化，反对集权化；在教学中倡导对话，反对权威。因而，笼罩于“专家型教师”身上的权威色彩以及理论与实践分离的状况受到后现代教育者的抨击。例如，后现代课程论专家小威廉姆·多尔认为，教师无疑是一个领导者，但仅仅是作为学习者团体中的一个平等成员，即“平等者中的首席”。“‘平等者中的首席’界定了转变性后现代课程中教师的作用。作为‘平等者中的首席’，教师的作用没有被抛弃；而是得以重新构建，从外在于学生情境转变为与这一情境共存。权威也转入情境之中……教师是内在于情境的领导者，而不是外在的专制者。”[②]“专家型教师”已不再让人满意，需要新型的教师形象取而代之：这就是“反思型教师”。

三、“反思型教师”的依据

人们对教师形象的界定在很大程度上是参考教师的主题行为的。经验型教师的主题行为是指导和讲授，这种单向度的信息传递很早就受到一些学者的批判。约翰·杜威从其经验自然主义的认识论出发，认为人

---

① Pinar W F, et al. Understanding Curriculum. New York :Peter Lang Publishing, Inc., 1995:758.

② ［美］小威廉姆·多尔. 后现代课程观［M］.王红宇，译. 北京：教育科学出版社，2000：238.

的思维起源于问题情境。在开展认识活动时，人们会提出各种问题和假设，这是人类认识的起点，也是形成知识的基础。基于这种经验自然主义的认识论，杜威提出了“反思性思维”的概念，并认为“反思性思维”有“五步”：（1）觉察到问题情境；（2）界定这一问题；（3）提出假设；（4）形成推理；（5）通过行动检验这一假设。可见，“反思性思维”从觉察问题直到解决问题，既是一个思维的过程，又是一个把思维付诸行动的过程。因此这种“反思性思维”并不是单纯的沉思冥想，而是一种活动，一种从人们的经验得到的活动结果再回到原先尝试的猜测和假设的活动，是对原先假设的再组织，杜威称之为“经验的改造”。

反思型教师的直接的理论基础是“反思性实践”理论。1970年，巴西著名教育家保罗·弗雷尔出版了《被压迫者的教育学》一书，书中阐述的一个基本的观念，就是教育的“反思性实践”。之后，美国学者道恩德·舍恩在1983年和1987年相继出版了《反思性实践者》和《教育反思性实践者》，对反思性实践进行了阐述。这两位学者的出色努力奠定了有关反思性实践研究的基石，在学术界引起了较大的反响。反思性实践理论对传统的理论与实践观持批判态度。该理论认为，随着现代工业文明的崛起，科学主义哲学观在社会价值观层面取得了绝对的支配地位。在科学主义的全面渗透下，人类普遍追求的是一种“技术理性”，进而“技术理性”成为主导现代科学的基本价值取向。在“技术理性”的支配下，基于理论的实践是专业化的一个标志。例如，大卫·拉巴瑞认为，专业化实践是建立在系统的理论知识基础之上的，并把这作为区别专业性职业和非专业性职业的标志之一。在这种观念之下，理论被看作是现实的镜子，其功用在于通过研究得出对客观世界的一个真实的描述；实践被看作是对理论的应用，好的实践必须依附于理论。理论与实践在各自的领域构建了两套不同的概念体系和话语体系，而理论高于实践则成为共识。这样，理论工作者充当了“专家”的角色，而“专家”的传统角色则暗示了一种掌握“理论”然后指导“实践”的关系。实践者充当的是“专家”的“传声筒”，只要把“专家”的意志忠实地在实践中表达出来即可。

与此相对，舍恩提出了“反思性实践”的概念假设，认为反思性实践既要“反思”又要“行动”，试图弥合传统的理论与实践之间的分离。他认为，思考和研究不是理论独有的领地，实践也不是仅仅去

“做”，也要进行思考，理论和实践都需要研究。实践者的活动固然是一种实践，“专家”的活动同样也是另一种形态的实践。在两类不同的实践中，既有思考也有行动。想和做代表了认知的两条途径——并导致了不同种类的认知。对实践的研究在于发展思考的途径，而实践则致力于理论研究不能顾及的领域。

反思是一种认识自身的活动，这种活动在后现代主义者的视野内也受到了关注。现象学大师埃德蒙德·胡塞尔认为，知识的基础并不是客观，而是交互主体性，是主体之间的关系。这就打破了理性主义所崇尚的客观知识的神话，消弭了主体和客体之间的二元对立，为人的自主反思铺平了道路。后现代思想家如米歇尔·福科、雅克·德里达等人提出了“话语”这一概念，用以说明某个特殊的思想和行动方式，从而表明意义在某群体中是怎样通过对一些关键词语和行为方式进行或明或暗的相互约定而确立的。在这种意义上，大卫·史密斯提出，教师教育是一种形式的话语。[①]他认为，教师在其长期的实践中已经形成了一套有别于其他行业、让业内人士感到自在的语言和行为规范。把教师教育看作是一种话语形式，其目的就在于让教师在其自身的话语系统内自主反思，从而理解自己、认识自身的教学行为。

四、“反思型教师”对传统教师角色的超越

“反思型教师”对传统教师角色的超越首先表现在反思性教学中。反思型教师的教学可以称为“反思性教学”，它是教师将自己的教学活动和课堂情境作为认知的对象，对教学行为和教学过程进行批判地、有意识地分析与再认知的过程。教学是一个复杂的过程，本质上教师既要对教学情境进行感知，还要对自身内部认知过程进行反思。反思性教学主要有如下几个特点：（1）反思性教学积极关注教学的目标和结果、方法与效果；（2）反思性教学是一个循环的或螺旋的过程；（3）反思性教学内在地要求教师要具备课堂探究的能力；（4）反思性教学需要开放的心态、责任心和执着的精神；（5）反思性教学是建立在教师的专业判断基础之上的；（6）反思性教学关注教师之间的合作与对话。显然，反思

① ［加］大卫·史密斯. 全球化与后现代教育学［M］. 郭洋生，译. 北京：教育科学出版社，2000：19.

性教学能够更加关注认知过程，倡导探究性学习和教师的行动研究，是对经验型教师依赖于经验和技术以及主导的课堂讲授法的超越。

反思型教师与传统的经验型教师有着很大的区别，主要表现在如下几个方面：

第一，在处理教育理论与实践的关系上，“反思型教师对教育理论和实践持有一种‘健康’的怀疑”；而“经验型教师对教育理论和实践很少表示怀疑”。[①]反思型教师能够以开放的姿态看待事物，易于接纳新的思想，不断地对教学进行思考，他既是教学的实践者，又是教育理论的思考者与建构者。而经验型教师则对此缺少关注，他们顺从权威而又依赖既有的经验，无法超越固有的思维模式和行为方式，从而在教学中缺少创新。

第二，在教学决策方面，反思型教师只要拥有可利用的新的根据或信息，就会重新思考既定教学决策的结论与判断；而经验型教师可能固守结论，迷信权威，机械地按决策行事。而且，反思型教师既关注教学的过程，同时又极为关注教学结果，能够对于自己的教学活动给予学生的影响进行积极的反思。而经验型教师缺乏灵活性，不能对问题情境进行弹性化的处理，很少有意识地思考教学效果，也不能对教学计划持有一种前瞻性的态度。

第三，在教学方法上，反思型教师关注探究与发现法，而经验型教师则依赖讲授与指导法。“‘反思性实践’表现为一种创造意义的过程，该过程把意义看作一种社会性构建。”[②]反思型教师注重这种“创造意义的过程”，能够以研究者的姿态进行教学实践，把教学和研究结合起来。而经验型教师基于其经验主义的做法，很少进行理论与实践的研究，不善于以研究者的态度从事教学实践，方法上也往往局限于讲授与指导法，不能鼓励学生创造性探究。

对教师形象的考察使我们得以窥见教育思想与价值观念变迁的轨迹，从经验型教师到反思型教师的转变在一定程度上也影响着师资培养的目标设计。因此，教师形象的转型有其内在的意义，我们期待着师资培训朝着更科学、更理性的方向发展。

---

① 熊川武. 反思性教学［M］. 上海：华东师范大学出版社，1999：93.

② 张华. 经验课程论［M］. 上海：上海教育出版社，2000：168.

第三节　教师的教育叙事研究

中小学教师开展叙事研究是新世纪以来我国教育研究领域出现的一股潮流。它借鉴了叙事学中“讲故事”的方法，同时裹挟着人们对网络博客的热情，成为时下中小学教师群体中颇为流行的写作方式。教育叙事研究拓宽了教育研究的视野，在方法论上具有积极的意义；它还带动了一线教师去主动反思自己的教育教学活动，因此也有着积极的实践价值。本节将教育叙事研究放置在人文社会科学研究的宏观背景上去考察，解读教育研究中的经验性和故事性，以期找回教育研究中那份久违的感动与真实。

一、作为经验衍生物的教育叙事

“世界是由一个个故事构成的，而不是由原子构成的。”这是澳大利亚迪肯大学的诺尔·高夫教授谈到过的一句话。我们无法从科学的角度去验证这句话的真理性，但从人文社会学的视角去考察它，“世界是由故事构成的”或者“人类世界是由故事构成的”，这种判断本身就代表了对人的生命存在的一种本体论意义上的诉求。故事，是人的生命的见证，是人存在于世上的一种表达方式，它负载着人类社会太多的秘密和信息，只要人类生生不息，故事就会生机盎然。那么，对于教育，对于人类生活的这个特定领域，故事同样是构筑教育大厦的基本要素。诺尔·高夫说：“教师和学生既是说故事的人，也是每个故事的主角……故事也许是通向某些真实的唯一途径。”显然，探寻教育中的这种“真实”是教育研究的重要使命，我们运用很多的方法和手段力图去获得这些真实。那么，为什么诺尔·高夫如此看重故事呢?

显然，对一线教师而言，叙事比教育理论更具有切身的真实性。随着新课程改革的不断推进，“教师成为研究者”这一观点已成共识，广大中小学教师也要进行教育研究。然而谈到教育研究，一线教师却很是困惑和茫然。这几年，笔者一直为北京师范大学的教育硕士主讲《教育研究方法》这门课程。教育硕士都来自教学第一线，通过与他们的讨论，以及在中小学进行的大量调研，我们发现很多问题没法回避。譬如，教育研究的理论范式不适合中小学教师。学术界主导的理论研究趋于精确、深奥和抽象，却离教育教学的实践有很大距离，一线教师对于教育科研活动普遍感到迷茫。再如，在各种压力下，中小学教师的教学研究活动被边缘化，尽管各学校都有教研活动，但这些教研活动基本都是外部驱动的，教师不能自主进行研究，教学研究对教学水平的促进作用不明显。还有，中小学教师普遍缺少进行传统教育科研的意识、能力和素养。这极大地影响了教师进行教学研究的质量、积极性和效果。就算是新课程所倡导的“校本教研”也没有在所有中小学真正确立起来，据调查很多学校的校本教研活动并没有真正开展，而且往往陷于“低水平重复”的怪圈。看来，为了更好地寻找学校教育中的“真实”，中小学教师需要一种能够与其日常教育教学相结合的教育研究方法。

在这种现实的需求面前，“故事”就有了独特的价值和意义。“叙事即故事，这些故事从个人的生命经验来说明事件、行动和遭受的困苦。”①因为通过“讲故事”，教师们就有机会反思自己的所做所想；就有机会发现问题、探索未知；就有机会突破常规、寻求超越和创新。对于教师本人而言，它是教师专业发展的重要途径；对于学校教育的实践而言，它是引发变革的重要动力；对于教育研究而言，它是一种真正的原创，一种“草根式”的写作和主体性的张扬。

看来，在教育研究中，无论是实证主义的实验研究还是质性的叙事研究，都不存在方法论上的高贵性，而关键在于是否具有具体方法上的适切性。尽管教育叙事研究在近代以来确立起来的实证主义研究范式阵营中不入主流，但它却受到了一线教师的热烈欢迎，原因无非就是这种研究方法不去追求概念、逻辑和实证，而是关注日常生活世界中的教育经验和生活体验，关注对教育生活的叙说。既然教师们有着深厚的教育教学和生活经验的积淀，那么他们就有了进行叙事研究的很好的前提和基础。这样，通过叙事，他们就可以把教育教学和教育研究结合起来，教育研究由此对他们也具有了相当的亲和力。

我们都知道，研究需要复杂的思维活动，但不可否认，经验是思维的内容和基础，如果把人跟经验相剥离，尽管肉体还存在，那么也无疑从根本上解构了人的社会性。正如植物人还“活着”，但已经没有了人的意识一样。从这个意义上来说，人的存在是一种经验的存在。教师得

① 潘慧玲．教育研究的取径：概念与应用［M］．上海：华东师范大学出版社，2005：241.

以界定自身身份的基础，就是他的教育教学经验。其实，大部分一线教师都写过很多讲述和反思自己教学经验的小文章，你管它叫“教育随笔”也好，“反思札记”也好，还是“教学案例”也罢，其实质是一种基于经验的体察和自我反省，是以“故事”来表征自己的内心世界的一种活动。所谓“教育叙事”或“教学叙事”，通俗地讲就是教师讲述自己的课程与教学故事，在讲故事中体现教师个人对教育教学事件的理解，诠释教师对教育意义的体悟。

这样看来，中小学教师进行叙事研究有着其深厚的合理性的基础，那就是教育事业的实践性以及教师丰富的经验和实践性知识。叙事是生命冲动的表达，是人的经验的衍生物。教育叙事研究作为一种生活体验式的研究方式，它在学校教育的场景中很容易跟教师工作的经验性契合，从而赢得教师的认同。当然，这种合理性并不代表叙事研究就是完美的，因为仅仅靠经验的叙述和反思不足以描述当今我们身处其中的复杂的学校教育境况，叙事研究也似乎不能很好地揭示教育现象背后复杂的规律和教育原理。我们只有认识到教育叙事研究的优势和不足，才能更好地运用这种方法为教育研究服务。

二、教育叙事研究的结构要素

“叙事改变了人的存在时间和空间的感觉。当人们感觉自己的生命若有若无时，当一个人觉得自己的生活变得破碎不堪时，当我们的生活想象遭到挫伤时，叙事让人重新找回自己的生命感觉，重返自己的生活想象的空间，甚至重新拾回被生活中的无常抹去的自我。”①这段话描述了叙事的力量，在这种力量面前，人们会为其所深深震撼。可以说，这种力量来源于叙事本身所具有的特质。无论是神话、寓言、史诗，以及民间传说和童话等这些古老的叙事形式，还是话剧、小说这种现代叙事形式，叙事所表达的内容无不透露出浓厚的人文关怀的色彩，这使得叙事成为人类社会活动中不可或缺的一部分。而叙事研究无非是用一种更加专注的方式去关注人类体验世界的方式，去关注故事里蕴藏的意义。在文学批评和文艺理论中，叙事学就是通过对文本的叙述结构的研究，

① 刘小枫. 沉重的肉身——现代性伦理的叙事纬语［M］. 北京：华夏出版社，2004：3.

来揭示叙事语言背后的生命意义。[①]那么，教育叙事研究不可能脱离叙事学这一母体，它在本质上仍然归属于“叙事活动”这一范畴，在内容上要贴近日常生活和经验世界，强调研究结果的意义性和可诠释性，而不是精确性和可检验性。这一点表明叙事研究鲜明地体现了质性研究的基本追求，即寻求对意义的“解释性理解”[②]。

为了理解这一本质，我们还是要回到叙事学这一母体。从叙事学的角度来说，任何叙事研究其实都是对文本的叙述结构的研究。“叙事”无非就是对一个或多个真实或虚构的事件的叙述，从结构上来说，叙事包含了故事、话语和叙述三个要素。教育叙事研究的结果我们可以称为“教育叙事案例”，它是在真实的教学情境的基础上，为了揭示特定的教学故事或冲突性问题所蕴含的教育信息，以叙事的方式表述的一种研究文本。叙事案例同样也包含故事、话语和叙述这三个要素。

我们首先来考察“故事”这个要素。在叙事案例中“故事”指的就是被讲述的内容，即教育叙事研究所指向的对象。它是以某种方式对教育事件进行的描述，一般由一个或多个相关的教育事件组成。在教育叙事研究中，尽管不能绝对地说“故事”不能虚构，但对于一线教师来说，我们倡导要讲述真实的故事。因为教育叙事研究毕竟不同于文学中小说的创作，它要反映真实的事件并由此揭示现实的教育意义，这样才能给别人以触动、引发教育教学反思。“故事”这个要素具有时间性和空间性，就是说某个教育事件具有发生发展的过程，同时又是在一定的场景中发生的。因此，在故事的叙说方面存在一定的叙事技巧，这些技巧的灵活运用会产生不同的效果。此外，故事中还必然存在行为者，在教育叙事中行为者就是故事里面的“主人公”，很多教育叙事案例都是围绕着对“主人公”的描写而展开的，在这种情况下对行为者的描述又成了叙事的基本线索。

对于“话语”这个要素，指的就是用来讲述故事的语言本身，它外在的表现方式就是叙事的文本。教育叙事研究不像实证主义范式下的教育研究那样追求精确、严谨和可检验性，而是在话语方面要具有独有的特征，那就是：鲜活、具有可读性。教育叙事研究文本不是实验报告和

---

① Currie M.Postmodern Narrative Theory. New York: St.Martin's Press, 1988: 23.

② 陈向明. 质的研究方法与社会科学研究［M］. 北京：教育科学出版社，2000：7.

调查报告，其撰写要体现出叙事的风格，即用词鲜活、行文活泼、叙述有吸引力。之所以提出这种要求，就在于叙事研究关注故事，故事里面有情节、有经验，如果板起面孔去讲故事，那么显然就没有了可读性。

对于“叙述”这个要素，指的是产生话语或文本的行为过程，也就是讲故事的过程本身。显然，叙述是一种行为，通过这个行为才能产生叙事研究的文本，因此它也是一种创作行为。“叙述”这一行为背后其实还有叙述者、叙事角度、叙述的口吻等，这些都影响着叙述的效果。尤为重要的是，在教育叙事研究中，“叙述”不是普通的、家长里短式的闲聊，而是要“深描”，也就是深度描写。“深描”是质性研究对文本撰写的一个基本要求，因为只有对教育故事进行“深描”，才能深刻揭示故事背后的道理和意义。如果不注意“深描”这一特征，教育叙事研究很可能就流于“流水账”式的浅陋了。

可见，中小学教师要做好教育叙事研究，需要认识它的本质和要素，把握叙事中的故事、话语和叙述。这需要教师们要善于积累、善于体验和反思，这样才能抓住生活中的故事；在叙事文本的写作上要注意话语上的鲜活与可读性；在叙述上要善于用一定的叙述手段和技巧，如倒叙、预叙等，去影响读者获得的阅读效果。

三、教育叙事研究的基本规范与写作要求

明确了教育叙事研究的本质之后，我们就可以根据其本质来进行叙事案例的写作了。由于叙事研究所特有的属性，中小学教师在撰写教育叙事案例时要注意一些基本的规范和写作要求。

（一）基本规范

1. 问题性

也就是在故事的选择上要反映两难困境、体现矛盾冲突、能够引发反思。因为叙事研究毕竟也是一种研究的形式，问题是研究的起点；没有了问题，也就没有了研究。这说明，在选择故事主题时教师们要预先感知到该故事主题能否反映一定的教育问题，以及由此引发怎样的思考。从这个意义上说，叙事研究同样需要研究者的问题意识。

2. 情境性

也就是所讲述的故事要真实、要典型、要具有代表性。叙事的情境

或场景是叙事研究的重要构成因素，只有选取典型的情境才能使所讲述的故事具有代表性，才能揭示教育过程中的某种矛盾冲突，才能反映教育教学中的某些道理。这说明，在叙述时要充分关注故事所发生的特定背景，要对当时的情境做细致的描述和分析，通过对一些细节的描述，读者才能更好地体会故事中蕴含的意义。

3. 故事性

也就是要有情节、具有经验性、具有可读性。故事性是体现叙事风格的基本表现，也是叙事研究与实证研究在表达方式上的最明显差别。案例中的故事可以是单一的小故事，它情节简单，涉及的时间和空间很有限，对于写作者来说容易控制和把握；也可以是一系列小故事，这种情况下就需要写作者运用更多的叙事技巧把这些小故事串起来，共同服务于特定的叙事目的。

4. 意义性

就是要有鲜明的目的指向、要体现故事中蕴含的教育意义，能够给人以启发。意义性应该是叙事研究的本质属性，因为在叙事研究中，那个真实可感的、鲜活的故事只不过是教育意义披在身上的一件漂亮外衣，叙事研究的价值不在于为讲故事而讲故事，而在于故事背后的意义。这意味着故事必须要体现作者对该教育事件的思考和理解，反映作者的教育价值观和教学哲学。

（二）写作要求

根据叙事研究的这些写作规范，在撰写叙事案例时中小学教师们要注意这样几个方面。（1）要抓住典型教学故事或问题，记录故事的经历，突出叙事主题和反映的教育意义；（2）要紧密围绕故事或问题中的矛盾冲突进行讲述，要把故事的情节展开；（3）要对故事情节进行“深度描写”，揭示矛盾冲突的发展历程；（4）要在讲述过程之中或之后诠释讲述者对该故事或案例所蕴含的教育意义的理解；（5）文本写作在风格上要用词鲜活、行文活泼、叙述有吸引力等等。做到这些尽管有点难度，但对于一线教师而言，还是切实可行的。

当然，教育叙事案例的撰写并没有一个绝对的标准，而且不同的作者在撰写案例时也有不同的写作风格和表达方式。这说明，教育叙事研究并不具备像教育实验研究那样严格的规范。笔者提出上述的规范和要求，无非是为了给喜欢叙事研究的广大中小学教师提供一个基本的参照，帮助他们更好地理解什么是教育叙事研究以及如何进行叙事案例的写作。

第四节　校本教研与校本课程开发

校本教研和校本课程开发的活动主体都是教师，其功能都在于推动学校实践层面的实践创新。为开发校本课程，中小学教师需要以研究的心态参与其中，这种研究在本质上属于行动研究的范畴，也是校本教研的一部分。从实践上来看，校本教育活动也是教师开发校本课程的一条有效途径。

一、相关概念解读

在我国，校本教研和校本课程是随着新一轮基础教育课程改革而被“捧红”的两个概念，但二者的产生又有不同。从产生的渊源上来说，校本课程是外来输入词汇，早在20世纪90年代，我国课程领域的学者就已经对国外的“校本课程开发”进行了介绍和研究；而校本教研则基本上是我国教育界在推进新课程改革的过程中提出的一个新概念。

（一）什么是校本教研

校本教研是伴随着课程改革而提出的一种重要的教研方式，它是教师基于学校发展的需求，为解决自己的教育教学实践中出现的问题而开展的行动研究。如果具体阐述校本教研的操作性的定义，则无法忽视其基本的三个要素，即自我反思、同伴互助和专业引领，这意味着，中小学教师的校本教研是以自我反思、同伴互助和专业引领为主要活动方式的一种行动研究。

所谓“自我反思”，指的是教师以自己的职业活动为思考对象，对在教育教学过程中的行为及其教育效果进行审视和分析。反思是一种理论与实践对话的过程，它不是一般的“回顾”，而是反省、思考、探索，并致力于解决实践中的具体问题，因此具有研究的性质。所谓“同伴互助”，指的是教师之间为提升教学水平、解决具体问题而进行的切磋、协调与合作，以分享经验、相互学习、共同成长。所谓“专业引领”，指的是校外专家介入到教研活动中来，通过专业支持而有效提升校本教研的质量，从而改变校本教研“低水平重复”的现实境遇。校本教研的这三个要素既相互独立、又相互补充，在具体教研活动的开展过程中需要灵活搭配和协同整合，从而真正形成校本教研的制度。

校本教研在提升教师的教学水平方面的价值已经引起教育界的广泛关注，它有利于解决学校教育活动中遇到的实际问题，有利于教师的专业发展。校本教研已经成为我国中小学教师的重要研究方式和工作方式，作为一种“形式”，其“内容”通常是面向有课程标准和教科书的国家课程，也就是围绕国家课程的有效实施而展开教学研究活动。近年来，随着学校课程管理体制的不断改革，校本教研的内容逐渐超越单纯的教学研究，而日益进入学校课程建设领域，这进一步拓展了校本教研的功能，提升了校本教研在促进教师专业发展和学校教育改革方面的价值。

（二）什么是校本课程

“校本课程”是一个舶来品，英文为School-based Curriculum，直译为“学校本位课程”，其兴起可追溯到20世纪六七十年代。在美国结构主义课程改革失败之后，西方学校课程实践领域开始反思课程、教师与学生的关系，批判反思国家主义课程改革的弊端，提出了课程改革的新机制，从而出现校本课程的萌芽。从70年代开始，发达国家积极探索校本课程开发的路径，由学校的校长、教师、学生家长甚至社区代表参与开发课程。进入21世纪之后，在课程管理上实施分权制的国家继续开发校本课程，而集权型的国家也开始探索校本课程开发的机制和可能，而我国则是在新一轮基础教育课程改革的过程中提出了“国家课程、地方课程和学校课程”三级课程管理，为校本课程开发提供了制度条件。

顾名思义，校本课程是与国家课程相对应的一种课程形态，主要是由校长和学校教师根据学生的需求而在具体教育情境中开发的课程。校本课程具有如下三个基本的特征：

首先，校本课程是国家课程的有效补充。校本课程的提出是以课程权力下放为前提。在国家课程的概念框架内，课程权力是集中于国家的。但在校本课程开发中，学校被赋予了一定的课程自主权，它们有权力根据自身的教育理念和办学目标开设课程。

其次，校本课程开发的主体不是外部专家，而是学校的教师。国家课程由外部专家开发，但校本课程则必须由学校的校长和教师自行开发，当然也可以在外部专家的指导下进行。学校教师是校本课程的主人，而不仅仅是课程的“消费者”。

最后，学校是进行校本课程开发的场所。国家课程开发由政府组建专门机构或委员会并在学校之外的场所进行，但校本课程开发一定要在具体学校开发。由于学校教师最了解学生的需求和具体教育情境，开发出的课程才能更适合学生的学习。

在学校课程建设方面，随着课程改革的深入推进，校本课程开发在学校中越来越受到重视。然而当前中小学教师的课程开发能力普遍不足，学校和教师在校本课程开发的行动过程中遇到很多困难和问题。在教育改革日趋深化、校本课程的重要性不断凸显的背景下，面向校本课程开发、开展校本教研活动，非常有意义和必要。

表7–2：校本课程开发与国家课程开发的比较

	校本课程开发	国家课程开发
课程目标	以开发符合学生、学校或地方等特殊需要的课程方案为目标。	以开发全国共同的、一致的课程方案为目标。
参与人员	所有与课程有关的人员，包括学校成员以外的人员。	课程开发是学者专家的权责，只有校外专家才有权参与。
课程观	课程即教育情境与师生互动的过程与结果。	课程即书面的课程文件是计划好的课程方案。
学生观	学生不但有个别差异，也有主动建构学习的能力，课程要适应学生需要进行调整。	学生无个别差异，是被动的学习个体，课程可以在事前做好详细的、完善的计划。
教师观	教师是课程的研究者、发展者与实施者，有主动诠释课程发展的能力。	教师仅是课程的实施者，教师的职责就是依照设计好的课程方案加以忠实地呈现。

二、教师开发校本课程的困境和可能的出路

教师是校本课程开发工作的主要承担者和教学实施者，被认为是校本课程开发质量的主要决定者。然而，由于传统的师范教育和旧的课程管理体制的制约，大多数教师在职前没有深入学习课程理论知识，入职后也几乎没有参加课程开发方面的培训或实践。教师课程能力的不足带来了校本课程开发过程中的一系列问题：教师不知道怎样开发课程；教师仅根据个人兴趣、特长开设课程，不考虑学生需要，也没有明确的课程目标；校本课程的开发过程随意性强，缺乏整体设计；忽视对课程育人效果的评价等等。在课程改革深入推进过程中，教师面临校本课程开发的新挑战，提高教师的课程能力已经成为提升校本课程质量要解决的关键问题。

教育改革的诉求和现实困境的矛盾，对教师入职后在课程方面的专业成长提出了要求。教师的专业成长途径有多种，例如听专家讲座、阅读书籍、网络学习、参加培训班、校本教研等。由于校本课程开发工作本身具有实践性和研究性，教师“在做中学”比单纯的理论学习效果更好。另一方面，由于教师还承担着繁重的教育教学任务，他们迫切地需要能够指导实践、解决日常工作中的实际问题的课程知识和技能，而对抽象的理论学习缺乏兴趣。邀请课程专家参与校本教研，针对校本课程开发和实践中遇到的具体问题与教师们共同展开研讨，既与教师的日常工作结合起来，能减轻教师负担，又有助于校本课程质量的提升，同时提高教师的课程能力。在这方面校本教研比其他教师专业成长的方式有明显优势。韩继伟等对教师的问卷调查结果显示：教师认为入职后最重要的知识来源是自身教学经验与反思、和同事的日常交流，而最不重要的知识来源是入职后的学历教育。田秋华在分析一些实证研究结果的基础上指出：继续学习、课程参与、同伴互动分享及实践反思、基于实践情境的观摩操练、行动研究及经验的累积与重构等对教师入职后的课程能力成长非常重要。因此，基于教育实践的校本教研是提升校本课程质量和教师课程能力的有效途径，是走出当前教师开发校本课程能力不足的困境的可行出路。

三、通过校本教研开发校本课程的探索

校本教研是一种推动教师开展研究的机制和制度，在这种制度下，如果教师以校本课程作为研究的内容和切入点，那么就有可能带来校本课程开发这一结果。因此，通过校本教研而开发校本课程既是可能的，又是有效的。

（一）校本教研的开展方式和内容

当前，由于教师普遍对课程知识了解少、课程能力低，邀请课程专家参与校本教研是必要的。通过专家引领，可以弥补教师课程知识的不足、指导教师按规范的程序开发课程、开阔教师视野、提升教研深度，从而提高所开发校本课程的质量。校本教研的主体是教师，在专家的引领下，经历完整的校本课程开发过程，共同解决问题、开发优质的校本课程，同时自身的课程能力获得提高。

在实践过程中，校本教研只是一种研究方式，针对校本课程开发而言，其具体内容是校本课程开发过程中遇到的实际问题。例如：怎样规范地开发一门校本课程、怎样提出更好的课程目标、选用哪些课程资源更有利于目标的达成等。对于这些问题，有些是通过教师们的思考和讨论就能得出答案的，但对技术性的课程知识，专家应给教师明确的指导。例如：课程开发的程序、课程纲要的编写、课程评价的基本方式等。对于涉及校本课程的价值选择的问题，专家应帮助教师打开思路，启发教师深入思考，与教师共同研讨，鼓励教师在反思的基础上提出改进方案。例如：怎样使课程目标的品位提升、选用哪些课程资源更合适、如何组织课程资源更合理、具体怎样评价学生等。

校本教研是伴随着校本课程开发的工作而展开的，完成一系列的校本教研后，一门校本课程随之诞生。因此，系列校本教研的内容与课程开发的过程是对应的，可划分为前期准备、设计课程纲要、设计教学和编写讲义、课程实施四个阶段，每个阶段研讨的重点内容如下表7-3所示。

表7-3：面向课程开发系列校本教研的阶段和重点内容

阶段	校本教研的重点内容
前期准备	专家介绍课程开发的基本知识和程序；调研学生需要和课程资源，对课程目标和内容形成大致构想。
设计课程纲要	明确、提升课程目标；从课程整体上筛选、组织课程资源；确定评价方案；撰写校本课程纲要。
设计教学和编写讲义	基于课程纲要，设计每节课的教学和编写讲义，并讨论、修改、完善。
课程实施	改善教学和评价；总结经验，反思并完善课程。

（二）通过校本教研开发校本课程的案例及分析

下面以某高中开展的系列校本教研为案例进行具体说明。该高中的三位教师与当地教研部门专职于中小学课程建设的教研员合作，开发基于海洋馆的校本课程，为此展开了一系列校本教研活动。

1. 前期准备阶段

第一次校本教研，教研员向教师简要介绍实践需要的课程知识和课程开发基本程序，然后倾听教师们对课程的想法思路。第二次教研，集体到海洋馆调查课程资源、与海洋馆工作人员深入交流，并查找其他可用的课程资源。第三次教研，梳理可利用的课程资源，教师分析学校和学生的需要以及实际情况，形成对课程的大致构想。最后，教研员给教师一份规范的课程纲要作为样例，告诉教师编写纲要的要求，让教师们先独立写出课程纲要的讨论稿。

2. 设计课程纲要阶段

该阶段的校本教研均针对课程纲要的整体修改和完善而展开，但每次研讨的侧重点不同。第一次教研，基于教师的课程纲要讨论稿，重点研讨课程目标，精练和提升课程目标使之体现更高的育人价值，更符合学生的认知和兴趣水平。第二次教研，重点研讨在课程目标的指引下，对课程资源进行怎样的筛选、补充、组织，使课程目标更好地实现，并根据课程的内容讨论评价方案。这个阶段需要反复研讨、斟酌，如果需要还可以再开展多次校本教研，直到教师对课程的整体架构有丰富的思考，并形成比较一致的认识，最后将课程的整体架构落实成校本课程纲要，以规范的形式书面表述。

3. 设计教学和编写讲义阶段

该阶段将课程纲要转化为可具体实施的课程文本，教师在设计教学时，经常存在的问题是堆砌课程资源、教学过程不能围绕课程目标的达成，这需要专家的指导。第一次教研，以教师已经设计好的一节教学为例，进行案例研讨。教研员通过问题（见表2）引导教师深入反思、研讨、修改。主要的问题有：把表格中的问题罗列过来就行。如果不用表格也能说透彻就尽量不要用表格，因为占版面，杂志社不喜欢。通过案例研讨，教师知道了怎样围绕课程目标设计教学。在之后设计教学、编写讲义的工作中，教师可利用表2中的问题进行自我反思和自我指导，也可以在没有教研员的情况下展开后续的校本教研。当完成整个课程的教学设计后，教研员再次参与到教师的校本教研中，共同讨论如何进一步修改完善。

4. 课程实施阶段

该阶段的校本教研主要针对教学和评价问题。教学是教师擅长的工作，在教研活动中尽量充分发挥教师的经验和创造性，教研员则引导教师能够从课程的角度研究教学，例如从课程目标达成的角度反思教学。在评价上，重视研讨怎样使用多样化的评价方式，尤其是形成性评价和表现性评价。在校本教研中教师还要总结课程实施获得的反馈、积累经验和新的课程资源来调整和完善课程，使该校本课程的质量不断提升。

四、通过校本教研开发校本课程的反思

尽管目前中小学教师已经积极推进校本教研，校本教研的方式和活动也日趋丰富多彩（如集体备课、课例研究、读书研讨会等），但把校本教研作为开发校本课程的一条途径，这种做法并不是非常广泛。因此，解决如下问题就显得尤为重要。

（一）怎样体现学校和教师的权力问题

三级课程管理制度肯定了学校和教师在校本课程开发中的权力。在

实践中，由于教师的课程能力尚不足，无法有效运用这项权利，开发出符合学生特点、体现学校特色的校本课程。专家参与校本教研，指导开发校本课程，有利于建设优质课程。但这也容易带来另一问题，那就是专家的参与在一定程度上会侵占教师的课程权力。在教师面前，专家有理论、占有话语权。在研讨过程中，专家提出的课程目标、方案、评价方式等系统且专业，代表了专家的价值观，无意间却压制了教师对自己即将开设的课程的构想和憧憬，即夺取了教师希望在校本课程中实现“体现自己价值观的育人目标”的部分（甚至大部分）的权力。

在校本教研中，专家应重视学校和教师的课程权力，帮助教师更好地运用课程权力。在研讨中，专家更多给予课程开发技术上的指导，应尊重教师的育人理想和价值观。在专家与教师对话时，可先引导教师说出他们的构想，尽量在教师的想法基础上启发他们思考、提升。专家认为好的建议，也应与教师充分讨论，达成一致意见后再写入课程中。通过专家和教师的研讨，努力使在提高课程质量和教师能力的同时，开发出的校本课程还能充分体现学校和教师的追求和价值观。

（二）校本教研如何提升教师的课程能力问题

专家参与校本教研，要重视帮助教师提升其课程能力。教师在与专家共同开发一门校本课程后，自己应基本能够独立地、规范地开发校本课程，最好能在未来的课程开发工作中成为骨干，通过校本教研再带动其他教师课程能力的发展。

因此，专家在校本教研中，不仅要“授之以鱼”，更要“授之以渔”，通过专家引领，教师成为校本教研的主体。在课程开发过程中专家给予教师从宏观到具体的指导，但不能代劳，教师自己应经历完整规范的课程开发过程。同时，专家应引导教师在阶段工作后进行反思、总结，帮助教师实现更快、更好的专业成长。

（三）如何建设精品校本课程的问题

从对课程的构想，到写出课程纲要，再到课堂中实施运作的课程，要开发并将一门校本课程建设成精品需要长期的过程。目前，学校中开设校本课程的教师一般还承担一门国家课程的学科教学任务，日常工作繁忙。而校本课程的开发建设工作需要投入大量的时间精力，需要实践、反思、修改、提升。一门课程开发出来后，常常需要通过几轮的实施、改进，才能在课堂实施运作的层面达到精品水平。

在校本课程从普通到精品的建设过程中，校本教研是有效、必要的途径。然而，在课程首次实施的过程中，有时教师可能感到迷茫、失望：实施前文本层面的课程立意高、预想效果好，实施后发现没有达到预期的目标。甚至有的教师思想上产生松懈，使课程成为停留在文本层面的“文字包装”，放弃了对课堂实施运作层面的精品课程的追求。实际上，文本层面的校本课程到了实施运作层面，还需要通过校本教研解决大量教学实践中遇到的问题，才能取得较好的实际效果。

在校本课程开发工作中，学校和教师应认识到，精品课程的建设需要时间和过程。专家引领让教师知道高质量课程的特征和开发策略，使教师具备将课程建设成精品的基础。但这并不意味着专家参与了教研，课程实施起来就是精品课程，还需要学校和教师付出大量的努力。学校和教师要坚持不懈地追求实施层面的精品课程，但要给予建设的时间，应积极地看到校本教研过程中教师课程能力的提升，以及校本课程在原有基础上质量提高的过程。要对“校本课程开发工作”进行形成性评价，而不急于作终结性评价。

第八章 课程的变革与实施

在今天的社会，课程变革已经成为常态。课程变革往往又与课程实施联系在一起，因为课程改革的蓝图和课程方案都需要通过实施而落实下去，最终转化为学生的学习结果。然而，为什么要推进课程变革？如何达成变革的目标？诸如此类的问题成为课程研究的重要课题。在本章，我们将首先从学理上分析课程变革的基本动因、功能和过程，然后探讨课程实施的基本问题，以探讨当代课程话语中人们如何认识课程的实践操作问题。

第一节　课程变革的学理分析

“课程变革”已经成为人们在这个变革的时代使用率颇高的一个词汇。这一方面在某种程度上反映了课程变革的普遍性，另一方面也暗示着面对这种普遍存在的课程变革人们会感到些许的困惑与迷惘。那么，如何真正理解课程变革的性质？其功能和过程又是怎样的？这是一个需要探究的问题。对课程变革进行学理上的分析，在理论上有助于澄清人们对课程变革的认识，在实践上有助于促使人们更理性地推动课程变革的进程。

一、课程变革的性质分析

课程变革是一个过程，在这个过程中有驱动课程变革的动因和最终的变革结果，而这一过程也必然反映了课程变革的本质，即变革或变化。

（一）课程变革的动因

以一种历史的眼光来看，一部课程发展史就是一部课程变革史。变革作为一种过程，总是伴随着旧事物的消亡和新事物的诞生。理解这种革故鼎新的动因首先应在事物所赖以存在的社会中寻找变革的根由。社会是一个大的组织，有其自身的发展和变化的规律，它处于固有的、自然动态的发展过程之中。社会组织的变革是无法控制的，但一些新的理论有助于我们理解社会变革。譬如混沌理论和复杂理论，它们在本质上是相同的，为人们理解变革提供了新的视角。复杂理论从根本上表明事物因果之间的联系是难以追溯的，变化（预计的和非预计的）的呈现是非线性的，矛盾、冲突大量存在，而创造性的解决方法恰恰来自各种不确定性、多样性和不稳定性等因素的相互作用。复杂理论首先关心混乱之中如何出现秩序，认为太多的限制条件会产生阻碍，而没有约束也会产生混乱，有效变革的关键就是在混乱的边沿时刻做好准备。复杂理论认为，关于组织的复杂理论应建立在这样的基础之上："如果一个组织一味坚持稳定性，那么它将注定失败，因为它会变得僵化而不善于变革。反之，如果它一味追求不稳定性，那么它将变得支离破碎，成功只存在于一个组织始终使自己处于稳定和不稳定这两种状态之间。这是一种混沌状态，是一种不断变化的结构。"[①]任何组织为了成功地存在下去都追求稳定与不稳定的中间状态——即混沌状态，而这种混沌状态存在着无限的变革的可能性，它追求的正是变革和超越。因此，这种复杂理论和混沌理论使我们在社会组织存在的深层意义上理解了变革发生的动因。社会组织的追求变革与超越的混沌状态是课程变革的深层动因。我们没法感受到这些动因，只能通过理性的思考才能认识它们。任何事物都有存在的条件，条件的变化也会引起相应的变革，这种条件的变化是可以感受到的。对于教育和课程变革来说，存在条件的变化会使其系统内部和外部产生变革的力量，这些力量又会促使变革的发生。利文认为，从广义上来说至少有三种力量促使课程发生变革。第一，自然灾害，如地震、洪水、灾荒等；第二，外部力量，如重大的技术和价值观

① ［加］迈克·富兰．变革的力量——透视教育改革［M］．中央教育科学研究所，多伦多国际学院，译．北京：教育科学出版社，2000：201－203.

的改变等；第三，内部条件，如当技术内在的变革导致新的社会模式和需要出现时，或当社会团体觉察到教育价值和教育结果之间出现矛盾时，课程变革就会发生。①

（二）变革的本质

变革是事物渐进地改变自身性质的过程。课程变革的本质一般是指课程的某种变革、改革或变化。理解课程变革的本质，关键是理解变革与改革两个概念的内涵。利思伍德认为，课程指的是有关教育学生的经验，其涵盖教育哲学观、价值观念、目标、组织结构、材料、教学艺术、学生实践、评估以及学习结果等。富兰引用利思伍德对课程的定义，认为上述课程诸方面发生的任何课程变化都可称为课程变革。课程变革的含义在小的方面可以指单一学科的变化（如新的阅读计划的改变），在大的方面可以指综合性变动（如对某一年龄阶段的儿童实施教育的综合规划）。这样，课程变革可以指教学本身或环境教学在教育安排的条件下所发生的一切变动。②我们说，这是一种非常宽泛的定义，它涉及课程与教学领域的一切变动。但无论多么宽泛，有一点是必须明确的：课程变革对于被其影响的人来说一定会产生某种新意，否则不能称其为变革。改革也是形容具体变革的一个概念，但往往指综合性更强、深度更深的变革。课程改革更多的是人们有意识地为改进某一方面而进行的变革，它往往涉及学校体制的变化和课程的全面修正等。它的基础是价值观念的重大变化或方向的调整，而且常常首先在制度方面展开。因此，课程改革属于根本性的重大变革，常常引起大范围的变动与震荡，它在激进程度上更高，属于深层的、根本性的课程变革。这样，课程变革涵盖了课程改革，或者说课程改革是课程变革的一个方面，是深层的、激进的课程变革。两者在本质上是相通的：它们在本质上是一项思想活动，是深思熟虑的、有目的的、有方法的行动，致力于解决特定的实践问题并改进实践。“历史把课程变革描述为情境之中的行动，而不是计划和目标，因为它把情境与行动联系起来，推动进一步的行动或结果。”③

---

① Fullan M G & Stiegelbauer S.The New Meaning of Educational Change.Second edition.London：Cassell Educational Limited，1991：17.

② 简明国际教育百科全书·课程［M］．江山野，主编译．北京：教育科学出版社，1991：62.

③ Reid W. Curriculum Theory and Curriculum Change：What can We Learn from History？Journal of Curriculum Studies，1986，Vol. 18，No. 2：160.

（三）变革的结果

从理论上讲，课程变革的目的在于导向课程进步。但我们必须清醒地认识到，并不是所有的变革都导向进步。因此，我们有必要关注一下课程变革的结果。要考察课程变革的结果，可以从两个维度来分析，即课程变革的真正实施和课程变革的价值与技术质量。“课程变革的真正实施”是指课程变革的计划是否真正在实践中推行下去。“课程变革的价值和技术质量”是指谁从变革中受益以及课程变革的计划在开发方面是否具备技术上的质量。每一个维度都有两种情况，即肯定的和否定的。这样我们就得出了四个课程变革的变量：课程变革真正得到实施（肯定的）、课程变革没有真正实施（否定的）、课程变革具有价值和技术质量（肯定的）、课程变革没有价值和技术质量（否定的）。把这四个变量放进一个坐标系中，就可以得出课程变革的四种结果（如下图8-1）。

		变革的真正实施	
		肯定	否定
变革的价值与技术质量	肯定	Ⅰ	Ⅱ
	否定	Ⅲ	Ⅳ

图8-1：课程变革的四种结果

（资料来源:Michael G. Fullan & Suzanne Stiegelbauer, The New Meaning of Educational Change. Second edition. New York： Cassell Educational Limited .1991： 18.）

上图为我们分析课程变革的结果提供了一个分析框架。结果Ⅰ代表了我们推行课程变革的理想结果：开发出的课程变革计划在技术上是高质量的，也是我们认为有价值的，并且这种计划在实践中真正推行了。结果Ⅱ代表了课程变革计划是有价值的，在技术上也是高质量的，但由于特定原因而没有在实践中推行。结果Ⅲ代表了变革计划在开发方面是没有多高的技术质量的，或没有价值，但这种变革计划却在实践中被推行下去。也就是说，实施了一个不好的课程变革计划。结果Ⅳ是一种有趣的结果：课程变革的计划在开发上是没有多少技术质量的，在实践上也没有被实施而是被摒弃掉了。

二、课程变革的功能分析

课程变革是为了适应社会发展的特定需求，也就是发挥社会适应的功能。对于这一功能人们很早就认识到，而且一直都在关注。但课程变革还发挥着自我更新的功能，对于这一点人们并没有一开始就认识到。20世纪50年代之前，人们对课程变革的思考依附于对教育的理解，课程变革涵盖在教学论和教育评价改革之中，没有把课程变革作为独立的因素分离出来，因此也少有对课程变革的系统研究。但到了50年代末至70年代末，肇始于美国、波及全球的学科结构运动从轰轰烈烈到无果而终，其命运唤醒了人们沉睡的意识，似乎一夜之间人们认识到了专业的课程变革研究的重要性。“50年代以来，开始了课程领域内独特的和专业化的课程改革，这一改革体系注意了它与其他社会体系，特别是职业体系、政治体系和教育体系的相互作用。”①专业化的课程改革促使人们对课程变革进行反思和研究，通过反思和研究，人们看到了课程实施的重要性——任何课程变革最终还是要落实到课程实施的层面从而实现其初衷。课程实施是课程变革计划的具体推行，在实施过程中课程得以自我更新，这样，课程变革的自我更新作为另一重要功能而开始进入研究者的视野。下面我们对这两个功能进行简要分析。

（一）课程变革的社会适应功能

课程变革的社会适应功能强调教育系统和课程设置以适应由于社会其他系统的变化而带来的新的需求。这一功能的潜在假设是：课程变革应该而且能够服务于社会变革与文化变迁。这一功能使人们看到了课程与其他社会系统之间的相互作用，课程与社会共生存。在这种情况下，社会外部环境的变革是课程变革的最直接的推动力。例如，1957年苏联人造卫星上天，这一事件震动了美国朝野，为了在军事等领域继续同苏联抗衡，美国亟须培养科技人才，提高科技水平。为适应这一需求，美国从“满足国家基本安全”的高度，要求采取紧急措施，纠正美国教育存在的不能使年轻人接受自然科学、数学、外语和科技训练的不平衡现象。这样，1958年，美国迅速通过了《国防教育法》，联邦拨巨款资助数学、科学和外语教育。同时，在布鲁纳的领导下，学科结构运动在全

---

① 简明国际教育百科全书·课程［M］. 江山野，主编译. 北京：教育科学出版社，1991：13.

国范围内蓬勃兴起，强调课程的学术性、专门化和结构化，直接导致了学术中心课程的产生。学科结构运动和学术中心课程的诞生说明，社会提出了对课程进行变革的需求，学校课程就是要通过革新而适应社会的发展。

课程变革的社会适应功能受到新教育社会学者的关注。20世纪70年代以来，受知识社会学、符号互动理论和人种志方法论的影响，西方教育社会学研究开始关注学校知识背后的社会控制、文化再生产和权利分配，从而产生了新的研究领域——课程社会学。课程社会学从微观层面对课程系统内部的知识的选择、分配、传递、评价等进行社会学分析，为人们理解课程变革提供了新的视角。例如，伯恩斯坦认为，课程社会学涉及“社会如何选择、分类、分配、传递和评价其公共的教育知识，既反映了社会权力分配的状况，又反映了社会控制的一些原则”①。社会权力分配和社会控制在出现变革时就提出了课程变革的需要，课程变革必然会在某种程度上反映课程权力的重新分配，以便调整对学校课程的社会控制。西方学者还对“隐性课程”所隐藏的价值观念或意识形态的控制非常关注，如阿普尔认为，“课程知识的选择和分配不是技术性的问题，而是阶级、经济的权力、文化霸权之间相互作用的产物，是显性的或潜在的价值冲突的产物”②。课程成了保存现有的社会特权利益和知识、经济关系的基本工具，课程变革关键受到深层的社会文化与价值观念的推动，因此，课程的变革就是为了适应它们的新的要求。

（二）自我更新功能

学科结构运动的失败迫使人们对这次课程变革作出反思。例如，该运动的第二号旗手、美国著名的课程论专家施瓦布反思的一个问题就是，学科结构课程是否在教育教学实践中被教师接纳并真正实施过？在此之前，课程研究领域是不关注课程实施的。“泰勒原理”提出了四个基本的课程命题：（1）学校应试图达到什么教育目标？（2）提供什么教育经验最有可能达到这些目标？（3）怎样有效组织这些教育经验？（4）我们如何确定这些目标正在得以实现？“泰勒原理”确立了科学化课程开发范式的里程碑地位，但我们可以看到他并没有提出课程实施的问

①吴永军．课程社会学［M］．南京：南京师范大学出版社，1999：63.

②吴永军．课程社会学［M］．南京：南京师范大学出版社，1999：75.

题。导致课程实施问题突现出来的，还是那一场学科结构运动。学科结构运动的失败使人们清醒过来：并不是只要把课程变革计划设计得尽善尽美就可以取得好的效果。课程实施的研究开始进入课程专家的视野，对课程实施的关注使人们认识到了课程变革的另一功能：自我更新功能。课程改革不单纯是调整教育系统以适应产生于其他社会系统的变化而带来的新的和紧迫的要求，不单纯是人们为弥补“文化滞后”的一点尝试，还要在“自我更新”的领域内作出一些尝试。

课程变革的自我更新功能主要通过课程实施来实现。课程实施就是把某一课程计划在教育实践中推行的过程。在这一过程中，课程系统在内部不断调整课程要素，以提高课程的适切性，同时产生新的课程要素，在实践过程中达到自我更新。这意味着重新定义教育目的和教育内容，也会引起其他社会领域的变化。从这一功能来看，课程变革并不仅仅消极地适应社会变革，也会对其作出积极的反作用，在一定程度上推动或阻碍社会变革。

三、课程变革的过程分析

富兰有一句名言：变革是一个过程，而不是一个事件。不同的学者、不同的变革模式对课程变革的过程有不同的理解。我们首先分析一下富兰对于课程变革过程的理解，然后分析课程变革的“研究、开发与传播”模式对课程变革过程的理解。

(一) 富兰的课程变革模式

富兰认为，课程变革遵循开始、实施、持续、结果这四个阶段（如下图8-2）。[①]

开始阶段 ↔ 实施阶段 ↔ 持续阶段 ↔ 结果阶段

图8-2：富兰的变革模式

第一个阶段是开始阶段，或称为启动、采用阶段。开始阶段就是要作出决定以采纳或进行某一项变革。富兰认为，最理想的开始阶段应具备三个要素：中肯、准备和资源。中肯包括变革的需要、变革开始的明确性（还有参与者的理解）以及实用性（能够真正提供给教师和学生的

① Fullan M G. & Stiegelbauer S.The New Meaning of Educational Change.Second edition. London: Cassell Educational Limited, 1991: 48.

东西）之间的相互作用。准备包括学校进行开发或采用某项革新的实践和概念性能力。资源是关于支持性因素的积累和提供，这也是变革过程的一部分。富兰认为，课程变革的资源是课程变革应该首先考虑的因素，因为它是变革的基础。富兰认为，存在大量的处于开始阶段的教育或课程变革。是否采用之取决于资源、实施准备以及把它融入教育教学情境的条件。

第二个阶段是实施阶段，或最初的使用阶段（在课程变革过程中该阶段往往处于前二年或前三年）。该阶段包括试图将某一课程变革的思想或变革措施付诸实施。开始阶段和实施阶段之间的关系是密切结合并相互作用的。开始阶段可能会带来意义或混乱、许诺疏远，或简单地忽视了变革过程的参与者。但是，开始阶段不佳的课程变革是否能取得成功就取决于实施阶段的努力了。因此，实施阶段是课程变革的关键阶段。

第三个阶段是持续阶段，或联合阶段、常规阶段、制度化阶段。该阶段指作为一项进行中的系统过程，课程变革是否得以建构，或由于摩擦和被抛弃而消失。持续阶段是实施阶段的继续，预示着课程变革计划实施的结局，即第四阶段——课程变革的结果。

第四个阶段是结果阶段。富兰认为，结果阶段是一个附加的阶段，其目的在于对整个变革过程进行宏观的考察和彻底的评论。通过对结果阶段的考察，我们可以对课程变革作出价值判断，最终证明是否成功。

（二）“研究、开发与传播”模式

“研究、开发与传播”模式（简称RD &D模式）是课程变革的基本模式。其基本特点是，存在着一个以理性为基础的、清晰可分的工作阶段，把课程变革作为一个技术化、线性发展的过程，研究团体处于开发的中心，课程变革从中心推向外围。这种模式遵循“研究—开发—传播”的步骤，把课程变革划分为明确的三个阶段：研究阶段、开发阶段和传播阶段（如下图8-3）。

研究阶段 ←→ 开发阶段 ←→ 传播阶段

图8-3：变革的RD&D模式

第一阶段是研究阶段。该阶段主要是确立课程变革的基本价值取向，以指导课程变革的开发与传播，这与课程变革目标的确立有关。

第二阶段是开发阶段。该阶段即新课程的获得阶段，以第一阶段确立的基本价值取向为指导，开发出新的课程。

第三阶段是传播阶段。该阶段即使用新课程，包括由传播机构把新课程向外围传播，再由学校教师在具体教育教学情境中推行。如果把传播阶段具体化，又可分为传播阶段（把新课程介绍给学校）和采用阶段（教师实施新课程）。[①]不管三个阶段还是四个阶段，课程变革的“研究、开发与传播”模式在理论上明确提出了课程变革的几个步骤，因为其可操作性而得以广为接受。但该模式借鉴了工业生产的流程，把课程变革作为工业生产过程来看待。通过研究开发新的“课程产品”，然后由教师在实践中进行“消费”。显然，这三步（四步）过于机械，忽视了教育情境的复杂性。而且，教师远离课程变革过程，只是作为外围人员而忠实地推行新课程，这样必然忽视教师的重要地位，没有认识到教师对课程变革意图的理解的重要性。理论上对课程变革的阶段划分很难在实践中行得通，教师是否积极推行新课程成了该模式的致命伤，教师参与课程变革成为必需。

在认识到这一模式的缺陷以后，很多学者在此基础上提出了变式。例如哈夫洛克提出了课程变革的联动过程模式，该模式提供了课程使用者与设计者之间的反馈。还有，美国兰德社团在20世纪70年代通过研究提出了“兰德课程变革动因模式”，认为课程变革过程应该包括三个阶段。第一阶段是启动阶段，课程变革的发起者对课程变革计划作出解释，使课程使用者理解与接受。第二阶段是实施阶段，课程变革的实施关键是对课程计划作出适当调整，以适应具体教育实践情境的需要。第三阶段是合作阶段，需要课程专家、教育行政人员、教师和社区代表等密切合作，以使课程变革计划不断进行下去。此外，约翰·所罗门从如何把课程变革转变为行动的角度对课程变革进行了分析。他认为，把课程变革转变为行动的模式有四种。[②]第一种是自上而下、排除教师的模式，该模式完全忽视了教师的作用，认为课程内容的传授可以越过教师而直接由课程专家和学科专家传授给学生。这种变革注定要失败，因为课程变革计划实际上并没有真正付诸实践。第二种是自上而下的、“垂

① 张华．课程与教学论［M］．上海：上海教育出版社，2000：340 - 343.

② Solomon J. Meta - scientific Criticism, Curriculum Innovation and the Propagation of Scientific Culture.Journal of Curriculum Studies, 1999(1):12-13.

直”培训的模式，课程变革的决策由“上面”作出，但通过在学科科目和教学价值观方面对教师进行培训而鼓励并允许教师在某种程度上参与进来。第三种是教师导向的模式。这种模式往往在日常课堂教学中产生，鼓励教师进行行动研究。但这种模式也需要其他有权势的机构参与进来。第四种是民主型模式。这种模式更注重课程文化氛围，只有在民主的氛围中才能产生这种模式。所罗门只是提供了把课程变革转变为行动的四种模式，并没有对具体的课程变革过程进行分析，但对我们理解课程变革的过程提供了另一种视角。

第二节　课程实施的概念辨析

课程实施是现代课程论研究的主题之一。尤其是在课程变革的过程中，课程实施往往成为人们关注的焦点。跟课程研究领域的其他概念不同，课程实施是一个很难下定义的术语。在我国，“课程实施”这一术语沿袭了国外学者的用法，但同时人们也赋予该术语以新的理解。我们首先从课程变革和课程开发这两种视角上考察课程实施的内涵，然后对课程实施的本质作出探讨，最后分析课程实施的基本取向以及不同取向下教师的角色。

一、“课程实施”的内涵

考察课程研究的有关文献可以发现，中外学者从不同的视角对“课程实施”这一术语作出了不同的界定。一种界定是将“课程实施”归入“课程变革”的研究范畴，认为课程实施是将课程变革付诸实践的过程；另一种界定是将课程实施作为课程开发和编制的环节之一，认为“课程实施”就是实施课程计划的过程。

从课程变革的视角对课程实施作出界定是国外课程研究的传统。实施的对象显然是一项新的课程革新措施、课程方案等。因此，在国外，对课程实施的定义一般是将课程实施看作将革新思想转变为实践的过程。例如，加拿大教育改革专家富兰认为：“课程实施是把某项改革付诸实践的过程。它不同于采用某项改革（决定使用某种新的东西），实施的焦点是实践中发生改革的程度和影响改革程度的那些因素。”[①]富兰的这一界定已经成为“课程实施”的一个经典定义。在他看来，课程实施是课程变革过程的一个重要的阶段或环节。

富兰的这一定义获得了我国学者广泛的认同。在我国学界，对“课程实施”概念的探讨基本上是对这一定义的翻译或诠释。例如，“课程实施可视作课程发展的其中一个重要环节，这个名词具有下列特征：（1）它是一个过程，涉及课程变革或创新；（2）它也可以理解为新的实践（或课程纲要）的实际使用情况；（3）它是‘课程设计和教学’周期的重要阶段”[②]。再如，“‘课程计划’是指制定课程变革的理想及实现这种理想的具体方案，课程实施是将某项课程计划付诸实践的具体过程”[③]。可以看出，无论国外还是国内，将“课程实施”作为课程变革过程的一个环节，认为课程实施是将革新付诸实践的过程，这已成为有关“课程实施”的主导的认识。这种认识是将课程实施放在课程变革的背景下来分析的，或者说课程实施与课程变革相伴而生，分析“课程实施”总是连带着“课程变革”而无法将二者剥离。在课程变革的视角下，有学者分析了课程实施的基本模式，认为这些基本的模式包括“研究、开发与传播”模式、兰德课程变革动因模式等。[④]无疑，这些模式也是课程变革的模式，归纳的是推行课程变革的一些基本策略。因此，可以认为，从课程变革视角对课程实施的分析实际上探讨的是“课程变革的实施”，即如何推行新的课程革新计划以实现课程变革的理想。

在国外，课程实施的研究归属于课程变革研究的范畴，这是从20世纪70年代以来国外课程研究领域所形成的传统。在我国，尽管人们基本上认同这种界定，但由于教育情境和话语系统的差异，人们也赋予“课程实施”以新的理解。这种新的理解就是从课程开发的视角上将课程实施作为课程开发过程的一个环节。在这种视角下，“课程实施”即“实施课程计划”，也就是将既定的课程推向学生，将课程内容转化为学生知识结构的内在组成部分的过程。这是我国教育界尤其是教育实践界通

① 简明国际教育百科全书·课程［M］. 江山野，主编译. 北京：教育科学出版社，1991：156.

② 李子建，黄显华. 课程：范式取向和设计［M］. 香港：香港中文大学出版社，1994：311.

③ 张华. 课程与教学论［M］. 上海：上海教育出版社，2000：323.

④ 张华. 课程与教学论［M］. 上海：上海教育出版社，2000：339-342.

常所认同的一种理解，课程论学者对此也作出过不少探讨。例如，我国学者施良方从课程目标、课程内容、课程实施和课程评价等维度分析了“课程编制的原理”，显然，他将“课程实施”作为课程编制的一个阶段。他说：“我们把课程编制定义为完成一项课程计划的整个过程，它包括确定课程目标、选择和组织课程内容、实施课程和评价课程等阶段。”[①]再如，“课程实施是课程论和教学论研究领域的重要课题。从课程论的角度，可以将课程实施视为课程开发过程中的一个重要环节，而在教学论意义上的课程实施，至少包括教学设计和教学过程。无论从何种角度理解，课程实施都是实现预期课程理想的手段”[②]。

在课程开发的视角下，“课程实施”被看作是课程编制和开发过程的一个环节，是从确定课程目标到评价学习结果这一完整的课程事件的一个有机组成部分。由于课堂教学是实施课程计划的主要渠道，因此在课程开发的视角下，“课程实施”与“教学”的概念又产生了千丝万缕的联系。受传统教学观念的影响，在教师的心目中，“课程”更多地表现为书面的课程文本，如教科书、教学计划和教学大纲等。对“课程”的实施也就是将这些课程文本推向学生、将课程内容传递给学生的过程。在这种语境下，“课程实施”与“教学”的界限显然难以划分，甚至有学者干脆认为，“课程实施实际上也就是教学”[③]。这种理解强调了课程与教学的统一性，在一定程度上有利于弥合课程与教学的二元分离，因此在一定范围内也得到了人们的认同。但是，课程实施与教学毕竟不是同一个概念，它们之间不能简单地画等号，在教育过程中二者有着彼此不可替代的意义。“教学”关涉学校教育活动的过程和方式，强调特定的教学目标的设立，以及教学过程和教学手段的有效性与可能性问题；而“课程实施”则从课程论的角度更多地考虑提供怎样的机会以使儿童增长经验、获得知识、发展情意、完善人格。这可以从课程实施的本质上体现出来。

---

① 施良方. 课程理论：课程的基础、原理与问题［M］. 北京：教育科学出版社，1996：81.

② 李臣之. 课程实施：意义与本质［J］. 课程·教材·教法，2001（9）：13.

③ 黄甫全. 大课程论初探——兼论课程（论）与教学（论）的关系［J］. 课程·教材·教法，2000（5）：7.

二、课程实施的本质

任何课程变革策略或课程计划，如果设计出来后就束之高阁而不经过具体的实施步骤推向学校教育的实践，那么不管为此投入多少资金、它的设计有多完善，都不会变成现实的教育效果。无论是课程变革的时期，还是在变革之后相对稳定的一段时期，课程实施都是至关重要的。因此，对课程实施本质的理解应超越单纯的课程变革视角以及课程开发视角，揭示出该术语内在的意义。我们认为，课程实施在本质上是一个行动的过程，通过这一过程将观念形态的课程转化为学生所接受的课程，从而实现课程内在的教育意义。最近国外学者对课程实施的理解正折射出该术语的这种本质。例如，美国学者奥恩斯坦等人指出："课程实施是一个'做'的过程，它致力于改变学习者个体的知识、行为和态度。它是一个创造课程方案者和传递课程方案者之间的互动的过程。"① 课程实施在本质上既涵盖了将新的课程方案付诸实践的过程，又涵盖了将新课程制度化、推行课程计划的过程。前者需要教育行政人员、专家和教师等各种群体的共同努力；后者则要靠教师发挥主体性，由教师将课程落实到课堂教学的层面。目前课程学者对"课程实施"的定义实际上都关照到了课程实施的本质，只是从不同的视角强调了课程实施的不同方面。

对"课程实施"的关注出于人们对课程变革的反思。在20世纪60年代之前，课程实施问题并不是课程研究的重要课题。但是，60年代末结构主义课程改革运动失败后，人们进行了很多的反思，认为这次课程改革失败的重要原因不在于课程方案没有设计好，而是在于没有真正将新课程推行下去。由此，有关课程实施的问题引起人们的注意，并很快成为课程研究领域的重要组成部分。由于课程实施研究是在反思课程变革的背景下诞生的，因此，对课程实施的研究一开始就关注如何在实践中将革新方案最大限度地贯彻下去。课程实施是一个转化的过程，不仅是一种对新课程方案的采用，更重要的是采用后将其贯彻下去。在这里，课程实施已经成为达成预期教育目标的手段，它影响着大规模课程变革运动的推行，左右着改革目标的落实，是影响课程变革的关键因

---

① Ornstein A C & Hunkins F P. Curriculum: Foundations, Principles, and Issues. Third edition. Boston: Allyn and Bacon, 1998: 292.

素。在国外，人们将课程变革作为一个过程，而课程实施就是这个过程的重要组成部分。富兰有一句名言："变革是一个过程，不是一个事件。"在他看来，课程变革的成功运行需要经历四个阶段：起始、实施、持续和结果。[①]起始阶段就是作出决定以采纳某一项变革；实施阶段即将某一课程变革的思想或变革措施付诸实践；持续阶段亦称为制度化阶段，是实施阶段的继续；结果阶段是一个附加的阶段，其目的在于对整个变革过程进行宏观的考察和彻底的评论。富兰的观点代表了国外课程实施研究的传统，即"将实施作为变革的过程""课程活动也就是变革活动"[②]。

但是，课程实施并不仅仅指对课程变革的实施。从课程实践活动的周期来看，在课程被设计、开发出来之后，就需要将课程计划付诸实践从而转化为现实的教育效果，这也就是通常人们所说的"实施课程"。要将课程计划转化为学生的学习结果，显然离不开教师的课程运作。因此，课程实施与教师的关系又成为课程实施研究无法回避的一个课题。教师的课程实施是一种转化的行为，即将预先设计的课程计划转化为学生所接受的现实的课程形态，进而转化为学生的学习结果。在这个转化过程中，教师不可避免地介入个人的观念和意志，这样，课程实施也是教师重建课程的过程。从深层的哲学认识论基础来看，教师对课程的重建实际上是不同主体之间通过对话而实现"视界融合"的过程，是通过对课程文本的解读而达成对课程意义的一致性理解的过程。"教师的课程实施就是一个教师与课程设计者、教师与课程文本、教师与学生以及教师与课程实践的情境之间的持续对话的过程，在这个过程中，通过不断的对话与会话而达成共识、生成意义。"[③]这体现了一种哲学诠释学的观点，而在哲学诠释学的视野下，教师实施课程的过程就是一个教师理解课程意义并诠释课程意义的过程。美国学者波斯纳认为存在一种"操作的课程"，这种课程由教师真正讲授的内容和传递给学生的内容组成，它是教师根据自己的知识、信念和态度而解释了的课程；操作的课

① Fullan M, et al. The New Meaning of Educational Change. Second edition. London: Cassell Educational Limited, 1991: 48.

② Ornstein A C & Hunkins F P. Curriculum: Foundations, Principles, and Issues. Third edition. Boston: Allyn and Bacon, 1998: 297.

③ 杨明全. 革新的课程实践者——教师参与课程变革研究［M］. 上海：上海科技教育出版社，2003：111.

程可能与官方课程相去甚远，因为教师趋向于根据自己的知识、信念和态度而解释之。[①]这种“操作的课程”的存在印证了教师对课程重建的现实性。教师在实施课程的过程中确实存在着对课程的重建或“二次加工”，这是一种客观存在的现象。我国学者吴康宁将教师的课程运作称为“教师对课程的重构”。他说：“无论是从教师的意识形态与价值取向来看，还是从教师的知识水平抑或个性差异来看，教师都不可能‘忠实地’传递作为法定知识的课程内容，而是多少对课程内容进行增减与加工。”[②]无论是“操作的课程”，还是“教师对课程的重构”，都说明教师在实施课程的过程中总是对课程有所调整的，这种调整一是为了提高课程对学生的适应性，二是为了适应教师个性化的教学方式和教学风格。教师对课程的运作说明，课程实施是教师对课程进行再加工和再创造的过程，教师对课程的理解、解释与调适有利于彰显课程文本蕴含的教育意义，实现课程计划所预期的教育目标。

三、课程实施的取向与教师的角色

在20世纪70年代，鉴于对结构主义课程改革运动失败的反思，有关“课程实施”的问题开始进入研究者的视野，人们所关注的是对“课程实施”的概念和意义的探讨。进入90年代后，国外“课程实施”的研究开始发生转向，即从对课程实施的概念和意义的探讨转向对课程实施取向的研究，以及有关课程实施程度的研究。例如，香港学者张善培认为，“有关课程实施的主要研究项目可分为四类：（1）测量或评价教师实施课程的程度；（2）探究影响课程实施的有利因素及障碍；（3）测试不同实施策略的成效；（4）发展有关实施历程的理论，借以解释及推测课程实施之成功或失败”[③]。这种转向标志着人们对“课程实施”本质的认识的进一步加深，而对“课程实施”取向的最权威的探讨，首推美国学者辛德、波琳和朱沃特的观点。他们认为，可以从三种不同的角度

① Posner G J.Analyzing the Curriculum. New York:McGraw-Hill Inc.,1992:10.

② 吴康宁．教育社会学［M］．北京：人民教育出版社，1998：331.

③ 张善培．课程实施程度的测量［J］．当代华人教育学报，1998（2）：19.

去分析课程实施，即忠实观、相互调适观和课程创生观。[①]人们将这三种视角下的课程实施称为“课程实施的三种取向”，即“忠实取向”“调适取向”和“创生取向”。教师是课程实施的主体，在不同取向下的课程实施中，教师所扮演的角色也不同。

“忠实取向”的课程实施追求最大限度地依据课程计划的原本意图去实施课程。这种取向假设，课程是既定的课程文件或产品，课程计划在设计上是完善的；课程实施是一个直线的过程，教师在实施课程时越接近既定的课程计划，那么课程实施越成功。在这种取向下，课程设计者扮演着专家的角色，他们已预先将课程完善地设计好了，并为教师的课程实施提出建议和指导。教师则扮演着忠实使用者的角色，他们无须对课程计划作出改变，只要忠实地落实既定的课程计划、实现专家课程设计的意图即可。忠实取向的课程实施在20世纪60年代曾备受推崇，因为通过控制教师的课程行为、监视课程实施的成效，可以在学生的学习结果和课程计划之间建立联系，有利于评价最初的课程计划的优劣，从而提供反馈、改进课程计划。但实践证明，这种取向的课程实施并不能按专家设计的意图成功地运行。因为教师总是有意或无意地对课程作出增删和调适，完全忠实地“复制”课程内容的实施在实践中是不存在的；对教师行为的控制实际上消解了教师作为专业人员的课程自主权，不利于教师能动地创造性地实施课程。

“调适取向”的课程实施允许教师根据具体教育情境对原先的课程计划作出适当的调适。在这种取向下，教师可以不按照专家的意图和既定的课程计划去实施课程，因为既定的课程计划更多考虑的是学校教育的共性，但不同学校、不同班级以及不同教师的课程实施都是个性化的，为了更好地实现课程意义，需要对课程作出相应的调适。这就要求课程本身一定要有灵活性，留出空间让教师对课程目标、课程内容、课程的组织方式和评价方式等作出调整。这种取向的课程实施假设，要成功地落实课程计划的意图，必须在课程和教师的实施之间作出相互的调适；课程实施的关键就在于调适，而不是标准化的课程行为。在这种取向下，教师成为积极的协调者和课程的共同决定者，教师的课程角色和

① Snyder J, Bolin F, Zumwalt K. Curriculum Implementation. In P. W. Jackson (Ed.). Handbook of Research on Curriculum . New York: Macmillan Publishing Co. Inc., 1992:402-435.

课程功能受到重视，有利于发挥教师的积极作用，创造性地实施课程计划。

“创生取向”的课程实施假设，课程不是既定的计划或产品，而是教师和学生经验的总和；官方的课程纲要、课程文件和教材等不是需要教师忠实推行的学习材料，而是协助教师和学生创造课程的一些工具。在这种取向下，课程实施与教学已内在地整合在一起，教师实施课程的过程同时也就是教师和学生创生课程的过程。因此，这种取向的课程实施消解了专家的权威角色，教师和学生成为课程创生的主体，教师不再需要忠实于专家的意见，而是扮演着课程开发者的角色。这种取向的课程实施不注重原先的课程计划被实施的程度或课程如何被教师所调适，而强调将教师和学生的经验与课程的相互融合。

实际上，课程实施的取向只是对具体的课程实施活动的一种理论上的提升或抽象，在课程实践中不存在纯粹的“忠实取向”“调适取向”或“创生取向”，也很难将其清晰地划分。课程实施的取向揭示了教师在实施课程时的倾向性，对课程实施取向的研究也服务于课程意义的表达以及课程目标的实现，也正是通过对课程实施取向的研究而诠释了教师课程运作的复杂性和教师课程角色的重要性。

第三节　课堂中的课程变革

课程文本的理解和对课程意义的诠释。这就是课程理论研究的“范式转换”。课程理论范式的成功转换内在地要求课程实践的回应。在新的世纪，世界范围内的课程改革运动掀起了民主、参与、赋权的思潮，在新的时代精神的驱动下，课堂中的课程实践必然也会发生相应的变化，由此回应课程理论“范式转换”的发展动向。与传统的接受式课程实践相对，这种新的课程实践是一种参与式的课程实践，它改变了原有的知识观和课程观，体现出对课程实践参与者的赋权以及关注课堂中课程意义的生成与分享。

一、课程理论研究的“范式转换”

1918年，美国学者博比特出版《课程》一书，标志着课程论作为独立的研究领域诞生。当时正是科技理性张扬、人类普遍追求效率与控制的时代，因此现代课程论一经诞生就打上了时代的烙印。受行为主义心理学、科学管理思想和社会效率运动的影响，最初的课程理论研究寻求有效开发课程的“普适性”这一种程式，通过“工作分析”或“活动分析”而确立明确的课程目标，进而选择人类经验、组织课程内容。这种努力在泰勒那里达到了顶峰。1949年，泰勒出版了《课程与教学的基本原理》，提出了课程开发的四个步骤，简言之就是：确定目标、选择经验、组织经验和评价结果，这就是著名的“泰勒原理”。它是一个线性的、简洁有效的课程开发程式，泰勒坚信它可以应用于任何情境的任何课程开发，显然这正是现代课程论当初所寻求的“普适性”的课程开发程式。在随后的二十年里，人们依照“泰勒原理”的思路去研究、开发和编制课程，课程研究和实践成为它的注脚，整个20世纪成为“课程开发”的世纪。因此，“泰勒原理”又被称为“主导的课程范式”。[①]

课程是教育意义的载体，负载一定的价值观念和知识形式，学校教育正是通过课程而影响学生的。然而，以“泰勒原理”为代表的传统课程范式却将课程视为客观的“学校材料”，课程成为分门别类的学科、成为教学过程要达到的目标或计划。课程研究只不过是寻求设计课程方案的一套程序，通过确立目标、选择内容、实施和评价等开发出普适性的课程方案。显然，传统的课程范式受技术理性的支配，注重课程的工具价值，使课程开发成为一种合乎规则的运作程式，从而达到控制教师和学生的行为之目的。这种课程开发是现代范式下课程研究的产物，它注重课程的预期目标而忽视了非预期目标，缺少对学生经验和社会环境的关照，从而导致课程实践不能体现课程文本应有的教育意义。

20世纪70年代后，课程研究领域发生了“范式转换”，从原来的课程开发范式转向课程理解范式。这种转向首先发生于60年代末人们对“结构主义课程改革”运动失败的反思。以“泰勒原理”为代表的传统课程开发将课程看作“产品”，教师和学生成为课程产品的“消费者”；

---

① Schubert W H.Curriculum: Perspective, Paradigm, and Possibility. NewYork: Macmillan Publishing Company, 1996: 23.

课程开发是一个价值中立的过程，外部专家通过开发详细的“防教师”的材料而尽可能地将教师和学生排除在课程开发的过程之外。这种课程观正是结构主义课程改革运动的理论基础。作为该运动的“第二号旗手”，施瓦布在结构主义课程改革失败之后经过痛苦的反思，提出了实践取向的课程观，开始向“泰勒原理”的主导地位发起挑战。接着，“概念重建主义课程理论”迅速崛起，这种挑战变得更为猛烈，直接导致了“泰勒原理”主导地位的崩溃，为多元课程话语的繁茂拓展了空间。美国当代课程论专家派纳对此直言不讳：“课程领域不再为开发所抢先占有，正如我们将要看到的，今天的课程领域开始为理解所占有。”[①]在课程理解的范式下，人们把课程作为“文本”和“话语”来理解，课程成为一种符号表征，成为负载课程意义的文本，通过解读这种文本可以获得多元的课程意义：政治的意义、审美的意义、生态学的意义、宗教的意义、解释学的意义、现象学的意义、全球化的意义，等等。可以说，当前的课程研究致力于摆脱传统的普适性课程开发而走向多元课程意义的重建、理解与解释，它为我们反思传统的课程观提供了新的视角。

理解的课程范式以现象—诠释学哲学观为其理论基础，倡导不同主体在各自的视阈内对课程文本进行解读，诠释其中的课程意义。这样，学校课程不仅仅是学科科目，也不仅仅是教学目标，而是由符号表征了大量意义的文本，拥有大量可供解释的空间，我们每一个人都可以在自己的视界内作出理解和解释。因此，课程不是预设的“结果”，而是理解的“过程”，是不同课程主体在对话过程中达成共识、建构意义的过程，也就是课程主体形成“视界融合”的过程。可见，“范式转换”之后的课程研究已经解构了“泰勒原理”的“宏大叙事”，开始超越对普适性“课程原理”的建构，越来越回归教师和学生的日常生活，在点点滴滴的日常生活中生成意义、寻求超越。课程理论的这种转向内在地要求课程实践层面的相应变革，期待课程实践者介入对课程意义的建构，重新审视课程实践的过程。

① Pinar W F, et al. Understanding Curriculum: An Introduction to the Study of Historical and Contemporary Curriculum Discourses. NewYork: Peter Lang Publishing Inc., 2000:6.

二、接受式课程实践之批判

教师是课程实践的主体。但是，近代制度化的学校教育产生之后，尤其是19世纪末以来，现代技术理性的膨胀使教师的课程功能受到排挤，教师在课程事务中由“中心”彻底走向“边缘”，教师的课程功能萎缩，“武功”被废。长期以来，教师逐渐远离课程研制以及对其他课程事务决策的过程，成为单纯的课程内容的讲解者和知识的传递者。教师的课程实践主要是执行外部专家的课程指令、忠实地实施专家学者开发的课程材料。可以说，这种传统的课程实践方式发挥的是一种“文化复制”的功能，致力于将体现于课程中的人类文明成果客观、忠实地传递给下一代。评价教师的课程实践的标准，就是看教师是否忠实地再现专家学者的课程意志、将课程内容忠实地传递给受教育者。这种课程实践的运作方式强调对课程内容的客观呈现，它的本质就在于对课程内容的复制，因此我们可称之为“接受式课程实践”。

在接受式课程实践之后隐藏着一种对课程的潜在假设，那就是：将课程看作是独立于教师和学生的法定知识，这些知识是客观的、价值中立的，课堂中的教育行为就是由“拥有知识”的教师把这些知识传递给“无知”的学生。对于这种课程假设，英国著名教育社会学家麦克·扬在《未来之课程：从“新教育社会学”到学习的批判理论》一书中作出了很好的批判。在麦克·扬看来，课程变革的过程中有一种传统的课程假设，这种假设认为“课程即事实”。“课程即事实”是一种保守主义的研究观点，而这种研究观点的出发点在于“作为产品”的课程，而不是在更为广阔的社会情境中，由教师和学生通过实践而产生的课程。从教育社会学的角度，麦克·扬认为课程实践应关注实践情境和社会关系，而不是预设的课程产品。“社会关系是指教师和所教知识的关系，以及课堂情境与更广阔的社会情境之间的关系，正是在社会情境中，课堂实践才得以形成，并包含了关于知识和课程的假设。”[①]由此出发，麦克·扬认为，“课程即事实”导致了人们将课堂实践的运作过程看作是知识的实体从拥有知识的教师向没有知识的学生传递的一种过程：“课程即事实这一概念及其内在的知识观将知识看作是外在于学习者（包括教师

① Young M F D.The Curriculum of the Future: From the "New Sociology of Education" to a Critical Theory of Learning. London：Falmer Press，1998：25.

和学生）的，通过它在教学大纲和课本中的具体体现，已经被人们广泛地接受，并对我们的教与学的概念产生了深刻的影响。”[①]麦克·扬的批判针对的实际上是接受式课程实践对课堂中社会关系的一种淡忘。因为“课程即事实”的观点将课程看作是一件件物品或产品，并将其在课堂中展示出来，由学生学习或接受。

长期以来，这种接受式的课程实践一直主导着教师的课程行为。在这种课程实践下，教师的课程主体地位丧失，教师成为单纯的传递课程内容的工具和手段，这是工具理性的价值观和二元论思维在教师与课程二者关系上的体现。由于该方式强调对课程内容的复制，教师的课程行为萎缩为向学生传递课程材料中的知识技能。结果，教师的课程角色和课程意识泯灭于单向的信息传递中，教师沦为“教书匠”：他们无非是根据他人提供的教学方法讲授他人开发的课程，实现他人制订的教学目标。显然，在这种传统的课程实践方式中，教师丧失了主导课程事务的权责，在课程事务中我们几乎倾听不到教师应有的声音。尽管社会已认可教师为“专业技术人员”，但这种课程实践方式难以体现教师作为专业人员的权力和职责。

另一方面，在传统的课程实践下，学生只不过是接受课程内容的“容器”，对课程目标和内容的确定毫无发言权。学生是教授的“对象”，是研究的“客体”，这种主客二分的对象化思维严重损伤了学生学习的主体性和课程实践的参与性，致使学生的学习方式单一、对课程内容不感兴趣，学校成为成人社会对未成年人实施霸权、进行控制的场所。在新时代，随着课程理念的不断变迁和课程范式的转换，这种接受式课程实践也已越来越不适应课程变革的需求。在课程改革的背景下，要落实课程改革的理想，必须重新审视教师、课程和学生三者的关系，倡导教师与学生的课程参与，从而发展一种新型的参与式课程实践的运作方式。

诚如澳大利亚课程学者沃尔克所言，“教师的日常生活已经与课程整合在一起，教师与课程不可分隔，就像骨骼与肌肉不可分隔一样”[②]。

---

① Young M F D.The Curriculum of the Future: From the "New Sociology of Education" to a Critical Theory of Learning. London：Falmer Press，1998：25.

② Walker D F & Soltis J F. Curriculum and Aims. New York：Teacher College，Columbia University，1992：1.

参与式课程实践折射出人们对课程的重新理解。传统而言，课程是学校外部专家预期的课程计划，由外部专家将预设的课程传递给教师，然后教师再传递给学生。显然，相关因素之间呈现的更多的是一种单向度的线性关系。在这种关系中，教师只是专家的“传声筒”，教师成为传递知识的工具。但在参与式课程实践中，教师由消极的旁观者变为积极的参与者，课程也不再是预设的学习材料，而是教师和学生通过对话而相互理解、达成共识的过程。在这一方式中，相关因素之间呈现的更多的是一种互动性的网络关系（如下图）。

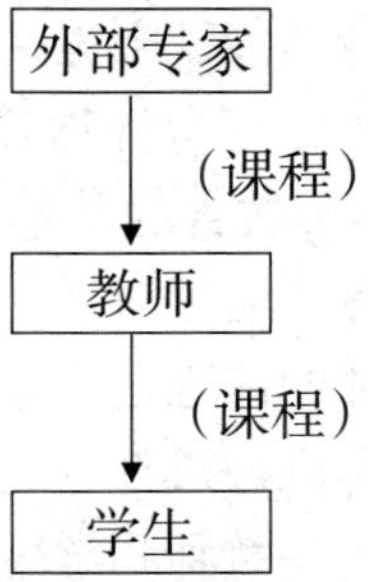

图8-4：教师、学生与课程的单向关系

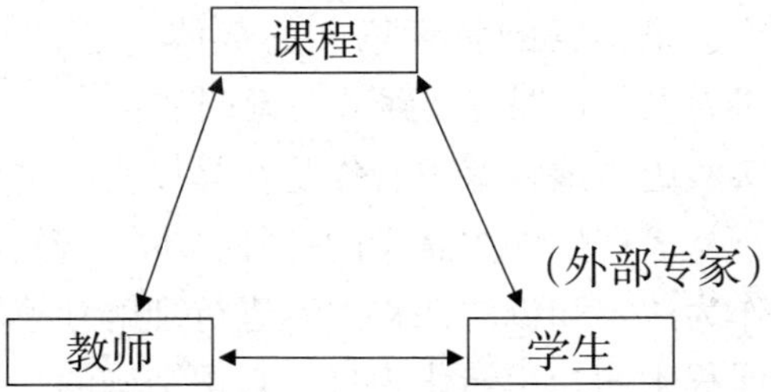

图8-5：教师、学生与课程之间的互动

教师对具体实践情境的了解和对有关学生的知识的把握是他们参与课程设计的根基，也是倡导参与式课程实践方的合理性基础。教师与学生、课程之间的互动是发生在具体课堂情境中的，教师的知识和专业经验的增长也是发生在学校和课堂的教学情境这一土壤中的。而外部专家则隐退为一种谦逊的顾问角色，为三者的互动提供全程的智力支撑。“教师对课程变革的发言权取决于他们在具体情境中的课程实施。由于其工作的性质，教师对制度性话语的贡献并不能跟学科专家相比，或跟教学法专家相比。教师的专业性根植于其工作的具体情境：学校的、课程方案的、课堂的情境等。他们沉浸在课程实施的具体情境中，并从其中引发出自己的权威声音。”①

三、参与式课程实践方式的精神内核

在当今的信息化社会，科学技术理性和人文价值理性呈现融合的趋势，课程日趋实践化、过程化，拓展了教师和学生在课程领域作为的空间。人们开始超越单纯的二元论和对象化思维，开始交互主体地而不是线性地考察事物之间的关系。由此，变革传统课程实践方式不仅是必需，也成为可能。在哲学诠释学的视野里，人们以认知主体的身份参与对事物的理解与解释，通过交流与沟通而形成共识，达成“视界融合”。教师、学生和课程是学校教育的基本要素。教师和学生可以自主地对学校课程进行理解与解释，通过对话与讨论，可以达成共识、生成课程意义。就是说，经过教师的课程运作和学生经验的建构，课程内容得以转化为学生知识结构的有机构成部分，从而实现课程内在的价值和既定的教育目的。因此，课程是教师和学生在具体情境下随着教育过程的展开而不断生成与建构的，它不是僵死的“学习材料”，而是充满各种意义的“文本”，是丰富的教育意义的载体。这样，对课程的“理解”与“解释”成为参与式课程实践的关键词。

参与式课程实践更多地将课程看作是在具体实践情境中教师、学生和教材相互作用、从而产生课程意义的各种文本，它允许教师和学生积极参与其中，对作为法定知识的课程内容进行理解和解释，在他们各自的经验背景中将课程中的知识转化为自己知识结构的一部分，从而实现对知识的重新建构和对意义的重新诠释。这种课程观的转变折射出深层的知识观的转变，参与式课程实践因此对传统的知识观也提出了挑战。在参与式课程实践的视野里，知识不再是独立于人而客观存在的、价值中立的，知识的产生、传递和分配离不开一定的社会关系和参与主体的建构。用麦克·扬的观点来说，参与式课程实践反映了对课程的另一种假设，那就是：课程即实践。这种观点的出发点不在于客观化的知识本身，而在于知识如何被参与者所生产。“在教育中，这种观点一直关注的是师生的课堂实践，关注诸如学校的科目或者学生能力的发展等这样

---

① Kirk D & Macdonald D. Teacher Voice and Ownership of Curriculum Change. Journal of Curriculum Studies，Vol.33,No.5, 2001：559.

一些教育的现实情况，关注这些实践的产物……知识不再被当作是为了让教师进行分配和传递的东西，不再是从学术‘发现者’那里传递下来的私有财产，知识成为师生合作的产物。”[①]跟接受式课程实践相比，参与式课程实践在课程观、知识观、教师观和学生观等方面都提出了不同的假设，这些假设有利于人们重新认识课程实践以及课程本身的价值，深入思考教育活动对于人类发展的意义。

作为参与式课程实践的另一精神内核，“参与”意味着对劣势群体的赋权。在现代学校课程的体制下，教师和学生无疑是劣势群体，因为在以“泰勒原理”为代表的自上而下的课程决策模式下，教师和学生对课程问题几乎没有发言权，他们是课程事务的“边缘人”。参与式课程实践方式的核心要求是，教师在课程事务中能够实现民主参与和权责分享，自主地理解、诠释并建构课程意义，也就是真正实现教师的课程参与问题。参与式课程实践方式体现出如下特征。首先，在宏观课程政策方面，教师有机会参与课程决策的过程，表达自己的课程意志并行使课程权利。这就需要拓宽教师对课程事务反映意见的渠道，为教师提供机会以表达其课程意志。其次，在课程文本的产生过程中教师享有参与的权利，并承担相应的专业职责。尤其在校本课程开发的过程中，教师必须担当课程开发的主体，以主人公的姿态参与校本课程开发的全过程。最后，在课堂层面的课程实施中，教师应该摒弃忠实地“复制”既定课程内容的实践方式，参与对课程意义的理解与诠释，从而取得更好的教育效果。在这个层面的课程实践中，教师要积极、负责地对官方课程进行“二次开发”，使课程既符合自己个性化的教学需求，又能体现学生个性化的学习需要。

除了需要真正对教师和学生赋权之外，参与式课程实践的成功运作还需要参与者主体意识的觉醒。只有参与者真正认识到自己是课程实践的主体、以主人公的心态对待课程实践之后，“参与”才能是真正意义上的参与。从哲学诠释学的视角看，教师在实施课程的过程中肯定会介入或渗透自己的观念，课程实施不可能是一个与教师本人的视界“无涉”的过程。但是，目前看来，这种介入或渗透很大程度上都是自发的、无意识的，而且教师对课程的调适大都是个人化的，即为了自己教

① Young M F D.The Curriculum of the Future: From the "New Sociology of Education" to a Critical Theory of Learning. London: Falmer Press, 1998: 27-28.

学的便利。我们倡导教师的参与式课程实践，就是致力于将这种“自发”转变为“自觉”，促使教师课程意识的觉醒，即教师有意识地参与课程变革的过程，从新的视角理解“课程”的概念及其与学生的关系，在具体情境中创生新的课程意义。所谓“参与”，就是行为主体自愿、主动地介入行动过程，并进行意见交流与权责分享，从而实现行为主体的自主与自觉的一种活动的态度。那么，“参与”就意味着决策分享和权责分担，意味着以团体成员的身份进行合作、对话与交流，意味着思想的表达、意见的沟通和利益的实现，它是一种自主、自愿的活动，也是一种意识。

第四节　课程变革对教师的挑战

教师是课程实施的主体。在课程改革中，如果与课程实施相关的因素没有进行同步的变革，那么课程改革的努力往往无果而终。人们必须认识到，教师是影响课程改革成败的关键因素，这已被课程变革的历史史实所证明。尽管如此，由于种种原因，课程改革的意图往往得不到广大教师的理解和认同，一线教师不能很好地把握课程改革的基本理念，在教学实践中也会感到困惑迷茫、无所适从。但这并不意味着我们的教师拒斥改革，而恰恰说明理论上可行的课程理念没有很好地落实到教育实践中来。

一、课程权力的再分配与教师课程意识的培养

1999年6月，我国颁发了《中共中央国务院关于深化教育改革全面推进素质教育的决定》，提出“调整和改革课程体系、结构、内容，建立新的基础教育课程体系，试行国家课程、地方课程和学校课程”。这标志着我国基础教育在课程权力方面进行了重大的调整，使得地方和学校在参与课程开发和管理上得到了政策的保障。在此基础上，即将颁布的《国家基础教育课程指导纲要》(以下简称《纲要》)指出：“建立国家、地方、学校三级课程管理政策，增强课程对地方、学校及学生的适应性，改革课程管理过于集中的状况”，这进一步强调了课程权力的再分配，致力于突破以往课程权力过于集中、难以适应地方和学校具体情况的弊端，推进课程决策的民主化进程。

课程权力的再分配是课程管理制度演变的结果。20世纪七八十年代

以来，随着世界范围内课程改革的演进和课程开发模式的变革，各国都在努力打破原有的课程权力分配极端化的开发和管理模式，强调课程开发的民主参与。从传统上来讲，我国采用的是自上而下的课程开发模式。中华人民共和国成立后，我国引进苏联模式，确立了与经济体制和政治体制相对应的课程管理与开发体制。这是一种国家本位的课程模式，随着教育的发展和课程改革的推进，这种模式的弊端日益暴露，打破课程权力过于集中的传统模式已经势在必行。早在80年代，有人就提出了“三级课程管理”的设想；到90年代，三级课程管理开始进入具体操作阶段，如校本课程的开发与管理已经在试点学校萌芽并迅速发展，取得了可喜的成果。三级课程管理体制的提出与推行是课程改革的客观需要，也迎合了世界范围内课程权力再分配的潮流。我国所谓的三级课程管理体制，就是把原先在中央水平上过于集中的课程决策权力分配一部分给地方和学校，使地方和学校参与课程开发，从而出现国家课程、地方课程和学校课程并行存在的局面，使课程更加适合地方和学校的具体教育教学情境。可见，我国三级课程管理体制是从课程权力的再分配上实现国家、地方和学校协调统一的。

那么，三级课程管理的推行对教师来说意味着什么呢?

长期以来，我国采用课程开发的“中心—外围”模式。课程开发的主体是课程专家和学科专家，他们处于课程开发的中心，把设计出的新课程作为“产品”推向教师；教师处于课程开发的外围，作为消费者去“消费”这些课程。教师在课程开发中没有发言权；加上课程管理体制单一、相对集权化，教师被排除于课程决策和管理之外。因此，课程开发是远离教师的，教师只是课程的解释者和实施者，这种模式下开发出的课程远离教师的经验、知识技能、教学观和学生观，不能很好地为教师所接受，其结果是课程得不到很好的实施。另一方面，教师从来就不关心课程的开发与管理，在课程开发过程中始终处于被动的地位，缺乏必要的课程意识和课程开发的技能，也很难正确理解和把握课程改革的指导思想和旨趣，结果是反过来又影响了课程的有效实施，造成了课程改革的恶性循环。三级课程管理体制的理念赋予教师以参与课程开发、管理课程的权力，尤其在学校水平上，教师应该成为课程开发的主体，这对教师提出了新的要求和挑战。教师首先应该做到的是培养自己的课程意识，积极接纳新的课程理念，为新课程的推行奠定基础。

教师增强课程意识有利于加强对课程概念的认识和课程观念的转变。教师只是把课程看作是一些供儿童学习的材料，这只是课程内涵的一个方面。在本质上，有了儿童才有课程，课程是有计划地安排儿童学习机会的过程，在这一过程中，学生获得知识、参与活动、增加体验。可见，课程不仅指学习材料，也不单单是学科科目，它还是一种过程，一种结果，一种意识。教师增强课程意识，就可以超越原有的只是把课程作为学习材料或学科看待的做法，有意识地安排学生的学习，组织活动以丰富学生经验，在真正的教育意义上对学生实施教育。随着校本课程的开发和实施，教师应该认识到，自己并非课程开发的“局外人”，而是课程开发的参与者，是校本课程开发的主体，应该在校本课程的开发和实施中有所作为。教师如果能够真正参与到课程开发中来，就能够在很大程度上提高新课程的适应性，使新课程能够适应具体教育教学情境，提高课程实施的成效。

教师增强课程意识有助于课程目标的实现。传统的，课程开发就像“接力赛”，课程专家和学科专家设计出新课程，他们的任务已经完成，“接力棒”传到教师手里，由教师进行课程的解释与实施。这样，课程目标的实现在很大程度上取决于教师对课程解释与实施的质量。如果教师不能很好地掌握课程改革的目标与精神，那么就很难取得好的成效。反观历来的学校课程改革，无论当初的课程设计方案多么理想，其结果往往与课程目标相距甚远。这一方面是课程设计本身的原因，另一方面也要反思教师方面的原因。因为，教师往往用自己的观念、态度和意识来解读新的课程政策，他们对课程的认识直接关涉课程推行的效果。教师增强课程意识有利于教师去理解课程改革的意图，把握课程目标的内涵，从而有效实现课程目标。当然，教师本身的知识、技能和实施新课程的准备也影响着课程目标的实现。

二、学生主体性的提升与教师角色的转变

学生是构成教育活动的基本要素，是教育的对象。学生有其自身的社会地位和角色的规定性。就社会地位而言，学生的含义往往表明了一种文化上的不足与差距，因为学生毕竟处于身心发展尚未成熟的状态，学生群体的未成熟状态与成人社会和主流文化之间是存在一定差距的，

但是，正是这种差距的存在才为教育提供了一种可能性。就角色而言，学生有其一套与角色相应的行为模式和行为方式，教师应该在了解学生角色特征的前提下实施教育，缩短他们与社会文化之间的差距，从而获得社会正式成员的资格。因此，学生构成了教育现象的基本要素，任何教育改革都不能忽视。综观当前的课程改革，其基本精神可以概括为“为了每一个学生的发展”。关注学生主体、提升学生的主体性是本次课程改革努力的方向之一。这在课程改革的目标、课程结构、教学改革、学习方式的改革以及课程资源的开发等方面体现出来。

从这次课程改革的总体目标来看，实施以创新精神和实践能力为核心的素质教育是课程改革的总方针，强调课程要促进每个学生身心健康发展，这为本次课程改革奠定了基调，也给新一轮的基础教育课程改革带来了新的气息。在课程结构上，新的基础教育课程结构致力于体现课程的均衡性、综合性和选择性，强调课程内容的组织要突破以学科为中心的模式，尊重学习的兴趣和经验。在教学改革方面，强调学生的身心健全发展是教学活动的出发点和归宿，把学生的身心发展作为教学的最高追求。在学习方式方面，强调学生的主动探究和合作学习，发展学生发现问题和解决问题的能力。在课程资源的开发方面，强调教材的编写要遵循学生的心理发展特点，从学生的兴趣和经验出发，精选对学生终身学习必备的基础知识与技能，同时合理利用其他课程资源，增加学生的学习经验。

作为认识和实践活动的主体，学生主体性的基本特征表现在自主性、能动性、创造性等方面。自主性是指在一定条件下，个人对于自己的活动具有支配和控制的权力和能力。能动性是指主体能够自觉、积极、主动地认识客体和改造客体，而不是被动地、消极地进行认识和实践。创造性以探索和求新为特征，是主体性的最高表现和最高层次。学生主体性的发挥需要教师的指导，因此，教师必须首先认识并认同学生作为学习主体的地位，尊重学生的主体性，转变传统的教师中心的做法。本次课程改革对学生主体性的提升和对学生经验的尊重突破了传统课程不关注学生的弊端，对教师提出了新的要求。

新的时代是呼唤主体性的时代。但是，我国长期以来对学生的主体地位重视不够。在教育过程中，仅仅把学生作为教育的客体，忽视了学生主体性的培养和发挥。传统的教师的职责在于“教书”，而不是“教学生”。教师从自己的教学经验出发把书本上的知识传授给学生，学生只是接受知识的“容器”，完全处于被动的位置。这种“教师中心”的教学方式割裂了知识与学生经验的内在联系，不能很好地从学生经验出发培养身心和谐发展的未来人。本次课程改革对学生生活和经验的强调顺应了在新的世纪课程与教学向学生生活世界回归的取向，要求教师摆脱传统“教师中心”的做法，从儿童的经验出发，发挥儿童的主动性和创造性。例如，新课程体系中的综合实践活动是一种新的课程形态，它立足于学生的生活和经验，基于整体论的视野而力图超越原有的学科分割的局面，通过活动把知识和技能综合在一起，培养学生的综合实践能力和探究精神。在这种新的课程形态中，教师要为学生的活动提供组织与指导，教学设计要为学生的自主选择和主动探究创造条件。显然教师再也不能固守原有的“教师中心”的做法，必须站在学生中间，从学生的经验出发而开发活动课程并指导学生的实践活动。教师作为组织者和引导者，要面向全体学生，了解和研究每一个学生的需要及其发展的可能性，注重个别指导，尽可能满足学生的不同需要。

注重学生的主体性还表现在当今课程改革以学生发展为本的趋势。以学生发展为本的课程，是注重全体学生全面发展与个性差异相统一的课程。这就要求把学生的发展作为课程开发的着眼点和目标。以学生发展为本的课程改革立足于打破传统的学科本位的课程开发模式，注重学生原有的生活经验和学习经验，强调学生发展的主体性、主动性。应该说，以学生发展为本的内涵同素质教育是完全一致的，不仅要注重全体性、全面性、主动性，而且必须注重发展的差异性、持续性。课程改革的这些趋势要求教师由课程开发的“局外人”转变为课程开发者和参与者。由于教师的职责和知识准备等原因，教师不可能独立开发课程，但可以参与到课程开发中来，发表自己的声音。因为一线教师最了解具体教学情境，在如何对待学生的个性和差异性问题上最有发言权，因此教师的参与可以使课程更加适应于教学实践，体现出课程的差异性。

三、课程的综合化与教师适应能力的提高

当前，我国基础教育课程改革倡导课程的综合化以及课程与学生生活和经验的联系。例如《纲要》指出，“课程内容的组织要突破以学科

为中心的模式，倡导从学生的兴趣和经验出发，结合社会、科技的发展，重组各门课程的学习内容，体现综合性”。新的课程体系要构建综合课程与分科课程相结合的课程结构，尤其在小学阶段，应以综合课程为主。目前，世界上绝大多数国家都在基础教育阶段开设了综合课程。所谓综合课程，指的是不同于分科课程的一种课程取向，它围绕某一个主题而把两种或两种以上的学科知识整合起来，从广义上来说，包括学科本位的综合课程、社会本位的综合课程和经验本位的综合课程。无论哪一种综合课程，都意味着人类经过长期的积累而形成的知识或文化从本原上来说都是相互联系着的，尽管随着人类认识的不断深化，对知识进行学科领域的划分成为必需，但也应该认识到，所谓的学科分割都是人为的，使得原本相互关联的知识变得支离破碎。再者，除了学科知识，社会生活和学生经验也是课程的来源。课程要反映一定的社会政治、经济和文化，要体现社会的要求和时代的特征；更重要的是，课程和教学必须适应儿童的身心发展水平，必须基于儿童的生活和学习经验。这些社会生活和儿童经验所体现的不会是分割的学科知识，而都是综合的跨学科的知识和学问。在小学，《纲要》规定开设思想品德、社会、体育与健康、艺术、科学和综合实践活动；在初中阶段，开设思想政治、社会、科学、体育与健康、艺术和综合实践活动，这些都是综合课程具体的课程形态。

对综合课程的关注是基于学生的生活和经验的。原有的以分科为特点的学科中心课程把各科知识分割为独立的领域，很难培养学生综合运用各种知识解决问题的能力，尤其在小学阶段，整合各门学科已成为必需。这对教师提出了新的要求，它意味着教师必须提高实施综合课程的能力，形成跨学科的知识结构。教师是教学过程的组织者和引导者，教师在设计教学目标、选择课程资源、组织教学活动、运用现代化教育技术以及参与开发学校课程等方面，都应该以实施素质教育为己任，面向全体学生，创造性地进行教学，探索和运用先进的教学方法，不断提高专业水平和道德素养。

教师跨学科知识的素养和协同教学是综合课程实施的必要条件。为了适应综合课程的需要，教师应该在两个方面作出努力。一方面是在实施综合课程时，教师必须拥有跨学科的知识和技能，具备广博的知识背景，而不能以传统的分科课程的实施方式去解释和推行综合课程。这就需要教师自觉地完善自己的知识结构，补充必要的学科知识，转变传统的单科教学的做法，努力在多学科的视野之中丰富学生的经验。另一方面，教师之间的合作成为必需。传统的课堂教学中，教师在各个学科之间是没有交往的，在课堂内教师们不跟其他教师产生联系，这也是阻碍综合课程实施的一大障碍。因为，任何教师不可能具备所有学科的知识和技能，综合课程的实施需要教师之间的互补与合作。协同教学就是对此提出的要求。所谓协同教学，就是发挥教师群体的力量，由两个或两个以上的教师组成教学小组，共同进行课程编制、组织学生活动、开发教与学的资源并完成教学任务的一种教学方式。其目的在于通过教师之间的沟通与合作而丰富学生经验、促进学生的全面发展。协同教学在于打破原有的独立作业的教学形态，培养教师的团队合作精神并促成弹性化与多元化的教学方式，发展教师的专业自主权。

当前，综合课程的实施仍存在一些误区。尽管学校开设的是综合课程，但教师仍然从分科的角度进行教学，或者把相关的分科知识在课堂上简单拼凑在一起，教的是综合课程，讲的是分科知识，失去了开设综合课程的初衷。协同教学可以使教师在一定程度上走出这些误区。在教学中，教师主要以跨学科协同的方式进行，多个学科的任课教师共同完成某一综合课程的授课，多交流、多讨论，这样可以有效地实施综合课程。当然，协同教学的形式需要在实践中接受检验并不断完善，因为现阶段的教师都是在分科状态下培养出来的，在教学实践中已经习惯了分科教学的做法。学科界限的模糊要求师范院校调整专业设置，培养能够从真正意义上实施综合课程的师资，使教师一开始就建构起适应实施综合课程的多学科的知识结构，消除分科教学造成的知识隔离，更好地发挥学生个性、丰富学生经验。目前，培养实施综合课程的师资力量已成为教师教育面临的新课题。

第九章 课程的政策话语及其比较

课程政策是教育行政部门为了确定、规范和引领学校的课程实践而制订的相关课程文件和课程文本。对课程政策的话语分析可以揭示一个国家在特定时期内对课程实践的理解、期望和教育理想。在比较教育的视野下，通过对中外课程政策的比较分析有助于发现差异、揭示规律并寻求课程领域的国际理解。这些课程政策落实之后则转化为学校课程的实践运作，必然推动相应的课程改革与创新。

第一节　主要发达国家基础教育课程改革的动向

新的时代是一个追求变革与超越的时代。在世纪之交，各国纷纷对本国的教育进行了大规模的改革，总结经验教训，勾画未来蓝图。而课程改革是基础教育的核心，任何国家的教育改革都无法回避课程领域的革新，因此，对当前国外主要发达国家的课程改革状况进行考察，可以为我国当前的基础教育课程改革提供借鉴，有助于促进我国课程改革的进展。我们将选取美国、英国、德国、日本、法国和澳大利亚作为代表，从课程改革的背景和理念、课程改革的内容、教科书改革和教育评价等几个方面阐述发达国家课程改革的现状，并提出对我国课程改革的启示。

一、国外课程改革的背景与理念

在世纪之交，社会政治经济的发展向教育领域全面渗透，给教育改革带来了新的机遇与挑战。在科学技术方面，以计算机科学为代表的信息技术产业在世纪之交迅速崛起，标志着信息革命的完成并成为促进科技发展的新的生长点。在信息技术的推动下，科学技术的发展日新月异，国际互联网为人们的交流提供了便捷的信息高速公路，打破了人类交往的界限，缩小了人与人之间的空间与距离。新技术使人类进入了信息传播的全球化时代，它消除了距离上的障碍，使远在天边的人顷刻成为近邻。在经济方面，新的时代将是一个知识经济的时代，知识成为经济增长的最具有决定性的因素。科学技术的不断进步使各国更加关注知识与创新，因为拥有知识就意味着拥有财富，而创新则是一个民族发展的原动力。另一方面，人们更加关注知识创新和技术进步对经济增长的贡献，各国经济的竞争就是知识和人才的竞争。在社会变革方面，科技的发展和文化的变迁促使社会在各个领域发生着深刻变化。劳动日的不断缩短意味着一个闲暇社会的到来；闲暇时间的增多和终身学习理念的深入人心使得学习化社会成为现实；经济一体化的浪潮把社会推向全球化，各国在政治、经济和文化的各个层面的交往将更加活跃；信息社会的出现和发展使工作的性质发生着深刻的变化。与上一个世纪相比，在新的世纪里，社会将产生进一步的深变革，它为教育的发展带来了新的机遇，同时也提出了新的挑战。

在上述背景下，各主要发达国家都非常关注以基础教育课程改革为核心的教育改革。综观各国课程改革的状况，可以看出，当前的课程改革体现出如下的课程理念。

（一）注重基础学力的提高

为适应学习化社会的需要，提高儿童的基础学力仍然是各国课程改革首要的关注点。读写算能力和信息素养等是未来公民不可或缺的，基础学力是儿童适应未来社会的前提，是开展终身学习、促进自身的完善与发展的基础。因此，使儿童具备基础学力是课程改革的首要目标。例如，德国巴伐利亚州课程改革的指导思想是，向成长着的一代传授广泛的、出色的、综合的基础知识，培养学生终身学习的能力和关键素养，包括问题解决能力、迁移能力、灵活性、交际能力、合作能力、创造性能力、自主性和可信性。英国新实施的国家课程以提高学力为基本方针。从提高学生基础学力的立场出发，新课程特别强调要加强对本国语和数学的指导。在中学本国语的教学中，特别重视阅读能力的培养。在小学，英国政府推行了“国家读写战略”和“国家计算战略”，统称为“国家基础学力战略”，从1999年9月开始实施。该战略确定的学力目标是：读写方面，到2002年，80%的11岁儿童，其语文水平达到该年龄阶段儿童应达到的标准；计算方面，到2002年，75%的11岁儿童，其计算水平达到要求的标准。日本则提出了“生存能力”的概念，把培养“生存能力”作为今后教育改革的基本方向。“生存能力”包含了儿童适应社会的一些基本的素质和技能以及伦理道德精神等。

（二）计算机信息素养的养成

这方面是各国对信息社会到来所作出的反应。为迎接信息时代的挑战，适应信息化社会，从浩瀚的信息海洋中获取必要的信息，儿童必须具备相应的信息素养能力。因此，信息素养的养成成为各国课程改革的另一热点。例如，美国新泽西州要求所有学生将学会使用信息、技术和其他工具。在英国，为全面提高学生的信息和交流技术能力，在新的国家课程中，将以前的“信息技术”改为“信息和交流技术”（ICT）。这门学科旨在为学生有能力参与快速变化的世界生活作准备，学生可以运用ICT工具创造性地发现、探究、分析、交换、提供信息，学会如何使用ICT迅速地从社区、文化中获得思想和经验。新的国家课程还要求在数学、理科、历史以及其他所有学科的教学中也要根据具体内容，加强对学生信息和交流技术的指导。在日本，1998年6月公布的新的课程方案将“信息科”作为高中普通科的必修科目，以适应计算机、网络的普及带来的信息社会的变化。

（三）创造性与开放性思维的培养

全球化社会的发展要求人们具备开放性思维与创新精神，需要与世界各地的人们进行交流。因此，各国课程改革都强调创造性与开放性思维的培养，认为教育应该培养胸襟开阔，能够站在全球化视野考察问题并创造性解决问题的公民。例如，日本在2000年3月召开教育改革国民会议，会议主席江琦玲於奈呼吁，日本需要拥有“以丰富的想象力、预见力为基础的、创造新思想、新方法的能力”，“今后，如何培养创造力是教育改革的重大课题”。在这方面，为适应国际化的发展，外语教学成为课程改革的一大热点。美国新泽西州则要求所有学生都具备批判性思维、决策和解决问题的能力。还有，跨文化的理解与世界“大同”意识也是开放的时代所必需的。随着国际交流的日益发展，对别国文化的尊重、认同和欣赏显得越来越重要。教育应培养儿童对各种文化的理解，课程改革也强调跨文化意识。

（四）强调价值观教育和道德教育

文明的进步要求世界公民素质的普遍提升，但科技的发展给人类带来进步的同时也带来了负面的影响，物质生活的充实并不能代表精神世界的充实，经济的发展并不能避免价值观的失落与道德沦丧。因此，各国课程改革普遍注重教育的道德文化层面，强调儿童价值观的培养和道德教育。例如，英国在1999年9月9日颁布的课程改革方案中明确提出，学校教育应该反映有利于达成、促进机会均等、形成健康和公正民主、生产经济和可持续发展基本目的的永恒价值，包括自身、家庭及相互关系，学生所属的更广泛的群体、社会的多样性及生存的环境，并肯定了对真理、正义、诚实、信任、责任感等美德的信念。日本“生存能力”的概念也关注价值观教育和道德教育，认为“生存能力”不仅是理性的判断力和合理精神，也包含对美和自然的感受力，爱善憎恶、崇尚公正、珍惜生命、尊重人权、理解和关怀他人以及参加志愿者活动等道德伦理精神和社会奉献精神。

（五）尊重学生经验、发展学生个性

教育是儿童的教育，课程是儿童的课程，教育向学生生活世界的回归受到一些国家课程改革的关注。这就要求尊重儿童经验，把儿童从大人世界的控制中解放出来，把儿童的教育交到儿童的手中。例如，德国北威州的课程纲要规定帮助学生形成成熟的对社会负责的个性，包括：第一，形成每个学生独特的能力；第二，树立社会责任感；第三，建立民主社会理念；第四，培养基本价值观；第五，参与文化活动；第六，在职业和劳动界从事活动的责任。在日本，长期以来人们批评日本的教育渗透了太多集团主义的东西而忽视了个性的发展。因此，新的教育改革方案提出了尊重个性、重视个性发展的教育原则。在课程设置上，小学阶段实施以生活为中心的合科课程，如小学低年级的手工图画、社会科、生活科等。

二、课程改革的内容

综观各国课程改革的内容，我们可以发现各国对课程的改革集中在课程目标、课程管理、学校课程设置、课程的实施与教学内容的改革等方面。这说明，课程改革是一个全方位的系统工程，需要在课程实践的各个领域同步开展。

（一）课程目标

由于不同的国家有不同的教育情境，因而提出的课程目标也不尽相同。总的说来，发展儿童的知识、技能、态度和价值观等在各个国家都是相通的，都强调如下几个方面。

1. 基础知识的掌握

在基础教育阶段，让儿童掌握基础知识是学校教育的基本目标。各个国家在不同程度上强调基础知识的掌握。例如，德国的课程改革致力于向儿童传授广泛的基础知识，培养学生终身学习的能力和关键素养。还有，美国在《2000年目标：美国教育法》中提出了到2000年要实现的“八项教育目标”，其中有四项直接与学生的基本知识或认知素质的养成有关，如使所有美国儿童入学时都作好学习准备，中学毕业率将提高到90％；所有学生在四、八、十二年级毕业时业已证明有能力在英语、数学、自然科学、外语、公民和政府、经济学、艺术、历史和地理学科内容方面应付挑战；美国学生在自然科学和数学方面的成绩将达到世界首位，每一位成年人都能读书识字等。而法国国家教育大纲委员会则明确提出，1995年颁布的新的初等教育教学大纲改革的主旨在于让学生掌握“知识和能力的共同基石”。

2. 基本能力的培养

各国的课程目标对基本能力的培养强调得最多。每个国家对于儿童应具备的基本技能从不同的角度进行了界定。例如，澳大利亚教育改革强调，要提高年轻人的基本能力，使其继续接受教育与训练。基本能力包括知识、技能、尊重学习及愿意终身学习。还强调，开发学生的能力，包括：英语的听说读写，数学能力与数字概念；分析问题与解决问题的能力；处理资讯与应用电脑的能力；了解科技在社会上的重要性，并且具备掌握科技的能力；了解本国历史、地理；能够欣赏艺术或从事艺术创作；了解且关心全球均衡发展情况，兼顾环境与开发；对于有关道德与社会公益的事务，能够判断是非轻重。英国也强调，通过课程发展儿童技能。通过国家课程的实施，全面提高学生终身学习需要的各项基本技能。在所需学习的技能中，作为基本技能的是：交流技能、数据的处理技能、信息技术技能、共同操作技能、改进学习技能、解决问题技能。

3. 价值观、态度与道德修养

在新世纪的课程改革中，各国普遍强调儿童价值观、态度、品德和道德教育，这方面对于为未来社会培养合格的公民至关重要。例如，英国新课程改革方案提出的国家课程目标，第一个就是促进精神、道德、社会和文化的发展。方案提出，全部国家课程的科目都旨在为学生提供促进其精神、道德、社会和文化发展的机会。此外，学校所进行的宗教教育、健康教育、公民教育、学校的文化氛围、有效的人际关系及其他的课程活动也都指向促进学生上述四个方面的发展。还指出，学生精神的发展包括自我意识的成长、发展自己的潜能、认识自身的优缺点和具有实现目标的意志。学生道德的发展包括明辨善恶、理解道德冲突、关心他人和采取正确行动的意志。学生社会方面的发展包括理解作为家庭和社会一员自身的权利与责任，处理人际关系的能力，为了共同的利益与他们协作的能力。学生文化的发展包括理解文化传统，具有欣赏和表达美的能力。

4. 体能和健康教育、公民教育

健康的体魄是学习和生活的基础，公民教育对于培养良好的公民意义重大。在当前的课程改革中各国也在强调体能和健康、公民的重要性。例如，日本在“生存能力”的概念中就强调，强健的体魄是支持这些素质和能力的基础。英国新课程方案提出，国家课程要推动个人、社会和健康教育、公民教育。认为应加强课程的衔接，建立健康教育和公民教育的连贯、一致的要求。通过这样的教育，使学生能作出简单的选择来改善健康、注意安全；认识成就与错误，制订个人目标，意识到不同类型的关系，基本的紧急援救步骤，青春期的变化，开发对抗压力的基本技能；善于管理个人钱财，作出实际的生活、学习选择，知道药物、艾滋病等的基本事实和法规，了解偏见、歧视的影响，婚姻的作用和重要性，父母的责任和作用；自信地交际，和平处理争议，挑战犯罪行为，实践对抗威胁自身安全和人类压力的方法。

此外，一些新的课程形态如日本的综合学习时间也有自己的特定目标。日本在新的课程改革方案中设置综合学习时间的主旨是，各学校需要创造性地开展适合地区和学校的、有特色的教育活动；为了培养能自己学习、自己思考的完整的人的能力，培养能主体地适应国际化、信息化等社会变化的素质、能力，需要展开超越学科框架的、横向的、综合的学习，课程设置为这样的学习活动提供时间上的保证。其主要目标是，通过学校创造性地展开适合地区和学校的、横向的、综合的学习，从学生的关注、兴趣出发的学习，培养自己发现课题、自己学习，自己思考、主体地判断、解决问题的能力。同时，使学生掌握信息搜集的方法、调查方法、归纳方法和报告、发表见解、讨论的方法等学习方法、思想方法；培养学生主体地、创造性地探究和解决问题的态度；促使学生深化对人生观的思考。

（二）课程管理

课程管理方面，各国在新的世纪更加注重课程权力的分享。例如，澳大利亚的学校课程分为统一课程和校本课程两种类型。

1. 统一课程

统一课程主要由中学学科委员会下属的课程委员会、11个学科顾问委员会以及下属的其他小组委员会负责编写。制订学科教学大纲主要由11个学科顾问委员会具体负责。值得注意的是，由中学学科委员会和下属委员会制订的文件仅仅确定了统一课程的基本原则、基本要求、基本框架，并没有统一编写的学生用书、教师用书和习题练习。学校校长和学科教师必须根据文件精神，制订本校的教学计划、学业评定计划，挑选适当的教材和教学设备。学校制订的教学计划和学业评定计划必须送交中学学科委员会进行审查。

2. 校本课程

除了中学学科委员会规定的学科以外，基层学校在经过地区教育主任批准以后，可以开发校本课程，以满足本校学生的特殊需要。一般来说，校际之间开发的校本课程在内容、深浅、层次、种类、范围等方面存在较大的差异。学生学习校本课程以后获得的分数等级会写在毕业证书上面，但是不必送交中学学科委员会进行审查。

再如，日本在新的课程改革方案中致力于推进学校特色课程的开发。此次新的课程方案特别强调了各学校创造特色课程的必要性，这是知识经济时代学校教育自由化的一种体现。课程审议会提出，为了促使各学校开展有特色的教育活动，课程基准（学习指导要领）要进一步大纲化（概述而不细化），其运用有弹性。课程基准提示，要在严格精选教育内容、明确基础知识和基本能力上下工夫，可以根据各个学校阶段、各学科的特点，提示几个学年的教育目标和内容，避免对教材作过细的规定。学校对单位课时的确定、课时数的控制，都可以有一个自由度。新的课程方案给选修科目、综合学习时间等自由度较大的课程较充分的课时，并扩大了课时的上下限幅度，目的是给各学校一个创造特色课程的课时空间。为了促使有特色的教育活动的开展，各学校应根据学生和地区的实际情况，指导学生积极开展在家庭、地区社会中的体验性活动；同地方社会的人才、设施、活动联系，展开教育活动。通过这样的活动，使学校、家庭和地方社会形成教育合力，使学校成为一个开放的教育机构。学校教育的这种自由化、开放性的发展将展示一种以地区为中心的教育模式的形成。

（三）学校课程设置

1. 英国

基础教育阶段的学校课程包括12门必修学科、跨学科的学习主题以及其他课程活动。新国家课程中的12门学科是：英语、数学、科学、设计和技术、信息和交流技术、历史、地理、现代外语、艺术和设计、音乐、体育、公民。在12门必修学科之外，学校还有义务对学生进行宗教教育、性教育、升学与就业指导、人格培养、社会性的形成及健康教育作为横跨各门学科的学习主题。此外，社区活动、劳动体验等活动课程也被纳入学校课程体系。

2. 澳大利亚

以昆士兰州为例。小学课程通常包括：语言技能、数学、基础科学、音乐、艺术、工艺、卫生、体育和社会学科。在公立学校系统，宗教被列为一门选修课。在私立学校系统，宗教是一门重要课程。

初中课程方面，学校采取两种方式给学生和家长提供选择课程的指导。第一种方式是提出若干组合课程，每一个学生可以选择其中的一类(如下表9-1)。

表9-1：澳大利亚初中课程设置中的课程组合

类别	学科科目
普通类	英语、数学、科学或普通科学、法语或 公民教育、历史或打字、地理、技术制图或商业原理
商业类	英语或英语表达、数学、科学、普通科学或速记、法语或 公民教育、打字、地理或家政、商业原理
技术类	英语或英语表达、数学、科学或普通科学、公民教育、手工艺、技术制图
家政类	英语或英语表达、数学、科学或普通科学、普通商业研究、公民教育、家政

第二种方式是把所有科目分成6组或8组，每个学生从每一组中选择一门科目，然后组成自己的学习范围（如下表9-2）。

表9-2：澳大利亚初中课程的分组情况

组别	学科科目
第一组	英语、科学、打字
第二组	英语、科学、艺术、打字、商业原理
第三组	高级数学、普通数学
第四组	法语、德语、公民教育、社会科学、技术制图、体育、速记、商业原理
第五组	地理、艺术、家政、木工和金工、体育
第六组	历史、家政、速记、木工和金工、技术制图、打字、商业原理

高中阶段的课程分统一课程和校本课程两类。统一课程包括语言类（如英语、法语、德语等）、古代史、现代史、地理、经济学、逻辑、数学（Ⅰ、Ⅱ）、社会中的数学、化学、物理、生物学、地球科学、综合科学、农业、会计、秘书学基础、家庭经济、家庭管理、几何制图与透视、艺术、音乐、演说与戏剧、卫生、体育。校本课程由校方自行决

定，校际之间开设的校本课程差异较大。校本课程包括：澳大利亚历史、高级打印和文书、行为科学、商业教育、商业打印、经济学基础、消费者教育、手工艺社会教育、技术、职业和社会通信等。

3. 日本

其课程改革突出的方面首先是新设综合学习时间。综合学习时间在课程上的定位是，国家只规定综合学习的目标、课时，不规定其具体的内容。由各个学校创造性地组织跨学科的学习活动，主要活动形式包括体验性学习和问题解决学习等。体验性学习包括自然体验、社会体验以及观察、实验、参观、调查、发表与讨论、制作与生活活动等。其次，小学学科教育实施以生活为中心的合科课程。

新课程方案中，小学学科不变，要求对低年级儿童，进一步重视具体活动和体验，以生活科为中心进行合科指导；中年级继续推进合科指导；高年级引进课题选择等要素，培养基本的选择能力。初中课程扩大选修学科。新的课程方案把外语作为必修课，扩大了选修课程的种类。全学年所有学科都可开设选修课，第二年每名学生至少修一门选修课。第三年每名学生至少修两门选修课。严格精选必修学科的教学内容，削减必修学科课时。选修课课时的上限从每学年的35课时扩展到70课时，要求各学校创造有特色的课程。

最后，日本高中推行有限学分制课程方案。新课程方案认为，高中教育在义务教育阶段之后，需要扩大学生自主选择的范围。各学校在编制和实施课程上要发挥各自的特色。学分制课程就是实施这种培养适应能力、发展个性的教育的一种方法。其特点，一是必修学科最低学分的设定与必修学科的多样化、选修化；二是必修学科外课程的多样化、弹性化。另外，新课程方案将“信息科”作为高中普通科的必修科目，以适应计算机、网络的普及带来的信息社会的变化。

4. 法国

根据1995年新版的教学改革大纲，不论小学、初中还是高中，都按“阶段”安排课程，而不是按照学年来组织。所谓“阶段”，就是为了顾及学生在小学时期认知发展和学习节奏上的差异，将小学5年和母育学校大班结合在一起划分为三个阶段（一个阶段包括两年）。其中母育学校大班和小学预备班构成“学前教育阶段”，小学二年级和三年级构成“基本学习阶段”，四年级和五年级构成“深入学习阶段”。初中四年从1994年起划分为“适应阶段”（初一）、“中心阶段”（初二和初三）以及“指导定向阶段”（初四）。高中三年则划分为决定阶段（高一）和终结阶段（高二和高三）。

就小学而言，其课程时间安排和课程内容都是按照“阶段”来组织的，完全没有了学年的概念。小学“基本学习阶段”的课程设置有：法语、数学、世界发现和公民教育、艺术教育与体育、指导性学习、外语（第二学年增加）；“深入学习阶段”的课程设置有：世界发现和公民教育分解为历史—地理、公民教育和理科与技术等。

初中和高中教学大纲在遵循“阶段”的逻辑前提下，保留了年级的概念。针对初中和高中而言，课程类型和学科安排以基础为主，课程板块多样化。以普通高中一年级2000—2001年课程表为例，包括共同教育、决定性教育（在所列课程中选2门）和自由选修课程，除此之外，还辅以个体帮助、计算机水平教育、班级生活时刻、艺术表达、社会与文化实践等。课程板块的结构如下表9-3。

表9-3：法国高中的课程板块

课程板块 / 年级	共同教育课程（必修教育课程）	决定教育课程（必修或专业必修）	自由选修课程
高一	76 %	15 %	9 %
高二	83 %	7 %	10 %
高三	80 %	8 %	12 %

法国学生从高二开始分别进入社会经济专业、文学专业和理科专业。在这三个专业的必修课程版块中，历史—地理、法语、数学、语言（1和2）、体育和公民、法律与社会教育占了70 %以上。而且，文学专业和社会经济专业还设立了理科教育，理科教育专业则开设了“农学—国土—公民资格”课程。

5. 美国

1999年，美国教师联盟指出，各州课程标准必须包括4门核心学术科目，即英语、数学、科学和社会科学。但美国是一个典型的地方分权的国家，各州都有自己的课程标准及相应的课程设置。在不同的州，课程设置有所不同。下面以新泽西州、缅因州和费城学区为例说明美国中小学课程设置的情况（如下表9–4）。

表9–4：美国三个州的小学课程设置情况

州(学区)	课程设置
新泽西州	视觉和表演艺术、综合健康教育和体育、语言艺术素养、数学、科学、社会科及世界语言
缅因州	英语语言艺术、健康和体育、数学、现代和古典语言、科学和技术、社会科及视觉和表演艺术
费城	英语语言艺术、健康教育、体育、数学、科学、社会科、艺术（包括舞蹈、音乐、戏剧和视觉艺术）及世界语言

值得一提的是，美国中学的课程设置相当广泛。以综合中学为例。美国综合中学一般分为三科：学术科，约有43 %的学生进入，为学生升入大学准备；职业科，约有24 % 的学生进入，为学生毕业以后直接就业做准备；普通科，约有33 %的学生进入，要求学生掌握一定的文化知识。根据1995 年的统计资料，其课程设置比例如下表：

表9–5：美国三类中学中不同课程类型的比例

类型	技术课程	普通课程	实践课程
学术科	0	92 %	8 %
普通科	4 %	71 %	25 %
职业科	34 %	58 %	8 %

学校在教学时把每门课程的课时分解成讲座、课堂实践、工场—实验室实践三个部分。主要科目的课时分配比例如下表：

表9-6：美国中学课程实施的方式

类型	讲座	课堂实践	工场—实验室实践
英语语言艺术	80 %	20 %	0
公民与政府	70 %	30 %	0
数学	65 %	35 %	0
科学	65 %	35 %	0
音乐与艺术	30 %	0	70%
外国语	35 %	40 %	25 %
实践技能	35 %	0	65 %
职业与技术	35 %	0	65 %

（四）课程的实施与教学内容的改革

在课程的实施和教学内容的改革方面，各国在新的课程改革方案中也作出了相应的调整。例如，德国基础教育阶段学校对教学内容的改革主要集中在把信息教育渗透到各级各类教育中，强调传授有合理结构的基础知识与技能，加强外语教育的力度，重视校企合作等方面。

1. 信息教育向各级各类教育渗透

为在教学中及时体现信息技术发展动态，德国的学校一方面配备一定规模的硬件，另一方面将信息技术的基础教育渗透到各类学校的教学大纲中。德国某些经济发达的州加大了信息教育的力度，如巴伐利亚州将于2002年在完全中学初中阶段开设必修课“信息科学”，另外学习奥地利的经验，推出“计算机驾驶证”的考核制度，今后还将开设“手提电脑班”。但是，为了避免学生成为媒体的奴隶，该州各学校力求鼓励学生投入到媒体取向的社会中，让学生去揭开媒体的内在功能、运行机制等，去发现设备的有利与有害的作用，从而使学生从被动的媒体消费者转为主动的设计者、策划者。在信息教育中，德国教育改革特别强调学生学会学习，学会如何灵活应用已有的基础知识构建新知识，培养起知识管理的能力。另外特别提倡在教学中唤醒学生对文学、艺术和音乐的热爱，培养学生乐意交往、合作的能力。

2. 强调有合理结构的基础知识的传授

教学要关注那些有利于终身学习的基础知识和技能，要注重丰富的、结构良好的基础知识。特别还要培养现代社会所需要的基本能力：一方面加强问题解决能力、迁移能力，另一方面培养交往与团队合作能力、创新能力和独立学习能力。

3. 加强外语教学的力度

由于经济发展呈现全球化趋势，因此改革外语教学成为教学改革义不容辞的任务。要适应全球化的经济发展，必须提高外语能力，提高灵活并积极使用语言的能力，以及需要尽快适应陌生文化环境的能力。巴伐利亚州在某些完全中学进行双语教学，学生不仅在语言方面，而且在交往能力方面得到有效的训练；另外，有的学校从六年级开始就开设2门外语，针对那些确定有语言能力的学生，学校还加开第3门、第4门外语。

4. 学校与企业联手推进教育改革

德国政府教育部门给学校教育改革很大的自主权，由此带来一些困难，主要是从政府那里只能获得有限的教育经费，因此学校努力寻找解决的方案。他们都赞成教育改革需要强有力的合作伙伴，开始实施学校与企业合作项目，校企共同出谋划策改革教学，提高学校教育质量。如巴伐利亚州的学校在过去的半年中，与50个企业有了合作关系，学校获得500万马克的资助，资助力度将不断加大。

再如法国。法国课程实施的特点，一是注意围绕某一中心来安排课程内容，这些中心可以是某类活动，也可以是某种能力或价值取向；二是内容和方法相融合，培养学生的能力，新的教学大纲对教学方法和课程内容进行了几乎是强制性的融合。

三、教科书的改革

在新的课程改革中，各国也非常关注教科书的编写与审定。例如，美国州政府教育主管部门尽管负责制订并颁布州一级的课程标准，但对学校所使用的教科书却没有任何硬性规定或组织人员编写教科书。教科书的编写和出版基本上是以市场为导向的，其选择权和使用权在学校。

德国关注教科书编写的原则。德国16个州大多制订了教科书管理条例，凡没有制订条例的州也有有关指示。这些条例和指示在不同程度上涉及了教科书的编写原则。它们要求教科书的编著都必须遵循宪法，体现课程标准，反映一个国家的政治、经济、文化和科学技术的发展，把这一切作为教科书编写的大前提。除此之外，教科书的编写从课本内容到形式都必须考虑最新的教育心理学、教育学和教学论研究成果，尊重儿童和青少年的心理和生理发展规律。如要求教科书的编写应做到：从儿童生活经验出发，激发儿童学习的积极性，让学生通过自己的经验来建构知识；引发学生提出问题，促进学生思考和形成问题意识；鼓励学生想象和思考；教科书编写留有较大余地；在教科书的形式方面，要求教科书的编写必须从学生理解程度、语言规律出发，考虑教科书的文体问题。要求教科书的语言结构简单明了，不过分雕琢，容易为学生所理解；课文结构从多因素出发进行协调和配合；注意图文并茂等。

再如，日本对基础教育中教科书制度也进行了改进。在教科书的审定方面，提出教科书的性质应向“作为学生学习用的主要学材”转变。在改进教科书的选用制度方面，公立学校的教科书由都道府县和市町村的教育委员会按一定程序选定该地区公立学校使用的教科书，国立和私立学校由校长决定。但日本政府也认识到，教科书的选用工作必须向学生的监护人等国民广泛开放。文部省正在思考新的措施，保证教科书选择过程中监护人的意见得到充分尊重，并将选择结果公布于众。在教科书的无偿供应制度方面，继续推行教科书无偿供应制度。2000年，日本用于该方面的预算为426亿日元，向大约1152万名学生无偿供应11938万册教科书。

在法国，就教科书管理而言，主要采取否决形式，也就是说没有被明令禁止的任何形式的教科书都可以使用。中央对教科书的编订和出版几乎没有明确的评估标准。1997年，国家教学大纲委员会提出了“参考教科书”的计划。参考教科书不代替教学大纲，它只是面向教师、学生和家长，阐明各个学科最基本的侧面，明确表现各学科之间的关系，从而建立一种真实的“横向联系”。委员会指出，参考教科书计划不局限于唯一的学科逻辑，其内容的组织源于这一年级的学生在被指引下可能提出的有关问题。委员会还指出，参考教科书应该以简单的语言表述学科的基本概念。另一可能对教科书的编写和选择产生影响的举措是，国民教育部这次为中学各科教学大纲配备了“陪同材料”。这些材料在某种程度上是对教学大纲的演绎，不过原则上它不能对教师的教学形成束缚，它只是一种教学组织的榜样。

四、评价的改革

在面向新世纪的课程改革中，各国不约而同地对课程评价作出了调整。这些调整结合了各自的教育传统和学校具体情况，同时也提出了适应未来需求的评价方式和方法。

（一）英国

课程评价指向学习的改善。英国国家课程学习的评价主要包括3种类型。其中，第一种是改善学习的评价，这是一种形成性评价，它伴随课程学习的始终，以自我为参照基础，要求学生了解已有的基础，明确学习目标并知道如何弥补与目标的差距。它应成为今后促进课程学习质量提高的主要评价形式。

第二种是教师对课程学习的评价，这是一种总结性评价。当一个单元学完，或学年末，或关键阶段结束，或结业，就要对照全国标准检测学生的课程学习成就。该评价以国家的达标要求为基础，通常还要打分。它是收集数据、改进管理的有效手段。第三种是国家对课程学习的评价，以全国性课程考试的形式进行，也是一种总结性评价。它为每个学生在各关键阶段结束后的达标情况提供了清楚的证明，也为每所学校依据学生的达标水平改进学校教学和管理提供了参考。

（二）德国

德国基础教育阶段学校对教学的评价改革主要反映在这样一些新的理念。如：多元化的成绩要求与多样化的成绩评价；教学评价不但要考虑校内的成绩，而且要考虑校外的成绩要求与学生校外的成绩；教学评价应当有利于促进积极的学习气氛，树立学生对自己学习的信心；教学评价必须引入学生自我评价机制；教学评价不仅要评价学生学习的结果，而且还要评价学习过程，因此评价不能仅限于期末，而应充分注意学生平时的学习情况；教学评价应当以一定方式吸收学生参与等。

（三）法国

1999年，法国国民教育部颁布了所谓的初中每学期成绩手册的样式，其中按口头和书面成绩对学生各个学科的知识、技能和在学校的行为表现等方面进行考试，并提出进步的建议。初中学期成绩手册样式如下表：

表9-7：法国初中学期成绩手册的样式

学科	分数 学生/班级	总评 （知识、技能、行为）	学科和行为中的进步与努力	进步建议
书面 口头				
书面 口头				
书面 口头				
出勤率（缺课、迟到次数）				
校内行为 —创新尝试 —自治 —责任心				

教学小组的总体评价：　　　　　　校长签名：

在这里，评估不是制裁性的，而是形成性的，是推动学生进步的参照。就评估的具体内容和标准而言，法国也尝试跳出遵循学科逻辑的圈子，从知识、能力等各个方面对学生进行评估，在评估过程中要考虑学生的素质和能力整体，如严谨性、细心、注意力、努力程度、对时间的有效管理、创造性和尝试精神、对学校生活的参与等。而且，评估应该整合并重视理科的实验方法和学生在所有学科中的口头表达情况，建立一种多学科的个人档案考试。

此外，日本教育课程审议会提出了有关教育评价的议案。指出，教育评价重视以目标为标准的评价及个人评价；改善评价方法；实施全国性的、综合的学力调查等。

五、对我国基础教育课程改革的启示

研究世界主要国家的课程改革政策，可以为我国的课程改革提供启示。总体而言，这些启示可以体现在课程目标的制订、课程内容的选择和课程实施、课程管理等方面。

1. 在课程目标的制订方面，要继续强调基础知识和基本技能对于儿童发展的重要性，同时重视价值观教育和学生精神、道德的发展。

儿童和成年人必须具备基础知识和基本技能，因为这些是进一步学习的基础，是适应学习化社会所必需的。另一方面，教育从来就不是价值中立的。课程改革必须传递国家和民族核心的价值观，为未来社会培养合格的公民。加强道德教育，使青年人明辨是非、理解道德冲突、关心他人并关爱环境。

2. 在课程内容和课程实施方面，要关注学生的经验

根据学生的心理发展特征设置综合课程和分科课程，处理好必修课和选修课之间的关系。课程的设置是课程改革的关键。课程改革要根据学生身心发展和社会需要，明确综合课程和分科课程的关系以及恰当处理好必修课和选修课之间的关系。

3. 在课程管理方面，要采用灵活的课程管理体制

课程管理和课程决策走向权利分享，这是当前各国课程改革的趋势。积极推行课程管理的三级管理体制应该是课程管理体制改革的方向。此外，基础教育课程改革要重视课程标准的制订和评价，发挥课程标准对于教科书的编写和教师课堂教学的指导价值。

第二节　普通高中课程改革的国际趋势与比较

普通高中教育在整个国民教育体制中有着独特的地位和价值。作为基础教育的有机组成部分，既为学生的终身发展奠定基础，又对学生接受高等教育有着重要的意义。在新的世纪，为了培养适应急剧变化的社会所需求的新型人才，各国都对高中教育阶段的课程设置进行了大范围

的调整和改革。在这场声势浩大的改革中，尽管各国的国情不同、文化互异、具体课程改革的实践情况纷繁复杂，但通过分析各国课程改革的这些主要方面的基本情况，我们仍然可以发现一些共同的改革思路和基本趋势。

一、高中课程目标的改革及趋势

高中课程目标反映了上位宏观教育目的，也折射出人们对高中阶段学校教育性质的认识和定位。高中阶段的学校教育仍然是基础教育，担负着进一步扩大和加深学生的知识和技能，为学生日后步入成人社会而承担起个人的生活责任做准备的重任。高中阶段的教育要培养学生终身学习的能力，为学生进一步获取知识才能并获得终身发展创造条件。为此，高中的教育教学活动要有助于把学生培养成能积极参与和奉献于职业和公民生活的有责任感的人，要有助于学生知识技能和道德情感的全面发展；通过接受高中教育，学生要具备灵活处理各种信息、适应急剧变化的社会环境并创造性进行工作的能力，要善于发现、探求和使用新知识，能批判性地思考，会检验事实及其相互关系，善于在学习中更多地运用科学的思维方法和工作方法。因此，高中教育要培养学生的创造精神和责任感，还要发展学生的社会交往、交流能力。

高中教育的上述目的和任务基本上得到了世界各国的认同。在具体的课程目标方面，由于各国高中教育发展的背景不同、政治经济和文化环境各异，因此在高中课程目标的改革方面也存在些许差异。尽管如此，考察主要国家高中课程目标的设置，我们可以发现主要国家在高中课程目标的改革方面有如下趋势：强调超越教育工具化的倾向，有机整合高中教育为升学和就业做准备的双重功能，即高中阶段的课程与教学既要为高等教育的发展服务、为高等教育输送合格新生，又要为学生的就业和生活做准备。例如，美国教育部于1996年推出《美国高中新计划》，明确指出，高中生要为升学和就业做准备，要求高中生取得丰富的就业信息与大学信息。英国早在1988年就颁布《教育改革法案》，在中学阶段引进国家课程，旨在提供学生均衡而基础广博的课程，其目标有二：一是为“促进学生精神的、道德的、文化的、心理的、身体的发展”；二是为“预备学生未来成人生活的机会、责任及经验”。在法国，

"高中的目标在传统意义上是非常明确的，即赋予学生以坚实的普通文化。但随着技术教育和职业教育的迅速发展，高中的普通教育单一模式早已不复存在"[①]，越来越出现融合的趋势。在这种取向下，高中课程越来越注重超越将高中教育工具化的倾向，融合文化教育与职业训练，为学生的完满发展奠定基础。

强调奠定高中生进一步学习的基础学力，养成其人生规划能力，培养公民基本素养并形成健全人格。在这方面，日本和我国台湾的高中课程改革表现尤为突出。为了应对社会变迁带来的挑战，日本对高中课程的目标作出调整，尤其强调培养学生的"生存能力"并引导学生自主学习与独立思考，强化学生的正义感与高中新课程改革专题研究伦理观念，增强学生体魄与健康。经过研究，我国台湾学者杨思伟指出，日本高中的教育目标为：（1）继续发展并扩大学校教育的成果，培养国家及社会有用成员所应具备的资质；（2）使学生自觉其在社会上所担负的任务，适应其个性，以决定将来的发展，并提高普通的教养，熟悉专门的技能；（3）培养学生对社会具有广博而深入的理解与健全的判断力，并努力于建立自己的人格。[②]在我国台湾，1996年10月19日颁布《高级中学课程标准总纲》，该文件指出，高级中学教育要以继续实施普通教育、培养健全公民、促进生涯发展并奠定研究学术及学习专门技能之基础为目的。为实现本阶段教育目的，课程与教学必须达成一系列目标，如增进对自我潜能与工作环境的了解，确立适切的人生走向；增进创造性、批判性思考，以及适应社会变迁与终身学习的能力等。显然，这种取向受终身学习思潮的影响，不再将高中教育作为基础教育的终结，而是将其放在人生发展的整个链条上考查，为高中生的终生发展奠定基础学力，培养高中生适应社会变迁所需的终身学习能力、生存能力、实践能力和创造能力。

强调基础知识和技能的养成。强调高中生人文素养和科学素养的统一与融合。高中教育仍然属于基础教育阶段，因此强调基础知识和技能的养成仍然是各国高中课程目标的重要组成部分，其目的在于提升学术水准，奠定大学教育的基础。例如，20世纪末以来，法国的基础教育越来越强调"共同知识和能力基石"对于学生发展的重要性，认为通过传

① 王晓辉. 法国中小学课程的演变与改革［J］. 教育参考资料，2000（10）:11.

② 杨思伟. 日本教育［M］. 台北：商鼎文化出版社，2001：126.

授一些“共同知识和能力”可以超越学生发展和文化传统之间的冲突。法国教育学者费里认为，这种“共同知识和能力”包括三个方面：（1）表达，包括法文、艺术实践、外语和数学，旨在使学生获得基本语言的使用能力；（2）关于人的知识，包括历史、文学、人文地理、艺术、技术和理科，旨在使学生了解人类生活的多种历史；（3）关于世界的知识，包括物理、化学、生理学、技术等，旨在使学生掌握自然与生命科学的基本应用方法。[①]美国高中教育强调“高水平的学科与技能的学习”“使用科技以增进学习的效果”。澳大利亚的高中课程继续强调学生的读写能力和数理能力，尤其要求高中生关注科学和信息科技的最新发展。日本高中课程也强调高中生养成自我学习和思考的能力；在展开宽广的教育的同时，也能兼顾基本知识的获得及充实。在新的世纪，随着科学主义和人文主义的不断融合，高中课程也越来越强调科学素养和人文素养的统一。例如，我国台湾高中课程目标要求高中生既要充实人文素养、提升审美与创作能力，又要提升科学素养、增进对自然环境的认识与爱护。这反映了人们对高中课程功能更理性的思考：高中课程不能一味地造就高中生对科学和科学精神的虔诚，还要强化学生道德观、价值观和对社会的责任感和使命感。

二、高中课程结构的改革及趋势

课程结构反映了课程各部分和各要素的配合与组织，是课程体系的“骨架”，主要规定了组成课程体系的学科门类，以及各学科课时的比例关系、必修课程与选修课程、分科课程与综合课程的搭配等，体现出一定的课程理念和课程设置的价值取向。一般而言，课程结构包括三个方面：一是课程要传递什么样的知识，即课程的知识构成；二是这些知识以怎样的方式来传递，即课程的形态结构；三是不同类型的课程形态在整个课程结构中的时间分配，即课程的课时比例。当前国际高中课程结构的改革在这三个方面都有所体现，在课程的知识构成方面设置大的学习领域，调整必修课程和选修课程的比例关系，并规定基本的高中毕业学分。

（一）划分学习领域

① 汪霞．国外中小学课程演进［M］．济南：山东教育出版社，2000：338.

经考察，我们发现主要国家高中课程一般都包括了语言、数学、自然、社会、体育、艺术、科学和技术、公民教育等基本的学习领域。每个学习领域又包括一门以上的学科科目，如语言学习领域包括本国语和外语，科学和技术学习领域包括物理、化学、生物、信息技术等科目，艺术学习领域包括美术、音乐、戏剧等。这些学习领域规定了高中生应该掌握的基本的知识技能，为高中生的终身学习和发展奠定基础。例如，日本的高中教育重视“基础学力”，包括对现实生活的创造力、实践力、认识能力等。而这些“基础学力”需要通过这些基本的学习领域来养成，如本国语领域、外语领域、数学领域、自然领域、社会科学领域、体育领域、艺术领域、科技领域、公民教育、思想教育、哲学宗教、综合学习领域等。对这些基本学习领域的学习是进入人类文化宝库、发展人类认识力的根本。当然，由于不同的教育传统，不同国家列出的基本的学习领域在名称上不尽一致，而且强调的重点也不尽相同。例如，澳大利亚强调职业和技术领域的学习，而日本则强调“综合学习”领域对学生发展的重要性。

（二）增加高中课程的可选择性

强调高中课程的可选择性是国际高中课程结构改革的重要特征。保证课程具有可选择性的基本措施，就是合理调整必修课程与选修课程之间的比例关系，为高中生对课程的选择拓展空间。综观各主要国家高中课程设置的情况，可以发现必修课程一般都是各国所看重的“核心课程”。例如，美国的必修课程包括英语、数学、自然科学、社会科、健康与体育、艺术以及外语等。英国高中阶段的国家课程要求必修课程要包括两部分，一是三门核心科目，即英语、数学和科学；一是其他基础科目，共七科，即历史、地理、科技、音乐、艺术、体育及现代外语。澳大利亚的高中必修课程则包括英语、数学、生物、化学、物理、计算机、现代史、地理、经济等。对于选修课程，由于各国的文化价值取向的不同而体现出多元化的格局，共同的一点就是：各国为高中生提供了内容广博、数量众多的选修课程，在分权制的国家，不同的州和地区甚至不同的学校提供的选修课程也相差悬殊。在当前的高中课程改革中，各国都致力于寻求必修课程与选修课程之间的最佳平衡点，既保证高中生基本知识和技能的获得，又能满足其个性化的学习需求。

（三）对课程的修习时间和课时分配作出限制

在学分和毕业要求方面，由于采用的名称和度量单位等的不同，不同国家之间的差异较大。例如，美国中学或高中采用学年学分制，每一科目一学年上课120小时为1学分，学生修满最低总学分（如20学分），即可毕业。澳大利亚各州对中学毕业资格的规定不尽相同，但各州大多规定要获得中学毕业资格，学生必须遵守下列规定：（1）在十一及十二年级时修满60学分，修业时间最多不超过6年；（2）在60学分中，至少有18学分是属于十二年级的课程；（3）十二年级课程中，至少要得D等以上，方可毕业。规定的科目为：英语、英国文学、高级英语，或是作为第二语言的英语；（4）学生每年最多可以修习36学分，而且每科以一学年修习110小时为限。尽管不同国家对毕业学分的要求不一样，但其趋势都在于采用学年学分制，增强高中课程的可选择性，以为学生提供更多的选择和发展的机会，促进学生个性化的发展。例如，在美国高中，约有1／3—1／2学分属选修学分；德国也在积极拓展高中选修课程的范围，并且在大学入学的资格上选修课程学分的重要性越来越突出。因此，采用学年学分制，减少必修科目及其课时数、增加弹性选修科目及其课时数，乃世界主要国家高中课程结构改革的重要发展趋势。

三、高中课程内容和课程管理的改革及趋势

尽管各国高中课程改革在课程内容上采取的措施不同，但也体现出了一些基本的趋势，如强化外语能力、培养外语人才等；在课程管理上则采取了相同的措施，即实施学分制管理等。这些体现了国际高中课程改革的基本趋势。

（一）高中课程的内容改革及趋势

随着经济全球化的不断推进，各国之间的交流将日益频繁，外语能力无疑对于高中生的终身发展具有重要意义。因此，各主要国家都非常重视高中生外语能力的培养，例如英国所有高中都开设多种外语供学生选修，如西班牙语、法语、德语、拉丁语及希腊语等；德国也开设多种外语课程，如英语、俄语、拉丁语、法语、西班牙语及希腊语等。语言是文化的载体，对外语学习的加强实际上也培养了学生的国际意识和对多元文化的认同与理解，这也是信息时代对未来“地球村”公民的一种要求。其次，关注科学技术的发展。强调高中生的学习经验与社会生活

的联系。随着科学技术的迅速发展，尤其是信息技术的长足进步，科学技术的新成就应该进入高中课程，让高中生了解科技的最新进展，跟上时代发展的步伐。高中生思维活跃、兴趣广泛，高中课程改革应引导他们将课程内容与社会生活联系起来，为高中生的体验和实践活动开辟空间。在这方面，日本强调“综合学习时间”，为高中生的实践活动和综合学习提供保障；我国台湾也非常重视实践和活动课程，在九年一贯课程中已纳入“综合活动”学习领域。从发展趋势来看，各国都注重高中教育与社会发展之间的沟通，关注高中生的学习经验与社会生活的联系，由此强调实践与活动体验的综合活动学习领域很受重视。最后，国际高中课程从内容上看仍然注重学生基础学力的养成。高中教育的目的之一就是为高中生终身学习和发展奠定基础，因此保证高中生基础学力的持续提高仍然是高中课程的重要任务。例如，美国近年来在多数州为了维持毕业生一定的基本能力水准，在高中毕业时需要参加一种“基本能力测验”，高中生必须通过这种基本能力测验才能获得毕业证书。对高中生基本能力的测试显然是为了保证高中教育的学术水准，重视基本知识和技能的学习。

（二）高中课程管理的特征及趋势

在课程管理方面，国际高中课程改革强调实施学分制管理，而且既规定了修业年限、又规定了修习学分的数量，因此这种学分制亦称为学年学分制。学分制是一种以学分为单位来计算学生学习分量的制度。可见，学分制管理是一种量化的管理手段，通过给予学生学分来记录学生在相应课程领域的学习情况。学分制是在现代学校教育选课制度的基础上建立起来的，学生选修某门科目、通过考核合格后获得一定的学分。例如，在俄亥俄州政府教育局所特许的私立学校中，其九年级至十二年级的课程至少应每年规划33学分，这些学分包括：商业或商务训练（2学分，其中包括0.5学分是打字或键盘输入）、经济（0.5学分）、英语（4.5学分）、美术（4学分）、外语（只学一种外语为3学分，如规划两种外语，则各2学分）、健康（0.5学分）、家政（2学分）、工艺（2学分）、数学（4学分）、体育（0.5学分）、阅读（0.5学分）、科学（4学分，其中至少2学分为实验课程）、社会学科（2.5学分，包括0.5学分的美国史和0.5学分的美国政府）、选修课（3学分）。以上每一学分的修习以至少上课120小时为准。学生至少要修18学分才能毕业，这18个学分包括：英语（3学分）、健康（0.5学分）、数学（2学分）、体育（0.5学分）、科学（1学分）、社会（2学分）、选修课（9学分）。采用学分制的学校一般都会规定一个最低的毕业学分数。例如，美国印第安纳州的一所高中（Greenfield-Central高中）实施学年学分制，对高中毕业所要求的学分及修习年限作出了明确的规定（如下表所示）。[①]可以看出，学分制强调课程的弹性化、为学生提供多样化的课程。因此，高中学分制管理的最大优势在于增进课程对高中生的适应性，使高中生修习课程方面有了更大的选择空间，可以获得更为自主的学习权利，从而赢得个性化的发展。

表9-8：Greenfield-Central高中毕业要求

科目	修习时间			学分数		
	普通类	普通类	技术类	大学准备类	技术类	大学准备类
英语	8个学期	8个学期	8个学期	8学分	8学分	8学分
数学	4个学期	6个学期	6个学期	4学分	6学分	6学分
科学	4个学期	4—8个学期	6个学期	4学分	4—8学分	6学分
社会科	6个学期	6个学期	4个学期	4学分	4学分	4学分
体育	2个学期	2个学期	无要求	1学分	1学分	0
健康	1个学期	1个学期	无要求	1学分	2学分	0
计算机教育	1个学期	2个学期	无要求	1学分	2学分	0
外语	无要求	建议选修	4—6个学期	0	0	4学分
选修课				19学分	19学分	19学分
总计				42学分	45—49学分	47学分

第三节　美国中小学科学课程改革政策分析

20世纪以来，美国对科学教育的重视开始于对进步主义教育运动的

① 陈月茹. 美国高中学分制及其意义［J］. 全球教育展望，2003（1）：24.

批判。由于长期受到进步主义教育运动的影响，20世纪中期之前的美国中小学科学课程更多强调学生的兴趣和功利价值，“科学变成了实用科学，中小学教育强调的是生活适应”[①]。第二次世界大战结束之后，美国确立了世界霸主地位，这一地位要求美国要确保在科学技术领域处于世界领先水平。因此，重视科学教育、强调科技人才培养的呼声渐高，最终美国于1950年组建了国家科学基金会。从此，美国的科学教育在这一机构的规划和设计之下，不断根据科技人才培养的要求而推进科学教育改革，在不同时期推出了具有鲜明特点的科学课程政策，成为引领世界科学课程改革的“风向标”。

一、20世纪60年代重压之下的科学教育改革

对于青少年学生来说，科学课程的学习应该学些什么？这是一个宽泛的问题，但在20世纪60年代美国的科学教育改革中，这个问题则无比明确，那就是：学习“学科知识结构”。这一回答反映了该时期美国在重压之下对科学教育政策的选择，也拉开了现代国际科学教育改革的序幕，对当今中小学科学教育的理论和实践影响深远。

1957年，苏联成功发射了一颗人造地球卫星。在美苏争霸的背景下，这一事件被迅速放大，美国人朝野震动，随即对教育进行了全面的反思，认为科学教育存在问题，未能培养出大批高水平的科技人才。1958年，美国颁布《国防教育法》，对科学教育进行援助，培养科技人才以满足美国的需要。该法案致力于加强美国的教育系统，使之能够满足国家基本安全所提出的要求，提出了“为高校学生提供贷款，为自然科学、数学和现代外语的教学提供财政援助，设立国防奖学金，发现和鼓励有才能的学生”，强调“要加强技术教育，加强数学、自然科学以及外语等学科的教学分量，并对这些方面的教学提出了更高的要求”[②]。

在颁布《国防教育法》的同时，美国人也开始讨论推进科学教育改革的基本理论依据。1959年美国成立了以布鲁纳为主席的美国科学院教

① Cremin L. Popular Education and its Discontents. New York: Harper and Row, 1990:32.

② 张维平，马立武. 美国教育法研究［M］. 北京：中国法制出版社，2004：314.

育委员会，同年9月该委员会召开了伍兹霍尔会议，35位科学家、教育家和其他学者共同讨论了中小学数理学科教育改革的问题。1960年，布鲁纳出版了《教育过程》这一报告，集中阐述了其结构主义的课程思想。在《教育过程》中，布鲁纳旗帜鲜明地对进步主义教育以儿童为中心的做法进行了批判，认为任何学习行为的首要目的，在于它将来能为我们服务，而不在于它可能带来的乐趣。为了提高教育质量、提升学术标准，布鲁纳提出了"学科基本结构"这一概念，认为对学科结构的学习可以使各学科更容易理解，而且有助于记忆和迁移。所谓学科的基本结构，也就是"各种基本概念、基本原理和方法，以及它们相互之间的规律和联系"[①]。显然，学习学科结构，在于使学生参与知识建构的过程，而不仅仅在于掌握零星的经验或结论。

布鲁纳的结构主义思想在随后的十几年时间里，成为美国科学教育改革的理论方针和基本的依据。在这一思想的指导下，美国开发了大量的新教材，在教材中他们把现代科学研究成果、发明和创造充实进来。例如，PSSC物理就是一个典型，当时麻省理工学院的扎卡赖亚斯组建了物理科学研究委员会（Physical Science Study Committee），该委员会的一批物理学家开发的物理课程被称为PSSC物理。除此之外，还有CBA（Chemical Bond Approach Project）化学课程、BSCS（Biological Science Curriculum Study）生物课程等。这些新课程以各学科的基本概念、原理为主要内容，强调学科知识的系统性和逻辑性，在很大程度上改变了进步主义教育弱化学术标准的状况，提高了学生对科学知识掌握的程度。

新编的科学课程更加注重完整的学科知识结构的掌握和理性思维的训练，但是由于这些教材的内容难度过大，造成了"学生难学，教师难教"的现象。虽然课程开发者同时也开发了详细的教师教学指南并进行了大规模的理科教师的重新培训，但是新课程还是只被一少部分学校采用，采用的学校中也只有一部分学生真正从中获益。到20世纪70年代中期，美国全国性调查发现，选修新科学课程的学生仍然不多。[②]可见，由于过度强调了学科知识结构的重要性而忽视了学生心理特点，这次改革并没有得到很好的普及。而且，结构主义课程改革也没有很好地

① 布鲁纳教育论著选［M］.邵瑞珍等，译.北京:人民教育出版社，1989：4.

② Bybee R W.Achieving Scientific Literacy: From Purposes to Practices. Portsmouth, NH: Heinemann, 1997: 11.

调动教师的作用，甚至有意回避教师的介入，物理科学研究委员会在开发课程时有一句名言：让物理课程成为防教师的课程，显然这不利于课程改革的推进。

美国20世纪60年代的科学教育改革有着特定的背景和动机，它是在结构主义思想的指导下对进步主义教育思潮进行了批判，由此强化了要素主义教育的复兴，对美国的科学教育影响深远。直到80年代之后，美国在反思结构主义教育的基础上，对科学教育进行了重新的设计，进一步加深了对科学本质的认识和理解，由此一直引领了世界科学教育的基本走向。

二、将STS教育理念和课程形态引入科学教育改革

20世纪60年代的结构主义课程改革强调学科知识的系统传授，课程要以知识结构为核心，强化科学知识的系统性，这代表了传统的科学教育范式。但是，时代的发展和社会的变迁对科学教育总会提出新的期望。进入20世纪七八十年代之后，随着环境污染、生态失衡、资源破坏等问题的日益严重，人们对科学的社会功能进行了新的反思。在这种背景之下，强调科学的人文价值和社会价值的呼声渐高，美国人对科学教育的目标和方向进行了重新审视和界定。例如，艾肯海德认为，科学教育应达到如下四个目标：（1）增强公民的科学素养；（2）使学生对科学和技术产生兴趣；（3）鼓励学生对科学、技术和社会之间的相互作用产生兴趣；（4）帮助学生更好地进行批判性思考。①进入80年代，美国科学教育改革的潮流致力于对传统科学教育进行一次新的扬弃，重建科学教育的大厦，以确立符合社会发展和时代要求的科学教育新框架。

1983年，美国科学教师协会通过了《科学、技术、社会：80年代的科学教育》的报告书，指出科学教育应该使人理解科学、技术和社会的关系，并在生活中学会应用科学知识。从此，STS（Science, Technology, and Society，简称STS）教育开始在美国出现并成为重要的科学教育形式。1985年，美国科学促进会（AAAS）发起了有关科学、数学与技术

① Aikenhead G S.High-School Graduates's Beliefs About Science-Technology-Society. Ⅲ. Characteristics and Limitations of Scientific Knowledge. Science Education, 1987, Vol.71(4):459-478.

教育改革的长期规划。在全国科学技术委员会的资助下，于1989年完成并公布了一份文件，题为《2061计划：面向全体美国人的科学》。这是一份关于科学、数学与技术教育的综合研究报告，报告明确提出“普及科学基础知识包括科学、数学和技术，已经成为教育的中心目标”，并详细阐述了全面改革美国初、中等教育体系的设想、步骤、目标和科学依据。经过长期、反复的讨论与分析，专家们将每个学生从幼儿园到高中毕业应获得的基本科学知识浓缩为十二大类：科学、数学、技术的本质（属于总论部分），下面分为物理、生态环境、人体机能、人类社会、技术世界、数理世界、科学史观、一般主题与思维习惯九个大类。在推进这些计划的过程中，美国中小学的科学课程受到很大影响，出现了众多有影响的STS课程，具有代表性的是《社会中的化学》。

20世纪80年代初，在国家科学基金会的资助下，美国化学学会开始着手开发和设计《社会中的化学》，参与者包括高中科学教师、大学学者、科学家和社会科学顾问，1988年出版了第一版的《社会中的化学》，1993年第二版出版，1998年已经出版第三版。《社会中的化学》共有八个单元，它们分别是：（1）我们需要的水的供给；（2）保护化学资源；（3）石油：用以建设还是燃烧；（4）理解食物；（5）世界中的核化学；（6）化学、大气与气候；（7）健康：你面临的危险和选择；（8）化学工业：前景与挑战。[①]在这八个单元中，所有涉及科学探究的问题都有一个真实的社会情境，这种具体情境为中学生所熟悉，容易调动他们学习的兴趣和积极性。而且，每个单元都包括一些必须经过探究才能解决的问题，这样，在学习每个单元时，学生们不可能像学习传统的知识那样只要记忆基本的科学原理就可以了，而是必须动手做实验和其他探究活动，最终得到问题的答案。

进入20世纪90年代，美国对教育目标进行了重新界定，继续努力构建一种公平公正的教育政策。1993年4月美国政府以法案的形式提交《2000年目标：美国教育法》。该法案正式提出应在中小学教育领域，面向全体学生，编订供各州各地区自愿采用的课程标准。1996年，美国颁布了《国家科学教育标准》，在该文件中明确提出了以发展学生的“科学素养”作为基本的目标。“什么是科学素养？科学素养是对个人决

① Chemistry in the Community. Second Edition.New York：W.H.Freeman & Company Publishing House，1993：1–10.

策、参与公共和文化事务以及经济生产所需要的科学概念和过程的知识和理解。具有科学素养的人能够提出、发现和解答与日常体验有关的问题，他们能够描述、解释和预测自然现象……科学素养的本质方面在于掌握更多的科学知识以及对科学科目的深入理解；科学素养也包含了对科学本质、对科学事业以及科学在社会生活和个人生活中的作用的理解”。[①]美国学者米勒认为，“科学素养应该被视为人们有关科学与技术的认知水平，这种认知水平是对现代社会里的公民和消费者的最低程度的要求”[②]。从此以后，培养学生的科学素养成为西方科学教育的新理念，也是中小学科学教育的基本目标，它包括三个方面：（1）了解科学技术的术语和概念；（2）掌握科学的研究过程和方法；（3）理解科学技术对社会的影响。

三、强化STEM教育和课程开发

进入21世纪之后，全球竞争日趋激烈，美国面临着新的挑战。为回应这种挑战，美国在科学教育界进行了新的改革和调整。2002年1月，美国总统在签署了《不让一个孩子落后法》（简称NCLB法案），勾画了21世纪美国教育改革的宏伟蓝图，进一步强化了国家的责任意识；在教育内容上注重语言、数学等基础知识教学，强调关注美国传统历史教学，在教育形式上建立标准、实施规范的考试制度、强调秩序化、鼓励优秀者脱颖而出等等。NCLB法案的颁布是美国联邦政府以法律的形式推动中小学教育的重大改革行动，对于21世纪的科学教育改革有重大影响。

2005年5月，美国科学院应国会的邀请，开始研究美国竞争力问题，评估美国的科技竞争力，并提出维持和提高这种竞争力的建议。10月提交了名为《站在风暴之上》的咨询报告。在此基础上，2006年1月，美国总统公布了一项重要计划——“美国竞争力计划”。这个可能对美国未来竞争力产生重大影响的一揽子方案提出了两大目标：在基础

① National Science Education Standards.Washington, DC: National Academy Press, 1996: 21.

② Yager R E. Science/Technology/Society As Reform in Science Education. New York: State University of New York Press, 1996: 187.

研究方面领先世界、在人才和创造力方面领先世界。为此，该计划特别强调，要加强学校的数学与科学教育，鼓励学生主修科学、技术、工程和数学（science, technology, engineering, and mathematics，简称为STEM），并不断加大STEM教育的投入，培养学生的科技数理素养。

2007年6月，美国师资培训学院协会发布了一份有关美国教师教育的进展报告：《STEM师资培养——赢得全球竞争的金钥匙》。这项报告向人们展示了近年来美国各州在幼儿园到十二年级教育中实施的科学、技术、工程和数学教育项目的详细信息和进展状况。美国科学界、工商界、教育界已经达成共识：美国在全球市场上的创新力和竞争力与美国的公立学校能否充分保障学生STEM素养直接相关。STEM素养是一种有关个体在科学、技术、工程和数学领域及其交叉领域运用知识的能力，包括：（1）科学素养，一种运用科学知识和过程（如物理、化学、生物科学和地球空间科学）理解自然界并参与影响自然界的有关决策；（2）技术素养，指使用、管理、理解与评价技术的能力；（3）工程素养，指对技术的工程设计与开发过程的理解；（4）数学素养，指学生在发现、表达、解释和解决多种情境下的数学问题时进行分析、推断和有效交流思想的能力。

STEM教育代表了美国在科学教育领域的最新举措。2009年1月，美国国家科学委员会向奥巴马总统提交了一封信，主题就是“改善所有美国学生的STEM教育”，动员全国力量支持美国学生发展高水平的STEM知识和技能。2011年，奥巴马总统推出了旨在确保经济增长与繁荣的《美国创新战略》，提出了“创新教育运动”的口号，指引着公共和私营部门联合，以加强STEM教育。2011年3月，由美国技术教育协会主办的第73届国际技术教育大会在美国举行，会议主题是“准备STEM劳动力：为了下一代”。当前，美国从三个方面建立了一套STEM教育体系：一是将各州幼儿园到十二年级的STEM教育的评估标准与中学后的教育与工作要求加以对应；二是增强各州在STEM教育体制上的一致性以提高各州STEM教育的教与学能力；三是支持STEM教育的创新实践模型以发现STEM教育实践中的优秀示范项目并加以推广，发展职业技术教育。

四、总结与启示

美国作为发达国家的代表，其中小学科学课程的政策、理念和行动举措在一定程度上反映了科学教育发展的基本规律，值得我们去研究和思考。作为当今最发达的国家之一，美国显然受益于其先进的科学教育和科学课程理念。我们可以得到如下启示：

（一）美国当代科学教育的发展实现了政策、理念和行动的有机整合

在科学教育改革的进程中，美国的科学教育政策往往起着重要的调控作用，这种调控似乎是一种摇摆和反复，比如在学生心理和学科知识结构之间、在基础普及和学术高标准之间、在尊重差异和统一标准之间、在公平和效率之间、在公开平等和教育优质之间都出现了这种摇摆。这种摇摆并不是政策游移不定的结果，它恰恰体现了美国试图在不同的取向上去寻找一个最恰当的平衡点，而不至于在某一方向上走得太远。

当代美国科学教育在理念上追求的最终目标有两个：一是教育公平；二是质量优异。以此为基础，美国的科学课程表现出如下趋势：（1）以科学素养的提高为目标；（2）尊重差异的个性化课程；（3）加强普通技术教育；（4）普及环境教育；（5）衔接整合教育各个阶段；（6）开设综合课程和STS教育，以及近年来的STEM教育。在行动上，美国的科学教育改革强调运用法律和政策进行引导，鼓励全社会各界广泛参与课程改革，并且对改革进行长期规划部署，使教育改革从部分走向整体，从个别化走向系统化。重要的行动措施有：（1）引入市场机制，提高和改善学校教育质量；（2）加强联邦政府对教育的推动和导向作用；（3）广泛动员民间团体进行全方位多方合作；（4）制订统一标准进行系统性科学教育改革。

（二）美国的科学教育通过改革和创新不断提升对科学的本质及科学教育内涵的认识

在传统的科学教育的视阈中，科学知识就是真理，是人们改造世界的利器，科学教育的使命就在于让学生系统掌握各种科学知识。传统科学教育所秉持的“知识中心”的信念在很大程度上造成了公众对待科学

技术的非理性化——对未知事实和社会问题缺乏理解导致对科学的盲目崇拜、敌意或者新迷信的产生。美国现代科学教育改革的历程为人类变革传统科学教育打开了新视界，丰富了科学教育的内涵。

例如，美国通过STS教育试图去超越传统的科学教育观，在社会情境中重新去理解科学技术：（1）理解科学知识的本质，包括科学的基本概念、原理和观点；（2）理解科学研究的方法和过程；（3）理解科学技术之于个人和社会发展的意义。这样，科学教育的内涵就得以拓展，科学教育的功能也由此得以充实和完善。从对象上说，它不仅指理解科学知识和科学方法，而且还指理解科学的本质与社会效应；从性质上说，它不仅是一种认识活动，而且也是一种情意活动，一种培养科学态度和科学价值观的活动。

（三）美国的科学教育日趋强调价值关涉和学科整合，其实质是在努力重建新的科学价值观

从强调“科学知识”到“科学素养”再到“STEM素养”，美国的科学教育越来越强调社会情境的重要性，体现出美国的科学教育改革在努力适应时代发展的需求，出台与当时全球经济发展形势和时代要求相适应的教育政策。而近年来的STEM教育则提出了培养学生相关素养的目标，科学、技术、工程与数学素养是一个多学科交叉的研究领域，它囊括了科学、技术、工程和数学四大领域。但是，STEM素养并不是科学素养、技术素养、工程素养和数学素养的简单组合，而是把学生学习到的零碎知识与机械过程转变成一个探究世界相互联系的不同侧面的过程。

这说明，美国科学教育的改革与创新具有强烈的时代感和危机意识，近年来的改革举措显示，美国通过改革与创新而努力重建新的科学价值观。这种新的科学价值观意味着从根本上改变公众对科学本质的认识，纠正“唯科学主义”给人们的认识带来的偏执，进而消解人类对工具理性的狂热崇拜、恢复价值理性对人类行为的引导，从而给科学技术的发展提供一种价值规范，使其尽可能地为人类科技发展和社会进步作贡献。

第四节　我国的课程政策与实践

为了响应对新世纪社会政治经济发展和文化变迁带来的挑战，我国于2001年启动了新一轮基础教育课程改革运动。作为一种政府行为，课程改革的实践需要上位政策支撑，一种行之有效的、切实可行的课程政策是课程改革顺利推行的重要保障。因此，对课程政策及其实践进行分析，有利于更加理性地推进课程改革。

一、我国课程政策理念的演变

课程政策就是教育行政部门依据国家的教育宗旨与有关法律规章制度，为了解决一定的课程问题和实现课程目标而调整规范课程权力和不同利益群体的需求、调整课程运行而制定的行动纲领和准则。课程政策具有约束性，因为它是经由法定程序公布实施的；它也具有实践性，它是行动的指南和策略，是行政部门和教育机构执行的准则。

任何课程政策都反映了人们对课程运行问题的认识和价值评判，因此也就体现出特定的认识论和价值观。课程政策在理念层面的表现，可以追溯到课程政策认识论和价值观两个方面，而这两个方面的演变，可以从课程理论与课程政策、课程权力与课程政策两个方面来说明。

（一）课程理论与课程政策

在课程理论、课程政策和课程实践这三个范畴中，课程政策处于中介的位置。课程政策是实践取向的，它面向行动，为具体的课程运作提供行动指南。课程政策又受到特定课程理论的支配，政策的运行离不开理论的关照；反之，课程理论向实践的转化同样离不开课程政策的有效运作，如果没有一套行之有效的政策作为保障，课程理论很难转化为现实的课程实践。因此，从宏观角度讲，课程政策无疑反映了一定阶段课程理论研究的进展，在政策里面隐含着理论的因子。我国当前的课程政策，也是课程理论研究的一个反映。

理论研究对政策制定的贡献，体现在课程理论为课程政策提供上位理念支撑、为政策提供理论依据。因此，课程政策的制定，既受解决当前课程实践领域存在的问题的驱动，也是课程理论研究成果的具体应用。在过去的几年里，我国课程领域的理论研究和实践活动极为活跃，在理论研究方面取得了丰硕的成果，这标志着课程研究真正作为一个学术研究领域而成为教育研究的一个重要方面，课程论的学科地位得以确立。我国课程理论研究的进展，可以从研究队伍、科研成果、学术结构等方面反映出来。在科研队伍方面，随着相关人员的培养和课程改革实践的推行，课程研究的队伍不断壮大，逐渐形成了国内具有影响力、国际知名的学者群体。教育部人文社会科学重点研究基地——华东师范大学课程与教学研究所的创立，吸纳、培养了大批课程论学者，成为我国课程理论研究的重要力量。在科研成果方面，最近几年里课程领域的理论研究取得了丰硕的成果。[①]尤其是华东师范大学课程与教学研究所的研究人员，他们秉承“探索教育理论，不断创新；服务教育政策，提供咨询；参与教育实践，共享智识”的宗旨，为我国的课程理论研究贡献了大量学术成果。在学术机构方面，1997年，“中国教育学会教育学分会课程专业委员会”成立；1999年，成立教育部人文社会科学重点研究基地华东师范大学课程与教学研究所；2000年，教育部在分布于华北、华东、东北、华南、华中、西南等几个大行政区域的部属师范大学、浙江大学教育学院以及某些省的师范大学成立“基础教育课程中心”，直接参与课程理论研究和实践探索，为基础教育课程改革的推行服务。这些学术机构的创立和组建有力地推动了课程领域的理论研究，为课程论的学术发展提供了重要的机构保障。

我国学者在课程研究领域的不懈努力推动了课程理论的繁荣，也为课程政策的制定奠定了理论基础。当前，我国的课程理论研究一方面致力于从国际比较的视野积极借鉴最前沿的课程理论，另一方面致力于构建具有中国特色的、符合素质教育要求的课程论体系，以服务于我国的课程实践。课程研究的全球化思维可以引进先进的课程理论与符合时代精神的课程理念，使我国的课程研究直接面对世界性的课程论课题、与国际主流课程话语进行交流与对话。同时，在国际视野的关照下，国内课程研究也致力于把国外课程理论本土化，结合我国的课程实践构建自己的课程理论。理论研究是求“真”的，它代表着对世界的理性认识；政策的运作是求“行”的，它致力于以明确可行的策略推进行动。因此，课程理论左右着课程政策运作的方向，课程理论的这些研究成果必

① 王文静．“九五”期间我国课程与教学论研究的回顾［J］．全球教育展望，2001（12）：39-46.

然会反映到现行的课程政策之中。

（二）课程权力与课程政策

课程政策的核心是课程权力及其分配。中华人民共和国成立以来，我国很快在教育领域全面移植苏联的教育模式，在课程行政上采用与政治经济体制相适应的课程管理体制，课程政策也体现出浓厚的国家统一管理色彩，实行的课程政策是与当时的历史条件相适应的，这种课程政策有利于在各地经济和教育发展水平不平衡的情况下规范中小学课程实践的运作，如开设统一的国家课程、确定相同的课时比例、提供统一的教材等，这样就保证了不同地区的教育质量达到一个基本的标准，为整体性提高国民素质、保证课程实践的高效率运作、培养大批国家建设人才以及保证基本的教育机会均等作出了积极的贡献。当然，这种课程政策的缺点也是显而易见的：它追求教育的“共性”，是以学校教育的一般特征为依据进行课程决策的；而对教育的“个性”则关注不够，脱离了不同地区和学校的具体教育情境，也不能关照学生的个体差异，同时也影响了地方和学校进行课程开发的积极性。随着课程实践的不断发展和教育教学情境的变化，要求调整课程权力的分配、扩大地方和学校的课程自主权的呼声日益高涨，打破课程权力过于集中的状况、关注地方和学校的课程自主权已成为课程改革的一个重要内容。

早在1992年，我国颁布了《九年义务教育全日制小学初级中学课程计划》，规定开设地方课程，由地方政府规定统一的课程计划和教学大纲，教材实行“一纲多本”。1996年，颁布《全日制普通高级中学课程计划（试验）》，规定学校应合理设置本学校的选修课和活动课，真正打破了必修课一统天下的局面，使学校拥有了一定程度的课程自主权。1999年，颁布《中共中央国务院关于深化教育改革全面推进素质教育的决定》，提出调整和改革课程体系、结构、内容，建立新的基础教育课程体系，试行国家课程、地方课程和学校课程。这标志着我国基础教育在课程权力方面进行了重大的调整，它突破了以往课程权力过于集中、难以适应地方与学校具体情境的弊端，推进了课程决策民主化的进程。2001年，颁布《基础教育课程改革纲要（试行）》，其中明确提出，建立国家、地方、学校三级课程管理政策，增强课程对地方、学校及学生的适应性，改革课程管理过于集中的状况。这进一步强调了课程权力的再分配，使得地方和学校参与课程开发和管理得到了政策上的保障。

从大陆对课程政策进行调整的轨迹，我们得以窥见课程权力分配运行的一个基本趋势，那就是：从课程权力过于集中的课程政策逐渐过渡为有限度的“放权”，从而体现课程决策的民主化和倡导课程参与、分享课程权责的改革精神。

二、我国新课程政策之分析

作为一种用以规范课程实践的政府行为，课程政策需要一定的制度化的载体以承载政府的课程行政管理的指令和意志，主要包括课程结构、课程标准、教材、课程管理以及课程评价等。同时，政府也要颁布一些具有法规约束力的文件来对这些制度化的载体进行阐释和规定，于是便有了书面形式的课程政策文件。在国内，当前课程改革和课程实践的依据，就是2001年颁布的《基础教育课程改革纲要（试行）》（以下简称《纲要》）。

《纲要》是基础教育课程改革的行动纲领。为了具体落实教育部面向21世纪课程与教材改革的要求，经过几年的研究和酝酿，2001年6月8日，教育部印发了《纲要》这一文件，规划了新世纪课程改革和发展的施工蓝图，提出了与课程改革的基本理念相适应的新的课程政策。下面我们以《纲要》的规定为基础，从课程结构、课程标准、教材、课程管理、课程评价五个方面对当前我国新的课程政策作出具体分析。[①]

（一）课程结构

课程结构是学校课程体系的“骨架”，它规定了学校课程的领域、门类、科目及其比例关系。对课程结构的调整体现了国家课程改革的基本导向，折射出新的课程理念和对育人目标的新要求。

1. 在义务教育阶段，课程结构的基本要求，就是整体设置九年一贯的义务教育课程

从课程类型上来说，新的课程结构强调，在小学阶段要以综合课程为主，初中阶段设置分科与综合相结合的课程。在强调综合课程方面，新的课程结构对原有的一些分科课程进行了整合，例如，原有的物理、化学和生物被整合为科学，开设新的综合课程形态如品德与生活（小学

① 文中提到的有关《纲要》的内容，详见中华人民共和国教育部．基础教育课程改革纲要（试行）．2001年6月8日．

1—2年级）、综合实践活动。为了增加课程的选择性，新课程结构倡导适当降低必修课程的比重，突出选修课程在学生发展中应有的地位，以使新课程能够更好地适应学生个性化的学习需求，增加课程的选择性。为了增强课程对地方和学校的适应性，新课程结构适当降低了国家课程的比重，在课时分配上给予地方和学校进行课程开发活动的空间，将10%—12%的课时给予了地方课程和校本课程的开发与实施。为了调整过于注重知识传授的倾向，新课程结构关注非学术类课程在培养学生动手实践能力和创新能力中的作用，使课程与学生的生活和社会生活相联系。

从学科科目方面看，《纲要》规定，小学低年级开设品德与生活、语文、数学、体育、艺术（或音乐、美术）等课程；小学中高年级开设品德与社会、语文、数学、科学、外语、综合实践活动、体育、艺术（或音乐、美术）等课程。初中阶段开设的课程主要包括思想品德、语文、数学、外语、科学（或物理、化学、生物）、历史与社会（或历史、地理）、体育与健康、艺术（或音乐、美术）以及综合实践活动。《纲要》还规定，学校应努力创造条件开设选修课程，在语文、艺术、美术课中加强写字教学。

从课时比例方面来看，新课程结构对这些基本科目的课时分配也作出了相应的调整，以体现课程结构的均衡性。一些科目如语文、数学等长期以来一直作为优势科目而占据了较大的比重，造成了课程体系的科目结构不平衡，“为此，新的课程计划分别将语文所占的比重由原来的24%（1992年）降至20%—22%，将数学由原来的16%（1992年）降至13%—15%，并对其他传统优势科目所占的比重进行了适当的下调。同时，将下调后积累下来的课时量分配给综合实践活动和地方与校本课程。其中，综合实践活动因此而拥有了6%—8%的课时量，地方和校本课程拥有了10%—12%的课时量”①。

2. 在高中阶段，课程结构的基本要求就是以分课课程为主，积极试行学分制管理

高中教育是义务教育之后更高层次的基础教育，它更加强调学科知

① 有宝华. 重建我国基础教育的课程结构.载于钟启泉，崔允漷，张华. 为了中华民族的复兴，为了每位学生的发展［M］.上海：华东师范大学出版社，2001：69.

识的系统性与逻辑性。考虑到高中生身心发展的特征以及高中教育的特征，《纲要》提出高中课程结构以分课课程为主。为了使学生在普遍达到基本要求的前提下实现有个性地发展，课程标准应有不同水平的要求，在开设必修课的同时，设置丰富多彩的选修课程。另外，高中教育是基础教育和高等专业教育的分水岭，也是学生接受高等教育和走向社会、加入劳动大军的分水岭，考虑到为将来的职业做准备，新的高中课程结构要求开设技术类课程。另外，《纲要》还提出积极试行学分制管理的要求。学分制有利于学生根据不同的兴趣爱好和学习需求有选择地学习，因此有利于提高高中课程的选择性。这些都是对高中课程结构的宏观勾勒，具体的高中课程标准正在酝酿制订之中。

3. 在新的课程结构中，增加了一种新的课程形态——综合实践活动课程

《纲要》规定，“从小学至高中设置综合实践活动并作为必修课程，其内容主要包括：信息技术教育、研究性学习、社区服务与社会实践以及劳动与技术教育”。设置研究性学习这一领域的目的，在于让学生通过实践，增强探究和创新意识，学习科学研究的方法，发展综合运用知识的能力；设置社区服务与社会实践的目的，在于增进学校与社会的密切联系，培养学生的社会责任感；而加强信息技术教育的目的，在于培养学生利用信息技术的意识和能力；加强劳动与技术教育的目的，在于使学生了解必要的通用技术和职业分工，形成初步的技术能力。当然，这四个部分是国家为了帮助学校更好地落实综合实践活动而特别指定的几个领域，而不是综合实践活动内容的全部，其他的非指定领域如班团队活动、学校传统活动等也属于综合实践活动的内容。

（二）课程标准

我国新一轮基础教育课程改革提出的一个重要目标，就是以“课程标准”取代原有的“教学大纲”。与原先的“教学大纲”相比，“课程标准”不是对教学内容的具体规定，主要是对学生学习结果的描述，而这种描述是可达到的、可评估的；它是关照大多数学生的，提出的是一些基本的要求；“课程标准”的规定是有弹性的，其范围应涉及认知、情感、动作技能三个领域，也隐含着教师不是教科书的消极教授者，而是教学方案的积极设计者的内涵。《纲要》对课程标准的要求，主要体现在如下几个方面。

1. 课程目标的陈述应包括知识与技能、过程与方法、情感态度与价值观等方面

《纲要》规定，课程标准应体现国家对不同阶段的学生在知识与技能、过程与方法、情感态度与价值观等方面的基本要求。长期以来，我国的学校教育往往以单一的知识目标为主导，这种规定就是为了打破传统的课程与教学过于注重知识传授的倾向，引导学生质疑传统、挑战权威，培养批判反思的能力；学校教育不仅要传授知识，还要发展情意、塑造道德人格并形成价值观等，促进学生全面、和谐、健康的发展。

2. 国家课程标准已初步形成了一种尝试性的框架

《纲要》指出，课程标准应规定各门课程的性质、目标、内容框架，提出教学和评价建议。根据这种要求，在学者研究的基础上，国家课程标准的框架已经形成，并适用于各个具体学科的课程标准。它基本包括前言、课程目标、内容标准和实施建议四部分。此外，在已经出版的各学科课程标准（实验稿）中，各科课程标准最后还附加了“附录”部分，阐述有关各学科课程实施应注意的一些问题以及教学建议。

3. 课程标准对不同的教育阶段应有不同的要求

《纲要》规定，幼儿园教育要依据幼儿身心发展的特点和教育规律，坚持保教结合和以游戏为基本活动的原则，与家庭和社区密切配合，培养幼儿良好的行为习惯，保护和启发幼儿的好奇心和求知欲，促进幼儿身心全面和谐发展。

义务教育课程标准应适应普及义务教育的要求，让绝大多数学生经过努力都能达到，体现国家对公民素质的基本要求，着眼于培养学生终身学习的愿望和能力。

普通高中课程标准应在坚持使学生普遍达到基本要求的前提下，有一定的层次性和选择性，并开设选修课程，以利于学生获得更多的选择和发展的机会，为培养学生的生存能力、实践能力和创造能力打下良好的基础。

4. 各科课程标准应加强对学生的世界观、人生观和价值观教育

《纲要》规定，制定国家课程标准要依据各门课程的特点，结合具体内容，加强德育工作的针对性、实效性和主动性，对学生进行爱国主义、集体主义和社会主义教育，加强中华民族优良传统、革命传统和国防教育，加强思想品质和道德教育，引导学生树立正确的世界观、人生

观和价值观；要倡导科学精神、科学态度和科学方法，引导学生创新与实践。

（三）教材

世界范围内，教材或教科书的使用制度一般有三种，即国定制教科书、审定制教科书和自由制教科书。长期以来，我国采用的是国定制教科书制度，由国家教育行政部门按照课程标准或教学大纲统一组织编写教科书、并在全国范围内使用。《纲要》对这种传统的教材政策提出了改革的要求，对教材改革的有关规定反映了目前我国教材政策的必然走向。《纲要》的规定主要表现在如下方面。

1. 教材的开发和使用应符合教育发展的要求并反映时代精神

在改革的目标和方向上，教材改革应有利于引导学生利用已有的知识与经验，主动探索知识的产生与发展，同时也应有利于教师创造性地进行教学。

在内容的选择和组织上，教材内容的选择应符合课程标准的要求，体现学生身心发展特点，反映社会、政治、经济、科技的发展需求；教材内容的组织应多样、生动，有利于学生探究，并提出观察、实验、操作、调查、讨论的建议。

在课程和教材资源的利用上，要积极开发并合理利用校内外各种课程资源。学校应充分发挥图书馆、实验室、专用教室及各类教学设施和实践基地的作用；广泛利用校外的图书馆、博物馆、展览馆、科技馆、工厂、农村、部队和科研院所等各种社会资源以及丰富的自然资源；积极利用并开发信息化课程资源。

2. 完善基础教育教材管理制度，实现教材的高质量与多样化

实行国家基本要求指导下的教材多样化政策，鼓励有关机构、出版部门等依据国家课程标准组织编写中小学教材。建立教材编写的核准制度，教材编写者应根据教育部有关文件，向教育部申报，经资格核准通过后，方可编写。完善教材审查制度，除经教育部授权省级教材审查委员会外，按照国家课程标准编写的教材及跨省使用的地方课程的教材须经全国中小学教材审查委员会审查；地方教材须经省级教材审查委员会审查。教材审查实行编审分离。

改革中小学教材指定出版的方式和单一渠道发行的体制，严格遵循中小学教材版式的国家标准。教材的出版和发行试行公开竞标，国家免

费提供的经济适用型教材实行政府采购，保证教材质量，降低价格。

加强对教材使用的管理。教育行政部门定期向学校和社会公布经审查通过的中小学教材目录，并逐步建立教材评价制度和在教育行政部门及专家指导下的教材选用制度。改革用行政手段指定使用教材的做法，严禁以不正当竞争手段推销教材。

（四）课程管理

当前我国新课程政策的一个重要特征，就是实行三级课程管理制度。我国所谓的三级课程管理体制，就是把原先在中央水平上过于集中的课程决策权力分配一部分给地方和学校，使地方和学校参与课程开发，从而出现国家课程、地方课程和学校课程并行存在的局面，使课程更加适合地方和学校的具体教育教学情境。当前课程管理制度的这种改革折射出我国现行课程政策从集中走向有限度的放权的趋势。教育部、地方（省级）和学校在课程管理上的职责划分如下。

1. 教育部的课程管理职责

教育部总体规划基础教育课程，制定基础教育课程管理政策，确定国家课程门类和课时。制订国家课程标准，积极试行新的课程评价制度。

2. 省级教育行政部门的课程管理职责

省级教育行政部门依据国家课程管理政策和本地实际情况，制订本省（自治区、直辖市）实施国家课程的计划，规划地方课程，报教育部备案并组织实施。经教育部批准，省级教育行政部门可单独制订本省范围内使用的课程计划和课程标准。

3. 学校的课程管理职责

学校在执行国家课程和地方课程的同时，应视当地社会、经济发展的具体情况，结合本校的传统和优势、学生的兴趣和需要，开发或选用适合本校的课程。各级教育行政部门要对课程的实施和开发进行指导和监督，学校有权利和责任反映在实施国家课程和地方课程中所遇到的问题。

三级课程管理制度对国家、地方和学校所拥有的课程权责进行了较为明确的划分，它的提出和运行打破了课程权力高度集中于中央的格局，为地方和学校积极发展课程开拓了空间。至此，地方、学校、教师和家长等分享课程权责、参与课程决策的理念已初见端倪并不断发展，有力地推动了课程决策民主化的进程，标志着我国高度集中的课程管理体制开始发生本质性的变化，也是我国长期奉行的课程政策发展变化的一个例证。当然，这种“放权”是有限的，甚至说是相当有限的，从总体上而言，中央的课程权力还是居于绝对的主导地位。

（五）课程评价

从理论上来说，课程评价包括了对课程方案本身的评价和对学生学习结果的评价。它的功能在于完善课程体系、提升课程和教材的质量、推动学生的学业成就评价。在课程改革中，开展课程评价有助于考察课程改革目标的实现程度并完善学生学业成就评价。

1. 建立促进学生全面发展的评价体系

评价不仅要关注学生的学业成绩，而且要发现和发展学生多方面的潜能，了解学生发展中的需求，帮助学生认识自我、建立自信。发挥评价的教育功能，促进学生在原有水平上的发展。

2. 建立促进教师不断提高的评价体系

强调教师对自己教学行为的分析与反思，建立以教师自评为主，校长、教师、学生、家长共同参与的评价制度，使教师从多种渠道获得信息，不断提高教学水平。

3. 建立促进课程不断发展的评价体系

周期性地对学校课程执行的情况、课程实施中的问题进行分析评估，调整课程内容，改进教学管理，形成课程不断革新的机制。

4. 改革和完善考试制度

在已经普及九年义务教育的地区，试行小学毕业生免试就近入学的办法。鼓励各地中小学自行组织毕业考试。完善初中升高中的考试管理制度，考试内容应加强与社会实际和学生生活经验的联系，重视考查学生分析问题、解决问题的能力，部分学科可实行开卷考试。高中毕业会考改革方案由省级教育行政部门制订，继续实行会考的地方应突出水平考试的性质，减轻学生考试的负担。

高等学校招生考试制度，应与基础教育课程改革相衔接。要按照有利于高等学校选拔人才、有助于中学实施素质教育、有利于扩大高等学校办学自主权的原则，加强对学生能力和素质的考查，改革高等学校招生考试，探索提供多次机会、双向选择、综合评价的考试和选拔方式。

三、我国课程政策的实践反思与展望

人们所直接感受到的课程改革更多的是课程政策的改变和课程制度的革新。这些改变和革新首先是时代发展和宏观教育改革的要求，而且也是防止制度性疲惫的必要手段。当然，处理好继承与创新的关系也是推动课程政策可持续运行的重要方面。

（一）课程政策受制于教育目的论的导向，具有鲜明的时代特征

课程政策的变革是由教育宗旨的变更造成的，每一次教育目的的重大调整，都预示着课程政策将告别一个阶段而开启另一个新的阶段。课程政策的形成受更上位教育目的论的制约，它必然要反映教育发展的旨趣，服务于一定社会的教育理想。当教育目的发生变化时，它就必然要求课程政策的相应变革。可以说，教育目的和教育方针为课程政策的运作提供了一定的价值取向和课程决策的依据，因此，课程政策的实践受制于特定的教育目的。同时，课程政策又是在特定的社会历史条件下运行的，它必然也反映了某个时期的政治、经济和文化状况，具有鲜明的时代特征。

就当前新一轮基础教育课程改革所倡导的课程政策而言，它也是深化教育改革、推进素质教育的一个产物。第三次全国教育工作会议是在新千年和新世纪来临之际召开的，人类即将告别旧的世纪而开启新的纪元，本次会议的召开无疑担负着承前启后、继往开来的重大使命。它提出，“实施素质教育，就是全面贯彻党的教育方针，以提高国民素质为根本宗旨，以培养学生的创新精神和实践能力为重点，造就‘有理想、有道德、有文化、有纪律’的、德智体美等全面发展的社会主义事业建设者和接班人”[①]。它吹响了向素质教育进军的号角，第一次彰显创新精神和实践能力在人才素质结构中的重要地位；同时在原来的“德育、智育、体育”的基础上，增加了“美育”的内容，使美育得以与传统的德智体“三育”处于同一地位，成为基础教育方针政策的独立内容。因此，在这种教育宗旨指导下的课程政策，必然要在基础教育课程体系中加强创新精神和实践能力的培养，凸显学生的经验与学校课程的联结，关注个性发展与自我表达，致力于从“应试教育”向“素质教育”的真

① 中共中央国务院关于深化教育改革全面推进素质教育的决定. 中华人民共和国国务院公报. 1999年第4号.

正转轨。由此，在课程结构、课程标准、教学与教材、课程管理和课程评价等方面作出相应的重大调整，彰显本次课程改革的内在追求。

（二）改革是防止课程政策的制度性疲惫的有效举措

任何制度都是在一定的社会经济、政治、文化情境下形成的，不管当初如何有效，当这种制度赖以存在的环境发生变化时，制度本身就不能一如既往地与其环境相适应，如果不能因应经济文化的变化而变化，就会制约发展、抗拒变革，这就产生了所谓的“制度性疲惫”。对于课程制度而言，同样存在这种问题，因此，如果对宏观的课程政策不断作出调整从而影响课程制度的实际运作，就会有效地防止由于长期运行而带来的制度性疲惫。从世界范围看，对课程政策的周期性改革是各国完善课程制度、推动学校教育不断发展的基本策略。

反观我国课程政策演变的轨迹可以看出，我国每十年左右就会对课程政策进行一次较大的调整。这是课程发展的客观要求，也是课程政策实践运作的一个基本规律。每一套课程教材体系推出后，都要经过一个相对稳定的实施期限，经过十年左右的实践运作，课程政策的实际效果在很大程度上得以实现。如果变动过于频繁，就会影响课程效果的发挥；反之，如果长时间不作变革，也无法因应外界环境的变动而失去发展和前进的机会。我国现行的课程政策和课程教材体系基本上是在20世纪80年代末到90年代初形成的，在进入新世纪后，整个国际环境和社会政治、经济、文化背景发生了很大变化，对基础教育课程与教学提出了新的挑战和期待，因此课程政策也必须作出相应的变革。

（三）正确处理好继承与创新的关系

中华人民共和国成立以来我国的课程政策是建立在高度统一的集中管理的理念之上的。这种课程政策是与我国的基本国情以及政治经济体制相适应的。可以说，这种课程政策有其存在的历史条件和国情基础，课程改革和政策调整实际上无法从根本上否定这种课程政策的影响。人们不能割断历史，对课程政策来说，任何政策都有历史传承性、都需要相对的前后衔接。这就是一种继承，没有这种继承，课程政策的推行就没有现实的根基，因此就会给课程实践带来严重后果。在课程政策的历史上，1958年曾作出关于教育事业权力下放的决定，结果教育部原有的课程计划、教学大纲和教科书等一夜之间全部被废除，学校自定课程、自编教材，造成了很大的混乱，也带来了基础教育质量下滑的严重后果。课程政策的制定需要理性，需要对历史的思考。当前，课程权力的适当下放是经过多年的理论论证和实践探索后才正式进入课程政策的，它以中央集中和统一为前提，是在集中管理的基础上的有限放权，符合历史发展的潮流。

但课程政策毕竟需要扬弃，需要发展和创新。改革开放以前，我国在课程与教学领域一直移植苏联模式，用“教学计划”和“教学大纲”作为学校教育最基本的行为准则，它们是政府文件，具有很强的指令性，“教科书”成了这两个文件的具体化。应该说，“三教”是那个时代单一的计划经济体制下的必然产物，随着时代的发展和政治经济体制的改革，课程政策必然也要走出“自上而下、高度统一”的模式，而趋向于权力分享和课程决策过程的民主化。这就是创新，只有创新，才能接纳时代发展的新鲜气息，才能打破僵硬的条条框框，才能使课程与教学鲜活起来。

处理好集中管理的传统和课程权力下放之间的关系，在课程管理上表现为正确对待国家课程、地方课程与校本课程的关系。作为新课程政策权力下放的一个直接结果，校本课程问题成为众人瞩目的一个焦点。无论从调动学校开发课程的积极性、增强课程的适应性、促进课程决策的民主化，还是促进教师专业发展的角度来讲，校本课程的开发和实施都是必要的，因此，它也成为本次课程改革的一个“亮点”。有了政策的支持，各实验区中小学校焕发出很高的热情投入到校本课程开发中去。这是我国课程领域繁荣发达的一个重要方面，它打破了长期以来国家课程一统天下的局面，为学生的个性发展提供了更大的空间。

但是，目前看来，校本课程开发在我国也存在一些误区，其中很重要的一点，就是没有把握好国家课程与校本课程的关系。国家课程关注学校教育的共性，强调基本的学术标准和教育质量，是全体国民素质达到一定水平的有力保障，也是教育公平的“最底线”。因此，无论何时，国家课程在我国应居于主导地位，校本课程是其补充，而不是反之。据悉，有些学校开发的“校本课程”动辄上百门，这很可能会影响国家课程的实施质量，也难以保证校本课程的水准。

再者，课程政策的调整和实行是一个系统工程，需要诸多配套措施的支撑。课程权力的适当下放能否带来实际效果，其中关键的一点就是教师的课程权力表达的意识。长期以来，我国的教师处于课程权力结构的最底层，课程意识淡薄；在沉重的授课负担的重压下，教师没有表达课程权力的热情，缺乏课程参与的意识与能力。校本课程的开发与实施是仰赖于教师的参与的，如果教师拒斥课程权力、抵制课程参与，那么下放的课程权力则不能带来现实的效果。

第十章 课程的文化诠释与比较

课程有着悠久的历史，在漫长的发展历程中，有关课程的思想观点已经发展为蔚为壮观的课程理论体系。我们把与课程相关的思想、理论、观点以及方法等统称为课程知识。正如《简明国际教育百科全书》所解释的，“课程知识这个词至少有两种不同的含义：在一门课程中所讲授或所包含的知识和制订课程时所应用的知识”[①]，我们所采用的“课程知识”的概念是广义的，是人们在制订课程时所应用的所有知识的统称。显然，课程知识是一个庞杂的体系，在人类文明演化和教育发展的过程中，中国传统文化和欧美文化（为表述方便我们简称为东西方文化）对课程知识的产生和建构起着决定性的作用，在不同的文化影响下形成了不同的课程知识谱系，而文化恰恰可以为诠释课程知识谱系提供最基本的依据和参照。

第一节　文化的定义与课程知识的文化内涵

人类从远古的洪荒中走来，在漫长的进化和发展历程中创造了灿烂的文明，不同的民族则形成了形态各异的文化。一部人类发展史证明，人类这种社群动物之所以能够不断进化和自我超越，关键在于他们能够有组织、有计划地通过教育而将文化知识传承给下一代，这是其他任何动物都做不到的事情。教育是一种文化活动，其功能在于“文化传递”

① 简明国际教育百科全书·课程卷［M］.江山野，主编译. 北京：教育科学出版社，1991：69.

和“文化创造”；学校教育过程中内在地隐藏着文化的一些因素，但我们往往习而不察。

一、文化及其与课程的内在联系

文化与教育的这种关系，我们可以从“文化”一词的来源上得到一些启示，因为无论东方还是西方，对文化的词源学分析都能揭示出文化的教育意韵。从这个角度来说，文化与教育、文化与课程有着密切的联系。

(一) 文化的定义

在我国，早在《易传》中就有“观乎人文，以化成天下”这样的记载。后世所理解的“文化”整合了这两个短语的意义，即“人文化成”，是谓“文化”，它与“文治和教化”有关。在西方，“文化”（culture）来源于拉丁文 cultura，有耕作、培养、教育、发展、尊重的意思。可见，“教化”“教育”是文化的应有之意。

那么，什么是文化呢？“文化，或文明，就其广泛的民族学意义来说，是包括知识、信仰、艺术、道德、法律、习俗以及作为一个社会成员的人所掌握和接受的任何其他的才能和习惯的复合体。”[①]这个已经为广大文化研究者所接受的定义是由英国著名人类学家爱德华·泰勒所提出的，泰勒所理解的“文化”，其实是一个广义的文化概念，是人类所创造和形成的所有的非物质化成果的综合，甚至包含人的行为方式和风俗习惯。它包含两层基本的含义：第一，文化是一种复合的整体，是知识、信仰、艺术等的综合；第二，文化是人类社会所独有的，具有社会性，它指的是某个人类群体独特的生活方式。我国著名文化学者庞朴先生也提出了文化结构的“三层次说”，即物质文化、制度文化和心理文化。其中最内核的是文化的心理层面。“文化的心理层面包括人们的价值观念、思维方式、审美趣味、道德情操、宗教情绪、民族性格等等，它是整个文化结构中最为稳定的部分，是整个文化的灵魂。如果要用本末来分解文化，说物质技术是末、制度理论是本的话，那么文化心

---

① ［英］爱德华·泰勒. 原始文化［M］. 连树声，译. 上海：上海文艺出版社，2005：1.

理则是本中之本。”[1]这种观点体现出文化的层次性，即以心理文化和价值文化为中心，衍生出制度文化和物质文化。

从上面的分析可以看出，文化是一个非常复杂的概念，包含两层意思：第一，文化是一种复合的整体，是知识、信仰、艺术等的综合；第二，文化是人类社会所独有的，具有社会性，它指的是某个人类群体独特的生活方式。由此人们对文化进行分析，区分出器具文化、制度文化和价值文化，体现出文化的层次性，即以价值文化为中心，衍生出制度文化和器具文化。对于学校而言，人们观念中的学校就是一种社会雏形，由于同质的学生参与学校，学校必然成为一个独特的“社会体系”，有独特的性格，如有一定人口、有错综复杂的人际关系等。这样的一个社会体系也必然衍生出相应的文化要素，这些文化要素整合在一起共同构成了学校文化。我们认为，学校文化是教师和学生在学校和班级的特定场所内，由于拥有独特的社会结构、地理环境、人文景观而形成的学校独有的一系列传统习惯、价值规范、思维方式和行为模式的综合。学校文化具有社会控制和社会化的功能，它限定教育内容，强烈地影响教师和学生的行动，是学校在功能、角色上迥异于其他社会结构的缘由。

（二）文化与课程的内在联系

1. 文化是课程知识的符号标示，任何课程知识都有其特定的文化身份

课程是文化这棵大树上结下的一颗果子，这颗果子的味道和营养取决于大树这个母体。理解东西方课程知识差异的前提，是要明确东西方文化的差异及其对课程的影响。可以说，文化气质决定了学校课程的基本风貌，课程知识的发展脉络也就深深打上了文化的烙印，课程知识的差异，从根本上来说需要从其文化身份来予以诠释。这就意味着，在对不同课程知识的移译和比较的过程中，人们不能有意或无意地忽略产生这些课程知识的文化背景。正如每一个家族的“族谱”代表着特定家族的血缘传承一样，正是这种文化背景的不同传统决定了课程知识的谱系脉络。因此，要理解课程知识，首先要理解文化传统，在文化传统中去界定课程知识的特定身份。

2. 课程建设的关键在于文化建设，课程改革的根本在于新型课程

---

① 庞朴. 近代以来中国人的文化认识历程［J］. 教学与研究，1988（1）：36.

文化的再造

当前，我国的课程改革如火如荼，改革成为一种常态，这种常态有助于推动我国课程领域的现代化进程，提升课程的品质，从而有助于创新型人才的培养。但是，课程改革不是简单的修修补补，其核心是新型的课程文化的再造。这种再造的实质，就是形成一种符合教育现代化要求的精神文化。1931年，钱穆先生曾总结过："中国创办新教育，自前清同治初元迄今八十年，始终不脱两大病：一曰实利主义，一曰模仿主义。实利主义之病，在乎眼光短浅，不从本源处下手。模仿主义之病，则在依样画葫芦，不能对症发药。其实二病仍一病也。病在始终缺一全盘计划与根本精神。"[①]对于课程改革而言，新型课程文化的再造就是要确定课程的"根本精神"，在认真研究传统的文化基因的基础上吸收符合时代精神和未来发展趋势的文化要素，既去芜存菁又兼容并包，最终形成符合教育现代化要求的课程文化。

3. 课程知识的发展离不开文化交流，课程研究需要坚持国际视野和文化比较

中国课程知识的近代化是东西方文化交流的结果。例如，1904年清政府开始实施"癸卯学制"，调整小学堂和中学堂的课程设置，在小学堂中，开设的科目有修身、读经讲经、中国文学、算术、历史、地理、格致、体操等；在中学堂开设的课程有修身、读经讲经、中国文学、外国语、历史、地理、算学、博物、物理及化学、法制及理财、图画、体操等。课程设置的改革从根本上改变了以儒家经典为主导的传统，自然科学的科目开始大量进入学校课程，这些专业性、实用性强的课程促使学习者不再去"专事浮文、坐而论道"，对于我国近代课程质量的提升有着重要的意义。在面向未来的课程变革中，坚持国际视野和文化比较将仍然是我国课程研究的重要方面。

二、课程知识的文化内涵

课程是教育的最基本手段，它无疑是人类在进化过程中出现的最典型、也是最成功的文化事件，围绕课程实践和课程问题所形成的课程知识则必然具有丰富的文化内涵。对于课程所具有的文化内涵，我们认为

① 钱穆. 文化与教育［M］. 桂林：广西师范大学出版社，2004：56.

起码体现为如下几个方面：

（一）课程是文化选择的结果

这意味着，文化是影响课程的核心因素，课程是由文化决定的。作为课程的母体，文化是人类智慧的结晶，代表了人类文明的外在表达形态；同时，文化又影响着人的思维习惯、行为方式和思想制度。在不同时期和不同地域，学校通过不同的课程去传递符合自己需求的文化因素。因此，课程的差异服务于文化的差异，课程是文化选择的结果。例如，在董仲舒提出"罢黜百家、独尊儒术"之后，儒家文化成为社会正统，因此，学校课程必然以儒家典籍为主流，这是文化选择的结果；同样，古希腊时期形成的"七种自由艺术"（简称"七艺"）课程，也是古代欧洲崇尚自然、追求自我的古典文化在学校教育中的折射。

（二）课程的内容来源于社会文化

一方面，课程通过传递最先进、最有效的知识而体现自身的价值，即要回答"什么知识最有价值"的问题，这必然要求课程需要从文化中选择最有价值的要素，这也是西方"要素主义"课程思想得以立论的基础。另一方面，文化功能的发挥也是需要一定载体的，特别是近代社会以来，文化知识的急剧扩张更需要人类用有效的方式予以传递，这一方式就是学校课程。在古代，文化存在于人文学科之中，古典人文主义课程构成了课程的主体；近现代以来，文化更多地体现为自然科学知识，因此，自然科学的课程占据了学校课程的主体地位。

（三）人是文化的产物，人的经验构成了课程的重要内容

是文化塑造人，促使其从自然人走向社会人。在教育领域，美国教育家杜威是强调经验的代表性人物。杜威认为："我认为教育是经验的继续改造，教育的过程和目的是完全相同的东西。"[①]也就是说，教育过程在它自身之外无目的，教育过程是一个不断改组、改造和转化的过程。由此出发，杜威提出了"经验课程"的概念，认为学校科目联系的真正核心不是科学，不是文学，不是历史，不是地理，而是儿童本身的社会活动，学校中需要开设的课程是金工、木工、游戏等"主动作业"。

---

① ［美］约翰·杜威．我的教育信条．现代西方资产阶级教育思想流派论著选［M］．华东师范大学教育系，编译．上海：人民教育出版社，1996：5.

第二节　对课程知识进行文化比较的基本维度

在漫长的历史发展过程中，人类在物质生产生活、制度规范和精神追求等各方面都有相通的地方，这些构成了东西方文化共同的基础，由此也决定了东西方课程根本旨趣的一致性。课程知识与文化的内在关联说明，无论东西方关于课程的观点和思想有多么不同，其本质仍然是可通约和通适的。然而，不可否认的是，东西方文化在诸多方面存在很大的差异，如文化价值观、文化主体观和文化认识论等，这也对东西方课程知识的解释产生了深刻的影响，决定了课程的目的定位、课程的内容选择和课程的实践取向。

一、东西方文化价值观与课程的目的定位

东西方课程知识的差异，根本在于文化的不同，其中最重要的一个方面即文化价值观的不同。文化价值观是不同文化群体的人对居于文化最核心的价值的塑造与认同，它制约着群体成员对外界事物的看法，自然包括对学校课程的看法。

（一）以“仁义”为价值导向的东方文化决定了“道德至上”的课程目的

在我国古代，西汉董仲舒提出“罢黜百家、独尊儒术”之后，儒家学说成为主流，但道家和后来的佛学思想也是传统文化的重要组成部分，所谓“以佛治心，以道治身，以儒治世”，儒释道鼎足而立、相辅相成，构成了唐宋以来中国文化的基本格局。儒家思想被奉为正统，表现为以“仁”为中心的道德体系和以“礼”为中心的教化体系。

“仁”既是儒学思想的核心，又是儒家实践道德的最高原理。孔子说：“克己复礼为仁”“仁者，爱人”“己所不欲，勿施于人”。（《论语·颜渊》）“仁”作为一种精神品质，包含了多方面的伦理道德原则，致力于使人们自觉、主动地提升道德修养。而“礼”则指向于一种理想的政治、社会秩序。孔子说：“名不正则言不顺，言不顺则事不成，事不成则礼乐不兴，礼乐不兴则刑罚不中，刑罚不中则民无所措手足。”（《论语·子路》）显然，无论是“仁”还是“礼”都是与孔子所

倡导的“德政”相结合的，即“道之以政，齐之以刑，民免而无耻；道之以德，齐之以礼，有耻且格”（《论语·为政》）。

可见，中国传统文化的核心议题就是伦理道德，这决定了东方文化的价值观以善恶作为基本的出发点，即“判善恶”，凡符合道德原则的就是好的。梁漱溟先生曾说过：“一个‘仁’字就将种种美德都代表了。”[①]所以，东方文化道德为基本的价值导向，这种导向来自儒家“德治”的伦理取向，其根本的宗旨在于“求善”。在教育上，传统教育是与“德育”同源的，中国古人所理解的教育无非就是道德教化，例如，“以善先人者谓之教”（《荀子》）、“修道之谓教”（《礼记·中庸》）。这种教育传统之下，儒学课程以培养道德高尚的“君子”为基本的教育目的，所谓“君子尊德性而道问学”（《礼记·中庸》）。直到今天，我国的课程目的和育人目标仍然体现出强烈的道德色彩，强调思想品德教育，培养理想高尚、有着正确人生观和价值观的人才。

（二）以“求真”为价值导向的西方文化决定了“知识至上”的课程目的

西方文化以自然为研究对象，根本宗旨在于“求真”。西方文化注重实践和探索，跟东方文化喜欢对生命本源的哲学思考不同，他们更注重对自然的探索和求证。西方文化的价值判断是与“真”连在一起的，只有符合“真”的原则才是好的。“真”即真理、知识。如果说东方文化以“求善”作为基本的价值观，那么，西方文化则以“求真”作为基本的价值观。因此，在教育上，西方文化尽管也强调道德的重要性，但又强调道德与知识的关系，正如苏格拉底所言，“美德即知识”，“真理即知识”。

西方的教育传统也重视美德教育，培养“身心即美且善”的人，但更重视知识教育。例如，古希腊雅典就致力于培养身体健康、道德高尚、具有广泛的文化知识的社会活动家和商人。古希腊有着理智主义的传统，即使是人类普遍追求的道德，也被看作是知识的一种形式。“在苏格拉底看来，人们关注的四种道德都是以理性为指导的，因此，知识是道德的本质，美德即知识。”[②]可以说，西方文化影响下的课程目的在于培养追求真理、富有知识和理性的人，这一点在近代以来更加明显。

---

① 梁漱溟. 东西方文化及其哲学［M］. 北京：商务印书馆，1999：132.

② 单中惠. 西方教育思想史［M］. 北京：教育科学出版社，2007：8.

被誉为“近代科学之父”的培根提出“知识就是力量”，热情讴歌科学知识和科学发展带来的成就，“人类统治万物的力量肯定深藏在知识之中，在知识里面蕴藏着许多东西，这些东西是帝王的财宝所不能购买的”。[①]后来夸美纽斯提出了“泛智论”，在课程上提出了百科全书式的课程体系，也是强调学科知识的教育价值。现代社会之后，西方的学校课程体系一直存在很多注重学科知识的思潮，如要素主义课程思想、结构主义课程思想等，均强调知识教育的重要性，在课程目的的定位上以知识为首要目标。

二、东西方文化主体观与课程的内容选择

中国传统文化有着浓厚的人文主义倾向，以“人”立论是其鲜明的特征，由此决定了“人”是东方文化的主体。而西方文化（尤其是西方近现代文化）则以“自然”立论，知识和真理成为文化的重要追求。这种差异对东西方的课程内容产生了重大影响。

（一）以“人”为主体的东方文化影响下的人文主义课程内容

文化主体是文化关照的指向，是文化关怀的终极对象。东方文化有着悠久的人文主义的传统，以“人”为主体成为其鲜明的文化特色。“仁者，天地之德，五行之秀气也。”（《书经·吕刑》）孔子也说过“仁者，人也”，围绕“人”而立论是中国传统文化的基本特征。这一点可以从儒家的人文理想中窥见一斑。孔子说，“仁者爱人”（《论语·颜渊》）。“爱人”是儒家的普世理想，它基于人的血缘亲情而推广为普遍的处世法则，进而影响到民族文化性格的形成，将中华民族形塑为平和、谦逊和礼让的民族。

既然人是文化的主体，那么，学校教育就需要关照人的存身立命，从“人”的角度设计课程。孔子在教育上注重培养懂仁知礼的“谦谦君子”。为此，他提出了“六艺”，即礼、乐、射、御、书、数，作为教育学生的基本课程体系。南宋朱熹将《大学》和《中庸》从《礼记》中独立出来，跟《论语》和《孟子》并行刊发于世，这就是著名的“四书”，“四书”集中体现了儒家的思想，所谓的“三纲”（明明德、亲

① ［英］班加明·法灵顿，弗兰西斯·培根．［M］．张景明，译．北京：生活·读书·新知三联书店，1958：27.

民、止于至善)、“八目”(格物、致知、诚意、正心、修身、齐家、治国、平天下)。“四书五经”是宋元之后封建社会科举考试的必修科目和标准答案，其内容以社会理想教育和道德提升为主，以伦理准则规范人生，落实到治国平天下的理想，最终实现天人和谐，目的是培养封建统治者所需要的“安邦治国之才”。

中国古典人文主义课程内容强调做人的基本法则，必然以儒家伦理道德作为旨趣。孔子强调“君子三达德”，即智、仁、勇，所谓“智者不惑，仁者不忧，勇者不惧”(《论语·子罕》)。可见，在儒家传统道德中，智、仁、勇是重要的三个范畴。后世儒家在此基础上进一步作了阐发，孟子提出“四端”——“仁、义、礼、智”，即所谓“恻隐之心，仁之端也；羞恶之心，义之端也；辞让之心，礼之端也；是非之心，智之端也”(《孟子·公孙丑上》)。汉代儒家董仲舒在此基础上又增加“信”，扩充为“五常”，即“仁、义、礼、智、信”，并将其确定为天长地久的经常法则。这种伦理道德体系是中国古典人文主义课程内容的基本要素，学校课程中充斥大量有关忠、孝、仁、义、廉、耻的内容，从小学开始，所谓“教之以洒扫、应对、进退之节，礼、乐、射、御、书、数之文”(《大学·章句序》)；到更高的大学阶段，也是如此，所谓“大学之道，在明明德，在亲民，在止于至善”(《大学》)。这种德治取向的课程内容在我国源远流长、影响深远，甚至在1905年清政府废除科举考试、西方课程体系被移植过来之后，我国的中小学课程中有关德育的内容仍然占据重要地位。

(二)以“自然”为主体的西方文化影响下的实用主义课程内容

西方文化源自古希腊文明，跟东方古圣先贤不同的是，古希腊的思想家不满足于宗教神话，而是热衷于探究天地万物之根源。英国哲学家罗素说过：“希腊人在文学艺术上的成就是大家熟知的，但他们在纯粹知识的领域上所作出的贡献还要更加不平凡。”[①]古希腊人对自然的崇拜和敬畏使得西方文化在主体观上更加关注自然，“自然”是西方文化主体的核心。东方文化关注人，西方文化关注自然，这两种不同的文化主体观在早期的哲学本体论上有鲜明的反映。例如，关于“世界的本源是什么”，东方的老子认为“道”就是本原，“道生一，一生二，二生三，

① [英]罗素. 西方哲学史[M]. 何兆武，李约瑟，译. 北京：商务印书馆. 1997：24.

三生万物”（《道德经》）；而西方哲学家泰勒斯则认为世界万物是由水做成的。在这样的文化主体观的影响下，西方文化长于对自然界的探索与追问，从而诞生了近代科学。“西方哲学与科学同原，初期二者浑然不分。希腊哲学家从普遍好奇心出发，目的为求真。因此，希腊哲学富于探究与批判精神，亦即‘为知识而知识’。”[①]

西方文化不专注于人事而钟情于自然和实用，这导致了西方课程从源头上更多地关注课程的知识价值和实用价值。美国学者布鲁巴克指出，课程有其职能上的起源。为了胜任成人的工作，后代都得经受特定课程的训练。由此，他认为，课程是一个“职能主义的概念”[②]。当然，无论东方还是西方，人类早期对课程问题的关注一开始就没有偏离对人自身存在和发展的考量，但西方重实用和实利的倾向尤为明显。例如，古希腊人以“七艺”作为当时教育的基础，包含了文法、修辞、逻辑、算数、几何、天文、音乐七门科目，这跟当时希腊人，特别是雅典人的政治生活和生产活动是密不可分的。而古希腊人对理智的崇拜则促使柏拉图提出了著名的“四艺”，即算数、几何、天文、音乐，这“四艺”使受教育者在未来的手工艺活动和家庭经济中受益。正如马什所言：“课程就是那些对于生活在当代社会来说最有用的科目，构成课程的这些科目往往是根据当今主要社会问题而选择出来的。”[③]

基于这种崇尚自然的文化传统，西方更容易倡导理性思维，从而推动了自然科学的萌芽和发展。尽管在早期，西方存在一种强烈的对上帝这一种物的信仰，但启蒙运动之后西方文化逐渐从“上帝至上”转到“科学至上”。在教育领域，西方课程在经历了古典人文主义课程的繁荣之后，近代以来科学课程逐渐成为学校课程的主导。“科学列入教育课程为时较晚……在19世纪，科学逐渐开始进入了大学，后来又进入了中学。”[④]英国社会学家斯宾塞的课程观更是直接明了地反映了这一倾向。斯宾塞对教育中重虚饰而轻实用的传统进行了批判：“在心智方面同在

① 许思园．中西文化回眸［M］．上海：华东师范大学出版社，1997：4.

② ［美］布鲁巴克．西方课程的历史发展．载于瞿葆奎．教育学文集（课程与教材）［M］．北京：人民教育出版社，1988：44.

③ Marsh C J.Key Concepts for Understanding Curriculum. London and New York: Routledge Falmer,2004:5.

④ ［英］J·D·贝尔纳．科学的社会功能［M］．陈体芳，译．南宁：广西师范大学出版社，2003：84.

身体方面一样，我们所追求的都是装饰先于实用……那些受人称赞的知识总放在第一位，而那些增进个人福利的知识倒放在第二位。”[①]什么知识最有价值呢？他的回答是：科学。根据对科学知识的不同划分，斯宾塞提出了独特的课程体系，对后来西方课程思想的发展产生了重要的影响。

三、东西方文化认识论与课程的实践取向

中国传统文化在认识方式上强调整体主义，具体表现为“体悟”和“思辨”的认识方式和方法。而西方文化则更多地强调经验性地予以验证，即实证主义的文化。这种认识论上的差异对课程实施产生了重大影响。

（一）东方文化“体悟”和“思辨”的认识方式及其对课程实践的影响

认识论关系到人们如何认识世界、认识自我，不同的文化情境影响着人们对事物的认识和探究事物的方法。例如，西方认为人类的本性是恶的，人类不具备自身从善或提升的能力；然而，东方文化却与此针锋相对：树立自我提升与发展目标恰恰是中国思想体系至关重要的观念。

在文化认识论方面，东方文化注重整体和直觉，用朱熹的话来说，就是“格物致知穷理”。这种“格物穷理”的认识论就是格物致知。要知道抽象的理必要通过具体的物，最终的目的还是要“明理”。东方文化的这种认识方式还可以从汉字的应用中找到证据。汉字是以象形为基础的文字，它是古人对图画和图像的抽象、规范并由此滋生而成。“以象形为基础的汉字长期的延续使用，使中国人的思维世界始终不曾与事实世界的具体形象分离，思维中的运算、推理、判断始终不是一套纯粹而抽象的符号。”[②]文字是意义的负载物，特定的文字体系适合于特定的认识方式和思维方式，并对其予以强化，汉字在中国人的文化认识方面的影响作用是明显的，而字母文字对西方文化认识方式的影响同样如此。

在课程实践上，我国在近代化之前的课程以修身和道德教育为主，

---

① ［英］斯宾塞．斯宾塞教育论著选［M］．北京：人民教育出版社，2005：7.

② 葛兆光．中国思想史［M］．上海：复旦大学出版社，2001：42.

通过“三纲”“八目”修炼成“内圣外王”的功夫，在方法上特别强调“背诵”“体悟”和“思辨”，所谓的“博学之，审问之，慎思之，明辨之，笃行之”（《礼记·中庸》）；特别强调内心澄明和由内到外的修行，所谓“君子之学也，入乎耳，箸乎心，布乎四体，形乎动静”（《荀子·劝学》）。这种课程实践的方法是与古代中国课程的育人目标相一致的，既然要培养品行高尚的君子，那么就必须“尊德性而道问学”，通过体悟而追求心灵的再造和精神上的提升。当然，这种课程实践的方式与特定课程内容的性质是密切相关的。由于传统儒学课程强调道德伦理和德治取向，在课程内容的选择上多为不同时期儒家的典籍和古圣先贤的名句格言，那么，在课程实践中采用背诵和体悟的方式就不足为奇了。

（二）西方文化“分析”和“实证”的认识方式及其对课程实践的影响

与东方文化重整体和直觉的思维方式不同，西方文化重分析和实证。所以，西方人强调予以经验性地证明，而不是“坐而论道”。在这方面，近代经验主义认识论是典型的代表，要获得知识，必须经过自身经验的验证，这在后来发展为实证主义方法论。在教育领域，“经验”被赋予了重要的意义，它不仅是学习的途径和手段，更是学习的目的。例如，对于课程，很多西方学者的理解就是学生的学习经验。美国课程论专家坦纳夫妇就曾指出，“课程即每位学习者在学校教育的影响下而获得的全部经验”[①]。在杜威的教育理论中，课程的形态主要是“主动作业”，“除了无数种的游戏和竞技以外，还有户外短途旅行、园艺、烹饪、缝纫、印刷、书籍装订、纺织、油漆、绘画、唱歌、演剧、讲故事、阅读、书写等具有社会目的的主动作业”[②]。

西方文化强调经验和实用，必然关注文化知识的系统性。在课程实践上，西方课程强调课程要以“事实”为基础进行开发和实施。“课程即事实这一概念及其内在的知识观将知识看作是外在于学习者（包括教师和学生）的，通过它在教学大纲和课本中的具体体现，已经被人们广

① Tanner D & Tanner L.Curriculum Development: Theory into Practice. New York: Macmillan Publishing Co.Inc., 1980: 5.

② ［美］杜威．民主主义与教育［M］．王承绪，译．北京：人民教育出版社，1990：209.

泛地接受，并对我们的教与学的概念产生了深刻的影响。”[①]在这样的一种取向之下，课程实践的方法和形式就不再拘泥于个人反省和体悟，而是要在一定的社会群体之内进行文化知识的传承和再创造。这样，西方课程特别强调“情境”的重要性。美国课程论专家施瓦布提出，课程包含四个并列要素，即“学科”“学习者”“情境”和“教师”，还认为应该组建课程小组联合开发课程，其成员包括课程专家、学者、校长、教师、学生、家长以及社区代表等。[②]显然，西方文化传统之下的课程实践更注重实践状态下人的发展问题，在认识论上更注重经验主义的做法，而不是理性思辨。

第三节　儒家伦理课程对现代文化价值观的形塑

1904年，当清政府在西方资本主义列强的侵凌下处于风雨飘摇之时，德国人马克斯·韦伯发表了《新教伦理与资本主义精神》，他把资本主义在欧洲的成功归结为基督教的新教伦理，认为是基督教的新教伦理和价值观推动了欧洲资本主义经济的发展，而东方的儒教、佛教和道教等则不能带来资本主义的发展。多少年来，韦伯的观点广为流传，不少西方学者坚信，西方经济模式的成功在于其背后无形的精神和价值观，如果不具备这种精神和价值观，就不可能实现经济和社会的现代化。然而，20世纪80年代以来深受中国传统文化影响的多个亚洲国家和地区的经济崛起证明，韦伯所阐述的新教伦理与经济发展的这种因果关系过于单一和线性化，东方的伦理和价值观中同样也存在促进经济发展和现代化的精神力量。

新加坡地处东南亚马来半岛南端，19世纪早期就被英国殖民者占领，第二次世界大战期间又被日本占领，直到1965年才独立建国。从20世纪70年代后期开始，新加坡的经济就迅速发展，一跃成为新兴工业国家。显然，支撑新加坡经济发展和社会进步的精神力量并不是新教

---

① Young M F D. The Curriculum of the Future: From the "New Sociology of Education" to a Critical Theory of Learning. London: Falmer Press, 1998: 25.

② Schwab J J.The Practical: A Language for Curriculum. In I Westbury and N J Wilkof (edited). Science, Curriculum, and Liberal Education (Selected Essays). Chicago: University of Chicago, 1978: 318.

伦理和基督教文化。众所周知，华人到新加坡移居的历史悠久，而且持续时间长，最终使新加坡成为一个以华人为主体的地区。随着华人的大量移入，中国传统的儒家文化也必然被带入了新加坡并发展成为主流的文化。那么，中国的传统儒家文化又是如何为新加坡的崛起提供助力的呢？答案之一在于，以儒家传统文化为主导的新加坡文化成功地塑造了符合现代化国家发展的文化价值观，由此推动了各种族的国家意识和民族认同，这为新加坡的崛起奠定了基本的精神力量。

一、新加坡对儒家伦理道德和价值观的传承

新加坡是一个以华人为主的国家，中华传统文化在很大程度上构成了新加坡文化的主流，其影响也根深蒂固。特别在新加坡建国之后，历届领导人都积极倡导中华文化的传承，这使得新加坡主流文化贴近了儒家伦理道德和价值观。

（一）新加坡的儒家文化传统

新加坡著名学者许云樵认为，“南洋初无文化可言，有之自中、印两大文化主流之传入始”[①]。从历史上来看，大约从唐代开始，不少华人因为躲避战乱背井离乡来到东南亚并在此聚居。在清代的中后期，华人掀起了移入新加坡的热潮，“尽管中国政府反对国民移向海外，但是在19世纪上半叶，还是有数以千计的华人设法来到了新加坡”[②]。

人种的迁移又是一个文化植入和文化改造的过程。华人到达新加坡后，自然把中国的民间习俗和传统文化带入到移居地。而中国传统文化的格局，自汉唐以来，则是儒释道三足鼎立的，其中又以儒家文化为主导。儒家思想是由我国春秋时期著名思想家和教育家孔子提出的，他修《诗》《书》，订《礼》《乐》，序《周易》，撰《春秋》，确立了以“孝悌”“仁义”“礼治”“忠信”等为核心的思想体系。中国的传统儒家思想在传入新加坡后经过不同时代儒家学者的继承和发扬，新加坡的儒家文化逐渐形成了自身稳定的思想导向和价值追求。正如前总理李光耀所言：“新加坡的华人，多数是移民的后代。这些移民大都贫穷，没有受

① 许云樵．南洋史（上卷）[M]．新加坡：星洲世界书局有限公司，1961：214.

② [新加坡] 苏瑞福．新加坡的移民 [J]．南洋资料译丛，2009（1）：18.

过什么教育。他们不像那些学者或知识分子，因为受五四运动的影响，而抗拒儒家思想。因此，虽然多数人都没有受过正统的儒家思想教育，也就是说，没有所谓的高文化，可是，大家在日常生活中，却实行儒家的道德教义。他们具有的，是从父母和亲人那里学来的、水平比较低的文化或民间风俗。”①

（二）新加坡的“八德”与共同价值观

20世纪80年代，新加坡从之前的殖民地一跃成为现代化国家。这一变化来得如此突然，以至于新加坡根本没有时间去进行精神层面的调适，整个社会的价值观念发生急剧变化，由此导致严重的社会问题。一方面，传统观念被冲淡，东方价值观面临失落的危险；另一方面，西方的价值观乘虚而入并不断蔓延，导致西化倾向和道德危机。这迫使新加坡领导人开始系统地思考新加坡人应该遵从的基本道德原则。1982年，李光耀在主持华人春节献词中号召新加坡人发扬儒家道德传统，提出新加坡人应该遵从八种美德，即忠、孝、仁、爱、礼、义、廉、耻。显然，这“八德”来源于儒家传统文化。它其实就是中国儒家传统伦理价值观的翻版，但也进行了必要的改造，使其更加适应新加坡的发展需求。

在倡导“八德”的同时，新加坡努力确立全社会共同遵从的共同价值。“新加坡社会正处于急剧变迁之时，人民普遍接受英文教育。受到西方文化的影响，社会有完全西化的危险。因此，有必要提出一种新的价值观，以建立新加坡自己的价值体系。”②为此，新加坡政府弘扬以儒家思想为核心的东方文化传统，努力培养国民的“国家意识”。1988年，新加坡第一副总理吴作栋提出了发展“国家意识”的建议。他认为，新加坡只有建立“国家意识”，并将其作为立国之本、治国之纲，人民才会有归属感和思想的凝聚力，才具有共同的动力源泉。这种“国家意识”，显然就是所有新加坡人都赞同并赖以生存的共同价值观。1991年1月，新加坡政府正式发表《共同价值观白皮书》，提出五大价值观：国家至上，社会为先；家庭为根，社会为本；社会关怀，尊重个人；协商共识、避免冲突；种族和谐，宗教宽容。通过对这五大价值观

① 中国孔子基金会. 儒学与21世纪：纪念孔子诞辰2545周年暨国际儒学讨论会会议论文［C］.北京：华夏出版社，1995：7.

② 李路曲. 新加坡“共同价值观”评析［J］.晋阳学刊，1997（4）：48.

的宣扬，新加坡逐渐建立起了一个具有道德意识和凝聚力的社会。而这五大价值观的背后，显然有着传统儒家文化的影子。

二、20世纪80年代新加坡儒家伦理课程的开设

在20世纪80年代，新加坡积极推动中小学的课程改革。在这一进程中，儒家伦理课程备受重视，新加坡研发了供学生选修的儒学课程，即《儒家伦理》。这门课程尽管在后来被废止，但其思想则融合于其后的华文教育中，影响深刻。

（一）儒家伦理课程开设的背景

1979年9月，新加坡道德教育委员会发表《道德教育报告书》，拉开了儒家文化运动的序幕。《道德教育报告书》在指出了现行道德教育的一系列缺陷之后提出了一些建议，这几乎成为其后道德教育课程的教学大纲："1. 有关科目应称为'道德教育'，并局限在道德教育及儿童的纪律训练方面。2. 中小学的单一道德教育课程应该包括以下三个主要范围：个人行为，社会责任感以及效忠国家。小学的道德教育课程应该把重点放在培养良好习惯及发展良好品格方面，而中学的道德教育课程则应该更广泛地教授，并阐释对社会和国家的义务。3. 从小学一年级到中二，道德教育课程应该以母语教授，中三及中四的课程应该以第一语文教授。"[①]儒家伦理课程一开始并不是以独立的一门课程出现，而是被作为宗教知识课程的一部分。后来，新加坡教育部将"儒家思想"正式列入中学三年级、中学四年级学生必修的宗教和道德教育的第六个科目，同时制订了详细的计划，准备分阶段实施教学。

1982年7月，新加坡成立了"儒家伦理思想委员会"，其任务是协助海外学者的访问、推动儒家伦理的传播、策划儒家伦理课程纲要。从7月开始接下来的三个月，新加坡热闹非凡，八位海外儒学专家（包括杜维明、余英时等）被邀请到新加坡，这就是著名的"群儒会狮城"。他们通过调研、走访、研讨，在新加坡对儒学思想进行了大规模的理论阐述和演讲宣传，为儒家伦理课程的开设奠定了基础。

（二）儒家伦理课程的研发与实施

① 严春宝. 新加坡儒家文化传承研究［D］. 北京师范大学2007届博士毕业论文，151.

1983年初，新加坡教育部成立了“儒家伦理课程编写组”，并着手编写教材。1983年7月开始试教，同时培训师资。1984年年初，根据新加坡教育部公布的儒家伦理课程大纲，中学三年级的《儒家伦理》教材正式由新加坡教育出版私营有限公司出版；中学四年级的教材于1985年初正式出版。为配合课本的使用，还有相对浅白易懂的通俗读本《他们走过的路》，供学生课外阅读。

《儒家伦理》课程的教学目标主要是：把适合新加坡社会的儒家伦理价值观念传给年轻的学生，使学生成为有理想、有道德修养的人；介绍华族固有的道德观念，并使学生认识华族的文化根源；培养学生积极的、正确的人生观，使学生将来能够过有意义的生活；等等。中学三年级的教材内容以个人修身和“五伦”（即古人所谓君臣、父子、兄弟、夫妇、朋友五种人伦关系）为主，分为绪论、儒学大师、修身、生活和五伦。绪论讨论为什么要学习儒家伦理，儒学大师部分介绍了孔子、孟子、荀子、朱熹、王阳明。中学四年级的教材内容则从个人修身扩展到群体、社会和国家，介绍了儒家的美德及君子之道，如仁、义礼、智、信、勇以及己所不欲勿施于人、己欲立而立人、中庸的思想、个性修成以及理想人格等。

《儒家伦理》课程从中国传统儒学课程中选取课程要素，根据受教育者的接受程度而进行了相应的编排，在思想上基本体现了传统儒家“修身、齐家、治国、平天下”的政治理想。该课程对传统儒学思想进行了现代性的诠释，对儒家概念去芜存菁，去除陈旧的封建观念。在具体阐述相关原理时，书中既有人们耳熟能详的历史故事，也有来自西方的故事和新加坡本地的故事，体现了编者的包容态度以及在处理多元文化问题时的敏感性和现代性。例如，对传统的“五伦”所涉及的人际关系，教材把“父子”改为“父母与子女”，把“君臣”改为“国家与人民”，把“兄弟”改为“兄弟姐妹”，对丈夫和妻子之间的伦理则强调了男女平等，剔除了“夫为妻纲”的内涵。

然而，《儒家伦理》课程在新加坡的推行并不顺利，最终于十年内被取消。最根本的原因在于，本以防止新加坡过于西化的宗教知识课程，在进入实践层面时恰恰带来基督教狂热地进行宗教宣传，大肆鼓吹人们皈依基督教，这又强化了佛教徒和回教徒的传教热情。种族和宗教问题是新加坡最敏感的社会话题，显然当政者很清楚这样会带来的危险。尽管新加坡教育部在《儒家伦理》课程推行之初就一再向学校校长、教师发出指令，避免将宗教知识的课程变为传播宗教信仰的课程，但在实际上这是不可能截然划分清楚的，结局不可避免。1989年10月，新加坡教育部结束了宗教课程的讲授，将宗教知识课驱逐出课堂。作为宗教课程的科目之一而被捆绑在宗教课程体系中的《儒家伦理》课程也随之终结。20世纪90年代之后，传统儒学课程不再以独立的科目出现在新加坡中小学的课程体系中，而是被整合于诸如华文、历史、公民和道德教育等科目之中。

三、新加坡传统儒学课程的当代发展

在当代，新加坡尽管不再实施诸如《儒家伦理》这样的课程，但体现中华传统文化的教育内容却非常多见，在一些语言类科目和社会学领域的科目中我们仍然能够找到传统儒学课程的影子。可以说，中华文化对新加坡中小学生的影响将是长久的，通过学校课程的开设使得中华文化在新加坡代代相传。

（一）华文课程中的传统儒学思想教育

尽管新加坡在推行传统儒学课程方面遭遇挫折，但只有传统文化教育才能抵御过于强调英文教育而带来的消极影响。“英语源流的张扬……造成了人们对母语语文和文化的疏离，造成了对东方价值的忽视和心灵的无根和失落，这就使西方的个人至上主义有空可钻，入侵新加坡社会并造成部分人的道德沦丧。”[①]当前，新加坡吸取了上世纪80年代《儒家伦理》课程的经验和教训，不再将儒家文化教育的使命系于独立开设一门科目上，而是将儒家传统文化教育分散在中小学的多门课程中。

在新加坡中小学课程体系中，体现儒家传统文化的教育内容可以在不少课程和教学科目中找到，包括华文、历史、社会科、公民和道德教育以及部分大学先修课程中。在华文教育方面，新加坡教育部于2004年2月成立“华文课程与教学法检讨委员会”，对华文课程进行了全面的检讨。2006年，新加坡教育部颁布了《小学华文课程标准》，2007年开始实施。该标准规定，新加坡从小学一年级到四年级（被称为奠基阶段）

① 李路由.新加坡现代化之路：过程、模式与文化选择［M］.北京：新华出版社，1996：97.

开设华文和高级华文，小学五年级和六年级（被称为定向阶段）还要开设基础华文。课程的理念：兼顾语言能力的培养与人文素养的提高、注重华文的实用功能、遵循语言学习的规律，提高学习效益，重视个别差异，发掘学生潜能，培养积极自主的学习精神和发展学生的思维能力。课程的总目标是：（1）培养语言能力，如能以华语与人交谈、能阅读适合的儿童读物、能根据图意或要求写内容较丰富的短文、能在生活中用华文表达自己的感受等；（2）提高人文素养，如培养积极的人生态度与正确的价值观、认识并传承优秀的华族文化、关爱家人、热爱生活等；（3）培养通用能力，如能发挥想象力和创造力、具备基本的自学能力、具备社交技能与情绪管理能力、能对自己有一定的认识并能和周围的人建立良好的关系等。①

为了实现“人文素养”目标，华文课程在内容上划分了四个维度：（1）价值观，要求学生能分辨是非，具有责任感、正义感，积极进取，勇于创新，对未来充满信心；（2）华族文化，要求学生培养伦理道德，并在生活中加以实践，了解传统的节日和风俗习惯，认识传统的文化艺术，了解著名的历史人物和历史故事；（3）关爱意识，要求学生关爱家人，尊敬长辈、热爱祖国、爱护自然、关爱世界；（4）审美情趣，要求学生热爱生活、感受美、欣赏美等。

（二）道德教育中的传统儒学思想教育

2006年，新加坡教育部颁发了《公民和道德教育大纲（2007版）》，其中指出，“新加坡的公民和道德教育关注的是通过帮助学生获得那些可以指导他们作出合适选择和正确行为以及表现出正确态度的价值，而发展学生的道德福祉”。该大纲的总体框架包括培养良好的价值观、道德认知、道德情感、道德行为以及将道德价值观应用于实践。在内容上包括六个部分：尊重、责任、融合、关爱、柔韧、和睦。在这六个部分的不少方面都谈到了文化传承的问题，如在“和睦”部分，设置的第一个专题就是“欣赏文化的差异性”，要求学生能够知道并欣赏存在于我们多元文化社会中的宗教和文化实践。

在高中，新加坡还开设了《中国通识》和《华文》等大学先修课程。2007年颁布的《中国通识》课程标准要求开设四个专题，其中第一个专题“社会与文化”部分的教学内容包括中国概观、中国的社会和文

① 新加坡教育部课程规划与发展司. 小学华文课程标准. 2007：11-13.

化，要求教师必须讲授中国哲学思想对中华文化、中国社会、中国人思维的影响。2010年新加坡教育部设立了“母语课程检讨委员会”，全面检讨了母语课程与教学的情况。配合全球语言学习的趋势与本国的双语环境，该委员会以培养有效使用母语的学生为目标，列出母语教学的三大目的：一是让学生掌握母语，能够有效地与人沟通；二是使学生对自己的文化、文学与历史有更深入的认识，从而产生文化认同；三是让我们的学生与本区域、甚至世界各地有着相同语言与文化的社群建立联系。为此，2012年教育部颁布《大学先修班华文课程标准》，其课程目标之一就是“提高学生的人文素养”，要求在教学中“注入有关个人修养、公德心、环球意识、传统文化等价值观探讨的内容，以提高学生的人文素养”，学生能够做到：提高品德修养，培养积极正面的价值观；关爱家人，关心社会，也热爱国家；认识与传承优秀的华族文化；关心天下大事，具备环球意识。

四、儒家传统课程在当代的意义

新加坡实现了经济的高度发达和社会各方面的现代化，这是对西方文明主导现代化进程的一种突围，本身就值得人们去研究和反思。以中华传统文化为根基发展起来的新加坡文化对现代化的实现发挥了重大作用，这给我们以很大的启发。

（一）明智的文化战略对新加坡现代化的成功发挥了不可取代的作用

文化战略是国家战略的一部分，对于提升国民的国家意识和民族认同具有重要作用。文化又是一种“软实力”，尽管它不能直接带来外显的经济成果和国力威慑，但它通过激发民族的凝聚力、提升国民的身份认同感和自豪感而产生出不可抗拒的力量，它能够激发国民建设国家的热情，从而在国家现代化战略中发挥重要作用。纵观新加坡的现代化发展路径我们可以发现，通过复兴传统儒家文化，新加坡在国家层面确立的“八种美德”和“五种共同价值观”，这构成了新加坡精神大厦的支柱。它吸收了儒家文化的精华，同时又借鉴其他文化的积极成分，在国民中树立起敬业乐群、勤劳进取、廉洁奉公、安定和谐的新加坡精神。

2011年10月，中国共产党十七届六中全会提出，坚持中国特色社会主义文化发展道路，努力建设社会主义文化强国。这一倡导从时代要求与战略全局出发，以高度的文化自觉和文化自信，在中国第一次明确提出了建设社会主义文化强国的奋斗目标。在当今时代，大国的影响力更多地体现在其优势文化上，因为文化是一个国家精神力量的集中反映，折射出物质力量的强度，日益成为国家核心竞争力的基础内容，因此文化之间的竞争成为国际竞争的重要内容。中华民族的复兴和崛起，也必然需要文化和精神的崛起，所谓物质文明和精神文明“两条腿走路”，德治与法治并举。中国作为一个正在迅速发展的大国，要在激烈的国际竞争中立于不败之地，必须顺应时代潮流，大力推动文化发展，充分发挥文化对国家整体发展的引领作用。

（二）儒家传统文化是消除现代人精神层面问题的一服良药

新加坡前总统黄金辉曾在施政演说中说：“我国人民尤其是年轻一代的态度和人生观在不到一代人的时间内都有了改变。传统亚洲价值观里的道德、义务和社会观念，在过去曾支撑并引导我们的人民，现在这种价值观已经逐渐消失，取而代之的是西方化、个人主义和以自我为中心的人生观。”①李光耀也看到了这种倾向，决定在学校里倡导儒家道德课程和其他宗教科目，以加强家庭的影响力，目的是防止新加坡过度西化。可以说，新加坡传统文化再生运动的基本驱动力，在于国家现代化进程中出现的个人主义、自我中心、道德下滑和文化荒芜，显然这些问题都属于精神层面的问题，也是人们在富裕起来之后很容易出现的精神问题。新加坡掀起文化再生运动，正是看好儒家传统文化对这些精神问题的矫正和消解作用。

1979年6月，新加坡开始了年年举行的“全国礼貌月运动”；1979年9月，开始了年年举行的“全国推广华语月活动”；1979年11月开始了“敬老周运动”。随后李光耀号召新加坡人要保持发扬中华民族儒家的传统道德，提出将“八种美德”作为政府必须坚持贯彻执行的“治国之纲”；然后是“群儒会狮城”，从理论、内容、逻辑和方法等方面帮助设计和拟定教学大纲；最后新加坡教育部宣布在中学三、四年级开设儒家伦理课程，文化再生运动进入新的阶段。可以说，新加坡的“80后”们是在文化再生运动中成长起来的，他们深受儒家传统文化的熏陶和教

① 王芳．论儒家文化对新加坡现代化进程的影响［D］．山西大学2005届硕士研究生学位论文，22．

导；与此相比，中国的“80后”们则比较缺乏系统的儒家传统文化的熏陶与训练。与新加坡相比，起码在这个年龄段上，我国的年轻人似乎存在一定的“文化缺失”，对传统文化的无知很容易导致对西方文化的盲目崇拜和民族虚无主义。2013年11月，《中共中央关于全面深化改革若干重大问题的决定》明确提出，“全面贯彻党的教育方针，坚持立德树人，加强社会主义核心价值观教育，完善中华优秀传统文化教育，形成爱学习、爱劳动、爱祖国的有效形式和长效机制，增强学生社会责任感、创新精神、实践能力”，这对于提高年轻人对传统文化的认同具有重要的指导意义。

（三）中国传统文化中的积极因素必将成为现代文化价值观的有益因子

一谈到“现代化”，人们往往不自觉地就想到了西方文明，认为现代文化价值观是在西方文化土壤中生发出来的。显然，这是韦伯的观点不断流传的结果，只有西方文化才能支撑现代化的大厦成了根深蒂固的一种偏见，这恰恰违背了文化的融合与适应的基本规律。中国传统文化诞生时赖以存在的经济基础是农业经济模式，免不了包含一些封建的糟粕。然而，中国传统文化又具有极强的柔韧性和适应性，在五千年发展的历程中它曾经多次遭遇外来文化的挑战，但最终成功地同化外来文化并不断丰富自身。在近代，中国传统文化也遭遇了西方文化强有力的挑战，当时的中国人积极为这种冲突寻求出路，无论是“中体西用”，还是“西学东渐”，这都代表了中国传统文化痛苦的再生。在当今的文化生态中，中国传统文化中有一些积极因素是超越时空的，如天人合一、刚健有为、反求诸己、立己达人、止于至善等，这些必将给世界现代化文化带来亮丽的一笔，成为现代文化价值观的有益因子。

新加坡的文化繁荣与社会和谐在于批判继承了儒家传统文化精神和伦理道德取向，同时也积极借鉴吸收西方文化和其他各种族的优秀文化，经过去芜存菁和现代化的改造，最终形成了多元文化并存、物质文明与精神文明并举的良好格局。在教育上，新加坡积极将传统儒学课程的内容渗透到中小学课程中，甚至直接开设儒家伦理课程，这体现了对传统文化教育的改革和创新。而且，他们在实践中也积极开展各种教育和社会实践活动，引领青少年学生加深对儒家传统文化的理解，增加文化体现，从而实现更好的教育效果。中国是传统儒家文化的故乡，我们有责任对传统文化进行批判继承，从而使这种古老的人类文化老树开新花、历久而弥新。

第四节　课程改革与学校文化转型

我们所直接感受到的课程改革更多的是课程政策的改变和课程制度的革新。但是，从更深层的意义上说，文化是课程改革的一个背景，是课程政策和课程制度的“土壤”。课程改革能否顺利推行，关键是看这种“土壤”能否为新课程提供合适的成长环境。在这个意义上，我们说课程改革同时也是学校文化的转型，是对文化“土壤”的改造。

一、课程改革即学校文化的改革

课程改革说到底是对人的改革，也是对文化的改革。课程变革根据其程度可以划分为两种类型：一种是浅层的变革，这种变革是渐进的，它没有从根本上触动学校课程的组织结构、没有改变原有课程的运作方式，只是在原有课程的框架内对现行课程进行修修补补，如改编教学大纲、更换一套教材等；另一种是深层的变革，这种变革是激进的，它完全打破了原有的课程框架，彻底改变了现行课程的组织结构和运作方式，重新确立新的课程观念和价值取向，从而改变了教师的教学方式和学生的学习方式，进而改变了学校的日常教育模式。显然，后一种变革可以称为改革，而我国目前的基础教育课程改革无疑也具备了深层的课程变革的特征，是一场整体性、全方位的课程改革。这种改革最终的目的在于改变教师和学生生存状态，实际上就是一种深层的学校文化的变革，它意味着学校文化的转型，必将导致新型的学校文化的重建。

遗憾的是，中小学校的文化建设并没有引起人们足够的重视，教育理论研究对此也缺少足够的关注。这种对学校文化的淡漠折射出人们对文化教育意义的忽视。我们都承认，从广义上说，教育是一种文化活动，其功能在于“文化传递”和“文化创造”；学校教育过程中内在地隐藏着文化的一些因素，但我们往往习而不察。作为基础教育基本场所的学校，其固有的文化要素无疑也是对学生进行教育的重要源泉，是影响学校教育的重要因素。

二、学校文化的转型根本在于教师文化的革新

本次课程改革以全新的理念彻底摇撼了旧有的课程与教学观念，改革幅度之大、范围之广，中华人民共和国成立以来的历次课程改革都难以与之比肩：实施九年一贯制课程，通盘考虑义务教育阶段的课程框架；以课程标准取代教学大纲，有机整合课程开发与教学过程；注重学生学习方式的转变，改变教师的教学方式；倡导以学生发展为本的课程，摒弃教师主导的课程；倡导综合课程，改变学科主义对知识的分割；倡导校本课程，打破国家课程一统天下的局面；等等。本次课程改革凸现了学生的生活经验的重要性，而相对压缩了严密组织学科知识体系的空间。可以说，本次课程改革是用“为了每位学生的发展”的课程改革理想挑战教师中心的课程与教学传统，从文化的视角来看这无疑是一场文化的较量，一场“以学生为中心”的新的学校文化与“以教师为中心”的旧有的学校文化之间的较量。

显然，为了成功推行新课程，需要倡导并扶植新型的学校文化。而学校文化的转型，其根本在于教师文化的革新。原因在于以下几个方面：首先，教师是落实课程改革之理想的关键人物，任何课程改革只有经过教师的课堂运作才能转化为现实的教育效果。其次，推行新课程，教师首当其冲，教师是课程的实施者，是课程改革的利益关涉者。最后，教师是课程的实际解读者，新课程内在的价值取向是否与教师自身的价值观相一致，也在一定程度上决定着教师对新课程认可或抗拒的态度。总之，教师文化对于课程与教学改革的推行影响最大。那么，什么是教师文化呢?

教师文化是学校文化的重要组成部分，是学校教师共同的价值体系与行为规范的综合。它既包括教师团体的信念、价值、态度、习惯以及行为规范，也包括教师之间的关系的形态以及集体成员的结合方式。教师文化构成了一种“集体无意识”，对教师个体具有内在的约束力，它是解释教师行为的重要参考。无论国内还是国外，传统的教师文化都具有一些相同的特征。

第一，封闭性。由于教师在课堂教学中可以独立自主地处理教学事务，长期以来教师一直奉行“专业个人主义”的作风，缺少与他人的交

流与合作，具有较明显的封闭性。“关上门来，三尺讲台就是我的用武之地”，教师不欢迎他人介入自己的课堂教学，同事之间也达成默契、心照不宣，恪守“互不干涉”的原则。显然，这种封闭性的教师文化潜在地拒斥合作，使教师的教学趋于孤立。

第二，保守性。一般而言，教师的工作只需要接受几年的专业训练，获得教师资格后走上教学岗位，就可以几十年如一日，用自己熟悉的教案周期性地讲授相同的内容，不同的只是学生一批一批地更换而已。再者，传统的教师工作依赖于经验的积累而不是专业智能的提升，因此教师也不希望自己多年积累的丰富经验受到挑战，他们害怕改革会打乱了原有的经验流程，于是只求稳定、不求革新。由于教师工作的相对稳定性和缺少变化性，教师文化也呈现较浓的保守性。教师文化的保守性必然要维护现状而拒斥变革，教师团体的保守性也给整体的学校教育蒙上了保守的色彩，使学校成为一个保守的机构，教育改革的理想难以真正落实。

教师文化的封闭性和保守性显然会对课程改革的推行造成阻碍。国外社会学家研究过人们对于改革的态度，发现这种态度在统计上呈现类似于常态分配的模式，即沉默者最多（约占40%），支持者和拖延者居其次（各约占25%），处于两极的积极反对者和积极支持者最少（各约占5%）。具体到课程改革领域，教师对课程改革的态度也应类似于这一模式。但目前在我国很少有人对此表示关注。试问，全国成千上万的中小学教师有多少能心悦诚服地接受新课程、自觉根据课程改革的理念改变自己的课堂教学呢？我们不能抱怨个体教师在课程改革中不积极的表现，这是整体的教师文化使然。唯其如此，让广大的中小学教师认可新课程、全面提升教师实施新课程的能力，才显得尤为迫切。我们认为，课程改革的顺利推行需要教师文化的革新，需要确立开放的、合作的教师文化。而这种新文化的确立，需要教师积极参与课程改革，也需要改革者与中小学教师通过长期的交流与磋商，从而最终达成共识。只有这样，才能让教师文化跟改革者倡导的新文化兼容，为改革的推行搭建文化平台。

三、学生文化的革新是学校文化转型的归宿

学生文化是学校文化的另一重要组成部分。如果说学校教育是塑造人的事业，那么学校文化的转型最终也要归结于学生文化的革新。一般而言，我国学校教育造就的是一种精英主义的学生文化和竞争的学生文化。

首先，精英主义的学生文化主要表现在，学生以分数论英雄，谁排名靠前，谁就是人才的“苗子”，就是学校重点培养的对象；而那些成绩不好的学生就成了学生中的“弱势群体”，是教师批评和抱怨的对象。这种精英主义的学生文化其实是应试教育的产物，应试教育不改变，精英主义的学生文化也难以改变。本次课程改革的最终追求目标在于求得每一个学生的发展，这意味着教育思想的转型，即从精英主义的教育转向大众主义的教育。这是以学生发展为本的教育，它关注每一个学生的尊严、平等的学习机会以及个性化的学习权利，要求确立新的评价学生的标准和方法，让学生实现个性化的发展。

其次，竞争的学生文化主要表现在，学生之间的关系是一种竞争的关系而不是合作的关系。学生一进入学校就开始了与同伴之间的竞争，只有在考试中打败同伴，才能胜出成为佼佼者。在这种竞争的文化氛围下，学生很少有合作的学习，同伴之间也缺乏智慧的分享。例如，学生对于自己的学习材料是保密的，一般不肯借给同学使用，因为这样会增强对方的竞争力；遇到有价值的问题也不会在课堂上当场提出来，而是在课下独自向老师请教。学生表现出来的这些“小聪明”也是不得已而为之，竞争的文化背景促使他们这样做。

本次课程改革倡导探究的、合作的、个性化的学习方式。从文化的角度来看，这一方面是试图对精英主义的、竞争的学生文化进行的改造，另一方面也提倡建立平等、合作和交流的新型的学生文化。新型的学生文化呼吁平等与参与，鼓励合作与分享，这是符合时代精神发展趋势的。学校教育应尊重每个人的个别差异性，尊重每个人的人格、尊严和学习的权利，努力冲淡紧张的学习气氛，让学生通过交流和合作学会与他人相处、学会共同做事，培养尊重他人、乐于跟他人合作的态度。早在1996年，联合国教科文组织就提出了未来教育的“四根支柱”，把“学会共同生活”作为其中的支柱之一提出来，培养人在社会活动中的

参与和合作精神。实际上这指明了未来学校教育职能的拓展：学校不仅要传递文化知识，还要让学生学会做人、学会做事、学会与他人共同生活。可是，如果我们传统的精英主义的、竞争的学生文化不改变，那么就不能跟这种未来教育的精神接轨。

结束语：比较课程与教学论的学科建构及可能

笔者认为，在我国当前的学术生态中，比较教育学的研究需要一种“谱系化”发展的思路。也就是说，鉴于比较教育学缺少统一的理论基石而存在很大的“异质性”，可以在具体某一些教育问题领域形成分支学习，多个分支学科就构成了一个有关比较教育研究的知识谱系，从而有助于深化比较教育研究、促进比较教育学的长足发展。应该说，20世纪90年代，我国比较教育学呈现蓬勃发展的良好格局，比较教育学者自觉从不同的教育问题领域开展比较研究，从而初步形成了比较教育专业知识谱系化的格局。当然，对于什么样的研究领域是一个分支学科，目前学术界没有形成一致意见。如果以“研究界限相对清晰、有专门学术著作”为划分标准，可以提出四个比较教育分支学科的雏形：比较教师教育、比较成人教育、比较课程与教学论和比较高等教育。这四个分支学科分别对应的著作是：《比较师范教育》（苏真，1991主编）、《比较成人教育》（毕淑芝，1994）、《比较教学论》（吴文侃，1996）、《比较高等教育概论》（杨汉清等，1997）。这些只是代表作，在这四个领域还有其他著作，在此不再赘述。进入21世纪之后，不少研究者在各个问题领域进行了更深入的研究，相关的理论著作和作品层出不穷，比较教育分支学科建设的呼声也时有所闻。例如，王春茅认为比较军事教育已经具备了成为独立的分支学科的基本条件，应该作为比较教育学的一个新兴分支学科。[①]显然，在某一个分支学科之内，由于研究的教育问题具体明确、对象相对集中，比较教育研究就具有了“同质性”，可以形成特定的理论框架和专业知识体系，并有助于解决特定的教育问题从而赢得学术界的认同。而且，从知识创新的角度来看，比较教育学的分支学科往往又具有一定的“交叉学科”的性质，例如“比较教师教育”是“比较教育”和“教师教育”的交叉，“比较课程与教学论”是“比较教育”和“课程与教学论”的交叉。“交叉学科”是在两个学科的边缘和重合

① 王春茅，田佳. 比较军事教育成为独立分支学科的基本条件［J］. 比较教育研究，2011（6）：52.

地带开展研究，往往容易发现新的知识增长点，从而有助于推动学术创新。

那么，课程与教学问题领域的比较研究是否也能成为比较教育学的一个分支学科呢？笔者认为，课程与教学比较研究是揭示教育规律、推动教育创新的重要领域，需要承担起一个学科的使命。

一、国外比较教育学科中的课程与教学研究

从比较教育学诞生之日起，课程问题就是其中的重要组成部分，是比较教育研究的重要内容之一。被誉为“比较教育之父”的朱利安在1817年发表的《比较教育的研究计划与初步意见》中，就把课程问题作为比较教育研究的内容之一。1831年，法国教育家库森考察了普鲁士，回国后发表了《普鲁士教育报告》，书中描述了普鲁士的教育行政、家长和社区的教育情况、教师的培养等，引人注目的是本报告对普鲁士学校的课程设置也进行了详细的介绍。1833年法国颁布了著名的《基佐法案》，该法案正是以库森的报告为基础制定的。[①]俄国比较教育的先驱人物乌申斯基在研究教育问题时特别强调课程与教学的重要性，在《乌申斯基教育文选》中，他谈到了“初级阶段教学的课程”“初级阶段教学的组织”“谈直观教学”等问题，指出“根据生理学和心理学规律，当代初等教育不是只开设一门课程，而是同时开设几门课程：直观教学、写字、画图、儿童手工、阅读、计算、圣经故事、唱歌和体操等”。[②]以后的一大批比较教育学家，如美国的康德尔等在进行广泛的比较研究的同时，大都把课程问题作为比较教育研究的重要内容。

20世纪60年代是比较教育研究的重要变革时期。在该时期，比较教育研究的方法逐渐脱离以人文主义方法为主的传统，开始引入社会科学研究方法和自然科学研究方法，跨学科的研究越来越明显。60年代以前，比较教育研究的历史法很是流行，这种研究注重对教育现象进行宏观描述，追求对学校外部因素的把握并进行整体性的因素分析；60年代以后，比较教育研究则转向微观研究以及包括预测未来发展趋势在内的

① 吴文侃，杨汉清. 比较教育学［M］. 北京：人民教育出版社，1989：23.

② 郑文樾，选编. 乌申斯基教育文选［M］，北京：人民教育出版社，2007：366.

应用研究。研究方法的转变使比较教育研究的选题和范畴趋于微观，学校内部实践问题和微观层面的问题日益成为研究的主题，课程与教学的比较研究逐渐兴盛。

另一方面，在20世纪五六十年代之后，尽管世界格局在总体上呈和平态势，但东西方处于冷战之中，以美国为首的“北约”和以苏联为首的“华约”两大军事组织的对抗加剧了主要国家对教育的投入，教育改革由此风起云涌。随着各国都相继开展大规模的教育改革，课程与教学问题的比较研究越来越受到重视，出现了一些新的课程和教学形式，如结构主义课程、微格教学等。该时期课程与教学的比较研究在理论上也很活跃，几乎所有的比较教育学专著都涉及课程与教学改革的理论和实践问题。美国心理学家布鲁纳是美国60年代课程改革的倡导者，他在1959年9月召开的伍兹霍尔会议上，要求与会专家讨论的几个问题都是与课程教学有关的，如课程设计的程序、教学的辅助工具、学习的动机、直觉在学习和思维中的作用、学习中的认知过程，会后出版了著名的《教育过程》一书。甚至出现了不少专门研究课程论的专著，如英国课程专家斯腾豪斯1975年出版《课程开发与研究导论》等。

值得一提的是，20世纪五六十年代之后，西方国家掀起了教学实验和研究的热潮，有三种教学思想对世界各国的课程教学产生了重大影响，被称为战后新教学论三大流派：以布鲁纳为代表的结构主义教学论流派、以苏联赞可夫为代表的“教学与发展”实验教学论流派和以联邦德国瓦·根舍因为代表的范例教学论流派。不同国家的教育学者对这三大教学论流派进行介绍和借鉴，由此推动了课程与教学领域的比较研究，在随后的三十年里，教学论的研究达到了20世纪的鼎盛时期。与此同时，在课程论研究领域，比较研究也日趋兴盛，甚至出现了一些直接以比较课程为题目的著作，如霍尔姆斯和麦克莱恩的《比较课程论》。

二、比较教育与我国的课程研究

在我国，20世纪初已经有人对国外的教育思想和实践进行了引进和介绍，推动了我国早期比较教育研究的发展。民国期间，我国有多位教育家在借鉴西方（特别是日本和美国）教育理论的基础上开展了教育改革的实验运动，比较著名的如陶行知的生活教育运动、晏阳初的平民教育运动和陈鹤琴的幼儿教育运动等。这些教育改革运动都带有比较引进的痕迹：陶行知留学美国，师从杜威，其教育思想受杜威影响甚重；晏阳初也留学美国，认为中国的大患是民众的贫、愚、弱、私“四大病”，主张通过办平民学校对民众首先是农民，先教识字，再实施生计、文艺、卫生和公民“四大教育”；陈鹤琴在美国哥伦比亚大学获得学位，致力于研究儿童心理学、家庭教育学和幼儿教育学。

改革开放之后，我国的比较教育研究受到重视，迎来了新的发展机遇。人民教育出版社率先编译出版的国内第一套《外国教育丛书》，不少学者也在比较教育领域著书立说，如王承绪先生主编了《比较教育》（第一版由人民教育出版社在1982年出版，此后多次修订、再版），吴文侃、杨汉清主编了《比较教育学》（人民教育出版社1989年版）。这些著作在进行各级各类教育比较中也都涉及了课程与教学问题。鉴于20世纪90年代之前我国在课程与教学领域习惯以教学论涵盖课程论，因此，很多冠名“教学论”的著作都会有一部分内容阐述课程论问题，如1996年吴文侃先生出版的《比较教学论》就在书中专门开辟一章对课程进行比较。[①]而在课程研究领域，比较研究的成果更是层出不穷，如钟启泉先生1993年出版的《国外课程改革透视》、2001年出版《世界课程变革趋势研究》等。

值得一提的是，2015年是《比较教育研究》杂志创刊五十周年。杂志社决定将这50年里发表的论文进行梳理，择其精华而结集出版，最终出版了12册。笔者有幸作为主编承担了其中的一个分册，题目是《传承与建构：课程与教学理论探索》。在编撰本书的过程中，笔者的一个基本指导思想就是从比较课程与教学论学科建设的视角选取相关的学术论文，并分别以“课程理论比较研究”“教学理论比较研究”和“学科课程教学比较研究”三个板块予以编撰，尝试确立比较课程与教学论自身的知识谱系。在教育学专业知识大发展的背景下，权且以此书来表现笔者对比较课程与教学论学科建设所做的一点努力。

进入21世纪之后，我国的比较课程与教学论研究日趋活跃。在新旧

① 本书各章标题：比较教学论的对象和方法论基础、国外教学论的历史发展、中国教学论的历史发展、教学任务与教学过程、教学原则、课程、教学方法、教学组织形式、教学评价、当代教学论研究的趋势与比较教学论研究的前景。具体参见：吴文侃主编.《比较教学论》. 北京：人民教育出版社，1996.

世纪之交，我国的比较教育研究开始细化，对教育微观问题的比较研究促使比较教育学出现了一些分支学科，如比较高等教育、比较师范教育、比较成人教育等。另一方面，面向新世纪的基础教育课程改革也在客观上需要推进比较课程与教学论的研究。2001年，教育部颁布了《基础教育课程改革纲要（试行）》，全国第八次基础教育课程改革拉开序幕；2003年又颁布了《普通高中课程改革方案（实验）》。在推进大规模改革的过程中，课程的实践对理论研究提出了新的需求，而正是这种需求推动了课程与教学领域的比较研究。

三、比较课程与教学论的学科定位、性质与功能

任何一个学科都有其特定的学科定位，体现出独特的属性并在学术研究和社会实践中发挥特定的功能。如果比较课程与教学论成为一个学科，那么它必须在这些方面能够做到自圆其说，这是一个学科得以确立自身身份的重要条件。

（一）学科定位

比较课程与教学论是比较教育学和课程与教学论两个学科的交叉，是这两个学科共同的交集（如下图所示）。但如果从最邻近的学科来考虑，比较课程与教学论无疑更加靠近比较教育学的学科领域，属于比较教育学的分支学科。

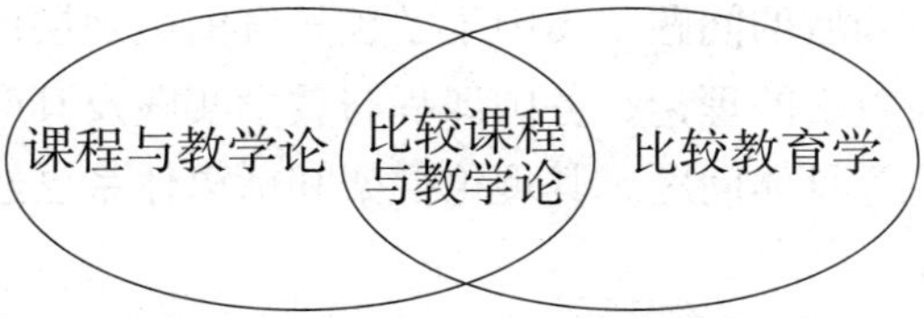

图：比较课程与教学论的学科定位

早在1996年，吴文侃教授在出版的《比较教学论》中指出，“教学方面的比较研究仅仅是比较教育研究的一个组成部分，它尚未从比较教育学中分化出来，成为独立的分支学科。但分化的时机日益成熟，它从比较教育研究中分化出来，势所必然”[①]。他所说的“教学研究”，其实是包含了课程研究在内的。因为我国的教学论研究在中华人民共和国成立后借鉴了苏联的理论体系，而在苏联教学论中是不谈课程论的，在教

① 吴文侃. 比较教学论［M］. 北京：人民教育出版社，1996：5.

学论中有一部分关于“教学内容”的，这往往被理解为课程。因此，在吴文侃的比较教学论的理论框架中，课程是其中的一部分，在该书的第六章中，集中探讨的就是课程问题。从这个意义上来说，他所阐述的比较教学论，其实就是比较课程与教学论，只不过当时的课程论被涵盖在教学论之中。

（二）学科性质

要分析一个学科的性质，首先要明确该学科是否具备了一个学科的特征。美国比较教育学家爱泼斯坦认为，任何一个学科理论的建构需要体现三个方面：内在一致性、互不相容性和包摄性。“一个独立的学科理论体系首先必须拥有稳定的范畴体系，而一个稳定的范畴体系应当具有一种内在的一致性，这种内在的一致性使它能够同其他学科的基本范畴体系相区别。与此同时，这种基本范畴体系的内在一致性又不能妨碍我们分别在不同的研究领域中理解那些分属于不同领域的互不包容的观念和思想。在此基础上，还要有一定的包摄性，以便不同的观念能在其中共同存在、相互补充和相互启迪。”①爱泼斯坦的观点很有启发意义，它为我们分析学科提供了一个基本的标准，尽管这个标准不见得全面、科学。

首先考察比较课程与教学论的内在一致性。从爱泼斯坦的观点来看，他所说的“内在一致性”，主要指的是研究范畴和话语体系的一致性。比较课程与教学研究的范畴相对明确，它研究不同国家学校中的课程与教学这一领域的问题，集中于学校教育的微观层面。它主要探讨不同国家课程与教学的理论、各国课程与教学实践及其改革举措以及课程与教学的实施等具体问题，其理论框架和话语体系已经建立起来，具有内在的一致性。

其次，关于互不相容性。互不相容性意味着某一学科要有自己特定的研究对象，它所运用的概念和术语能够为其他学科所理解，同时又不限于狭隘的视域而排斥其他学科的理论设想和思想观点。互不相容性在很大程度上是为了摆脱单一学科视角的局限性，从而带来多向度学科的透视分析的可能。在这一点上，比较课程与教学论与一般课程与教学论的研究有着很大的重合，这使得该学科的界限显得模糊。但其差别也是

① Epstein E H. Currents Left and Right: Ideology in Comparative Education. Comparative Education Review, 1983, Vol.27. No.1: 89.

明显的：它在研究取向上比一般课程与教学论的研究更注重比较与借鉴，视野更为开阔，所运用的信息更为前沿，从而又区别于一般课程与教学论的研究。

最后，包摄性强调的是要超越狭隘的学科本位，体现跨学科的学科视野和开放性。比较课程与教学论本来就是一个跨学科的研究领域，而且又同时涵盖了课程研究和教学研究，因此在包摄性上表现突出，能够包容相近学科的概念、术语和研究范畴，由此形成自己开放的理论框架和话语体系。

根据爱泼斯坦的理解，上述分析说明比较课程与教学论基本具备了学科所必需的三个特征。尽管如此，要分析一个并没有完全成熟的学科的性质比较困难，我们只能从总体上大体去考察比较课程与教学论的学科性质。应该说，比较课程与教学论首先是一门理论性的学科，具有较强的理论性。通过各国之间的比较研究，探究课程与教学的基本规律，引进先进理论和思想，推进理论创新。比较课程与教学论研究领域有着特定的理论流派、思想基础和概念术语，这是任何一门理论性学科所必须具备的。

但是，比较课程与教学毕竟又不属于教育学科体系中的宏观研究，与教育哲学、教育史甚至与比较教育学等学科相比，它更加倾向于研究学校教育的实践层面的问题，致力于解决具体的实践问题。因此，它又是一门实践性较强的学科，服务于教育实践是比较课程与教学论研究的出发点，也是其进一步发展和完善的基石。

从以上分析可以看出，比较课程与教学论既不是空洞的理论，也不是简单的经验描述和技术操作，而是一门既有坚实的基础理论又有实用理论和操作技术的教育学分支学科。其理论性意味着比较课程与教学论作为一门学科，应该对课程与教学现象和相关的教育问题有一定程度的抽象和概括，能够体现教育在课程教学方面的规律性，能够根据一定的理论去解释学校教育的实践问题，并促进课程与教学的改革。

（三）学科功能

比较课程与教学论属于比较教育学的一个具体分支学科，它首先要体现比较教育研究的价值，其学科使命为上位学科所涵盖；同时，作为具体分支学科，它又有自己特定的研究领域和研究目的，体现出更为具体的研究功能。

作为教育科学体系中的一个具有特色的学科，比较教育的研究目的主要体现在“比较”二字上。例如，冯增俊认为，比较教育研究的目的主要是“促进教育经验借鉴，推动改革与教育发展；探讨教育发展规律；促进国际间教育的交流、理解和合作；有助于推进全球教育发展战略”①。马建生也认为，比较教育在国家发展和教育实践中发挥了重要作用：“比较——借鉴”是比较教育重要的实践意义；比较教育可以为本国制定教育政策或进行教育改革提供经验性资料；比较教育研究不仅能够促进教育视野的发展，对推动整个社会的进步也具有重要意义。②在比较教育学界，这种“比较——借鉴”的功能似乎是与生俱来的：在朱利安时代的比较教育初创期，比较教育学家的任务就是在于描述别国教育的经验而予以引进改造本国的教育，而正是这一功能带来了20世纪以后比较教育研究的辉煌。

然而，比较教育研究首先是“教育研究”，然后才是“比较研究”，因此，这个学科又不能摆脱教育研究的根本使命：研究教育现象，揭示教育规律。对此，很多比较教育学家也是认同的，例如，日本比较教育学家冲原丰就认为，比较教育学的目的是“掌握本国教育的特征；推动教育改革；探讨教育规律”③。

比较课程与教学论的功能是比较教育学功能在课程与教学论领域的具体化。不可否认的是，它存在的前提是其“比较研究”的“血统”，否则就成为一般课程与教学论的研究了。因此，比较课程与教学论的首要功能还是在于“比较—借鉴”：基于国际比较的视野对世界各国的课程与教学理论和实践进行研究，为本国的课程与教学改革及发展提供借鉴。这一功能其实就是比较教育研究在课程与教学论领域的具体化，也是区别于一般课程与教学论的最根本特征。

其次，比较课程与教学论的研究还致力于揭示课程与教学的基本规律，为该领域的教育问题提供解释和解决的途径。应该说，这一功能并非比较课程与教学论所独有，一般课程与教学论研究也担负这一使命。怎样体现二者在这方面的差别呢？很重要的一点就是两个相似学科所依

---

① 冯增俊. 比较教育学［M］. 南京：江苏教育出版社，1996：130–136.

② 马建生. 比较教育［M］. 南京：江苏教育出版社，2010：9–11.

③ 冲原丰. 比较教育学［M］. 刘树范，李永连，译. 长春：吉林人民出版社，1984：4–8.

托的方法论。比较课程与教学论以“比较研究法”为基本方法，以国际视野为收集资料的基本取向，以借鉴他国理论和经验为基本的出发点，这些均明显区别于一般课程与教学论的研究风格。

最后，比较课程与教学论学科的发展可以发挥理论创新和实践改进的功能。在国际比较的视野下，教育研究更容易引进先进理论，促进理论创新和知识生产。在实践领域，课程与教学改革的推进往往需要比较研究，实践证明，我国多次重大课程与教学改革都需要比较教育研究者的参与，这种参与在未来的课程与教学改革中将更加重要。

总之，比较课程与教学论是课程与教学论和比较教育学交叉综合的结果。课程与教学是学校教育的核心问题，是达成教育目的的基本途径和手段。在教育涉及的所有要素中，有两个属于人的基本的因素，一个是教师，另一个是学生。学校教育就是教师影响学生的过程，但这一过程不是在真空中进行的，必须依赖于一定的载体，那就是课程与教学。因此，课程与教学问题是任何教育研究都无法回避的重要领域，是教育研究的基本课题。而比较教育则建立在比较研究法的方法论基础之上，注重各国之间教育理论和实践的译介、分析和借鉴。由于现代社会各国之间的交流日趋加强，比较教育学科自创建以来，很快就成为教育研究中非常活跃的一个分支学科。比较教育研究是“播种机”，可以把别国先进的教育理论和实践经验引进来；比较教育研究又是一面“镜子”，通过比照别国教育的不同而更好地认清自己。比较课程与教学论正是这两个分支学科的相互“嫁接”，是两棵植株共同培育的一颗果实。

主要参考文献

中文部分

著作类：

1. ［英］爱德华·泰勒. 原始文化［M］. 连树声，译. 上海：上海文艺出版社，2005.

2. ［德］埃德蒙·德胡塞尔. 欧洲科学危机和超验现象学［M］. 张庆熊，译. 上海：上海译文出版社，1988.

3. Allan A.Glatthorn. 校长的课程领导［M］. 单文经，译. 上海：华东师范大学出版社，2003.

4. 白月桥. 课程变革概论［M］. 石家庄：河北教育出版社，1996.

5. ［英］J·D·贝尔纳. 科学的社会功能［M］. 陈体芳，译. 南宁：广西师范大学出版社，2003.

6. ［巴西］保罗·弗莱雷. 被压迫者的教育学［M］. 顾建新等，译. 上海：华东师范大学出版社，2001.

7. ［美］彼得·诺思豪斯. 领导学：理论与实践［M］. 吴荣先等，译. 江苏教育出版社，2002.

8. 柏拉图. 理想国［M］. 郭斌和，张竹明，译. 北京：商务印书馆. 1986.

9. ［美］布鲁巴克. 西方课程的历史发展. 载于瞿葆奎. 教育学文集（课程与教材）［M］. 北京：人民教育出版社，1988.

10. 布鲁纳教育论著选［M］. 邵瑞珍等，译. 北京：人民教育出版社，1989.

11. 陈伯璋. 潜在课程研究［M］. 台北：五南图书出版公司，1985.

12. 陈向明. 质的研究方法与社会科学研究［M］. 北京：教育科学出版社，2000.

13. ［日］冲原丰. 比较教育学［M］. 刘树范，李永连，译. 长春：吉林人民出版社，1984.

14. ［加］大卫·史密斯. 全球化与后现代教育学［M］. 郭洋生，译. 北京：教育科学出版社，2000.

15. ［法］德尼兹·加亚尔，贝尔纳代特·德尚. 欧洲史［M］. 蔡鸿宾，桂裕芳，译．海口：海南出版社，2002.

16. 邓安庆．迦达默尔解释学的意义生成论初探［M］．北京：北京大学出版社，1991.

17. 社会中的科学和技术［M］．董振邦等，译校．青岛外国教材研究所主编．青岛：青岛出版社，1995.

18.［美］杜威．民主主义与教育［M］.王承绪，译．北京：人民教育出版社，1990.

19. 冯增俊．比较教育学［M］．南京：江苏教育出版社，1996.

20. 高奇．中国现代教育史［M］．北京：北京师范大学出版社，1985.

21. 葛兆光．中国思想史［M］．上海：复旦大学出版社，2001.

22. 顾明远．教育大词典［M］．上海：上海教育出版社，1990.

23.［德］哈贝马斯．认识与兴趣［M］．郭官义，李黎，译．上海：学林出版社，1999.

24.［德］海德格尔．存在与时间［M］．陈嘉映，译．北京：生活·读书·新知三联书店，1999.

25.［德］汉斯·格奥尔格·迦选默尔．真理与方法——哲学诠释学的基本特征（上卷）［M］．洪汉鼎，译．上海：上海译文出版社，1999.

26.［美］亨德森，霍索恩．革新的课程领导（第二版）［M］．志平，李静，译．杭州：浙江教育出版社，2005.

27. 华东师范大学教育系等．现代西方资产阶级教育思想流派论著选［M］．北京：人民教育出版社，1980.

28.［英］霍尔姆斯，麦克莱恩．比较课程论［M］.张文军，译．北京：教育科学出版社，2001.

29. 简明国际教育百科全书·课程［M］．江山野，主编译．北京：教育科学出版社，1991.

30. 江怡．走向新世纪的西方哲学［M］．北京：中国社会科学出版社，1998.

31. 昆体良.昆体良教育论著选［M］．任钟印，选译．北京：人民教育出版社，1989.

32.［美］拉尔夫·泰勒．课程与教学的基本原理［M］．施良方，译．北京：人民教育出版社，1994.

33. 李子建，黄显华. 课程：范式取向和设计［M］. 香港：香港中文大学出版社，1994.

34. 林生傅. 教育心理学［M］. 台北：五南图书出版公司，1994.

35. 梁漱溟. 东西方文化及其哲学［M］. 北京：商务印书馆，1999.

36. 刘放桐. 现代西方哲学（下）［M］. 北京：人民出版社，1990.

37. 刘小枫. 沉重的肉身——现代性伦理的叙事纬语［M］. 北京：华夏出版社，2004.

38. ［英］罗素. 西方哲学史（上）［M］. 何兆武，李约瑟，译.北京：商务印书馆，1997.

39. 吕达. 课程史论［M］. 北京：人民教育出版社，1999.

40. ［德］马克思恩格斯选集（第2卷）［M］. 北京：人民出版社，1995.

41. ［加］马克斯·范梅南. 教学机智——教育智慧的意蕴［M］. 李树英，译. 北京：教育科学出版社，2001.

42. ［加］迈克·富兰. 变革的力量——透视教育改革［M］. 中央教育科学研究所，多伦多国际学院，译. 北京：教育科学出版社，2000.

43. 潘慧玲. 教育研究的取径：概念与应用［M］. 上海：华东师范大学出版社，2005.

44. 钱穆. 文化与教育［M］.桂林：广西师范大学出版社，2004.

45. 单中惠. 西方教育思想史［M］. 北京：教育科学出版社，2007.

46. 施良方. 课程理论：课程的基础、原理与问题［M］. 北京：教育科学出版社，1996.

47. ［美］舒衡哲. 中国启蒙运动——知识分子与五四遗产［M］. 北京：新星出版社，2007.

48. ［英］斯宾塞. 斯宾塞教育论著选［M］ .北京:人民教育出版社，2005.

49. ［美］斯特弗，盖尔. 教育中的建构主义［M］. 高文等，译. 上海：华东师范大学出版社，2002.

50. ［美］托马斯·L·汉金斯. 科学与启蒙运动［M］.任定成，张爱珍，译. 上海：复旦大学出版社，2000.

51. 汪霞. 国外中小学课程演进［M］. 济南：山东教育出版社，2000.

52. 吴康宁. 教育社会学［M］. 北京：人民教育出版社，1998.

53. 吴式颖等. 外国教育史简编［M］. 北京：教育科学出版社，1988.

54. 吴文侃，杨汉清. 比较教育学［M］. 北京：人民教育出版社，1989.

55. 吴文侃. 比较教学论［M］. 北京：人民教育出版社，1996.

56. 吴永军. 课程社会学［M］. 南京：南京师范大学出版社，1999.

57. ［美］小威廉姆·多尔. 后现代课程观［M］. 王红宇，译. 北京：教育科学出版社，2000.

58. 熊川武. 反思性教学［M］. 上海：华东师范大学出版社，1999.

59. 许思园. 中西文化回眸［M］. 上海：华东师范大学出版社，1997.

60. 许云樵. 南洋史（上卷）［M］. 新加坡：星洲世界书局有限公司，1961.

61. 杨明全. 革新的课程实践者——教师参与课程变革研究［M］. 上海：上海科技教育出版社，2003.

62. 杨明全. 课程概论［M］. 北京：北京师范大学出版社，2010.

63. 杨明全. 世界著名教育思想家泰勒［M］. 北京：北京师范大学出版社，2012.

64. 杨明全. 国际视野下的STS课程研究［M］. 北京：教育科学出版社，2013.

65. 杨明全. 传承与建构——课程与教学理论探索［M］. 济南：山东教育出版社，2015.

66. 杨思伟. 日本教育［M］. 台北：商鼎文化出版社，2001.

67. 于海. 西方社会思想史［M］. 上海：复旦大学出版社，1993.

68. 张岱年、程宜山. 中国文化与文化论争［M］. 北京：中国人民大学出版社，1990.

69. 张华. 经验课程论［M］. 上海：上海教育出版社，2000.

70. 张维平，马立武. 美国教育法研究［M］. 北京：中国法制出版社，2004.

71. 赵祥麟，王承绪. 杜威教育论著选［M］. 上海：华东师范大学出版社，1981.

72. 钟启泉. 现代课程论［M］. 上海：上海教育出版社，1989.

73. 钟启泉. 国外课程改革透视［M］. 西安：陕西人民教育出版社，1993.

74. 钟启泉，安桂清. 研究性学习理论基础［M］. 上海：上海教育出版社，2001.

75. 钟启泉. 教育的挑战［M］. 上海：华东师范大学出版社，2008.

76. 钟启泉. 课程的逻辑［M］. 上海：华东师范大学出版社，2008.

77. 周稽裘. 教育现代化：一个特定历史时期的描述［M］. 北京：教育科学出版社，2009.

78. ［日］佐藤学. 课程与教师［M］. 钟启泉，译. 北京：教育科学出版社，2003.

79. 郑文樾，选编. 乌申斯基教育文选［M］.北京：人民教育出版社，2007.

学术论文类：

1. 曹莉. 西方课程溯源——“七艺”源流初探［J］. 南京师大学报（社会科学版），1998（4）.

2. 陈月茹. 美国高中学分制及其意义［J］. 全球教育展望，2003（1）.

3. 郭元祥. 教师的课程意识及其生成［J］. 教育研究，2003（6）.

4. 侯怀银. 建立比较课程论刍议［J］. 课程·教材·教法，1998（10）.

5. 黄甫全. 大课程论初探——兼论课程（论）与教学（论）的关系［J］. 课程·教材·教法，2000（5）.

6. 黄志成. 弗莱雷解放教育课程建构论述评［J］. 全球教育展望，2003（2）.

7. 李臣之. 课程实施：意义与本质［J］. 课程·教材·教法，2001（9）.

8. 李路曲. 新加坡“共同价值观”评析［J］. 晋阳学刊，1997

（4）.

9. 刘翠航. 美国托马斯·杰弗逊理科高中——创新人才培养模式初探［J］. 基础教育参考，2010（5）.

10. 庞朴. 近代以来中国人的文化认识历程［J］. 教学与研究，1988（1）.

11. 任长松. 追求卓越：美国高中课程述评——兼谈近年来美国高中教育质量的提高［J］. 课程·教材·教法，2007（12）.

12. 王春茅，田佳. 比较军事教育成为独立分支学科的基本条件［J］. 比较教育研究，2011（6）.

13. 王晓辉. 法国中小学课程的演变与改革［J］. 教育参考资料，2000（10）.

14. 吴刚平. 教学改革的课程论意义［J］. 教育研究，2002（9）.

15. 徐星. 如何培养学生的创新精神和实践能力——专访美国托马斯·杰弗逊科技高中校长伊万·格雷泽［J］.上海教育，2010（12A）.

16. 于向阳. 保罗·弗莱雷的教育思想评述［J］.华东师范大学学报（教育科学版），1995（3）.

17. 杨矗. 中国人文学术研究的谱系危机［J］.上海师范大学学报（人文社会科学版），2007（4）.

18. 张华. 论我国普通高中教育的性质与价值定位［J］.教育研究，2013（9）.

19. 张华. 走向课程理解：西方课程理论新进展［J］. 全球教育展望，2001（7）.

20. 张华. 美国当代批判课程理论初探（上）［J］.外国教育资料，1998（2）.

21. 张善培. 课程实施程度的测量［J］. 当代华人教育学报，1998（2）.

22. 张振鹏. 西方马克思社会批判理论研究综述［J］. 高校社科动态，2009（5）.

23. 钟启泉. “研究性学习”：课程文化的革命［J］.教育研究，2003（5）.

英文部分

著作类:

1. Apple M. Ideology and Curriculum. 3rd Edition. New York & London: Routledge Falmer, 2004.

2. Bandiera M, et al (ed.). Research in Science Education in Europe. Dordrecht: Kluwer Academic Publishers, 1999.

3. Blenkin G M, Edwards G and Kelly A V.Change and the Curriculum. London: Paul Chapman Publishing,1992.

4. Bybee R W.Achieving Scientific Literacy: Frome Purposes to Practices. Portsmouth, NH: Heinemann,1997.

5. Carson J R & Sumara D J.Action Research as A Living Practice. New York: Peter Lang Press,1997.

6. Coffey A, Delamont S. Feminism and the Classroom Teacher :Research, Praxis, Pedagogy .London:Routledge Falmer, 2000.

7. Currie M. Postmodern Narrative Theory. New York: St.Martin´s Press, 1988.

8. Cremin L.Popular Education and its Discontents. New York: Harper and Row,1990.

9. Doll W E, Jr. Beyond Methods: Teaching as an Aesthetic and Spirit-full Quest.To Appear in : Passion and Pedagogy. Elijah Mirochnik (editor) .London: Peter Lang publisher, 2001.

10. Dworkin(edited). Dewey on Education.NewYork: Teacher College, Columbia University,1959.

11. Geiser S & Santelices.The Role of Advanced Placement and Honors Courses in College Admissions. New York: Center for Studies in Higher Education press, 2004.

12. Fullan M G & Stiegelbauer S. The New Meaning of Educational Change. Second Edition.London: Cassell Educational Limited,1991.

13. Fullan M, et al. The New Meaning of Educational Change. Second edition. London: Cassell Educational Limited,1991.

14. Gough. Curriculum Visions. New York: Peter Lang Publishing Inc., 2002.

15. Horkheimer M, Adorno T W.Dialectic of Enlightenment. NewYork: Seabury Press,1972.

16. Lytard. Postmodern Condition.Manchester: Manchester University Press,1992.

17. Jameson F.Postmodernism or the Cultural Logic of Late Capitalism. Durham, NC: Duke University Press,1992.

18. Marsh C J.Key Concepts for Understanding Curriculum. London and New York: Routledge Falmer,2004.

19. McNeil J. Curriculum: A Comprehensive Instruction. 5th Edition. New York Harper Collins College Publisher,1996.

20. McKernan J. Curriculum Action Research: A Handbook of Methods and Resources for the Reflective Practitioner. London: Kogan Page Limited, 1996.

21. Morgan R & Klaric J.AP Students in College: An Analysis of Five-Year Academic Careers. New York: The College Board,2007.

22. Ornstein A C & Hunkins F P.Curriculum: Foundations, Principles, and Issues. Third Edition. Boston: Allyn and Bacon,1998.

23. Pinar W F.What is Curriculum Theory? Mahwah, NJ: Lawrence Erlbaum Associates Inc., 2004.

24. Posner G J. Analyzing the Curriculum.New York :McGraw-Hill Inc., 1992.

25. Schiro M S.Curriculum Theory: Conflicting Visions and Enduring Concerns. Los Angeles: Sage Publications Inc.,2008.

26. Schubert W H.Curriculum : Perspective, Paradigm, and Possibility. New York: Macmillan Publishing Company, 1996 .

27. Schmuck R A. Practical Action Research for Change. New York: Training and Publishing Inc.,1997.

28. Schwab J J. The Practical: A Language for Curriculum. In I Westbury and N J Wilkof(edited).Science, Curriculum, and Liberal Education (Selected Essays).Chicago:University of Chicago,1978.

29. Snyder J, Bolin F & Zumwalt K. Curriculum Implementation. In P W Jackson(Ed.) .Handbook of Research on Curriculum . New York: Macmillan Publishing Co. Inc.,1992.

30. Tanner D & Tanner L.Curriculum Development: Theory into Practice. New York: Macmillan Publishing Co. Inc.,1980.

31. Walker D F & Soltis J F.Curriculum and Aims. New York: Teacher College, Columbia University,1992 .

32. Yager R E.Science/Technology/Society As Reform in Science Education. New York: State University of New York Press,1996.

33. Young M F D.The Curriculum of the Future: From the "New Sociology of Education" to a Critical Theory of Learning. London: Falmer Press,1998.

34. Wiles J & Bondi J.Curriculum Development: A Guide to Practice. London: Pearson Education Inc., 2007 .

35. Woloch N.Advanced Placement and College Level Examinations in American History. New York: Arco Publishing Company Inc., 1977.

36. Yager R E.Science/Technology/Society As Reform in Science Education. New York: State University of New York Press,1996.

37. Ziman J.Teaching and Learning about Science and Society. Cambridge: Cambridge University Press,1980.

38. Mills, G.Action Research: A Guide for the Teacher Researcher. New Jtrseg Prentice-Hall Inc., 2000.

学术论文类:

1. Adelman G. Kurt Lewin and the Origins of Action Research. Educational Action Research, 1993(1).

2. Aikenhead G S.High-School Graduates' s Beliefs About Science-Technology-Society. Ⅲ. Characteristics and Limitations of Scientific Knowledge. Science Education, 1987, Vol.71(4).

3. Connelly F M & Ben-Peretz M.Teachers' s Roles in the Using and Doing of Research and Curriculum Development. Journal of Curriculum Studies, 1980, 12(2).

4. Elliott J.A Curriculum for the Study of Human Affairs: the Contribution of Lawrence Stenhouse.Journal of Curriculum Studies, 1983, 15(2).

5. Epstein E H. Currents Left and Right: Ideology in Comparative Education. Comparative Education Review, 1983, Vol.27, No.1.

6. Giroux H. Theories and Reproduction and Resistance in the New so-

ciology of Education: a Critical Analysis. Harvard Education Review, 1983, Vol.53, No.3.

7. Greene M. Curriculum and Consciousness. Teachers College Record, 2004,73(2), Vol.1971.

8. Kirk D. & Macdonald D. Teacher Voice and Ownership of Curriculum Change. Journal of Curriculum Studies, 2001, Vol.33, No.5.

9. Reid W. Curriculum Theory and Curriculum Change : What can We Learn from History? Journal of Curriculum Studies, 1986, Vol. 18, No. 2.

10. Solomon J. Meta – scientific Criticism ,Curriculum Innovation and the Propagation of Scientific Culture. Journal of Curriculum Studies, 1999(1).

图书在版编目（CIP）数据

当代课程话语比较研究 / 杨明全著. — 太原：山西教育出版社，2019. 8

ISBN 978－7－5440－9175－6

Ⅰ. ①当… Ⅱ. ①杨… Ⅲ. ①课程改革—教学研究—中国 Ⅳ. ①G423. 07

中国版本图书馆 CIP 数据核字（2017）第 077718 号

当代课程话语比较研究

DANGDAI KECHENG HUAYU BIJIAO YANJIU

责任编辑 任小明
复　　审 邓吉忠
终　　审 郭志强
装帧设计 薛　菲
印装监制 蔡　洁

出版发行 山西出版传媒集团·山西教育出版社
（太原市水西门街馒头巷 7 号　电话：0351－4729801　邮编：030002）
印　　装 山西康全印刷有限公司
开　　本 720×1020　1/16
印　　张 21. 75
字　　数 354 千字
版　　次 2019 年 8 月第 1 版　2019 年 8 月山西第 1 次印刷
书　　号 ISBN　978－7－5440－9175－6
定　　价 66. 00 元

如发现印装质量问题，影响阅读，请与出版社联系调换。电话：0351－4729718